GUIAS OCEANO

MÉXICO

OCEANO

ACERCA DE ESTE LIBRO

Equipo editorial

Para la versión original:
Edición
Felicity Laughton
Director del proyecto
Brian Bell

Para la versión en
lengua española:
Dirección
Carlos Gispert
Edición
Joaquín Navarro
Traducción
Álvaro García

© 2000 Apa Publications GmbH & Co.
Verlag KG Singapore Branch,
Singapore
© 2000 OCEANO Langenscheidt
Ediciones, S. L.
OCEANO GRUPO EDITORIAL, S.A.
Milanesat, 21-23
EDIFICIO OCEANO
08017 Barcelona (España)
Teléfono: 93 280 20 20*
Fax: 93 280 56 00
http://www.oceano.com
e-mail: info@oceano.com

ISBN: 84-95199-46-7
(OCEANO Langenscheidt
Ediciones, S.L.)
ISBN: 84-494-1213-7
(OCEANO GRUPO
EDITORIAL, S.A.)

Impreso por
Insight Print Services Pte. Ltd.
Singapur
Printed by
Insight Print Services Pte. Ltd.
Singapore

México es famoso sobre
todo por sus majestuosas
ruinas arqueológicas, sus fabulosas
playas y una palpitante mezcla
de influencias culturales indias,
españolas y contemporáneas.
Sin embargo, en esta edición de
la *Guía Océano de México* hemos
tratado de ir más allá de los
tópicos y ofrecer una amplia visión
de la personalidad de este país
y de sus habitantes.

Cómo utilizar esta guía

La *Guía Océano de México*
está cuidadosamente
estructurada para dar a
conocer el país al lector:

◆ Para comprender México es
necesario saber algo de su pasado.
La sección *Rasgos* se ocupa de
la historia y la cultura del país.
◆ La sección central *Lugares* facilita
una guía completa de todos los
lugares y monumentos que vale la
pena visitar. El número que aparece
junto a los sitios de especial
interés remite a los mapas a
todo color.
◆ La sección *Guía práctica*
proporciona un punto de
referencia útil en cuanto
a información sobre viajes,
hoteles, restaurantes
y comercios, entre
otras cosas.

Leyendas de los mapas

——— ·· —	Frontera internacional
— — — —	Frontera estatal
⊖	Aduana
—•—•—	Parque Nacional/Reserva
— — — —	Ruta de transbordadores
▥	Metro
✈ ✈	Aeropuerto Internacional/Regional
🚌	Estación de autobuses
ℙ	Parking
❶	Información turística
✉	Oficina de correos
⛪ † ✝	Iglesia/Ruinas
†	Monasterio
☾	Mezquita
✡	Sinagoga
🏰 ⌂	Castillo/Ruinas
∴	Yacimiento arqueológico
∩	Cueva
⚑	Estatua/Monumento
★	Lugar de interés

Los principales lugares de interés que aparecen en la sección *Lugares* tienen una correspondencia alfanumérica con un mapa a todo color (por ejemplo, ❶). En la parte superior de las páginas impares, un segmento del mapa indica dónde encontrarlo.

Los colaboradores

El trabajo de reunir al equipo que ha creado esta edición de la *Guía Océano de México* lo llevó a cabo la editora del proyecto, **Felicity Laughton**, quien vivió 18 años en México. Este libro, revisado y actualizado a fondo, se basa en el texto de **Kal Müller**, publicado por **Martha Ellen Zenfell**, con colaboraciones posteriores de los escritores **John Wilcock**, **Margaret King**, **Mike Nelson**, **Barbara Ann Rosenberg**, **José Antonio Guzmán**, **Guillermo García-Oropeza** y **Patricia Díaz**.

La editora del proyecto revisó y actualizó por entero la sección *Lugares*, verificada luego por **Wendy Luft**, escritora y editora residente en el Distrito Federal, quien ha trabajado en numerosos libros sobre México. Wendy ha escrito varios de los capítulos del apartado *Rasgos*, entre ellos dos de los reportajes fotográficos, además de actualizar la sección *Guía práctica*.

El artículo sobre la historia moderna de México fue puesto al día, sin olvidar los conflictos políticos de los últimos años, por **Andrea Dubrowski**, un periodista afincado en la Ciudad de México. **Chloe Sayers**, autora de varios libros sobre la cultura mexicana, ha aportado un cuadro informativo sobre la arquitectura colonial; y **Phil Gunson**, corresponsal en México del periódico británico *The Guardian*, ha escrito el artículo que analiza el reciente movimiento guerrillero en Chiapas. La autora del reportaje fotográfico sobre la colorida y exótica fauna marina de Yucatán es **Barbara McKinnon**, presidenta de la conocida organización ecologista de la Reserva de la Biosfera Sian Ka'an, en Chetumal. **Ron Mader**, residente en la Ciudad de México y especialista en el ecoturismo por Iberoamérica, ha escrito el cuadro informativo que trata del turismo de aventura.

La mayor parte de las espléndidas fotografías de este libro las tomó **Kal Müller**, si bien otros han añadido muchas imágenes nuevas, como **John Brunton**, **Mireille Vautier**, **Buddy Mays**, **Andreas Gross**, **Marcus Wilson Smith** y **Eric Gill**. Por último, dar las gracias a **Hilary Genin** por la selección de las ilustraciones, que realizó con la inestimable ayuda de **Mónica Allende** y **Joanne Beardwell**.

SUMARIO

En el interior de la portada hay
un mapa de México y en el
interior de la contraportada
hay un plano de México D.F.

Panorámica
de los valles
selváticos desde
un camino sobre
Puerto Vallarta.

Una mirada a...

Cuadros informativos

Guía práctica

◆ **El índice completo
de la Guía práctica
está en la pág. 339**

Lugares

¡QUE VIVA MÉXICO!

Playas fabulosas, fiestas espectaculares y antiguas culturas:

México es un auténtico tesoro tropical

México, tal y como lo conocemos hoy en día, existe desde hace 150 años. Antes abarcaba un territorio mucho mayor, sus fronteras se extendían hacia el norte hasta más allá de Texas, Nuevo México, Arizona y California. En la actualidad, si bien su superficie no es más que una cuarta parte de la de su vecino del norte, no por ello deja de constituir un enorme país lleno de sorpresas y asombrosos contrastes, tanto orográficos como sociales.

En Monterrey, un gran complejo siderúrgico surge en el desierto; al norte de Veracruz y a lo largo de la costa de Tabasco, las torres petrolíferas se yerguen como negros signos de exclamación. Mientras, los indígenas mexicanos continúan oficiando antiquísimos rituales y unos 4 millones de turistas anuales se tuestan bajo el sol tropical en las playas del Pacífico, del golfo de México y del Caribe o recorren a través de las tierras del interior la estela de las antiguas civilizaciones mesoamericanas.

Muchas de las paredes de los edificios públicos de la Ciudad de México están cubiertas por unos magníficos murales, pero una espesa capa de contaminación cubre a menudo el cielo, ocultando los volcanes de nevadas cumbres –el Popocatépetl y el Iztaccíhuatl– que se elevan a tan sólo 60 kilómetros al sudeste. México Distrito Federal, con sus más de 20 millones de habitantes, es la mayor megalópolis del mundo; por desgracia, ya no es *La región más transparente*, como el escritor mexicano Carlos Fuentes tituló su primera novela.

No obstante, lejos de la creciente inmensidad del Distrito Federal, el aire sí es de una maravillosa transparencia y, si bien muchas zonas del país son remotas e inaccesibles, existen más de 241 000 kilómetros de carreteras, lo que la convierte en la red viaria más extensa de toda América Latina.

Dos tercios de los 95 millones de mexicanos –una cifra que aumenta casi un tres por ciento cada año– tienen menos de 30 años, y además del español, que es la lengua mayoritaria, aún hablan unos 60 idiomas vernáculos otros tantos grupos indígenas.

De modo que, ¿cómo explicarlo todo acerca de este fantástico y arrebatado país? «México no se explica –dice el filósofo Manuel Zamacona–; en México se cree, con furia, con pasión…»

PÁGINAS ANTERIORES: el izamiento de la bandera en el Zócalo; desfile por las calles de la ciudad; un grupo de charros a caballo; descansando en la playa de Xcacel. **IZQUIERDA:** la cumbre nevada del «Popo» en enero.

MONTAÑAS HUMEANTES Y VASTOS DESIERTOS

México es una tierra de contrastes, desértica y feraz,

abrupta y pastoril; un indómito paraíso ecológico

Hay muchos Méxicos, como se ha dicho a menudo. Las características orográficas del país dan lugar a diferencias asombrosas. Dos grandes cadenas montañosas, la Sierra Madre Occidental y la Sierra Madre Oriental, discurren hacia el sur desde la frontera con Estados Unidos, paralelas a las costas del Pacífico y del Golfo. Entre las montañas se eleva el Altiplano Central, el corazón histórico de México; comprende una superficie de unos 640 kilómetros de este a oeste y casi 320 kilómetros de norte a sur, lo cual constituye una décima parte de todo México, pero alberga a casi la mitad de la población del país.

En el centro de la República, un cinturón montañoso se extiende 160 kilómetros entre Puerto Vallarta, en la costa del océano Pacífico, y Puerto de Veracruz, en el golfo de México: el Eje Volcánico Transmexicano o Cordillera Neovolcánica, la frontera natural entre América del Norte y América Central. Al sur, elevaciones menores forman la Sierra Madre del Sur, que se estrecha en el istmo de Tehuantepec, la cintura de México, con tan sólo 160 kilómetros de ancho. Al este del istmo, las montañas se elevan de nuevo y se adentran por el sur en Guatemala; al norte, el terreno es muy distinto: la península de Yucatán, totalmente llana por la erosión, consiste en un estrato de piedra caliza recubierto por una delgada capa de tierra.

La pluviosidad y el cambio climático

Las montañas y el altiplano representan gran parte de México, pero en el extremo norte domina el desierto. El gran desierto de Arizona continúa al sur de la frontera con Estados Unidos por Sonora, región donde, al igual que en Baja California y en los estados nórdicos de Chihuahua, Coahuila y Durango, sólo es posible obtener cosechas con la ayuda de sistemas de regadío.

Muchas de estas zonas reciben nada más que 100 mm de lluvia al año. Parece casi perverso que, en el litoral del Golfo, el exceso de precipitaciones –hasta 6 000 mm anuales– que riega la tierra

obligue a los agricultores a segar las plantas invasoras. En las llanuras centrales, donde se cultiva la mayor parte del maíz y el frijol, alimentos básicos, la pluviosidad es muy irregular: a veces una llovizna, otras veces una inundación, aunque la mayor parte del agua cae entre junio y octubre.

La tala indiscriminada de árboles, que sigue mermando muchos de los bosques mexicanos, plantea graves problemas, problemas que comenzaron durante el virreinato, cuando se deforestaron anchas extensiones de terreno para el cultivo o para abrir grandes minas.

La región de Zacatecas, con una importante industria minera de plata, constituye un ejemplo de masa forestal transformada en sabana por los leñadores. El nivel de pluviosidad ha descendido y se ha generado un cambio climático como resultado de la destrucción de grandes extensiones de selva; así, por ejemplo, ahora se llega sin dificultad por carretera a zonas que antes gozaban de una cierta protección contra la avalancha de turistas por resultar inaccesibles.

PÁGINAS ANTERIORES: símbolos patrios.
IZQUIERDA: un charro a todo galope.
DERECHA: flores de bandillero y magueyes.

Ríos y carreteras

En general, los ríos de México, aparte de algunos de ciertas regiones del sur, no son navegables. Durante el período colonial, la carretera entre la Ciudad de México y Veracruz hacía las veces de cordón umbilical entre España y el Nuevo Mundo; en el siglo XVI se abrieron también vías de comunicación por tierra hacia la fértil región de Bajío, al norte de la Ciudad de México, y hacia los distritos mineros de Zacatecas. Sin embargo, cuando se encontraron nuevas minas en lo que es ahora el sur de Chihuahua, los intentos de colonizar Nuevo México fracasaron. Se tardaba más de un año en recorrer los 2 600 kilómetros entre Zacatecas y Nuevo México, y ni España ni México poseían los

Espectáculos volcánicos

En términos geológicos, el Popocatépetl (altitud: 5 452 metros) es un niño. En 1997, la «montaña humeante», inactiva durante muchas décadas, desplegó un espectáculo grandioso, emitiendo altísimas fumarolas y una espesa capa de polvo que cubrió los alrededores hasta la mismísima Ciudad de México. Como consecuencia, las autoridades han cerrado las carreteras de acceso desde el paso de Cortés, si bien los montañeros todavía pueden tomarle el pulso a su vecino extinto, Iztaccíhuatl, la «mujer durmiente» (altitud: 5 286 metros). El Pico de Orizaba o Citlaltépetl («montaña estrella» en náhuatl) tiene 5 747 metros de altura y se puede ver desde la carretera que comunica la Ciudad de México con

recursos necesarios para integrar los grandes territorios del norte que los conquistadores habían reclamado como suyos. Con el tiempo, los norteamericanos entraron en guerra con México y se adueñaron de lo que era el norte de este país.

Durante el gobierno de Díaz entró gran cantidad de capital extranjero que contribuyó a financiar la construcción de carreteras y vías ferroviarias hacia el norte a fin de aprovechar recursos naturales sin explotar, de forma que las explotaciones de mineral en bruto resultaron rentables para las empresas norteamericanas. El capital extranjero sirvió, así mismo, para financiar los sondeos petrolíferos; en 1938, cuando el Gobierno expropió la industria mexicana del petróleo, ya existía una red básica de vías férreas y carreteras.

Veracruz, y también la divisan los marinos desde el golfo de México. El Nevado de Toluca, o Xinantécatl, al oeste del Distrito Federal, se eleva hasta 4 680 metros. Un camino de tierra, transitable la mayor parte del año, conduce directo al cráter y a los dos lagos, el Sol y la Luna.

El todavía hirviente Paricutín, el más joven de los volcanes mexicanos, nació en febrero de 1943, cuando una tarde el agricultor Dionisio Pulido lo vio emerger en un sembrado de maíz. Aturdido, regresó al día siguiente con sus «compadres» para hallarse con un cono de 6 metros de altura. El Paricutín entró en erupción poco después, despidiendo grandes fragmentos de roca fundida hasta 100 metros de altura y derramando estremecedores ríos de lava de color naranja. Durante los nueve años que duró su actividad expulsó millones de toneladas de lava que cubrieron el pueblo de Parangaricutiro junto a otras diez aldeas, dando lugar a una montaña de 427 metros de altitud. Es posible llegar a este lugar desde Angahuan, un pueblo habitado por los indígenas purépecha. Por el camino se pasa junto a la torre de la iglesia de San Juan, que se alza desafiante hacia el cielo en medio de un lecho de lava negra.

Hacia el extremo occidental de la Transversal Volcánica, el volcán de Colima no es excesivamente elevado (3 326 metros), pero lo coronan dos conos, llamados Nevado y Fuego; el primero está cubierto de nieve, mientras que el otro tiene actividad constante. Aunque la última gran erupción

ocurrió en 1913, la montaña tembló y expulsó lava y cenizas en 1973. En 1952, la cumbre de la montaña Mariano Bárcena saltó por los aires en el archipiélago mexicano de Revillagigedo, situado en el Pacífico, a unos 575 kilómetros de la costa. Más recientemente, en 1982, el volcán Chichonal, en Chiapas, entró en erupción causando un gran número de muertes y grandes destrozos en las tierras y los inmuebles.

Fauna y flora

A pesar de que no hay suficiente tierra de calidad para la agricultura, existen grandes zonas deshabitadas que todavía son inaccesibles y están aisladas, por las que los animales salvajes vagan en libertad. Cuán estimulante resulta lo remoto de los extensos desiertos de Baja California, de las montañas de México central o de las junglas que orillan la bahía de Campeche.

México es un paraíso para los amantes de la naturaleza. Alberga en su territorio por lo menos 2 896 especies de vertebrados, entre las que se cuentan 520 de mamíferos, 1 424 de aves, 685 de reptiles y 267 de anfibios, de los cuales 16 especies de mamíferos, 13 de aves y 9 de reptiles se encuentran en la lista de animales en peligro de extinción. Algunos gozan de protección en parques nacionales; otros, en reservas naturales. En total en México hay más de 50 parques nacionales, pero muchos de ellos están en las regiones más alejadas, mientras que en torno a los núcleos urbanos los ríos siguen contaminados y el ubicuo manto de contaminación del Distrito Federal continúa ocultando el cielo durante gran parte del año. La deforestación, la erosión del suelo, la industrialización y, en ciertos casos, el turismo incontrolado aún representan serias amenazas ecológicas.

Un país del tamaño de México, con sus desiertos, selvas, montañas, volcanes, lagos, lagunas y ríos, por fuerza ha de ofrecer un sinfín de oportunidades a todo aquel que busque nuevas experiencias y desafíos.

Los montañeros que estén más en forma podrán avistar grandes ovejas cornudas en el Parque Nacional San Pedro Mártir, en el interior montañoso de Baja California. En el Parque Nacional Cumbres de Monterrey hay osos negros americanos, además de osos grises en las zonas más agrestes de la Sierra Madre Occidental, según noticias sin confirmar. Las islas de San Benito y Guadalupe (esta última ha sido declarada Reserva de la Biosfera), situadas en el océano Pacífico frente a la península de Baja California, son refugio de elefantes marinos, cuyos machos de mayor tamaño pueden exceder los seis metros de longitud. Pese a que a comienzos del siglo XX casi se habían extinguido en esta parte del mundo, en la década de 1970 la población de elefantes marinos únicamente de Guadalupe ya superaba los 47 000 individuos. En las playas de la isla de Cedros toma el sol una colonia de leones marinos, y también en las aguas frente a la costa de Baja California mora la tortuga verde (*Chelonia mydas*), en peligro de extinción en todo el planeta.

El más espectacular de los mamíferos es la ballena gris, que todos los años migra desde el mar de Bering, en Alaska, hasta las bahías del Pacífico en Baja California para aparearse y parir. Durante más de cien años se cazó a las ballenas hasta casi

---

ARRIBA: niñas tarascas cuidando de las ovejas en Michoacán.

extinguirlas pero, gracias a las medidas protectoras adoptadas por el Gobierno, su situación ha experimentado una notable mejoría en las últimas décadas. En 1937 sólo se contaron 250 ballenas grises en la laguna litoral de Ojo de Liebre, su zona de cría; en 1975, la cifra había aumentado hasta los 18 000 especímenes.

Ya sean los pelícanos y las águilas del norte y el oeste, o los colibríes y los buitres de más al sur, en México las aves nunca están demasiado lejos de nuestra vista; en ciertas regiones es tan frecuente ver (y oír) bandadas de loros salvajes como lo es ver canarios cantores o guacamayos enjaulados en los patios de los restaurantes, las casas y los hoteles. Además de las cientos de especies autócto-

nas, en México pasan el invierno muchas otras; algunas se decantan por la costa del Pacífico, y existen excursiones de todo un día en barco hasta refugios de aves como el que hay en el estuario de San Juan, corriente arriba desde San Blas. En el otro extremo del país, miles de flamencos rosas se agrupan en la zona del río Lagartos, al norte de Yucatán, y en el refugio de aves de Celestún, al oeste de Mérida. Se pueden organizar excursiones en barco desde la isla Mujeres hasta la reserva de aves de la diminuta isla de Contoy, lugar de cría de garzas, cormoranes, pelícanos, flamencos y fragatas. El Parque Nacional Lagunas de Chacahua, al oeste de Puerto Escondido, Oaxaca, o el del cañón del Sumidero, en Chiapas, son así mismo muy apreciados, no sólo por los ornitólogos, sino tam-

bién por todo tipo de amantes de la naturaleza, y en Tuxtla Gutiérrez existe un zoológico de especies autóctonas de Chiapas.

La moda de la ecología

En las últimas décadas, debido a un mayor interés por la naturaleza del país por parte de los turistas que visitan México, el término «ecoturismo» se ha popularizado enormemente. Como resultado, ya no es necesario ser un aventurero para disfrutar de la naturaleza mexicana. En muchas regiones del país, los parques nacionales comprenden áreas de gran interés o belleza, donde podrá apuntarse a excursiones organizadas.

En el norte, por ejemplo, se halla el conocido Parque Nacional de la Barranca del Cobre –cuatro veces más grande que el Gran Cañón de Estados Unidos–, o el Parque Nacional Cascada de Basaseachic, en el que se encuentra la catarata de un solo salto más alta de Norteamérica.

En el sur, un viaje por el río Usumacinta, en los estados de Tabasco y Chiapas, nos descubre una tupida selva tropical, una fauna exótica y antiguas ciudades mayas. También en el sur se hallan las cascadas del Parque Nacional de Agua Azul y los soberbios colores de las lagunas de Montebello, donde los distintos tonos de azul, verde y gris de los lagos varían dependiendo de los depósitos minerales y los reflejos de la luz.

En las aguas caribeñas, frente a la costa de Yucatán, podremos descubrir en cualquier época del año un gran número de peces y corales de mil colores, una verdadera meca para los submarinistas desde que el francés Jacques Cousteau filmara allí en la década de 1960.

Uno de los proyectos de conservación de la naturaleza más ambiciosos es la inmensa reserva de la biosfera de Sian Ka'an, en el estado de Quintana Roo. Abarca una gran diversidad de hábitats, como selvas tropicales, humedales, lagunas costeras, manglares y sumideros, además de parte del arrecife más largo del mundo, con 60 especies distintas de coral. Hay también tortugas, monos aulladores, cocodrilos, pumas, ocelotes, jaguares y cientos de especies de peces y aves.

Pero quizás el espectáculo de la naturaleza más vistoso de todos tenga lugar en México central. Todos los meses de noviembre, millones de mariposas monarca transforman el paisaje de Michoacán al llegar a su zona de cría –la reserva de El Rosario– después de haber volado miles de kilómetros desde Canadá y Estados Unidos.

IZQUIERDA**:** barcas de pesca en la bahía de los Ángeles, en Baja California.
DERECHA**:** amanecer en Tapalpa, en Jalisco.

CIVILIZACIONES PRECOLOMBINAS

Las culturas más conocidas son la maya y la azteca, pero había muchos otros pueblos en México antes de la llegada de los españoles

Según estudios realizados con radiactividad y carbono 14, México ha estado habitado durante más de 20 000 años. Todo empezó en Siberia, desde donde antiguos pueblos cruzaron el estrecho de Bering en busca de alimentos durante la última glaciación. De Alaska se dirigieron hacia el sur atravesando Canadá y Estados Unidos, para al fin llegar a México y América Central y del Sur.

Se trataba de pueblos cuya alimentación consistía en plantas silvestres y carne, y que por lo general daban caza a animales de tamaño medio o pequeño, aunque se sabe que también apresaban mamuts de vez en cuando.

A finales del Cenolítico (9000-7000 a.C.), mucho después de que se hubiesen extinguido los mamuts, los pobladores de lo que hoy es México utilizaban una tosca herramienta de piedra para moler el grano. Era el antecedente del metate, la piedra que aún emplea la mayoría de los campesinos mexicanos para moler el maíz. Hacia 5000 a.C., los antiguos pueblos de México comenzaron a cultivar maíz y frijol, que desde entonces constituyen los alimentos básicos de la dieta mexicana.

La cultura madre

Hasta no hace demasiado tiempo se pensaba que la más antigua de las civilizaciones mesoamericanas era la maya, pero ciertos hallazgos en la década de 1930 condujeron a un reajuste del rompecabezas histórico. Ahora se sabe que la misteriosa cultura olmeca de las regiones selváticas y poco elevadas del sur de Veracruz y Tabasco floreció entre 1200 y 400 a.C., por lo que fue la primera de las grandes civilizaciones precolombinas de México.

La historia y el estilo de vida de los olmecas, o «el pueblo de la tierra del hule», es un enigma. En la actualidad se sabe que trabajaban la tierra y que canalizaban el agua para regar los cultivos, así como que desarrollaron una fuerte organización centralizada y muy elitista. A diferencia de los mayas, los olmecas no idearon ningún tipo de escritura mediante el cual pudieran dejar constancia de su historia, por lo que debemos basarnos por entero en el testimonio de su arte.

PÁGINAS ANTERIORES: pictogramas en Chichén Itzá; la acrópolis de Edzná.
IZQUIERDA: cabeza colosal olmeca.
DERECHA: Coatlicue, la diosa azteca de la Tierra.

Su legado más conocido son las asombrosas cabezas monolíticas de basalto, que llegan a medir hasta 3 metros de altura y pesan entre 6 y 50 toneladas. Se cree que son retratos colosales de poderosos dirigentes olmecas. Aunque las 17 cabezas descubiertas hasta ahora presentan rasgos muy similares –narices chatas y anchas, labios gruesos y ojos de mirada fija–, ninguna es igual a otra. To-

das llevan un casco con una insignia de rango que indica que se trataba de personas eminentes, pero tampoco los cascos son iguales entre sí y en ellos se observan relieves que representan manos, cabezas de guacamayos o curvadas garras de jaguar.

Las cabezas, esculpidas en basalto extraído de las montañas de Tuxtla, se transportaban a distancias de hasta 100 kilómetros a través de colinas y ríos para llevarlas a los antiguos centros ceremoniales, donde han sido halladas. La ingente cantidad de mano de obra necesaria para llevar a cabo tales empresas es prueba en sí misma de la existencia de una sociedad jerárquica muy organizada.

Otros monumentos olmecas son los altares y las estelas, bloques alargados de piedra con relieves. Pero no todo el arte olmeca es de tamaño monumental; existen así mismo exquisitas miniaturas de jadeíta, una alfarería con bellos grabados y una delicada orfebrería en obsidiana. Lo más extraordinario es que todas estas piezas se fabricaron sin contar con la ayuda de ningún tipo de herramienta de metal. Por añadidura, algunos de los materiales empleados, como el jade, la obsidiana y la serpentina, se iban a buscar hasta lugares tan lejanos como Guatemala. También se han encontrado manifestaciones olmecas tempranas en Puebla, el valle de México, Oaxaca y Guerrero.

Al igual que en el resto de las civilizaciones precolombinas, la religión y el arte eran inseparables en la cultura olmeca. Un motivo muy recurrente en este tipo de arte antiguo es el jaguar, ese enorme felino moteado de fiero rugido que reinaba en la selva y desempeñaba un papel fundamental en la religión olmeca. Muchas de las esculturas representan al llamado hombre-jaguar, que Miguel Covarrubias, especialista en esta civilización, describe como «una fascinante mezcla de rasgos humanos y felinos». El panteón olmeca lo poblaban muchas otras deidades, en ocasiones criaturas míticas o semimíticas, y por lo común monstruosas o temibles. Muchas de las esculturas reproducen a niños, a menudo con malformaciones físicas como las que se observan en la fisura del paladar o en el síndrome de Down. Se piensa que estos niños eran idolatrados debido a que sus ojos rasgados o el labio leporino les asemejaba al gran dios jaguar.

Los tres yacimientos olmecas más importantes –San Lorenzo, La Venta y Tres Zapotes– abarcaron períodos más o menos consecutivos antes de que fueran abandonados. En la actualidad los tres, si bien accesibles, se hallan lejos de las principales rutas, y la mayoría de sus monumentos y objetos han sido trasladados a los museos antropológicos de Villahermosa, Xalapa y la Ciudad de México.

Hacia el año 400 a.C., la civilización olmeca se vio abocada a un violento final. Sólo podemos conjeturar el motivo de que tantas esculturas olmecas fueran tan gravemente mutiladas. Quizá las clases bajas se rebelaron contra sus soberanos, o puede que la devastadora destrucción de iconos resultase de la lucha por la hegemonía sobre el «corazón» de los territorios olmecas. Fuera como fuese, su arte, sus dioses y su organización social habrían de influir en todas las civilizaciones posteriores de Mesoamérica.

Los mayas

La civilización maya, que alcanzó su apogeo en el período clásico (300-900 d.C.), dominó la península de Yucatán y otros territorios del sur que incluían lo que hoy en día es el estado de Chiapas, hasta Guatemala y Honduras. En las tierras bajas del Yucatán, la piedra caliza proporcionaba un material de primera clase a los artesanos mayas para la construcción y la escultura; sus edificios de armoniosas proporciones suelen estar decorados con hermosos relieves en piedra o estuco. A pesar de que el auténtico arco no aparece en ningún momento en la arquitectura precolombina, los mayas inventaron lo que se conoce como la bóveda de piedra salediza o «falso arco».

La pirámide maya es mucho más empinada que las de otras regiones de México, con un templo edificado en lo alto que realza esa verticalidad. Éste cuenta con una bella ornamentación y un techo oblicuo coronado por un blasón o peine de piedra decorativo.

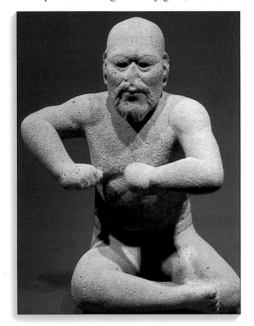

EL JUEGO DE PELOTA

El juego de pelota fue una parte muy importante de la vida en todas las culturas precolombinas desde los tiempos de los olmecas. Se trataba de un juego ceremonial muy solemne. Existen indicios de que, durante el período clásico, los prisioneros de guerra más destacados eran obligados a jugar, cuyo inevitable resultado final era el sacrificio humano. Los jugadores utilizaban una pesada pelota de hule que había que empujar con las rodillas, las caderas y los codos para hacer que pase a través de un aro de piedra situado en lo alto de uno de los muros que rodeaban el campo. Este juego gozó de gran relevancia en la cultura maya y en El Tajín.

El descubrimiento en 1952 de una cámara funeraria en el templo de las Inscripciones, en Palenque, dio pie a la especulación sobre la posibilidad de que las pirámides de México fuesen, al igual que las de Egipto, lugares de enterramiento y no simplemente la base para un templo. Así mismo, otro hallazgo revolucionó nuestro conocimiento acerca no sólo de las formas y técnicas artísticas, sino también del estilo de vida de los mayas; en esta ocasión se trataba de los enormes y vivos murales de Bonampak, en los que se recrean acontecimientos bélicos, unas pinturas únicas que nos aportan

RAMIFICACIONES

El historiador Michael D. Coe escribió en una ocasión: «El árbol cultural mesoamericano consta de muchas ramas y raíces, pero el tronco central es la civilización olmeca».

lograran obtener cifras infinitesimales más exactas. Contaron el tiempo a partir de una fecha cero en el año 3113 a.C., y creían que el universo llegaría a su término cuando el Gran Ciclo de la Cuenta Larga se acabase en el año 2011.

Los mayas necesitaban un calendario exacto porque la ordenación de los cuerpos celestes determinaba todo lo que hacían, empezando por el ciclo agrícola. Puesto que el universo se mueve en ciclos regulares, sabían que los movimientos pasados de las estrellas y los planetas volverían a repetirse, de modo que los sacerdotes mayas po-

infinidad de detalles sobre su indumentaria, su música, sus pertrechos de guerra y sus rituales.

Guardianes del tiempo

El paso del tiempo era un tema fundamental para los mayas, cuyo calendario era el más complejo de todos los que se emplearon en Mesoamérica. No hubo ninguna otra cultura que estuviese tan obsesionada con medir el tiempo. Calcularon el año solar en 365,2422 días y el ciclo lunar en 29,5209 días. Ambas cifras son tan precisas que hubo que esperar hasta el siglo XX para que los científicos

dían efectuar predicciones y actuar en consecuencia para anticiparse a los desastres.

Dioses mayas

El panteón maya era tan complicado como su calendario. En la actualidad se conocen 166 divinidades con nombre, cada una de ellas con cuatro representaciones que se corresponden con los puntos cardinales; existían equivalentes del sexo opuesto y todos los dioses astronómicos tenían una reencarnación subterránea. Al parecer, el dios supremo fue Itzamná («casa de la iguana»), la deidad del fuego, que a menudo se representaba como un anciano con una nariz romana. En su encarnación del Sol era el marido de la diosa de la Luna, Ixchel, benefactora de los tejedores, los médicos

IZQUIERDA: *El luchador,* una escultura olmeca.
ARRIBA: pirámide del Adivino en la ciudad maya de Uxmal, en la península de Yucatán.

y las mujeres. Otra divinidad importante para los mayas, pues se consideraban descendientes del pueblo del maíz, era Yum Kaax, el dios del maíz, como también lo era Chac, la deidad de la lluvia. Durante el período posclásico, los toltecas del Altiplano Central introdujeron el culto a la serpiente emplumada, que los mayas conocían con el nombre de Kukulkán.

Tras creer durante mucho tiempo que habían sido pacíficos adoradores de los dioses, ahora se sabe que los complicados rituales mayas incluían sangrar las orejas, la lengua o el pene (utilizando para ello el aguijón

DIOSES CABALLO

Los mayas identificaron a los españoles a caballo con los Chacs; se creyó que el jinete y el caballo eran una misma criatura cuyas armas de fuego eran el rayo y el trueno.

Entre los siglos III y VI d.C., los mayas mantuvieron un intenso contacto con otras regiones de Mesoamérica, sobre todo Teotihuacán y Monte Albán, con las que realizaban intercambios de productos textiles, herramientas, plumas, vasijas de barro, piedras preciosas, hierbas medicinales, incienso y sal, empleando granos de cacao como moneda y grandes canoas para transportar la mercancía por mar.

La civilización maya clásica de las tierras bajas entró en un irremediable declive a principios del siglo IX, al tiempo que la arquitectura de estilo *puuc* del período clásico tardío flore-

de una raya venenosa), y que en las fiestas se bailaba y se llevaban a cabo sacrificios para ganarse el favor de los dioses. En Chichén Itzá se arrojaba a las víctimas al Cenote Sagrado (un gran pozo natural) con la esperanza de propiciar la lluvia.

Territorio común

Los mayas contaban con una sociedad estructurada y disciplinada que gobernaban los sacerdotes-monarcas, pero nunca llegaron a estar unidos en una única capital o bajo un mismo gobernante. Las ciudades-estado autónomas compartían una escritura jeroglífica común, el concepto de cero, la religión y la cosmología; existían así mismo caminos sagrados o *sacbeob* que comunicaban los distantes centros ceremoniales.

cía en el norte de Yucatán. Los invasores toltecas llegaron desde México central a finales del siglo X y sus edificios más imponentes pueden admirarse en Chichén Itzá.

Teotihuacán

Las culturas del Altiplano Central han aportado el testimonio más completo de la historia precolombina de México. Los aztecas fueron los últimos que dominaron la región; la primera gran civilización fue la teotihuacana, que apareció unos 200 años antes de la era cristiana. Aunque Teotihuacán era una ciudad fantasma cuando llegaron los aztecas hacia 1300 d.C., su grandiosidad era tal que la llamaron «lugar de los dioses», y creyeron que el Sol y la Luna habían sido creados en ella.

La Teotihuacán clásica era un importante centro ceremonial, además de tratarse de la primera sociedad urbana planificada de Mesoamérica; su influencia, tanto religiosa como artística y arquitectónica, se dejó sentir incluso en lugares tan meridionales como Guatemala.

Dioses influyentes

Tláloc, el dios de la lluvia y la fertilidad, era una de las principales divinidades de Teotihuacán, al igual que Chac para los mayas o Cocijo para los zapotecas. Las personas representadas en el *Paraíso de Tláloc*, un mural de la ciudad (reproducido también en el Museo de Antropología, en la Ciudad de México), están retozando, cantando y bailando en una tierra fértil y exuberante.

El culto a Quetzalcóatl, la serpiente emplumada, el dios azteca del viento y el amanecer, se desarrolló también en Teotihuacán. Las muchas leyendas sobre esta divinidad narran cómo descendió sobre la Tierra y la regó con sangre para así crear a la especie humana; cómo robó el maíz a las hormigas y de ese modo facilitó la alimentación a la humanidad, y muchas otras historias.

Teotihuacán era un importante centro comercial que dominaba grandes yacimientos de obsidiana, utilizada en toda Mesoamérica para fabricar herramientas y armas. El comercio de este mineral en bruto y la creencia de que la ciudad era sagrada contribuyeron a que adquiriese un gran poder e influencia. También propició el auge del arte sacro de Teotihuacán: máscaras de tamaño natural hechas en serpentina o jade por los habilidosos lapidarios procedentes de Guerrero; complicados quemadores de incienso; vasijas cilíndricas en trípode labradas o decoradas con estuco en las que se representaban intrincados motivos mitológicos; la llamada cerámica naranja delgada y complejas estatuillas, algunas de ellas con brazos y piernas móviles.

Las civilizaciones clásicas de México, empezando por Teotihuacán en el siglo VIII, entraron en decadencia, y todas ellas habían desaparecido antes de que finalizase el siglo X. La ciudad de Teotihuacán ardió y fue abandonada, aunque sigue siendo un misterio si fue a consecuencia de una rebelión interna o de una invasión, quizás de los toltecas.

Los toltecas

En el siglo X, tras la destrucción de Teotihuacán, pero antes del auge de los aztecas y de Tenochtitlán, un grupo de chichimecas, cazadores nómadas, llegó a México central, fundó Tula y se con-

virtieron en toltecas (artesanos); eran albañiles, lapidarios de jade, tejedores y herreros, y trabajaban también con plumas.

El culto a Quetzalcóatl, la serpiente emplumada, adquirió una relevancia aún mayor que en Teotihuacán. Cuenta la leyenda que un caudillo de Quetzalcóatl escapó hacia el este después de que lo expulsara de Tula el dios guerrero Tezcatlipoca. Los toltecas se militarizaron más y más, y en cierto momento de su historia llegaron a dominar gran parte del centro de México; se cree que fueron los primeros en realizar sacrificios humanos en masa.

Además de la serpiente, otros motivos toltecas predominantes son: el *Chac Mool* reclinado, los famosos *atlantes*, las águilas y los jaguares devo-

rando corazones humanos, y los *tzompantli*, unos altares de calaveras. Muchos de los elementos arquitectónicos e iconográficos de Tula se repiten en Chichén Itzá debido a los invasores exiliados toltecas. Sus lazos comerciales también se extendían hacia el norte: se han hallado emblemas y utensilios en Casas Grandes, en Chihuahua, e incluso más al norte, en Arizona y la región septentrional de Nuevo México. No obstante, el imperio tolteca no gozaría de una larga existencia, y Tula, al igual que Teotihuacán, sería parcialmente destruida por el fuego en el siglo XII.

Los aztecas

En la época en que tuvo lugar la llegada de los españoles a estas tierras, la cultura azteca se encon-

IZQUIERDA: pintura mural maya en Bonampak, Chiapas.
DERECHA: estatua de *Chac Mool*, en Chichén Itzá, península del Yucatán.

traba en todo su esplendor y dominaba la totalidad de la costa del Golfo, aunque el oeste de la región todavía seguía ofreciendo una tenaz resistencia a someterse a su dominio.

Según la leyenda, los aztecas –o mexicas– y otros pueblos de habla náhuatl procedían de siete cuevas llamadas Chicomozoc, en el norte de México. Los mexicas decían haber emigrado de Aztlán, donde por primera vez tuvieron la visión de un águila posada sobre un nopal mientras devoraba una serpiente. Este símbolo cósmico –el águila representaba el cielo y el Sol, la serpiente simbolizaba la Tierra y el nopal, el sustento de los pueblos nómadas del desierto– es en la actualidad el emblema nacional mexicano.

El lugar de los cactus

Conducidos por el dios tribal, Huitzilopochtli, alcanzaron el altiplano central y, en la isla del lago Texcoco, vieron el águila profética que pondría fin a más de un siglo de errar por el continente. Y así, hacia el año 1345 de la era cristiana, los mexicas fundaron lo que sería la gran ciudad de Tenochtitlán, bautizada en honor de su jefe Tenoch y que significa «lugar de los cactus».

En un principio vivían a base de carne de serpiente, pescado, etc. Los últimos en llegar, los aztecas, ocuparon la parte más inhóspita del valle, de modo que se vieron obligados a aprovechar la masa de agua para vivir, sobre la que establecieron un sistema de chinampas (huertas flotantes creadas sobre las aguas del lago) y para el transporte.

Hacia el año 1429, los mexicas formaron una triple alianza con las cercanas Tlacopán y Texcoco, sentando de ese modo las bases del imperio azteca. Durante el reinado de Moctezuma I, Tenochtitlán se impondría como capital del imperio, y, tras una serie de ambiciosas campañas militares, los aztecas se apoderaron de Oaxaca y sometieron muchos centros mixtecos del sur.

Luego se dirigieron hacia el este y lanzaron campañas contra los huastecas y los totonacas en la costa del Golfo. Los aztecas no estaban interesados en ocupar las tierras de los vencidos. Dejaban a los pueblos conquistados con sus propios jefes y gobierno, pero les exigían cuantiosos tributos de conchas (que se utilizaban en los ritos religiosos), plumas de quetzal, pieles de jaguar y piedras preciosas; además, enviaban prisioneros a Tenochtitlán para sacrificarlos y ofrecérselos a los dioses.

La inauguración de la pirámide-templo de Huitzilopochtli en 1487 –19 años después de la muerte de Moctezuma I– estuvo acompañada por el sacrificio de miles de prisioneros, a los cuales, según algunas narraciones, se les hizo formar en fila de a cuatro en una columna de más de 5 kilómetros de largo para ser luego conducidos hasta el santuario en lo alto de la pirámide, donde los sacerdotes les arrancaban el corazón. Se dice que la ceremonia duró tres días con sus noches.

Cinco soles

En el complicado panteón azteca eran adoradas más de 2 000 divinidades, si bien el templo principal de Tenochtitlán estaba dedicado a Huitzilopochtli –el dios colibrí tribal– y a Tláloc, el dios de la lluvia. Junto a la gran pirámide se alzaban otros dos importantes templos: uno estaba consagrado a Tezcatlipoca, el dios del «espejo humeante», y el otro era el templo circular de Quetzalcóatl, la serpiente emplumada. Los aztecas creían que existían cinco eras o soles.

El primer sol había durado 676 años. Fue el reinado del dios Tezcatlipoca –el sol de la Noche y la Tierra–, cuando en la tierra habitaban los gigantes. Quetzalcóatl derrotó al primer sol, que cayó al agua y se transformó en un jaguar que se comió a los gigantes.

El segundo sol, Quetzalcóatl, dios del viento, fue derrocado por ese mismo jaguar tras haber gobernado durante 364 años. Se levantó un potente viento y todos murieron, excepto unos cuantos monos.

El tercer sol era Tláloc, la lluvia de fuego, cuya supremacía duró 312 años y se terminó cuando Quetzalcóatl conjuró una lluvia de fuego de un día de duración que mató a todo el mundo, salvo a algunos que sobrevivieron en forma de pájaro; en su mayoría, pavos.

El cuarto sol, Chalchiuhtlicue, ejerció su dominio sobre el mundo durante 676 años, pero éste llegó a su fin cuando Tláloc provocó una gran inundación de la que no se salvó nadie, exceptuando unos pocos que sobrevivieron transformándose en peces.

El quinto sol, el sol del Movimiento, es el que impera en la actualidad y su era se inició en Teotihuacán.

En su afán constante por aplacar a los dioses y mantener el quinto sol con vida, los aztecas le proporcionaban el alimento más sagrado y donador de vida: corazones humanos vivos.

DESCIFRAR LOS CÓDICES

Los pictogramas de los códices aztecas son sencillos de interpretar. Los viajes se representan por huellas de pasos; el habla, mediante un rollo que sale de la boca del orador y las canciones, con rollos decorados con flores.

la enorme plataforma, revela una fuerte influencia de la civilización olmeca.

Ya en épocas muy tempranas, los zapotecas idearon un completo sistema de escritura mediante glifos y utilizaban el mismo sistema de barras y puntos empleado por los mayas. Fueron los zapotecas quienes crearon la soberbia serie de bajorrelieves de Monte Albán, llamados *Los danzantes*. Sus urnas funerarias de cerámica decoradas con efigies que representaban deidades sentadas, vestidas con llamativos ropajes y joyas, son inigualables. Éstas se

Arte azteca

Los aztecas, a quienes se suele elogiar con más frecuencia por su destreza militar que por sus logros en las artes, desarrollaron un vigoroso estilo artístico. De hecho, eran hábiles escultores, alfareros, orfebres y pintores, cuyos libros –los códices– se cuentan entre los más bellos que se hayan creado nunca. Junto a las rígidas y muy estilizadas esculturas religiosas existía una fuerte vena naturalista en sus representaciones de saltamontes, coyotes, aves, ranas, conejos, tortugas, monos, peces y otros animales.

La descomunal Piedra del Sol o Calendario Azteca de Tenochtitlán (con casi 4 metros de diámetro) constituye la síntesis del saber astronómico de los aztecas y hay varias interpretaciones de su significado. En el centro muestra la cara de un dios del sol impasible, rodeado de anillos sucesivos que contienen símbolos de astronomía. El anillo externo lo conforman dos fieras serpientes enfrentadas.

Sin embargo, la verdadera obra maestra del arte azteca quizás sea la majestuosa ciudad de Tenochtitlán que edificaron en el centro de un lago, la orgullosa capital de su poderoso imperio.

Los zapotecas y los mixtecos

El centro de ceremonias de Monte Albán, el yacimiento postolmeca más antiguo, fue de hecho la más duradera de todas las civilizaciones clásicas del México precolombino. Se trata también del mayor logro de la cultura zapoteca, que se expandió y prosperó en el estado sureño de Oaxaca durante el período clásico. En su primera fase, durante la cual se allanó la cima del monte para construir

colocaban en sepulcros abovedados de piedra profusamente decorados, donde se cree que servían de protección al noble fallecido.

Hacia el año 1000 d.C., los mixtecos, un pueblo procedente de la región de Cholula-Puebla, más al norte, invadieron Monte Albán, ya en declive, se mezclaron con los zapotecas e hicieron del lugar su propia necrópolis. Abrieron algunas de las primeras tumbas zapotecas y reemplazaron a los ocupantes con sus propios difuntos. La más conocida de las tumbas mixtecas, la 7, en Mitla, fue excavada en 1932 por el arqueólogo mexicano Dr. Alfonso Caso, quien descubrió intrincadas alhajas y otros objetos preciosos –más de 500 piezas en total–, que constituyen el mayor tesoro que se haya encontrado jamás en Mesoamérica.

IZQUIERDA: *tzompantli* de piedra (altar de calaveras) de la época de los sacrificios humanos.
DERECHA: calavera mixteca recubierta con un mosaico de turquesas.

Los mixtecos tenían fama de ser hábiles artesanos, por lo que los aztecas los contrataban para que hiciesen joyas y mosaicos de plumas y turquesa. Utilizaban el método de vaciado a la cera perdida para crear primorosas piezas de oro, y su preciosa cerámica de pintura policroma se vendía e imitaba desde México central hasta Guatemala.

Los códices mixtecos llegaban a medir 12 metros de longitud y constituyen una fuente sustancial de todo tipo de información. Las ilustraciones y los pictogramas de los manuscritos de piel de venado describen acontecimientos históricos, conocimientos divinos o la genealogía de las familias nobles.

El mejor ejemplo de la arquitectura mixteca lo encontramos en Mitla, al este de Oaxaca, donde

los largos «palacios» bajos están decorados con mosaicos de piedras en relieve cortadas con gran pericia, cuyos motivos geométricos sugieren diseños textiles y recuerdan a los complejos entramados mayas en piedra de Uxmal, en Yucatán.

Los totonacas

La fértil costa tropical del golfo de México, con su abundante pluviosidad y temperaturas suaves durante todo el año, no sólo fue el territorio de los olmecas, la primera civilización mesoamericana, sino también de los totonacas, en Veracruz Central, y de los huastecos en el norte.

El nombre totonacas se emplea como término genérico para referirse a las culturas que florecieron en Veracruz Central, en particular en Remoja-

das, El Tajín y El Zapotal, aunque literalmente existen decenas de yacimientos arqueológicos en esta zona.

La cultura de Remojadas, que no se distingue por sus centros religiosos o su arquitectura monumental, destaca de forma asombrosa por su maestría con la arcilla. Los hallazgos arqueológicos muestran que la antigua tradición de enterrar a los muertos con ofrendas de vasijas y esculturas de barro también se daba en Veracruz Central. Las figuras de arcilla suelen estar sentadas y llevan faldas cortas; sus caras poseen los característicos ojos rasgados con expresión bizca, lo cual se consideraba un rasgo de belleza física. Muchas de las estatuillas eran silbatos o sonajeros, decorados con enrevesados diseños geométricos.

Las enigmáticas estatuillas sonrientes son las más representativas de la cultura de Veracruz Central. El simbolismo de estas figuras huecas, que representan tanto hombres como mujeres, ha sido estudiado por numerosos investigadores. Algunos creen que plasman el consumo ritual de sustancias alucinógenas (de ahí la sonrisa), mientras que otros no ven en ellas más que una expresión del carácter alegre y festivo de los habitantes de la costa.

Las grandes esculturas de arcilla desenterradas en El Zapotal en la década de 1970 formaban parte de colosales ofrendas que los antiguos pobladores del litoral hacían a Mictlantecuhtli, el dios del averno. La solemne estatua descarnada del «señor de los muertos» se acompañaba de varios cientos de estatuillas y de otros muchos objetos, incluidas las figuras sonrientes y un grupo de esculturas de arcilla monumentales conocidas como Cihuateotl, las mujeres a quienes se divinizaba tras su muerte al dar a luz.

No cabe duda de que la inmensa ciudad de El Tajín, con su famosa pirámide de los Nichos, constituye el cenit de la arquitectura en Veracruz y una de las ciudades más impresionantes de la América precolombina.

El juego de pelota ritual parece que conformaba el núcleo de las costumbres de la cultura de El Tajín. Se han descubierto en el yacimiento unas 17 canchas, además de paneles esculpidos en relieve con escenas que recrean el sacrificio de los jugadores y otros ritos relacionados con este juego sagrado. Una pintura mural muestra a un jugador decapitado con serpientes de sangre que salen de su cuello, símbolo de la fertilidad y la tierra. Se piensa que el gran número de bellas pero misteriosas hachas, palmas y yugos tallados en piedra eran así mismo parte del ceremonial del juego de pelota, o al menos que poseían valor ritual. El Tajín era sin duda una importante capital regional que dominaba un ancho territorio y cuya influencia estaba muy extendida; las relaciones culturales y económicas entre El Tajín y otros centros de la misma época, como Teotihuacán y Xochicalco, son evidentes.

Los huastecos

Los antiguos huastecos ocupaban una región del norte de Veracruz que incluía también zonas de los estados de Hidalgo, Puebla, San Luis Potosí y Tamaulipas. Su idioma, que sigue siendo utilizado hoy en día por sus descendientes, era una lengua maya que había evolucionado a partir de un tronco central en un pasado remoto.

INSPIRACIÓN

Picasso volvió la vista hacia África para hallar la inspiración, mientras que el escultor Henry Moore buscó la suya en las esculturas monumentales del México precolombino. Sus figuras reclinadas descienden del *Chac Mool.*

juguetes infantiles. El arqueólogo mexicano José García Payán sugiere que los huastecos fueron unos magníficos creadores de cultura y que es posible descubrir el origen de muchas de las divinidades que conformaban el panteón azteca, incluido el del propio Quetzalcóatl, «el centro neurálgico de la mitología mexicana», en la cultura huasteca.

Sin embargo, los aztecas doblegaron a los huastecos durante el reinado de Ahuizotl, predecesor de Moctezuma II. Los mexicas se quedaban estupefactos al enfrentarse a los guerreros huaste-

En comparación con otras culturas es poco el trabajo arqueológico llevado a cabo para estudiar la arquitectura de los huastecos, de modo que la mayor parte de los conocimientos proceden de sus extraordinarias obras de arte. Sus esculturas estilizadas de piedra arenisca y sus relieves representan cuerpos esquemáticos de hombres y mujeres con los típicos tocados cónicos y las figuras encorvadas de jorobados. Hay también caracolas con inscripciones, delicadas estatuillas de arcilla, cuencos, vasijas y animales con ruedas que se cree que eran

IZQUIERDA: una sonrisa eterna en una estatuilla totonaca.
ARRIBA: mural de Diego Rivera que recrea la ciudad de El Tajín.

cos, quienes luchaban totalmente desnudos, con el cuerpo pintado de vivos colores, la cabeza achatada y deformada, y el pelo y los dientes afilados en punta y teñidos.

Culturas occidentales

De las culturas del oeste de México se sabe mucho menos, si bien las efigies de cerámica halladas en cámaras y pozos funerarios han resultado muy reveladoras de las creencias y rituales de la gente que vivía en esta región hace 2 000 años. En Ecuador se han encontrado sepulcros de estilo similar, lo cual ha dado pie a la idea de que fueron introducidas en México por marinos procedentes del sur. Colima, Jalisco y Nayarit nunca se alzaron como reinos unificados, sino que estaban bajo la potestad de caciques, quienes dominaban pequeños territorios con escasos intercambios culturales entre los distintos grupos.

De su cerámica resulta evidente que creían en la vida después de la muerte. Así, un hombre era enterrado con réplicas de cerámica de su esposa, sus sirvientes y sus esclavos con el objeto de hacerle más llevadera la vida en el más allá. Estas figuras de arcilla se cuentan entre las más fascinantes del arte mexicano. Carentes del refinamiento de los mayas o de la complejidad técnica de los mixtecos, las obras de los alfareros occidentales son inconfundibles debido a la simplicidad y limpieza de sus líneas y a la alegría que expresan. Estos artesanos retrataban tanto la vida cotidiana como los

temas religiosos: un juego de pelota ritual con toda una multitud de espectadores, amantes abrazados, danzas fálicas, músicos, guerreros y animales; uno de los motivos más comunes es el *itzcuintli*, el rechoncho perrito sin pelo mexicano que, al parecer, se consideraba muy sabroso y solía servirse como manjar en los banquetes.

Los purépechas

Gracias a los españoles se sabe bastante de la cultura purépecha de Michoacán. Poco después de la conquista, el primer virrey encargó a Vasco de Quiroga que compilase la historia de los purépechas, o tarascos, como los llamaban los españoles; *Crónicas de Michoacán* proporciona una aproximación a la cultura purépecha.

Los aztecas decían tener ancestros comunes con los purépechas y afirmaban que ambos formaban parte del grupo chichimeca de tribus procedentes de las cuevas del norte.

El estado de Michoacán, cuyo nombre significa «lugar de los pescadores», se encuentra rodeado por el océano Pacífico. No obstante, la antigua religión de sus habitantes no se basaba en el mar, sino en los volcanes. El culto al fuego era el concepto central de la religión purépecha. La principal divinidad, Curicáueri, el «Gran Quemador», representaba al joven sol. La gente efectuaba sacrificios humanos en su honor y mantenía fuegos siempre encendidos en lo alto de las enormes estructuras ceremoniales que construían, llamadas *yácatas*. El mayor de ellos se encuentra en Tzintzuntzán, la capital purépecha, a orillas del lago de Pátzcuaro.

Aparte de estos edificios, las construcciones de los tarascos eran en general de madera. Eran estupendos artesanos del barro, la madera, el cobre y en particular de las obras hechas con plumas (los actuales tarascos todavía cultivan todas estas artes, excepto el trabajo con plumas, una expresión artística que ha sido abandonada).

Los antiguos purépechas sabían cómo organizarse para la batalla y contaban, además, con tropas muy bien entrenadas. Tariácuri, el primer rey legendario, unió a los clanes rivales en una firme alianza que en dos ocasiones logró derrotar a la máquina de guerra azteca.

El reino de los purépechas tuvo un triste final. Convertidos al cristianismo, el último de los reyes tarascos, Tangaxoan II, se dirigió con humildad a rendir tributo y someterse a Cortés en 1522. Degradándose a sí mismo, como era la costumbre purépecha, llevaba ropajes sucios y harapientos, pero no le serviría de nada; Nuño de Guzmán, el más brutal de los conquistadores, hizo quemar vivo al rey so pretexto de que había conspirado contra la dominación española; en realidad fue porque no pudo reunir el oro suficiente.

El reconocimiento en la actualidad

El reciente auge del nacionalismo ha despertado el entusiasmo por el arte precolombino mexicano; la identidad nacional y el orgullo cultural han encontrado un prestigioso símbolo en el olvidado arte de los indígenas, cuyos motivos prehispánicos están hoy por todas partes: en los murales de muchos edificios públicos, en la arquitectura, en la decoración interior y en todo tipo de diseños, desde monedas y sellos hasta joyas y ropas.

IZQUIERDA: vasija en forma de perro, cultura de Colima.
DERECHA: la ciudad maya de Palenque, en Chiapas.

Fechas decisivas

ÉPOCA PRECOLOMBINA

50 000 a.C.: Primeras migraciones humanas desde Asia a América por el estrecho de Bering.

10 000 a.C.: Asentamientos humanos en el valle de México. Se desarrollan comunidades basadas en la pesca, la caza y la recolección.

9000-1200 a.C.: Los inicios de la agricultura con el cultivo del maíz. Los antiguos cazadores y recolectores se convierten en agricultores; ya entonces sus principales sembrados se componen de la «trinidad» mexicana de alimentos básicos, que son el maíz, el frijol y el chile.

1200-400 a.C.: Período preclásico. Se desarrolla, florece y decae la cultura olmeca. Los olmecas destacan por sus cabezas colosales de piedra. Los principales centros olmecas se encuentran en La Venta, Tres Zapotes y San Lorenzo. Los mayas comienzan a establecerse en las tierras bajas del sur, y se inician las construcciones en Monte Albán, en el valle de Oaxaca.

300-900 d.C.: Período clásico. Florecen numerosas culturas mesoamericanas: se desarrolla el sistema sacerdotal de castas con un gran número de divinidades; es la época del esplendor de las artes, la cerámica, la literatura y la astronomía; el urbanismo alcanza su apogeo con la construcción de grandes ciudades y complejos centros religiosos. Chichén Itzá y Uxmal, en Yucatán, se cuentan entre los más importantes yacimientos mayas.

900-1000 d.C.: Comienza el período posclásico. Se militarizan las sociedades teocráticas. Entra en escena el pueblo guerrero de los toltecas, quienes crearon un imperio en el valle de México, donde fundaron las ciudades de Tula y Tulancingo. Se desarrolla la metalurgia. La mayoría de las ciudades son abandonadas de pronto y de forma misteriosa, y se producen grandes cambios culturales.

1345: Los aztecas fundan la ciudad de Tenochtitlán, su capital, en la pantanosa isla del lago Texcoco, donde en la actualidad se encuentra la Ciudad de México.

LA CONQUISTA ESPAÑOLA

1517: El navegante español Hernández de Córdoba realiza una expedición exploratoria por la costa de Yucatán y observa señales de asentamientos mayas.

1519: Hernán Cortés y sus hombres llegan a Tenochtitlán. Los recibe de forma pacífica Moctezuma II, quien los trata como a huéspedes de honor. La población de Mesoamérica de aquellos tiempos se ha estimado en 25 millones.

1520: Cientos de indígenas son asesinados en el Templo Mayor por Pedro de Alvarado durante la ausencia de Cortés. Como consecuencia mueren muchos españoles mientras luchan por escapar de la ciudad.

Agosto de 1521: Tras 75 días de asedio, Tenochtitlán cae en manos de los españoles.

ÉPOCA COLONIAL 1521-1821

1530: El rey Carlos I declara la Ciudad de México capital de Nueva España y lugar de residencia del virrey.

1539: Se introduce por primera vez en México la imprenta.

1566: Martín Cortés, hijo de Hernán, instiga la primera revuelta de los conquistadores contra el poder central de España.

1571: Se establece en México la Inquisición española.

1573: Se inicia la construcción de la actual catedral de la Ciudad de México.

1692: Disturbios en la Ciudad de México. La multitud prende fuego al palacio del virrey y al ayuntamiento.

1810-1821: Guerra de la Independencia de México. Miguel Hidalgo, párroco de Dolores, proclama su famoso «grito de Dolores».

Septiembre de 1821: Se declara la independencia con la entrada triunfal del general Agustín de Iturbide y el ejército trigarante en la Ciudad de México.

1822: Iturbide es coronado emperador como Agustín I.

1823: Antonio López de Santa Anna lucha a favor de un proyecto republicano alternativo e Iturbide abdica. Se proclama la Constitución mexicana, por la que se establece una república federal.

1846-1848: El presidente Santa Anna declara la guerra a Estados Unidos. La Ciudad de México es invadida. Los cadetes militares del castillo de Chapultepec mueren en combate y serán inmortalizados como los

«Niños Héroes». Por el posterior tratado de Guadalupe, México entrega Texas, Nuevo México, Arizona y Alta California a Estados Unidos.

1855: Benito Juárez ordena que se confisquen todas las propiedades de la Iglesia; separación de la Iglesia y el Estado.

1858: Guerra de la Reforma entre los conservadores y los liberales. Entre las leyes reformistas figuran la nacionalización de las propiedades de la Iglesia, matrimonios civiles, secularización de los cementerios y libertad de culto.

1862: Batalla de Puebla. El ejército nacional derrota a las tropas francesas invasoras.

1864: Maximiliano de Austria, enviado por Napoleón III como emperador de México, es recibido de forma ceremoniosa. Tres años después es ejecutado por un pelotón de fusilamiento.

1867: Se restaura la república y es elegido presidente Benito Juárez, indígena zapoteca.

1873: Estalla la sublevación de los cristeros en Guanajuato y Jalisco en protesta por las medidas reformistas.

1876-1911: El general Porfirio Díaz es elegido presidente. Su mandato de 35 años de duración, el «Porfiriato», se caracterizó por las mansiones de estilo europeo.

Noviembre de 1910: Una revolución armada derroca a Díaz, quien huye a París, a un exilio que él mismo se impuso.

La Revolución Mexicana, 1910-1921

1910: La lucha por la tierra y la libertad. Los jefes revolucionarios Emiliano Zapata y Pancho Villa ocupan la Ciudad de México durante varios días.

1917: Se promulga una nueva Constitución; Venustiano Carranza es elegido presidente.

1919: Emiliano Zapata es asesinado.

1920: Muerte de Carranza; el Congreso declara a Adolfo de la Huerta presidente provisional.

Época actual; la fundación del PRI, 1929

1929: Se forma el Partido Nacional Revolucionario, que es el actual Partido Revolucionario Institucional (PRI).

1938: El presidente Lázaro Cárdenas expropia las compañías petroleras, funda la empresa estatal Petróleos Mexicanos (PEMEX) y nacionaliza la red de ferrocarriles.

1968: Antes de la ceremonia de apertura de los Juegos Olímpicos, mueren varios estudiantes en una manifestación en Tlatelolco, en la Ciudad de México.

Izquierda: en la tira de la peregrinación se representa el emblema nacional del águila sobre un nopal.

Derecha: retrato de una muchacha india de Oaxaca, fotografiada por Desiré Charnay.

1970: Entra en funcionamiento la primera línea de metro de la ciudad.

1982: El presidente José López Portillo nacionaliza la banca.

1985: Un terrible terremoto de intensidad 8,1 en la escala de Richter sacude México Distrito Federal. Mueren miles de personas, pero la mayor parte de las estructuras y los edificios de la ciudad no resultan gravemente afectados.

1986: Tras el colapso internacional de los precios del petróleo, México suscribe el GATT (Acuerdo General sobre Aranceles Aduaneros y Comercio).

1988: Es elegido presidente el candidato del PRI Ernesto Salinas de Gortari, en medio de acusaciones de fraude electoral.

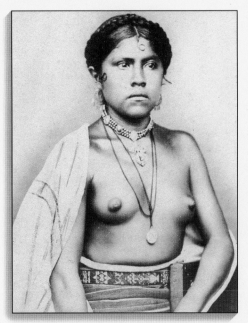

1994: Entra en vigor el Tratado de Libre Comercio Norteamericano entre México, Estados Unidos y Canadá.

Enero de 1994: Se produce la sublevación indigenista del Ejército Zapatista de Liberación Nacional (EZLN), que exige el reparto de las tierras y que se respeten los derechos humanos de los indígenas; se adueña de cuatro ciudades de Chiapas.

Marzo de 1994: Es asesinado Luis Donaldo Colosio, candidato a la presidencia por el PRI.

Agosto de 1994: Es elegido presidente Ernesto Zedillo Ponce de León, director de la campaña electoral del PRI.

Febrero de 1996: El EZLN firma el primero de los seis acuerdos de paz con el Gobierno mexicano, todos ellos dirigidos a mejorar los derechos humanos y políticos de los grupos indígenas.

LOS CONQUISTADORES

*El choque cultural que se produjo cuando Hernán Cortés se encontró con
el monarca azteca, Moctezuma, aún es posible apreciarlo en el México actual*

La conquista española de México fue el resultado de un violento choque entre dos grandes imperios, ambos ilustrados, crueles y perfectamente bien organizados. Pero las semejanzas se acaban ahí.

Desde el punto de vista de un observador imparcial se trata de una de las aventuras más apasionantes de la humanidad. Contra las decenas de

miles de guerreros aztecas y tribus aliadas, Hernán Cortés, el más destacado de los conquistadores españoles, contaba en un principio con menos de 400 soldados, 16 caballos –«bestias temibles» (como se describen en las crónicas españolas), nunca antes vistas en el Nuevo Mundo–, 10 cañones, cuatro piezas de artillería ligera y gran cantidad de munición.

Pese a que el sonido y la furia de las armas aterrorizó al principio a los guerreros aztecas, no sería eso su perdición. El éxito de la expedición de Cortés habría resultado imposible sin la alianza de tribus indígenas afincadas en tierras mexicanas enemigas de los aztecas; fundamentalmente los tlaxcaltecas, quienes aportaron miles de hombres para luchar junto a los españoles.

La quema de las naves

Cortés, nacido en la ciudad extremeña de Medellín, acababa de cumplir 19 años cuando llegó a la isla de La Española en 1504. Inteligente y ambicioso, ansiaba correr aventuras. Por encargo de Diego Velázquez, el gobernador de Cuba, organizó una expedición a México. El 22 de abril de 1519, tras una batalla en Tabasco, tomó tierra con 11 naves en Veracruz (en la costa del golfo de México).

Lo primero que hizo Cortés fue ordenar la destrucción de todas las naves menos una. Fue una arriesgada, aunque inteligente, maniobra militar para atajar cualquier posibilidad de retirada. A partir de ese momento, sus hombres sabían que no había modo de echarse atrás: tendrían que vencer al enemigo o morir en el intento.

El viaje hasta Tenochtitlán

Los indígenas totonacas de Cempola recibieron de forma amistosa a los españoles, que pronto iniciaron la marcha de 312 kilómetros hacia el interior, rumbo a la capital azteca de Tenochtitlán.

Cuando los invasores alcanzaron por fin las inmediaciones de Tenochtitlán, pudieron contemplar una soberbia ciudad ubicada en medio de un lago, con una ancha calle principal, templos, terrazas, jardines y montañas azuladas cubiertas de nieve en la lejanía. Una multitud curiosa de aztecas se arremolinó para verlos llegar con las armaduras, los cañones y los caballos.

Bernal Díaz, un soldado de la expedición de Cortés, describe en su diario la profunda impresión que la luminosa y resplandeciente capital azteca le causó a él y a sus compañeros cuando la avistaron por primera vez: «[la ciudad] paresció a las cosas de encantamiento que cuentan en el libro de Amadís –escribió–, y aun algunos de nuestros soldados decían que si aquello que vían, si era entre sueños…». Los españoles vieron a la gente, los canales, los puentes y los barcos deslizándose por el agua cargados de productos del mercado. Vieron enormes calzadas, de muchos kilómetros de longitud, lo suficientemente anchas como para que 10 caballos cabalgasen uno junto a otro. Visitaron el gran mercado de Tlatelolco, al que acudían unas 70 000 personas al día, con filas y filas de puestos en los que se vendían toda clase de mercancías.

Moctezuma salió al encuentro de Cortés. El rey tenía unos 40 años, era alto y esbelto, con una barba fina y la piel más clara que la de sus cobrizos súbditos. Saludó a Cortés con diplomacia y, creyendo que el español era un enviado divino de Quetzalcóatl, le entregó numerosos obsequios y lo dispuso todo para que sus hombres se alojasen en uno de los palacios.

Siguió una semana más o menos de conversaciones entre Moctezuma y Cortés (los dos hablaban por medio de la intérprete indígena de confianza de Cortés, Malinche), pero no obtuvieron resultados concretos. El rey continuaba mostrándose atento, pero Cortés se volvía cada vez más temerario y sus hombres empezaban a impacientarse, listos para entrar en acción. Finalmente esbozaría un plan con su cohorte y, mediante un atrevido golpe de mano, secuestró a Moctezuma y lo retuvo como rehén. El rey, que todavía creía que Cortés era un enviado de los dioses, impidió que su pueblo se rebelase.

En Cuba, el gobernador Velázquez tuvo noticias de lo sucedido. Temeroso de que Cortés se estuviera volviendo demasiado ambicioso, envió una expedición desde Cuba para arrestarlo. Actuando siempre como un estratega, Cortés salió al encuentro de sus paisanos, los derrotó y pasaron a engrosar su ejército.

Mientras tanto, las tropas españolas al mando del capitán Alvarado tenían retenido al prisionero Moctezuma, pero cometieron el grave error de atacar y asesinar a un grupo de sacerdotes y nobles que tomaban parte en una ceremonia religiosa. Al difundirse la noticia de la matanza, los aztecas se sublevaron y atacaron a los españoles. Cortés obligó a Moctezuma a que calmase los ánimos de sus guerreros. Según una de las versiones, el rey se lo pidió a su pueblo, pero éste lo injurió y lo apedreó, a causa de lo cual moriría poco después. Otros dicen que fueron los españoles quienes lo mataron.

Una noche triste para Cortés

Los aztecas bloquearon el palacio y destruyeron los puentes sobre los canales para aislar a los conquistadores. La noche del 30 de junio de 1520, los hombres de Cortés escaparon del palacio. Los aztecas les arrojaban sus largas lanzas con la punta de cobre; eran expertos con la honda y también manejaban el *maquahuitl*, un garrote en forma de paleta con afiladísimas incrustaciones de obsi-

---

IZQUIERDA: retrato de Hernán Cortés extraído de un libro de texto escolar.
DERECHA: Cortés entra en Tenochtitlán (detalle de una pintura del período colonial).

diana. Los españoles se defendieron y luego huyeron para salvar la vida, mientras los indígenas, que ya no temían a los invasores blancos, los hostigaban durante la retirada.

Muchos de los españoles perdieron la vida por culpa de su codicia; cargados de oro azteca, el peso les impedía luchar o nadar hasta un lugar seguro, e incluso moverse con soltura.

Bernal Díaz escribió que en esa «Noche Triste», como pasaría a ser conocida, los españoles perdieron a más de la mitad de los hombres, toda la artillería y las municiones y muchos caballos; «...y peleábamos muy bien; mas ellos

> ### LA RUTA DE CORTÉS
> Algunas agencias de viajes ofrecen excursiones organizadas por la «ruta de Cortés», desde Veracruz hasta la Ciudad de México.

estaban tan fuertes y tenían tantos escuadrones, que se remudaban de rato en rato, que aunque estuvieran allí diez mil Héctores troyanos y otros tantos Roldanes, no les pudieran entrar».

La ayuda de Tlaxcala

Los aztecas no pudieron consumar su victoria y los españoles que sobrevivieron consiguieron escapar. Vivieron de bayas silvestres y de las pocas mazorcas de maíz que pudieron recolectar en los campos durante la huida, pero lograron llegar hasta sus aliados en Tlaxcala.

Con refuerzos de hombres y armas, Cortés pudo por fin planear una estrategia para llevar a cabo el asalto final a Tenochtitlán. Ordenó la construcción de trece balandras de guerra armadas con cañones, y los barcos fueron arrastrados hasta el lago Texcoco, donde los españoles ejercieron el control de paso, de manera que los aztecas se vieron faltos de suministros de alimentos y agua potable.

En la última arremetida, los hombres de Cortés contaban con 86 jinetes, 700 soldados de infantería y 118 ballesteros y mosqueteros, además de varios miles de guerreros indígenas de Tlaxcala. La infantería se deshizo de sus armaduras metálicas y se pusieron la protección acolchada de algodón de los aztecas.

Al año siguiente, 1521, un ejército español reforzado sitió Tenochtitlán durante casi tres meses. Primero se apoderaron de las calzadas; luego, de la ciudad, calle por calle. Además de las tácticas

«Desde algunos años antes de que llegaran los españoles había flotado en el aire una extraña sensación de fatalidad, y una serie de negros augurios presagiaban catástrofes. Una noche, dijeron los sabios, una inmensa mazorca de maíz en llamas se había aparecido en el cielo goteando sangre. Un cometa con una larga estela de fuego lo había cruzado de un extremo a otro.

»Se había visto a un hombre con dos cabezas caminando por las calles. Las aguas del lago Texcoco habían elevado su nivel sin previo aviso un día sin viento e inundaron la ciudad. Se capturó un extraño pájaro con un espejo en la cabeza, que fue llevado hasta Moctezuma. El rey se miró en el espejo y, pese a que era de día, vio la noche y las

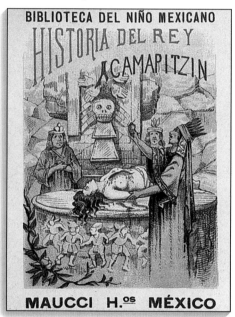

militares, la fuerza, las armas y el apoyo de los indígenas tlaxcaltecas, la causa española gozó de la inapreciable ayuda de una funesta epidemia de viruela que se propagó entre los aztecas; muchos otros agonizaban por falta de agua potable, pues el lago en torno a la ciudad estaba corrompido y era salobre. La resistencia azteca finalizó cuando los españoles capturaron a su nuevo emperador, Cuauhtémoc, mientras intentaba huir de Tenochtitlán en una canoa.

Presagios del desastre

Consideremos la historia de la conquista de México desde el punto de vista de los aztecas, tal y como la describe el estudioso mexicano Miguel León-Portilla en su libro *Las lanzas rotas:*

estrellas reflejadas en él. No cabía duda de que algo iba mal. Volvió a mirarse en el espejo y vio en él un extraño ejército avanzando hacia la capital. Los soldados iban montados en animales con aspecto de ciervos.»

El regreso de Quetzalcóatl

Fue más o menos en este momento cuando los aztecas recibieron las primeras noticias del desembarco español en la costa. Por supuesto, Moctezuma conocía la leyenda que anunciaba la llegada desde el este del rey divino Quetzalcóatl. La descripción que recibió el soberano de la llegada de los españoles en sus torres flotantes coincidía con la leyenda: ellos, al igual que Quetzalcóatl, eran de piel clara y barbudos.

Así que los invasores se presentaron y Moctezuma trató de ganárselos con oro. Miguel León-Portilla escribió que «tomaron el oro y lo manosearon como monos... Tenían un apetito de cerdos por ese oro».

Lanzas rotas

La destrucción de Tenochtitlán fue terrible, continúa el historiador. «Los gritos de mujeres y niños desamparados partían el corazón. Los tlaxcaltecas y otros enemigos de los aztecas se vengaron sin piedad por las viejas ofensas y robaron [a la gente] todo lo que pudieron hallar... Daba lástima contemplar tanta angustia y descon-

INTERPRETACIONES

Los mexicanos todavía ven en la Malinche, la intérprete, edecán y amante india de Cortés, a una traidora.

la había conocido tras su primera batalla de Tabasco. Sabía hablar maya y náhuatl, el idioma de los aztecas. Traducía del náhuatl al maya, y un español que había vivido entre los mayas traducía al español. Cortés actuaba conforme a los consejos que le daba la Malinche, quien conocía mejor el modo en que funcionaban las mentes de los aztecas.

Los españoles no sólo codiciaban el oro; también tenían la sensación de estar desempeñando una misión divina y querían ganar tierras para su monarca, y de paso engrandecer su reino. En lo más hondo de su corazón creían que Dios estaba de su lado y que una

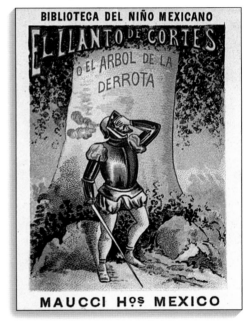

cierto. Los guerreros se reunían en los tejados y miraban fijamente las ruinas de su ciudad, aturdidos y en silencio, y las mujeres, los niños y los ancianos, todos lloraban.»

La Malinche

La ayuda más valiosa para Cortés sería su amante e intérprete india, doña Marina, conocida como «la Malinche». Era hija de un noble indígena, y Cortés

EXTREMO IZQUIERDA: ilustraciones de cajas de cerillas; un sacrificio humano.
IZQUIERDA: encuentro de Hernán Cortés y Moctezuma.
ARRIBA IZQUIERDA: los españoles prenden a Moctezuma.
ARRIBA DERECHA: Cortés llora la noche de su derrota.

parte importante de la misión consistía en convertir a los indígenas al catolicismo.

Bernal Díaz cuenta en su diario de la conquista que «nuestros hechos no los hacíamos nosotros, sino que venían todos encaminados por Dios; por que ¿qué hombres ha habido en el mundo que osasen entrar cuatrocientos y cincuenta soldados, y aun no llegábamos a tantos, en una tan fuerte ciudad como México, que es mayor que Venecia, estando tan apartados de nuestra Castilla sobre más de mil y quinientas leguas…?».

La derrota de Tenochtitlán –sin duda uno de los choques culturales más traumáticos de la historia universal– marcó el comienzo de la dominación colonial, que se mantendría durante los siguientes trescientos años.

COLONIALISMO E INDEPENDENCIA

La sociedad colonial estaba estructurada con arreglo a un complejo sistema de castas basado en la raza que la Corona española administraba con rigidez

Durante tres siglos, España gobernó México. No se puede decir que se tratara de una dominación ilustrada, sino más bien de colonialismo severo que con demasiada frecuencia enseñaba su peor cara. Cada cierto tiempo estallaba una revuelta, pero los rebeldes –entre ellos el propio hijo de Hernán Cortés, Martín– siempre eran aplastados sin tardanza.

A comienzos del siglo XVI, España –unida tras haber expulsado por fin a los musulmanes de la Península– era uno de los países más dinámicos del mundo. En él la Iglesia gozaba de una enorme autoridad, mientras que pequeños grupos de nobles ejercían con firmeza el poder político. Imperaba una rígida jerarquía en la que no existía el más mínimo asomo de democracia.

En las colonias, España gobernaba con mano de hierro. Conscientes del potencial de ese enorme territorio virgen, se apresuraron a eliminar cualquier forma de semiautonomía en la «Nueva España», como lo llamaron. Tras derrotar a los aztecas, las tropas españolas consolidaron su poder, sometieron a los indígenas y se expandieron en busca de más riquezas. La Corona no sólo se olvidaría de los conquistadores, sino que acabaría por arrebatarles muchas de las tierras que Cortés había otorgado a sus hombres más leales. Se envió a un noble para que gobernara Nueva España en calidad de virrey y los soldados que habían combatido con tanto valor apenas sacaron otra cosa que no fuesen sus heridas y cicatrices. «Hemos de considerarnos no los vencedores de la Nueva España, sino las víctimas de Hernán Cortés», comentaba Bernal Díaz con amargura.

Encomiendas y haciendas

En un principio se introdujo un régimen de concesión de tierras por el cual al poseedor de una dignidad –llamadas «encomiendas»– se le entregaba un terreno y, para trabajarlo, un cierto número de indígenas, a quienes debía proteger y convertir al cristianismo. La mayoría de las encomiendas eran

demasiado pequeñas para que resultasen económicamente viables y menos del dos por ciento de los terratenientes podían ganarse la vida con ellas. A medida que se perfeccionó la agricultura, las encomiendas dieron paso a las haciendas, extensiones de terreno más grandes que se compraban a la Corona. A nadie le preocupaban demasiado las relaciones amo-señor que se daban entre los españoles y

los indígenas, y en los lugares remotos, donde era difícil que llegaran los funcionarios reales, los encomenderos actuaban como verdaderos señores feudales. La Iglesia apoyaba sin titubeos la filosofía de que a cada persona se le asignaba una posición en el mundo y de que sólo aceptando con humildad la propia condición sería recompensada en la otra vida. Llevó décadas cristianizar a los indígenas. Primero una bula papal hubo de reconocer que eran seres humanos, descendientes de Adán y Eva, con un alma que se podía salvar.

Los misioneros españoles concentraron sus primeros esfuerzos para ganar prosélitos en enseñar a los niños de la aristocracia indígena. En 1528 se fundó en Tlatelolco con tal propósito el colegio de Santa Cruz. Muchos de los estudiantes aspiraban

PÁGINAS ANTERIORES: la independencia de México, plasmada en un mural de Juan O'Gorman.
IZQUIERDA: el palacio de Iturbide, Ciudad de México, en el siglo XIX.
DERECHA: *San Rafael y Tobías*, de Miguel Cabrera (1695-1768), el pintor más famoso del virreinato.

al sacerdocio, pero un decreto de 1555 prohibió que pudieran ordenarse los indígenas, los mestizos y los negros.

Sin embargo, la religión era un tema secundario ante la evidencia de que la población nativa estaba siendo exterminada, sobre todo a causa de las epidemias. Debido a que no tenían defensas ante las enfermedades europeas, y en particular castigados con saña por la viruela, casi el 90 por ciento de los pobladores indígenas desapareció en las décadas posteriores a la conquista. Además, algunas comunidades indígenas se negaron a aceptar el dominio español y llegaron a darse casos, en Chiapas por ejemplo, de tribus enteras que se suicidaron presa de la desesperación.

criollos (españoles nacidos en México) o de mestizos (con sangre indígena y española) audaces e independientes, del estilo de los pioneros del Oeste americano. Las tierras semidesérticas y despejadas en las que se asentaron, útiles para la ganadería pero no para mucho más, se extendían hasta lo que es hoy en día Texas, Arizona, Nuevo México y Alta California.

En sus ansias de riqueza y poder, hombres brutales se apoderaban de las tierras de cultivo indígenas, por lo que muchos eran asesinados en las incontables reyertas por los derechos sobre el agua y el suelo. No hace falta decir que los indígenas salieron perdiendo. De modo que, aunque la esclavitud de éstos se abolió en Nueva España en 1548

La esclavitud en las minas

No tardarían demasiado tiempo los españoles en descubrir minas de plata en Zacatecas, Pachuca y Guanajuato, y en 1548 ya había en funcionamiento más de 50 minas. Pero ni siquiera el reclutamiento forzoso de indígenas para trabajar en las minas bastaba para explotarlas, por lo que se llevaron esclavos negros. En 1800, México producía el 66 por ciento de la plata mundial.

Algunos hombres más osados se aventuraban hacia el lejano norte con la esperanza de hallar nuevos yacimientos de plata u otro tipo de riquezas. Al estar a varios meses de viaje de la Ciudad de México y, por lo tanto, lejos del alcance de la aristocracia dominante, estos aventureros desarrollaron una sociedad abierta. Se trataba por lo general de

–ocuparon su puesto los esclavos negros–, muchos continuaron sometidos. Si una familia indígena había acumulado deudas, con frecuencia se veía obligada a servir en la misma hacienda durante generaciones. En ocasiones, la Iglesia trató de protegerlos; frailes compasivos como fray Bartolomé de las Casas en Chiapas, o el obispo don Vasco de Quiroga en Michoacán, crearon instituciones para ayudar a los indígenas.

Rivalidad eclesiástica

La Iglesia tenía sus propios problemas, como la política interna y los conflictos con las autoridades civiles. Varias órdenes religiosas enviaron a misioneros para convertir a los indígenas; en 1559 había 380 monjes franciscanos, 210 dominicos y

212 agustinos; pronto les siguieron otros, entre ellos los jesuitas. A pesar de que a cada orden se le asignaba una región y podía evangelizar a los hombres a su modo, la rivalidad entre ellas fue en ocasiones intensa. Era innegable que la Iglesia era muy rica; recibía un diezmo de la agricultura, el comercio y el capital de las minas, además de una cierta cantidad de la precaria economía nativa. Poseía refinerías de azúcar y haciendas, e incluso funcionaba como prestamista de dinero.

Como era inevitable, hubo roces entre la Iglesia y el virrey, que representaba al rey de España, por

ECONOMÍA DIRIGIDA

En México estaba prohibido plantar vides y olivos para proteger el monopolio español en exportaciones de vino y aceite de oliva.

constituiría la ruta española hacia las riquezas de Oriente. Una vez al año, el galeón de Manila arribaba a Acapulco desde las Filipinas y la mercancía se transportaba por tierra hasta la ciudad de México y luego hasta Veracruz, el único puerto con derecho a comerciar con España, de modo que prosperaban el contrabando y la piratería, y buena parte de la plata mexicana era sacada del país ilegalmente.

Nuevos cultivos y gente

La caña de azúcar se daba bien en México, pero ya en el año 1599 se promulgó un decreto por el cual

lo que gozaba de autoridad absoluta en la colonia. La Corona española, que se interesaba sobre todo por los beneficios, promulgó leyes para potenciar al máximo las ganancias que le reportaba Nueva España. México no tenía derecho legal a comerciar con ningún país europeo, salvo España, y se prohibió todo tipo de comercio en el interior de la colonia, ya que habría entrado en competencia con las importaciones de la península Ibérica.

No sólo se buscaba proteger el oro y los bienes de Nueva España. Durante el virreinato, México

IZQUIERDA: el Palacio Nacional, pintado por Casimiro Castro.

ARRIBA: a comienzos del siglo XVIII, la ciudad de México aún estaba rodeada por un lago.

se limitaba el número de plantaciones de caña en favor del maíz y el trigo. En los estados de Tlaxcala e Hidalgo, las haciendas producían pulque, una bebida alcohólica elaborada con zumo de maguey fermentado. En la península de Yucatán se cultivaban algodón e índigo; Oaxaca producía cochinilla (un tinte rojo extraído del cuerpo seco de la hembra de un gusano de los cactus) y otras regiones plantaban vainilla, cacao y tabaco.

Obviamente, eran los indígenas quienes realizaban la mayor parte del trabajo pesado, pero existían también muchos jornaleros pobres entre los miles de colonos recién llegados de España. Mientras tanto, surgían nuevas clases sociales: criollos, españoles nacidos en México; mestizos, de sangre indígena y española; y las castas, con distintos grados de sangre española, indígena, negra y asiática. Las autoridades registraban estas mezclas con un nombre para cada una de ellas. En el siglo XVIII, los mestizos y los criollos representaban aproximadamente la mitad de toda la población.

Sueños de independencia

El descontento hacia la Corona era generalizado y la Revolución Francesa, que se inició en 1789, junto a la independencia de las colonias británicas de Norteamérica, alentaron los sueños independentistas de los agraviados pueblos de Nueva España. Cuando, en 1808, Napoleón Bonaparte invadió España y sentó a su propio hermano en el trono, el sentimiento de malestar se agudizó.

rrección y revolución; pidió la igualdad entre los hombres y tierras para los que no tenían, y la muerte para el mal gobierno y para los gachupines (el término peyorativo con el que se denominaba a los nacidos en España), los únicos con derecho a ocupar los altos cargos de la administración. Se trató, de hecho, de un llamamiento a la guerra que concluyó con el famoso «Grito de Dolores», un clamor de independencia frente al dominio español, la invocación más famosa de la historia mexicana. Y así estalló la revolución.

Los seguidores de Hidalgo, armados con palos, azadas y hondas, avanzaron tras la bandera de la Virgen de Guadalupe; allí por donde pasaban se les unían más hombres, y su número creció pronto

Los criollos de las clases medias, quienes más saldrían ganando con un cambio de régimen político, comenzaron a reunirse y a hablar de revolución e independencia. En una de esas reuniones, que tuvo lugar en la ciudad de Querétaro, se hallaba presente el tranquilo párroco de Dolores, don Miguel Hidalgo y Costilla, y también el capitán Ignacio María de Allende.

Estos hombres planeaban un levantamiento para finales de año (1810), pero la noticia de la confabulación llegó hasta el Gobierno. Doña Josefa Ortiz de Domínguez, esposa del gobernador, avisó a los conspiradores, que decidieron actuar de inmediato. La mañana del 16 de septiembre de 1810, el padre Hidalgo congregó a su parroquia en el pueblo de Dolores. Desde el púlpito habló de insu-

desde unos cuantos centenares a muchos miles. En cuestión de un par de meses, el ejército rebelde se apoderó de San Luis Potosí, Valladolid y Zacatecas en México central; cuando llegaron a Guadalajara, Hidalgo formó su primer gobierno y promulgó decretos para emancipar a los esclavos negros, abolir los tributos que los indígenas tenían que pagar y eliminar los monopolios estatales del tabaco y de la pólvora.

Amargas batallas

Durante las contiendas con los hombres de Hidalgo murieron cientos de españoles, por lo que algunos criollos hacendados, que en un principio se habían sumado al alzamiento, empezaron a retirarle el apoyo.

Entretanto, el general Félix María Calleja, enviado por el Gobierno para que detuviese a los rebeldes, llegó con un ejército que sitió Guadalajara. En enero de 1811, las fuerzas de Calleja vencieron a los insurrectos en Puente de Calderón, a 40 kilómetros al este de Guadalajara. Hidalgo huyó hacia el norte junto a las tropas revolucionarias que quedaban, pero cayeron en una emboscada, siendo hechos prisioneros y conducidos a la lejana ciudad de Chihuahua. Hidalgo fue juzgado en Chihuahua, condenado a muerte y fusilado el 30 de julio de 1811.

> **UNA DÉCADA DE LUCHAS**
>
> «La nación quiere que la gobiernen los criollos y, puesto que se ha hecho caso omiso, se ha alzado en armas para hacer que la escuchen y la obedezcan.»
>
> JOSÉ MARÍA MORELOS

dad, capital del estado de Guerrero). No obstante, la Constitución y la declaración de derechos humanos consiguientes nunca entraron en vigor. El implacable general Calleja y las tropas del virrey capturaron a Morelos en 1815 y, lo mismo que su predecesor, fue ejecutado.

Con la muerte de Morelos, la lucha por la independencia perdió al último de sus famosos cabecillas. Muchos de los criollos aceptaron la derrota y la mayoría de las fuerzas rebeldes se dispersaron. Se le encargó a un ambicioso coronel criollo, Agustín de Iturbide, que aplastara a las tropas re-

Victorias criollas

Pero el movimiento independentista no moriría. Entre los nuevos líderes rebeldes estaba José María Morelos y Pavón, otro párroco rural, antiguo discípulo de Hidalgo.

Morelos puso en marcha brillantes campañas militares en el sur, donde primero se apoderó de Oaxaca y luego de Acapulco. Convencido de que el fin de la dominación española era inminente, convocó un congreso en Chilpancingo (en la actuali-

beldes que aún permanecían en las montañas del sur encabezadas por Vicente Guerrero, uno de los seguidores de Morelos.

La lucha continuó de forma esporádica hasta que, en 1821, el realista Iturbide desertó, alcanzó un acuerdo y unió sus fuerzas a las de Guerrero. Anunciaron entonces el Plan de Iguala, por el que se proclamaban tres principios básicos: el catolicismo apostólico romano como la única religión oficial, la igualdad de todos los ciudadanos de México y la instauración de una monarquía constitucional. El programa fue sancionado al firmar el nuevo virrey, Juan O'Donojú, los tratados de Córdoba por los que, por fin, el 24 de agosto de 1821, once años después del primer levantamiento, Nueva España se convertiría en México.

IZQUIERDA: imagen de Acapulco en el siglo XVII.
ARRIBA IZQUIERDA: azulejos pintados de la casa Sandoval, de la época colonial.
ARRIBA DERECHA: fiesta real en el bosque de Chapultepec, Ciudad de México (siglo XVIII).

La arquitectura desde la conquista hasta la independencia

En México, la herencia del pasado casi nunca se encuentra demasiado lejos. Las pirámides precolombinas, los monasterios fortificados, las iglesias barrocas y las haciendas en ruinas descansan al borde de autopistas muy transitadas. Después de la conquista española, la fusión cultural resultante originó una gran diversidad de estilos arquitectónicos. En el siglo XVI, los constructores más prolíficos fueron

los frailes misioneros. Lejos de España, en un clima y en una tierra extraños, adoptaron elementos de la arquitectura clásica, románica, gótica y renacentista, entre otras. El estilo mudéjar (una expresión artística cultivada por los cristianos españoles que se caracteriza por el uso de elementos árabes) también dejó su impronta en México. En Acolman, Actopan, Huejotzingo y Yecapixtla todavía dominan el paisaje los majestuosos e inmensos monasterios, construcciones con poderosos contrafuertes y aspecto de fortaleza que solían edificarse con las piedras de las pirámides y templos «paganos». Los frailes también se ocuparon de la construcción de capillas, hospitales y escuelas.

El trabajo era efectuado por los artesanos indígenas, a quienes se instruyó en carpintería, pintura, forja y otros oficios europeos. La gloria de la Iglesia militante halló su expresión en los enormes altares, las imágenes doradas, las pinturas murales y las tallas ornamentales de madera y piedra. No se trataba de meras imitaciones de obras europeas, sino que revelaban una sensibilidad artística inherente a las civilizaciones indígenas. Los historiadores de arte llaman *tequitqui* a esta fusión de estilos indígenas y del Viejo Mundo.

Durante el siglo XVII, la arquitectura mexicana lucía cada vez más ornamentos; el barroco que llegaba desde España propiciaba la exuberancia y la fantasía. En 1750, el estilo barroco había evolucionado hacia el ultrabarroquismo o estilo churrigueresco (cuyo nombre se debe al arquitecto español del siglo XVIII José Benito Churriguera). Las iglesias y catedrales del siglo XVIII, caracterizadas por una gran complejidad y la profusión en el detalle, reflejan la prosperidad de ese siglo. Los retablos revestidos de oro –llenos de columnas salomónicas, santos, ángeles y medallones– deslumbraban a los fieles de Amecameca, Tepotzotlán, Taxco o Querétaro.

En los distritos de la periferia, los artesanos se inspiraban en las tendencias urbanas. Sus imaginativas y eclécticas creaciones se designan como «barroco popular». El estuco, labrado como si se tratara de piedra, embellece las fachadas en Sierra Gorda, en Querétaro. En el estado de Puebla, los azulejos vidriados de colores decoran el exterior de las iglesias; en San Francisco de Acatepec revisten cornisas, capiteles y columnas. En la ciudad de Puebla y en sus alrededores, los interiores de las iglesias solían decorarse con incrustaciones de yeso dorado y policromo. En Santa María de Tonantzintla, ramilletes de flores, frutas o animales y querubines cubren las paredes y el techo.

El neoclasicismo, importado de forma oficial por el virreinato a finales del siglo XVIII, desdeñaba el Barroco por considerarlo ostentoso y vulgar. A medida que los círculos académicos abrazaban los ideales grecorromanos, el estilo de los edificios entró en una época de austeridad artística. En algunas iglesias se extrajo toda la decoración de los interiores y fue reemplazada por formas y materiales seudoclásicos, como el mármol. Sin embargo, a pesar de los dictados del racionalismo europeo, muchas iglesias y catedrales barrocas se conservaron intactas. Adornadas hoy en día con flores, velas y santos de escayola –a veces incluso con cruces de neón–, reflejan la religiosidad popular de los modernos feligreses mexicanos.

CIUDADES Y PALACIOS

En la capital del México virreinal, la clase dirigente mostraba un gran apetito por el lujo. Tras la destrucción de Tenochtitlán se puso en marcha un ambicioso proyecto de reconstrucción. Las edificaciones aztecas se sustituyeron por majestuosas residencias y edificios gubernamentales. Fray Alonso Ponce, al ver la ciudad en 1585, alabó sus «excelentes casas y bellas calles».

En la actualidad apenas queda nada de la arquitectura civil del siglo XVI. Los edificios que no fueron demolidos por las generaciones posteriores han sufrido profundas modificaciones y remodelaciones para adaptarlos a los nuevos gustos.

Las viviendas palaciegas del período barroco contaban con dos o más pisos. Los elaborados exteriores lucían torres en las esquinas, estatuas instaladas en nichos, balcones con barandillas de hierro forjado y entradas monumentales rodeadas de escudos de armas. En el interior, una impresionante escalinata conducía desde el patio central al piso más alto. Los caballos y los carruajes se guardaban en el patio trasero. Las familias adineradas mantenían sus mansiones urbanas con los ingresos que generaban las rentas de las propiedades del campo.

Durante el siglo XVIII, los condes del Valle de Orizaba, que poseían plantaciones de azúcar, reconstruyeron y decoraron al estilo barroco su casa del siglo XVI. Esta antigua residencia del conde de Tales de Orizaba en la Ciudad de México, conocida como la casa de los Azulejos, debido a los azulejos azules y blancos que adornan la fachada, funciona en la actualidad como tienda y restaurante. Otros palacios se han rehabilitado para que sirvan de museos. También en otras ciudades se construyeron hermosas villas, como, por ejemplo, en Puebla, donde las fachadas se revistieron con estuco durante el período barroco. Una de estas mansiones, resplandeciente con su ornamentación como de merengue, recibe el muy apropiado nombre de la casa del Alfeñique.

Mientras predominó el estilo neoclásico, hasta después de 1821 y la guerra de la Independencia, los motivos clásicos inspiraron la construcción de majestuosas residencias, edificios gubernamentales y teatros, tanto en la Ciudad de México como en otras. Durante la segunda mitad del siglo XIX, sin embargo, las influencias francesas volverían a despertar el gusto por la arquitectura y la decoración ornamental.

HACIENDAS Y CASAS INDÍGENAS

Los propietarios de grandes haciendas amasaron enormes fortunas gracias a la agricultura y la minería. En el transcurso del virreinato, las edificaciones eran sometidas a continuas remodelaciones para adaptarlas a las necesidades imperantes, proceso éste que se vio acelerado durante el gobierno de Porfirio Díaz. De este modo, muchas de las haciendas que perduran en la actualidad han adquirido como consecuencia una especie de cualidad atemporal que hace muy difícil situarlas en el tiempo.

IZQUIERDA: la sobria fachada de la iglesia de San Roque, en Guanajuato.
DERECHA: la magnificencia barroca de la iglesia de Santo Domingo, en Puebla.

Las haciendas, autónomas y autosuficientes, funcionaban conforme a un modelo feudal. Unos gruesos y fuertes muros protegían la vivienda, con sus espaciosos aposentos y sus patios atestados de plantas. Los muros también rodeaban la capilla, los barracones de los trabajadores, la escuela, el cementerio, los establos y los corrales, los almacenes y los graneros. La espadaña –una sección del muro con aberturas en arco para las campanas– es uno de sus rasgos más llamativos. En la actualidad, algunas haciendas subsisten como hoteles o residencias privadas; la antigua hacienda de San Gabriel, en las afueras de Guanajuato, es ahora un hotel de cuatro estrellas con deliciosos jardines, una capilla y un museo. La hacienda de Santa Ana, en las inmediaciones de Xalapa, funciona

como museo con sus originales muebles. Otras, saqueadas y arrasadas durante la Revolución Mexicana, yacen en ruinas.

Fuera de los límites de las ciudades virreinales y de los muros de las haciendas, la población indígena disponía de los materiales de la región para levantar sus casas a la manera tradicional. Incluso en el presente, en zonas muy lluviosas, los tejados de paja o de hojas de palmera cuelgan sobre paredes hechas de postes, tablones o ramaje y barro. En las regiones más secas, donde los campesinos utilizaban piedras y adobe, algunas de las casas están techadas con terracota o tejas típicas españolas. Una capa de yeso proporciona protección contra los insectos y los elementos. En los pueblos de Yucatán o de Oaxaca, este tipo de arquitectura popular aún ostenta la impronta del pasado.

EL SIGLO XIX

Durante el primer siglo de la Independencia se disputaron México emperadores
y dictadores, mientras EE UU, Francia, España y Gran Bretaña lo invadían

Las primeras décadas del siglo XIX fueron en México una época de continuos derramamientos de sangre; se perdieron cientos de miles de vidas, el país estaba exhausto y agotado, el comercio, en ruinas y la tierra, devastada.

Tras la firma de los tratados de Córdoba y la formalización de la independencia, el entusiasmo y el regocijo eran enormes. Iturbide condujo a su

victorioso ejército hasta la Ciudad de México y fue nombrado presidente de la primera Junta de Gobierno de la Independencia; al año siguiente, mediante una fastuosa ceremonia de coronación, se proclamaría emperador como Agustín I. Pero su gozo no duraría mucho ya que, menos de un año después, uno de sus hombres, el general Antonio López de Santa Anna, se rebeló obligándole a abdicar mientras exigía la instauración de la república. Poco después Iturbide sería ejecutado.

Una república muy inestable

Finalmente, la Constitución de 1824 estableció en México una república federal, y Guadalupe Victoria, adalid de la guerra de la Independencia, se convirtió en el primer presidente electo. Sin embargo,

iba a ser el general Santa Anna quien dominaría la escena política durante las tres décadas siguientes.

Tras la independencia, los mexicanos se encontraron con un país inmenso con graves problemas. El tráfico marítimo con Europa y el Extremo Oriente se había interrumpido durante la guerra y la producción minera, agrícola e industrial había disminuido de forma drástica. La precaria red de carreteras se había deteriorado, por lo que las comunicaciones en esta enorme, desunida y vapuleada tierra resultaban casi imposibles. La mayoría de los seis millones de habitantes que tenía el país a comienzos del siglo XIX eran mestizos e indígenas que vivían en la más absoluta miseria, indiferentes ante la política y excluidos de ella.

Desde 1821 hasta 1850, México sufrió disturbios constantes. En un período de 30 años se sucedieron 50 gobiernos, casi todos ellos impuestos por medio de golpes militares, once de los cuales los presidió el general Santa Anna, que se ganó el título de «dictador perpetuo».

Fue una época de luchas internas y externas: las largas y amargas disputas entre los liberales y los conservadores debilitaron el país y tentaron a las ambiciosas potencias extranjeras a intervenir (debido a las legendarias e ilimitadas riquezas minerales del país).

A Santa Anna se le recuerda en México sobre todo por ser el hombre que entregó más de la mitad del territorio nacional a Estados Unidos. En el año 1835, los colonos no mexicanos de Texas –la mayoría de los cuales procedían de Estados Unidos– declararon su independencia del Estado. Santa Anna, el entonces presidente, se encaminó personalmente hacia el norte para someter a los rebeldes. La matanza que llevó a cabo en la misión de Álamo le ganó el odio eterno de los tejanos, pero poco después Samuel Houston le infligiría una severa derrota en San Jacinto y Texas obtendría la independencia.

En 1845, el Congreso de Estados Unidos votó a favor de la anexión de Texas y de extender las fronteras para incorporar la mayor parte de Arizona, Nuevo México y California, lo cual desencadenó la guerra entre ambos países, un ejemplo demostrativo de la ley del más fuerte.

Las tropas de Estados Unidos se desplazaron hacia el sur desde Nuevo México y se apoderaron de Chihuahua; desde Texas llegaron más destacamentos y se apoderaron de Monterrey, Coahuila y algunas otras plazas más al sur; otras partidas, apoyadas por una flota en el Pacífico, entraron en California. El grueso de las fuerzas norteamericanas, al mando del general Winfield Scott, desembarcó en Veracruz, se dirigió hacia el interior y se adueñó de la Ciudad de México.

En 1848, por el tratado de Guadalupe Hidalgo, México cedía Texas, Alta California y la casi totalidad de Nuevo México y Arizona –más de la mitad de todo su territorio– a Estados Unidos. La venta, en 1853, del resto de Nuevo México y Arizona por 10 millones

PÉRDIDA PERSONAL

Santa Anna perdió la pierna izquierda en 1838, en una batalla contra los franceses conocida como «la guerra de los Pasteles».

Juárez y la Reforma

Benito Juárez, un indígena zapoteca de Oaxaca, ha sido relacionado con Abraham Lincoln en el sentido de ser uno de los más ilustres caudillos de su país.

Nacido en 1806 en un pueblo de las colinas próximo a Oaxaca, durante su niñez Juárez sólo sabía hablar zapoteca. Un cura local se hizo cargo de él y lo educó; más tarde se convertiría en un abogado con fama de ser incorruptible y de poseer una inteligencia legal fría y lógica.

Juárez pasó a ser una figura clave en el nuevo gobierno liberal. El Plan de Ayutla fue en gran

de dólares, de acuerdo con los términos del tratado de La Mesilla, significaría la perdición de Santa Anna. En 1855, los liberales lo obligaron a exiliarse en La Habana, aunque más tarde regresó por breve tiempo a México.

También en el otro extremo del país hubo serios percances. En la península de Yucatán, que se resistió al dominio del gobierno central hasta 1876, los mayas, brutalmente explotados por los terratenientes criollos, se rebelaron en 1847 dando lugar a la llamada «guerra de Castas».

IZQUIERDA: retrato del siglo XIX del general Antonio López de Santa Anna, el «dictador perpetuo».
ARRIBA: un cuadro *naïf* del héroe nacional, el presidente Benito Juárez.

parte obra suya, como también él fue responsable del exilio de Santa Anna. Con el nuevo gabinete, Juárez obtuvo el cargo de ministro de Justicia. Sus leyes de reforma atacaban los privilegios de la Iglesia Católica, un bastión del poder intocable en México, pues por ellas se nacionalizaban las propiedades del clero, además de hacer hincapié en la defensa de las libertades individuales y de acelerar la reforma agrícola.

De modo que, como cabía esperar, la aventura revolucionaria de Juárez se encontró con una fuerte oposición de los conservadores y durante tres años, entre 1858 y 1861, ambas facciones se enfrentaron en la brutal y despiadada guerra de Reforma. Juárez salió triunfante y, el 1 de enero de 1861, las tropas liberales entraron en la Ciudad de México.

La invasión francesa

Sin embargo, el triunfo duraría poco. Al final de la guerra civil, el nuevo gobierno liberal estaba en bancarrota, y Juárez suspendió el pago de la deuda exterior. España, Gran Bretaña y Francia se opusieron a tal medida y enviaron a México un ejército aliado para asegurarse el cobro de la deuda.

Pero las intenciones de Napoleón III iban más allá de la recompensa financiera. Asociado con los conservadores (quienes odiaban a Juárez más aún, si cabe, que a la dominación extranjera), ordenó que sus tropas avanzaran hasta la Ciudad de México. Después de

una breve pero famosa derrota ante los mexicanos al mando del general Ignacio Zaragoza ocurrida en Puebla, los franceses lograron apoderarse de la mayor parte del país. Napoleón invitó al joven Maximiliano, archiduque de Austria, a erigirse en emperador de México bajo tutela francesa.

El emperador Maximiliano I y la emperatriz Carlota se instalaron en el castillo de Chapultepec (*véase pág. 163*) en 1864, pero su mandato iba a resultar muy breve. Irónicamente, Maximiliano se comportó mucho más como un liberal que como un conservador, convalidó las reformas de Juárez y perdió el apoyo de los conservadores. Estados Unidos –donde ya había concluido la sangrienta guerra civil– presionó a Napoleón para que retirara sus tropas. Maximiliano, que se negó a aban-

> ### HÉROE NACIONAL
>
> El 21 de marzo es fiesta nacional en México, no porque sea el primer día de la primavera, sino por ser el cumpleaños de Benito Juárez.

donar el país, fue vencido y capturado en Querétaro por las fuerzas liberales fieles a Juárez. El 19 de junio de 1867, este príncipe de 35 años de edad fue ejecutado. Se dice que regaló una moneda de oro a cada uno de los hombres del pelotón de fusilamiento.

Se restableció la república y Juárez volvió al poder dispuesto a poner en práctica las leyes de la Reforma. Murió en el desempeño de su cargo en 1872, un año después de su reelección, y le sucedió Sebastián Lerdo de Tejada.

Porfirio Díaz, quien había sido un eminente caudillo militar con Juárez, también procedía del estado de Oaxaca. No alcanzó la presidencia en las elecciones de 1867, ni tampoco en las de 1871, por lo que encabezó sendas rebeliones armadas contra Juárez. Salió derrotado en ambas ocasiones, pero tras la muerte de aquél logró proclamarse presidente gracias a un victorioso alzamiento militar en las elecciones de 1876. Durante las tres siguientes décadas dominaría la escena política mexicana, un período que se conoce como el «Porfiriato».

El gobierno de Porfirio Díaz resultó eficaz y competente. Se apresuró a barrer todo rastro de oposición y concedió terrenos a sus hombres favoritos y a sus adeptos de confianza. Con la venta de las tres cuartas partes de los derechos sobre los yacimientos de minerales a extranjeros comenzaron a entrar grandes cantidades de capital procedente de otros países. Se construyeron carreteras y se tendió una impresionante red ferroviaria de 19 000 kilómetros.

Se sirvió del ejército y de los «rurales», un cuerpo policial a su servicio que atemorizaba las áreas rurales para imponer su programa a cualquier precio. Al comienzo de su mandato, Díaz subrayó la necesidad de pacificar el país, desgarrado a causa de las luchas intestinas. La libertad política llegaría más tarde, prometió; lo que necesitaba el país en esos momentos, afirmaba Díaz, era un gobierno fuerte y eficaz.

El crecimiento industrial

Una vez que tuvo todo bajo control, Díaz impulsó la modernización del país y llevó a México hasta la era industrial. La red ferroviaria revolucionó el transporte de mercancías. Se construyeron altos hornos en Monterrey para la fabricación de acero con mineral de hierro transportado en tren desde Durango. De pronto era económicamente factible transportar el algodón por medio del ferrocarril desde los campos del norte hasta las fábricas textiles del centro de México. El ferrocarril hizo así mismo posible el desarrollo de la minería, no sólo del oro y de la plata, sino también del carbón, el plomo, el antimonio y el cobre. Las empresas estadounidenses invirtieron grandes sumas de dinero –y obtuvieron enormes beneficios– en las minas. A finales del Porfiriato la inversión extranjera en México alcanzaba los 1 700 millones de dólares, de los cuales el 38 por ciento era capital norteamericano, el 29 por ciento, británico y el 19 por ciento, francés.

VECINOS

«¡Pobre México! Tan lejos de Dios y tan cerca de Estados Unidos.»

PORFIRIO DÍAZ

La elite europeizada del Porfiriato favoreció una arquitectura grandiosa e impresionante que revelaba influencias italianas y francesas. En la Ciudad de México, edificios tales como el Palacio de Bellas Artes, la oficina central de correos o el descomunal monumento *art déco* a la Revolución datan de este período de ampulosa prosperidad.

Los hacendados

Las minas, los bancos y la industria del petróleo cayeron en manos extranjeras, mientras que los potentados terratenientes mexicanos tendían a desatender la agricultura, a consecuencia de lo cual el maíz, que era (y aún es) el alimento básico, tenía que ser importado.

Durante el Porfiriato, la población indígena en particular se vio afectada por una disposición por la cual se permitía expropiar las tierras de todas aquellas personas que no poseyesen un derecho de propiedad en regla que, debido a un complejo ordenamiento burocrático, muy pocos tenían.

De este modo, la mayor parte de los terrenos productivos acabaron en manos de unos 6 000 hacendados, cuyas propiedades iban desde los 10 kilómetros cuadrados hasta extensiones del tamaño de un pequeño país europeo. William Randolph Hearst, el famoso editor norteamericano, compró un millón de hectáreas por una miseria a cambio de apoyar a Díaz en sus periódicos. Se decía que el gobernador de Chihuahua, Terraza, administraba más de 6 millones de hectáreas.

Estos terratenientes criaban ganado y plantaban cultivos comerciales exportables, como la caoba, el azúcar, el café, el tabaco, el caucho y el henequén, un cactus del que se extraía una fibra utilizada para la fabricación de cuerda. Los extranjeros invertían en las plantaciones de café y algodón. Unos pocos mexicanos acaudalados dominaban la economía, mientras los habitantes de las zonas rurales y la mayoría de la gente de las ciudades sobrevivían a duras penas.

IZQUIERDA: el emperador Maximiliano I de México.
DERECHA: retrato mural de Porfirio Díaz, obra de David Alfaro Siqueiros.

Con miras a obtener el influyente apoyo de los conservadores, Díaz buscó astutamente el acercamiento a la Iglesia, y aunque no permitió que recuperase todas las propiedades anteriores (que en su momento llegaron a representar la mitad del México ocupado), sí le devolvió parte de sus poderes y privilegios anteriores. También permitió que regresasen los jesuitas, que habían sido expulsados del país, y no puso ninguna objeción cuando el obispo de Querétaro instauró la costumbre de realizar una peregrinación anual al santuario de Nuestra Señora de Guadalupe (*véanse págs. 118-119*).

El fin de una era

Díaz gobernó con mano de hierro. La única oposición real provenía de los liberales radicales, que se vieron obligados a exiliarse en Estados Unidos.

En una famosa entrevista concedida a un periodista norteamericano, Díaz aventuró que México ya estaba preparado para la democracia y que él se alegraría de que apareciese una auténtica oposición. No obstante, en 1910, a los 80 años de edad, Porfirio Díaz volvió a provocar su reelección como presidente de México por sexta vez consecutiva, lo cual desencadenó la rebelión armada del 20 de noviembre de 1910.

En los seis meses siguientes se produjo el derrumbe de un sistema de gobierno que había permanecido en el poder durante 34 años.

LA REVOLUCIÓN
Y SUS CONSECUENCIAS

Uno de cada diez mexicanos perdió la vida durante

la década que siguió al mandato de Porfirio Díaz

La Revolución Mexicana no fue una lucha unida y clara por la libertad y la democracia contra el régimen del Porfiriato. Fue una década marcada por violentos episodios y enfrentamientos entre las diferentes partes y en la que murieron más de un millón de personas.

Por fin, en 1911, Porfirio Díaz fue expulsado del poder cuando, con la consigna de «Sufragio efectivo. No reelección», triunfó la revolución de Madero. Francisco Madero, a quien habían apoyado hombres como Francisco Villa en el norte y Emiliano Zapata en el sur, asumió la presidencia. Madero era un rico hacendado de Coahuila licenciado en la Universidad de California, un reformista liberal y defensor de la democracia que deseaba el fin de la injusticia social. Pero carecía de fuerza y sentido político, y en lugar de deshacerse enseguida de los aduladores de Porfirio Díaz, trató sin éxito de negociar con ellos.

Tierra y libertad

Emiliano Zapata, por otro lado, era un caudillo campesino del estado de Morelos que exigía la inmediata reforma agraria. Defendía unos sencillos principios a los que siempre se mantuvo leal: echar a los hacendados y repartir las tierras entre los campesinos. En el año 1910, Zapata se había alzado en armas contra el gobierno de Díaz al grito de «Tierra y libertad». Y cuando pensó que el nuevo presidente se demoraba en el asunto del reparto de las tierras, le retiró su apoyo.

Zapata proclamó el Plan de Ayala, un proyecto radical de reforma agraria, apenas un mes después de que Madero tomara posesión de su cargo, y se apoderó de casi todo el estado de Morelos. Desde entonces y hasta el presente, Zapata se ha convertido (para la mayoría de los mexicanos) en el héroe del movimiento agrario.

La situación se complicó; los inversionistas nacionales y extranjeros del país estaban desesperados por restablecer el orden junto con los privilegios

de que habían disfrutado durante el viejo régimen (como la exención fiscal). El embajador de Estados Unidos, Henry Lane Wilson, pactó con el general maderista Victoriano Huerta para que cambiase de bando y encabezase la contrarrevolución al frente del ejército de Porfirio Díaz, que había con-

PÁGINAS ANTERIORES: las tropas de Zapata en el restaurante Sanborns, Ciudad de México.
IZQUIERDA: Lázaro Cárdenas firma una escritura de propiedad a un campesino.
DERECHA: Madero, triunfal en el castillo de Chapultepec.

DRAMATIS PERSONAE

- ☛ **Francisco Madero:** presidente de 1911 a 1913; fue asesinado.
- ☛ **Victoriano Huerta:** general de Madero; cambió de bando y se convirtió en presidente; dimitió en 1914.
- ☛ **Pancho Villa:** revolucionario del norte; murió asesinado en 1923.
- ☛ **Emiliano Zapata:** caudillo campesino del sur; fue asesinado en 1919.
- ☛ **Venustiano Carranza:** líder constitucionalista; presidente de 1917 a 1920; asesinado en 1920.
- ☛ **Álvaro Obregón:** presidente de 1920 a 1924; asesinado en 1928.

seguido sobrevivir prácticamente indemne. Tras el derrocamiento del Gobierno, el presidente Madero fue asesinado.

Nuevas coaliciones

Huerta accedió a la presidencia y formó un nuevo gobierno cuyo objetivo principal era restaurar el viejo régimen y las concesiones a la inversión extranjera, pero enseguida surgieron problemas. Después de la muerte de Madero, los revolucionarios se reagruparon y formaron nuevas coaliciones: el porfiado Zapata prosiguió luchando y reuniendo partidarios en el sur, mientras que en el

PANCHO VILLA

Villa, un revolucionario de Durango, era un general al estilo de los grandes oficiales de caballería de la historia. Los admiradores de Villa le veían como a un Robin Hood.

y luego se presentaron los hombres de Villa en furgones, con sus caballos y sus seguidores. Sin embargo, Zapata y Villa nunca llegaron a establecer una alianza seria y un mes después dejaron la Ciudad de México.

Los constitucionalistas –Obregón y Carranza– ganaban así terreno. Obregón persiguió a Villa y lo derrotó en Celaya, valiéndose para ello de trincheras, alambradas de púas y ametralladoras; no había desaprovechado la lección de la guerra europea. La mayoría de los hombres de Villa perdieron la vida en diferentes combates y, aunque éste nunca se recuperó, siguió siendo el

norte Pancho Villa y sus hombres aunaron sus fuerzas con las de Venustiano Carranza, quien era el aliado de Francisco Madero en Coahuila, y las del general Álvaro Obregón, en Sonora.

Tras la dimisión de Huerta en el año 1914, Venustiano Carranza convocó una convención en la ciudad de Aguascalientes con la intención de fusionar a todas las facciones que se habían enfrentado a Victoriano Huerta. Pero los delegados sólo estuvieron de acuerdo en no ponerse de acuerdo y, al poco tiempo, volvieron a estallar los disturbios.

Si bien Obregón apoyó a Carranza, Zapata y Villa no lo hicieron. En diciembre de 1914, mientras la guerra en Europa acaparaba la atención mundial, Villa y Zapata tomaron la Ciudad de México. Los zapatistas llegaron desde las montañas

mismo «moscardón»; llevaba a cabo incursiones en la frontera con Estados Unidos con el propósito de provocar una invasión. El presidente Wilson ordenó al general John J. Pershing que capturara a Villa vivo o muerto. Durante once meses, el ejército de Estados Unidos persiguió al jefe revolucionario en territorio mexicano, pero todo fue en vano; nunca lograron darle alcance y, tras un encuentro con las tropas de Carranza, se retiraron.

Con el tiempo, las actividades guerrilleras de Pancho Villa se fueron aplacando, dejó de cabalgar y también de realizar correrías, y acabó instalándose en una hacienda de Parral. Entonces, inesperadamente, una mañana de 1923, su coche Dodge cayó en una emboscada y él y sus guardaespaldas fueron asesinados.

La nueva Constitución liberal

Carranza, un reformista moderado, trató de consolidar su poder y, en 1917, promulgó una nueva Constitución. Contenía varios artículos de carácter demasiado liberal y progresista para su época, como el derecho a la huelga, la jornada laboral de ocho horas, el mismo salario para el mismo trabajo, viviendas subvencionadas para los trabajadores y el seguro de accidentes. También pretendía el desmantelamiento de las haciendas y el reparto de la tierra entre los campesinos. Finalmente, el 1 de mayo de 1917 tomó posesión como presidente legítimo.

UNA DÉCADA VIOLENTA

Diez años después del inicio de la Revolución habían sido asesinados Madero, Zapata y Carranza, los tres protagonistas.

mas prometidas. Acabó por perder el apoyo de Obregón y se le obligó a renunciar. Obregón asumió la presidencia y las tropas gubernamentales dispararon a Carranza mientras éste trataba de salir del país.

Una relativa estabilidad

El general Obregón tomó el mando de un país exhausto, arruinado por la Revolución, asolado por los conflictos, acosado por la deuda exterior y hundido en el caos económico. Impuso el orden y reafirmó el poder del Gobierno central. El primer cometido de Obregón fue garantizar su propia seguridad.

Pero los conflictos continuaron, en particular en el sur, donde los zapatistas seguían exigiendo reformas más radicales. De hecho, éstos no depusieron las armas porque nunca se hicieron efectivas las reivindicaciones que pedían. En abril de 1919, uno de los hombres de Carranza logró engañar a Zapata para que se reuniera con él en Chinameca y lo asesinó.

Lo que condujo a la caída de Carranza fue que, al igual que Madero, carecía del sentido de improvisación requerido para poner en marcha las reformas prometidas.

IZQUIERDA: Pancho Villa sentado en la silla presidencial con Emiliano Zapata a su derecha.
ARRIBA: fusilamiento durante la rebelión de los cristeros.

Puesto que necesitaba capital extranjero, se vio obligado a alcanzar un acuerdo con la Comisión Internacional Bancaria para pactar los términos de la devolución de la deuda de su país, que ascendía a 1 500 millones de pesos. Violó entonces la Constitución al otorgar a las compañías petroleras extranjeras el derecho a proseguir con sus sondeos.

Por motivos económicos, Obregón redujo los efectivos del ejército federal de 100 000 hombres a 40 000, una decisión que desató la ambición de un grupo de militares, que acaudillaron una sublevación. Una vez más se escuchó en el territorio el sonido de los fusiles. Pero Obregón consiguió armas, munición e incluso algunos planes de Estados Unidos y, como dijo un historiador, «a los pelotones de fusilamiento no les faltó el trabajo».

Obregón inició entonces la reforma agraria, promoviéndola con entusiasmo en Morelos y Yucatán, donde no había terratenientes norteamericanos, y con gran comedimiento en el norte de México, de donde él procedía y donde sus intereses personales y los de los estadounidenses eran más o menos coincidentes.

La reconstrucción nacional

El ministro de educación de Obregón, José Vasconcelos, levantó escuelas por todo el país y, convencido de que el arte era una parte fundamental de la reconstrucción del país, encomendó hacer muchos de los murales que hoy en día decoran los edificios públicos de México.

final se alcanzó un compromiso por el que se restauraban los servicios religiosos, que habían pasado a la clandestinidad.

Tras el mandato de Calles, Obregón se opuso a la Constitución y volvió a presentarse como candidato a presidente. Venció en las elecciones, pero unas semanas después, el 17 de julio de 1928, fue asesinado, al parecer por un joven cristero fanático.

El precursor del PRI

El civil Emiliano Portes Gil fue designado presidente provisional, pero el poder real lo mantuvo Calles nombrando presidentes títeres que lo obedecían ciegamente. En esta etapa, conocida como el «maximato», se construyeron miles de escuelas,

Al mismo tiempo se acentuó la tensión en la interminable disputa del poder civil con la Iglesia Católica. Durante el Porfiriato, la Iglesia había recobrado parte de su poder, pero ahora los jefes civiles y militares eran más anticlericales que nunca y contaban con el respaldo legal de la propia Constitución. En 1923, fue expulsado el nuncio apostólico del Vaticano y se cerraron los conventos y las escuelas religiosas.

La contienda se prolongó hasta la presidencia del sucesor de Obregón, Plutarco Elías Calles. Los integrantes de las guerrillas católicas, o «cristeros», que luchaban para restablecer una Constitución clerical al grito de «¡Viva Cristo Rey!», se enfrentaron a los federales en los estados centrales de Jalisco, Michoacán, Guanajuato y Colima. Al

se amplió la red de carreteras y se repartieron 3 millones de hectáreas. Calles negoció la deuda exterior y dio garantías a la empresa privada.

Pero sus detractores lo equiparaban a un dictador fascista. Fundó el PNR, o Partido Nacional Revolucionario, precursor del actual PRI (Partido Revolucionario Institucional), del que se sirvió para encauzar el nombramiento de sus sucesores. Logró agrupar bajo el paraguas del PNR a distintas facciones de la sociedad mexicana, como trabajadores, agricultores y militares.

Lázaro Cárdenas

Aunque se trataba de un candidato del PNR, Lázaro Cárdenas, que asumió la presidencia en 1934, rompió con los *callistas* y en los seis años siguientes hizo más por el hombre de la calle que ningún otro presidente de la historia moderna de México. Nacionalista convencido, Cárdenas acometió una serie de medidas para conseguir transformar en profundidad la vida política y social de México; así mismo, aceleró el programa de la reforma económica, instituyó y financió los ejidos (cooperativas agrícolas) por todo el país y distribuyó 18 millones de hectáreas de terreno. Aunque se cursaron certificados de exención (de la expropiación) a los terratenientes cuyas haciendas estaban bien administradas y mostraban un elevado rendimiento, al final de su mandato presi-

EXPROPIACIÓN

La intervención más valiente y significativa de Lázaro Cárdenas fue la nacionalización en 1938 de la industria petrolera mexicana.

Petróleos Mexicanos

En 1936, la CTM exigió un aumento de sueldo y beneficios extrasalariales de las compañías del petróleo extranjeras. Éstas –estadounidenses y británicas– no estaban dispuestas a ceder ante las demandas de los obreros. Tras seis meses de discusiones, el sindicato llamó a la huelga. Cárdenas intervino, designó una comisión y se ordenó a las empresas que concediesen un aumento salarial del 27 por ciento.

Pasaron varios meses de apelaciones y maniobras en los que no se consiguió nada, hasta que Cárdenas medió una vez más. Comunicó al país a

través de la radio estatal que había expropiado los bienes de las compañías y nacionalizado la industria. Los mexicanos se mostraron entusiasmados, los británicos se enfurecieron y México rompió las relaciones diplomáticas. El presidente Roosevelt, principal defensor de la política de «buena vecindad» con Iberoamérica, hizo que el Departamento de Estado norteamericano presentase una nota de protesta bastante suave, en la que señalaba que el Estado mexicano tenía el deber de pagar las compensaciones. Su retribución se retrasó mucho: hasta 1942 no se acabó de compensar a las compañías petroleras estadounidenses por valor de 24 millones de dólares más los intereses. El pago a los británicos, que ascendía a 81 millones de dólares, se retrasó aún más.

dencial Cárdenas había entregado tierras a casi un tercio de la población nacional.

Alentó el sindicalismo obrero y, en 1936, el marxista Vicente Lombardo Toledano fundó la CTM (Confederación de Trabajadores de México). Cárdenas también logró aunar el movimiento agrario en un único grupo patrocinado por el Gobierno, la Confederación Nacional Campesina. Con esos dos organismos que representaban a millones de trabajadores apoyándole, Cárdenas contaba con una gran base política.

IZQUIERDA: fotografía del general Obregón y su esposa.
ARRIBA: mujeres entregando pollos durante una campaña nacional para reunir fondos con el objeto de financiar la nacionalización de la industria petrolera.

MÉXICO EN LA ACTUALIDAD

México ha crecido hasta convertirse en uno de los principales productores
de petróleo, estimulado además por el reciente hallazgo de nuevos yacimientos

Entre la Segunda Guerra Mundial y finales de la década de 1990, la población de México pasó de 22 millones de personas a 95 millones. Un crecimiento demográfico de este tipo significa que la economía mexicana necesita crear un millón de puestos de trabajo al año.

Además del Distrito Federal –la Ciudad de México, capital del país–, la República Mexicana comprende 31 estados. Su Constitución se inspira en la de Estados Unidos y el Congreso consta de dos cámaras: el Senado, con 128 miembros, y la Cámara de Diputados, compuesta por 500 escaños. Como respuesta a la dictadura de 35 años de duración (1876-1911) ejercida por Porfirio Díaz, que fue desarrollada al amparo de la Constitución, el presidente sólo puede estar en funciones durante un mandato de seis años en toda su vida. No obstante, mientras dura su cargo ostenta un poder prácticamente ilimitado.

Cada sexenio constituye una unidad casi independiente durante el cual se producen sustanciales reajustes del funcionariado e importantes cambios de los objetivos del Gobierno, lo cual impide que se redacten proyectos a largo plazo.

Manuel Ávila Camacho (1940-1946) fue el presidente durante la Segunda Guerra Mundial. Hombre moderado, fomentó el crecimiento económico. Con el mundo en llamas, estaba claro que México tendría que aprender a andar por su propio pie, por lo que promovió la creación de industrias ligeras y pesadas.

Una revolución permanente

Sería Miguel Alemán, un rico abogado aunque paladín del proletariado, quien cambiaría el nombre del partido en el Gobierno por el de Partido Revolucionario Institucional (PRI) durante su presidencia (1946-1952). Su razonamiento fue que la revolución era permanente: la semilla que los primeros revolucionarios habían sembrado seguía creciendo, pero aún no se había alcanzado el objetivo. En términos generales, Alemán contribuyó a mejorar el nivel de vida. Con la vista puesta en el *Brain Trust* del presidente Roosevelt, se rodeó de hombres jóvenes y brillantes en el gabinete, mo-

dernizó la red ferroviaria y comunicó a la nación entre sí mediante una red de autopistas.

Quizás su mayor logro fuera la construcción de la Ciudad Universitaria, en el sur del Distrito Federal. Sus edificios modernistas, en un *campus* que abarca una superficie de 8 kilómetros cuadrados, están adornados por murales de Diego Rivera, David Alfaro Siqueiros y Juan O'Gorman.

Su sucesor, Adolfo Ruiz Cortines (1952-1958), trató de afianzar los logros de Alemán. Concedió el derecho al voto a las mujeres e impulsó la inversión extranjera. Las corporaciones empresariales más importantes de Norteamérica se apresuraron a instalarse en México. Pero las obligaciones nacionales seguían creciendo: en el plazo de 24 años, la población se había duplicado.

Un giro a la izquierda

Con Ruiz Cortines, la revolución se estancó, pero con Adolfo López Mateos (1958-1964), el ulterior presidente, volvió a ponerse en movimiento. Se dio cuenta de que existían problemas con las tierras y de que las grandes promesas no se habían cumplido; promovió la industrialización buscando capital

IZQUIERDA: la reluciente arquitectura moderna refleja la creciente prosperidad financiera.
DERECHA: un callejón en un barrio pobre.

extranjero, pero también repartió 12 millones de hectáreas a los hombres sin tierra, la mayor cantidad desde que Lázaro Cárdenas hubiera hecho lo mismo en la década de 1930; adquirió todas las acciones industriales norteamericanas y canadienses; puso en marcha programas para mejorar la asistencia médica y la atención a la tercera edad, y se edificaron viviendas estatales. «Me inclino a la izquierda, pero dentro de la Constitución», fueron sus famosas palabras.

Pero al mismo tiempo se mostraba muy duro con los políticos de izquierdas. Encarceló al muralista y comunista Siqueiros, y se desembarazó de los

> **UNA VIDA POLÍTICA**
>
> Se suele comentar, en broma, que algunos políticos conciben sus etapas vitales en términos de cuántos sexenios les quedan.

dirigentes comunistas de los sindicatos del ferrocarril y de la enseñanza.

La matanza estudiantil

Gustavo Díaz Ordaz (1964-1970), un conservador procedente de Puebla, ocupó el cargo en una época de tensiones. El PRI no se percató de que el movimiento estudiantil que había comenzado en junio de 1968 se iba a extender como la pólvora. Los estudiantes de la Universidad Autónoma Nacional abanderaron un llamamiento en pro de las «libertades democráticas» y un cambio en el paternalista y autoritario estilo de gobierno que regía México tras las siglas del PRI. Los líderes estaban bien organizados y eran capaces de congregar a miles de personas en una manifestación.

Puesto que México se preparaba para ser la sede de los Juegos Olímpicos, el Gobierno no estaba dispuesto a arriesgarse a que hubiera manifestaciones políticas en las calles ante la mirada internacional. El 2 de octubre, unos días antes de la inauguración de los Juegos, se produjo una matanza en la plaza de las Tres Culturas, más conocida con el nombre de Tlatelolco. Se trataba de una concentración poco numerosa, de sólo unos 5 000 manifestantes, en la que se presentaron unidades de la policía y el ejército con porras y máscaras antigás.

Pero entonces un cuerpo militar de elite conocido como el batallón Olimpia, en traje de paisano, se adelantó y comenzó a disparar. Muchas personas se vieron envueltas en el fuego cruzado. Fuentes periodísticas informaron de que el Gobierno había hablado de 43 víctimas, pero los observadores políticos calcularon el número de muertos entre 300 y 400. Dos mil manifestantes fueron encarcelados. Pero el año 1968 nunca podrá ser olvidado: marcó un giro decisivo en la vida política mexicana. Los jóvenes del país tenían otra mentalidad. Ya no defendían los antiguos valores nacionalistas, tampoco creían en el éxito de la Revolución Mexicana y veían vacías las antiguas tradiciones. Por su parte, el Gobierno modificó un poco su actitud y puso en práctica algunas medidas sociales.

Hasta hoy también ha marcado al sucesor de Díaz Ordaz, Luis Echeverría Álvarez (1970-1976), ministro del Interior cuando ocurrió la matanza de Tlatelolco. Pese a que Díaz Ordaz asumió toda la responsabilidad por los sucesos del 2 de octubre, los analistas dicen que hay pruebas que implican a Echeverría.

El mandato de Echeverría suele considerarse como el inicio del «populismo», es decir, la puesta en práctica de medidas económicas y sociales que reportan al presidente la aprobación de las masas pero que en realidad no contribuyen al adelanto del país. Una de esas medidas fue la expropiación de grandes propiedades privadas.

Durante la presidencia de Echeverría, la población continuó creciendo y la tasa de inflación aumentó el 20 por ciento al año. Desde entonces, cada cambio de sexenio supuso una devaluación del peso y una mayor inestabilidad económica.

La riqueza petrolera de México

José López Portillo (1976-1982) se mostró mucho más resuelto que su predecesor a la hora de aplicar las leyes concernientes a la inversión extranjera. Catedrático de derecho, había sido ministro de Hacienda con Echeverría y conocía de primera mano la situación económica del país. Al llegar a la presidencia, Portillo trató de infundir calma y aportar objetivos, y estableció las pautas de su gobierno desde el principio. Y de pronto la gran bonanza: se habían descubierto nuevos y considerables yacimientos petrolíferos. Los geólogos dijeron que México flotaba sobre un océano de petróleo.

En 1979, la economía creció casi un 8 por ciento, y un 7 por ciento en 1980. Surgieron nuevas empresas y una nueva «zona industrial» se asentó a lo largo de la frontera entre México y Estados Unidos. Sin embargo, la saturación del mercado mundial del petróleo en 1982 hizo que disminuyesen la demanda y el precio de la principal exportación de México, con lo que ese año estuvo a punto de no poder pagar su deuda exterior, que ascendía a 80 000 millones de dólares.

Para conseguir un préstamo del Fondo Monetario Internacional, México se vio obligado a adoptar unas medidas fiscales muy estrictas y la gente empezó a enviar su dinero al extranjero para que estuviera a salvo. El valor del peso se hundió con rapidez. Como respuesta, mediante una drástica operación que fue muy mal recibida por los empresarios, López Portillo nacionalizó los bancos justo antes de dejar el cargo.

Acuerdos comerciales

Miguel de la Madrid (1982-1988), su sucesor, heredó una grave crisis económica, de la que se ocupó fomentando una política de apertura gradual de la economía mexicana. México suscribió el Acuerdo General sobre Aranceles Aduaneros y Comercio (GATT). Al igual que su predecesor, cuya política exterior en América Central a menudo se había caracterizado por ir en contra de los deseos de Estados Unidos, De la Madrid pensaba que la perspectiva de una intervención militar de este país representaba la amenaza más seria para una América Central dividida por las guerras. Por iniciativa de México se constituyó el Grupo Contadora con el propósito de buscar una solución para los problemas de la región.

El terremoto de magnitud 8,1 en la escala de Richter, que asoló la Ciudad de México la mañana del 19 de septiembre de 1985 y causó la muerte de miles de personas y también daños valorados en miles de millones de dólares, agravó aún más la crisis económica, además de alterar la faz de grandes extensiones de la capital.

A pesar de que el PRI ha seguido siendo el partido dominante todos estos años, también han existido

IZQUIERDA: el estilo colonial siempre está de moda.
DERECHA: Cuauhtémoc Cárdenas durante su polémica campaña electoral de 1988.

otros partidos políticos que han ofrecido una oposición, aunque sólo fuera simbólica. Pero por fin, en 1988, esa oposición se hizo real cuando en unas elecciones muy reñidas salió elegido el candidato del PRI, Carlos Salinas de Gortari. Los resultados oficiales le daban un ajustado 50,1 por ciento de los votos sobre Cuauhtémoc Cárdenas, hijo del muy estimado presidente de la década de 1930, Lázaro Cárdenas, que se presentaba por el Frente Democrático Nacional.

Para evitar perder credibilidad, Salinas, un tecnócrata con maestría en la Universidad de Harvard, se movió con agilidad: invistió gobernadores a varios políticos del Partido Acción Nacional (PAN), conservador, por primera vez desde que el PRI su-

biera al poder en la década de 1920; redujo la inflación a números de una sola cifra y, en general, infundió una confianza renovada en la economía del país. Promovió la política de libre mercado, mientras la privatización y la venta de cientos de empresas estatales se convertían en su divisa. Considerado un eficaz jefe de Estado tanto en México como en el extranjero, Salinas apoyó con determinación el Tratado de Libre Comercio con Estados Unidos y Canadá, cuya firma ha constituido uno de los principales logros de su gobierno, situando de ese modo a México en la economía internacional.

No obstante, el día de Año Nuevo de 1994 estalló en el estado sureño de Chiapas un levantamiento armado, encabezado por el Ejército Zapatista de Liberación Nacional (EZLN), que destrozó los sueños de Salinas de estar al mando de una presidencia sin sorpresas. Los rebeldes indígenas, con los rostros cubiertos, ocuparon varias ciudades antes de que una desproporcionada respuesta militar los obligase a retirarse.

Los zapatistas se rebelaban contra la explotación cuasi feudal y la miseria que padecían los indígenas de Chiapas (*véase pág. 90*). La breve guerra de 12 días ocasionó 193 muertes. Siguieron conversaciones de paz en San Cristóbal de las Casas, pero antes de su conclusión la tragedia golpeó en Tijuana: el candidato a la presidencia por el PRI, Luis Donaldo Colosio, que habría sido el sucesor de Salinas, cayó ante los disparos de un asesino durante un mitin electoral.

PROBLEMAS MEDIOAMBIENTALES

Por desgracia, México padece graves problemas ecológicos: vertidos de residuos tóxicos, deforestación, agotamiento de los recursos acuíferos, erosión del suelo, emisión de gases tóxicos... Además, la Ciudad de México, la mayor metrópoli del mundo, se encuentra situada en un valle a 2 275 metros sobre el nivel del mar. Miles de fábricas y millones de coches no cesan de emitir partículas contaminantes a la atmósfera, y la inversión térmica empeora la situación durante los meses de invierno. No obstante, en los últimos años se han decretado algunas disposiciones y se han creado reservas naturales para proteger la fauna y flora del país.

El asesinato de Luis Donaldo Colosio marcó el final de la relativa estabilidad que el PRI había proporcionado durante más de seis décadas. Salinas se apresuró a nombrar a su sucesor, Ernesto Zedillo, quien resultó elegido en agosto de 1994.

Pero un segundo asesinato político que se produjo ese mismo año, meses más tarde, el del secretario general del PRI, José Francisco Ruiz Massieu, sacudió el país una vez más, arrastrando a los mexicanos a un prolongado período de incertidumbre gubernativa (poco después del final de su mandato, Salinas se marchó a un «exilio» voluntario y desde entonces vive en Dublín).

Apenas tres semanas después de que el presidente Zedillo ocupase el cargo en diciembre de 1994, el peso mexicano sufrió una considerable devaluación. La estabilidad económica que Salinas había conseguido desapareció de la noche a la mañana y la subsiguiente crisis financiera afectó a los mercados de capital internacionales, por no mencionar la enorme inquietud que causó entre la mayoría de los mexicanos. Estados Unidos hizo a México un préstamo de 20 000 millones de dólares y el presidente Zedillo, un tecnócrata formado en Yale, implantó una rigurosa política económica.

Un giro decisivo

Posteriormente, el 6 de julio de 1997, unas importantes elecciones en la capital de la nación marcarían un giro decisivo. Por primera vez en la historia, el PRI perdía su aplastante mayoría en la cámara baja del Congreso, mientras Cuauhtémoc Cárdenas, del izquierdista PRD (Partido de la Revolución Democrática) ganaba el gobierno de la Ciudad de México. Hasta entonces el jefe de gobierno siempre había sido designado por el presidente.

En Chiapas, sin embargo, el conflicto sigue sin resolverse. En febrero de 1996, tanto el Estado como los zapatistas, firmaron una primera fase de los acuerdos de paz de San Andrés, pero a partir de entonces se interrumpieron las negociaciones. La matanza de 45 indígenas, ocurrida en Acteal, Chiapas, el 22 de diciembre de 1997, recordó a los mexicanos que los problemas continuaban gestándose y que debían ocuparse con urgencia de la desigualdad social y económica, asuntos pendientes en su «transición democrática», una transición que requiere la creación de instituciones democráticas que sustituyan la menguante autoridad presidencial, además de garantizar la verdadera y efectiva separación de los poderes legislativo y judicial.

IZQUIERDA: Ernesto Zedillo, candidato por el PRI a la presidencia, sustituyó a Luis Donaldo Colosio, quien fue asesinado durante la campaña electoral en marzo de 1994.

La Lotería Nacional mexicana

De acuerdo con los hallazgos arqueológicos, los habitantes originarios de México eran grandes jugadores. Algunos de sus juegos, como el juego ritual de la pelota, poseían un profundo significado espiritual, pero también implicaban cuantiosas apuestas en forma de plumas, oro y granos de cacao.

Los aztecas jugaban incluso con su propia libertad, acabando en ocasiones como esclavos. Una multitud de curiosos se reunía en torno a los jugadores, quienes primero agitaban los *patolli* (granos marcados con distintas combinaciones de puntos) y luego los lanzaban sobre el «tablero» de juego, pintado en una estera de paja, mientras rezaban a Macuilochitl, el dios del juego, para que les diese suerte.

Cuando los conquistadores llegaron a México, Hernán Cortés permitía que en los campamentos se jugase por dinero para que así los hombres se mantuviesen entretenidos. Y durante el virreinato siempre existió un tipo u otro de apuestas, más aún teniendo en cuenta que todo el mundo quería «llamar a las puertas de la fortuna». A mediados del siglo XVIII, el rey Carlos III cayó en la cuenta de que la cada vez más popular lotería podía significar una nueva y lucrativa fuente de ingresos para la Corona española.

El primer sorteo de la lotería estatal de México se celebró el 13 de mayo de 1771, y aun sin contar con los servicios de las modernas técnicas publicitarias se vendieron 4 225 billetes. A comienzos del siglo XIX, la lotería mexicana había expandido su mercado al extranjero y vendía boletos incluso en Cuba.

Tras la Revolución, el nuevo gobierno decidió emplear los ingresos de la lotería para colaborar en las «causas nobles». Como resultado, en la actualidad lleva el nombre de «Lotería Nacional para la Asistencia Pública» y fue instaurada con el propósito de reunir fondos destinados a prestigiosas instituciones públicas y privadas —tanto en México como en el extranjero—, sobre todo a las que se dedican a ayudar a niños sin hogar, ancianos y escuelas rurales.

En los últimos años, y a pesar de que México ha atravesado una de las peores crisis económicas de la época moderna, o quizás precisamente por este motivo, la esperanza de la gente de tener suerte nunca ha sido mayor, y la Lotería Nacional está vendiendo más billetes que en ningún otro momento de su larga historia. En la actualidad existen muchas otras opciones, además de la Lotería Nacional. Se puede elegir entre «Pro Gol», «Pro Touch», «Pro Hit», «Pégale al Gordo» y «Melate». Pero existen más probabilidades (una entre

50 000) de ganar un cuantioso premio si se juega a la lotería tradicional.

Básicamente, lo que necesita saber para jugar es que los billetes se pueden adquirir tanto en administraciones del Estado (llamadas expendios) como a través de vendedores callejeros. Escuche su típica arenga de vendedor: «¡Mire qué bonitos números! Traigo el número de la suerte». Cada número se divide en varias series y se puede comprar un «cachito» (una vigésima parte –un boleto–), varios billetes o la serie entera (20 cachitos). En cada sorteo hay un premio gordo y otros premios menores. Aunque no tenga el número ganador existe la posibilidad de que le toque el reintegro si la última cifra de su billete coincide con una de las tres primeras cifras del gordo.

Para saber si el suyo es el billete premiado podrá consultarlo en los periódicos del día siguiente al sorteo, en los que se publica la lista completa de todos los números premiados. Así mismo, los expendios exponen un cartel con los números ganadores de cada sorteo, y los vendedores callejeros los llevan consigo.

Recuerde que la cantidad de pesos que se indica junto a los números ganadores se refiere a toda la serie. Si sólo ha comprado un billete, entonces tendrá que dividirlo entre 20.

El gobierno mexicano deduce automáticamente un 21 por ciento en impuestos de lo que haya ganado (excepto del reintegro, que está exento), pero la hacienda pública de su propio país no tiene por qué llegar a enterarse nunca de su buena suerte, así que... eso, ¡buena suerte!

DERECHA: un «cachito», billete de la Lotería Nacional del estado de Veracruz.

GENTE Y CULTURA

La diversidad cultural de México refleja la pluralidad

de sus gentes y de sus costumbres

Nueve meses después de que los conquistadores españoles desembarcaran en suelo mexicano nació el primer mestizo. En la actualidad, la mayoría de la población de México, 72 millones de habitantes, es mestiza. Hay así mismo un gran número de indígenas, unos cuantos españoles y europeos, y unos pocos de origen africano y asiático. Y existen combinaciones de todos ellos.

La región central de México fue el crisol. Los españoles desplazaron a comunidades muy numerosas –como, por ejemplo, los tlaxcaltecas y los purépechas – hacia el norte para que sirviesen de fuerza de choque ante los indígenas hostiles. Algunos de los pueblos septentrionales se opusieron ferozmente a la invasión, y aún lo hacen. En particular los rarámuris, los mayos, los seris, los huicholes y los yaquis se aferraron a sus viejas costumbres y a lo que les quedaba de sus antiguas tierras. Los huastecos sobrevivieron en las montañas, mientras que en las espesuras de las tierras altas de Chiapas, al sur, los tzotziles y los tzeltales también conservaron su viejo estilo de vida. Sin embargo, la mayor parte de los descendientes de las tribus originales del centro de México viven en poblaciones dispersas por todo el valle de México. Entre ellos figuran los nahuas, los otomíes y los mazahuas. En el sur del país, muchos pueblos indígenas viven en áridas tierras, en los desnudos montes de Guerrero, Oaxaca y Chiapas, o en el altiplano calizo de la península de Yucatán. Según las cifras del censo oficial, la población mexicana indígena pura se sitúa entre los 3 y los 4 millones. Pero esa cantidad no representa más que el núcleo, los que hablan la lengua vernácula en su hogar, aquellos que han conservado su pureza racial y sus tradiciones. Habitan por lo general tierras marginales, la «zona de refugio». Algunos de estos grupos se han convertido al cristianismo; otros, no. La mayoría han aprendido a combinar el catolicismo con sus creencias. Adoran en los santos cristianos a sus ancestrales dioses indígenas. Se puede decir que lo que ha perdurado es el espíritu comunitario de los indígenas y la gran importancia que conceden a la armonía entre el mundo espiritual y el físico.

Quizás lo que caracteriza a casi todos los indígenas frente a otros grupos sea una mayor disposición hacia la comunidad que hacia el individuo. Como es natural, los indígenas que han mantenido viva su cultura son los que muestran mayores diferencias con otros grupos.

En los siguientes artículos escribimos acerca de algunos de los al menos 50 grupos que se cuentan entre los descendientes más genuinos de los antiguos indígenas. Su estilo de vida y sus creencias hacen que las personas de estas comunidades resulten las más fascinantes de México. También examinamos las influencias europeas en la cultura mexicana, desde el arte hasta las corridas de toros, desde los charros (los *cowboys* mexicanos) hasta las festividades religiosas.

PÁGINAS ANTERIORES: la multitud se agolpa para presenciar el desfile de la Independencia; un joven huichol anuncia el regreso de los que partieron a tomar el peyote.
IZQUIERDA: nadie se libra de la «hora pico» en la Ciudad de México.

GENTE

Pese a que la gran mayoría de la población mexicana es mestiza, son muchos los pueblos indígenas que aún conservan su tradicional estilo de vida

Aproximadamente dos tercios de los 100 millones de habitantes de México viven en ciudades y la inmensa mayoría de la población es mestiza. Pero hay unos 50 grupos indígenas que han conseguido sobrevivir y que presentan un marcado contraste en relación con el resto de sus compatriotas. Aunque existen notables diferencias entre estos grupos, comparten una historia común y en muchos aspectos son semejantes. Los indígenas y los mestizos suelen tener una apariencia parecida, pero en el idioma, la indumentaria y, por encima de todo, en la actitud básica ante la vida, las diferencias se acentúan.

El ideal indígena es encontrar el lugar de uno en la vida y el universo. El mestizo, al igual que la mayoría de los occidentales, quiere ser capaz de regir su propio destino. El indígena tiende a aceptar las cosas, mientras que el mestizo lucha por controlarlas. En tanto que la vida del indígena se centra en la comunidad, el mestizo vive en una sociedad más «moderna» e individualista.

Un tercer grupo del espectro cultural mexicano, que suele ser olvidado, está constituido por los descendientes de los esclavos negros que tanto han aportado a la cultura de la costa de Veracruz y en algunas zonas de la costa del Pacífico de Guerrero y Oaxaca.

Machismo y malinchismo

La cuestión de la identidad personal tiene mucha importancia para los habitantes de México. El intelectual mexicano Samuel Ramos fue el primero en examinar con detenimiento la cultura de sus compatriotas. Comentó que tenían un sentimiento de inferioridad ante el que reaccionaban con una «viril protesta». Ramos echó la culpa de muchas de las actitudes que aún existen a los peores aspectos de la dominación española, como el favoritismo. Ramos pensaba que el culto a la persona es «tan sangriento como los antiguos rituales aztecas: se nutre de víctimas humanas».

El poeta y premio Nobel Octavio Paz, uno de los más eminentes intelectuales de las letras mexicanas del siglo XX, explora la cultura de su país en *El laberinto de la soledad*, un fascinante intento de analizar la estructura psicológica de la nación. La tesis de Paz es que la conducta machista del hombre mexicano es una máscara para ocultar su soledad. Según él, el mexicano sólo estima dos actitudes posibles al tratar con los demás: aprovecharte de ellos o dejar que se aprovechen de ti; «o das o te dan», en el lenguaje coloquial. Su honor le exige que se enfrente a cualquier adversidad –incluso la

muerte– con cierto desafío. Ha de ser agresivo y proyectar una imagen de fuerza y temeridad. Esta noción se remonta a hace mucho tiempo; después de todo, el país nació del violento choque producido entre los conquistadores españoles y los guerreros indígenas.

Una mujer que tuvo una importancia fundamental en la conquista, doña Malinche, dio pie con el tiempo a otro concepto que se considera arraigado en lo más profundo del carácter mexicano. Intérprete, mentora, consejera y amante de Hernán Cortés, en la actualidad se la considera la gran traidora, objeto del desprecio de los nacionalistas mexicanos. El vocablo «malinchismo» se emplea para referirse a la preferencia hacia todo lo que sea extranjero antes que a lo mexicano.

IZQUIERDA: viejas tradiciones durante una celebración huichol.
DERECHA: un policía mexicano.

Los rarámuris o tarahumaras

Las sierras de Chihuahua ofrecen refugio a los indígenas rarámuris, quienes se niegan a aceptar el modo de vida mexicano. Cuando llegaron los españoles, los rarámuris, que deseaban conservar su propia cultura, sólo tenían dos opciones: luchar y morir, o retirarse a las montañas. Existen ahora unos 50 000 rarámuris que viven en una región de 50 000 kilómetros cuadrados de la Sierra Madre, al noroeste de Chihuahua.

Aparte de algunos contactos esporádicos con los españoles, los rarámuris conocieron al hombre

REMEDIOS INSÓLITOS

Según la insólita farmacopea rarámuri, el mejor remedio si uno se encuentra abatido es fumar una mezcla de tabaco, tortuga desecada y sangre de murciélago.

blanco por medio de los jesuitas a comienzos del siglo XVII. En un principio, los indígenas se mostraron curiosos y los encuentros eran pacíficos, pero en 1631, a raíz del descubrimiento de plata en el sur de Chihuahua, se desató la inevitable fiebre. Los españoles necesitaban mano de obra en las minas y obligaron a los rarámuris a trabajar, lo cual provocó una serie de altercados que se prolongarían durante décadas.

Algunas de las sublevaciones y represiones más sangrientas de la historia de México tuvieron lugar en el país de los rarámuris. La primera rebelión la capitaneó Teporaca en 1648, y las primeras víctimas fueron misioneros. La guerra era constante. Muchas tribus indígenas prefirieron la muerte a la rendición; otras se replegaron hasta las sierras. Para

sobrevivir, muchas adoptaron un cristianismo superficial y se integraron en parte en la cultura del hombre blanco, en el peldaño más bajo.

Los rarámuris no obtuvieron respiro alguno con la independencia de México. La dominación española se había acabado pero el gobierno mexicano estaba ocupado en otros asuntos, de modo que los apaches aprovecharon la situación para realizar incursiones en los poblados rarámuris, con lo que llegaron más dificultades. En el año 1825, una nueva ley abrió el paso a los colonos a tierras «en desuso», debido a lo cual fueron ocupadas las mejores zonas de los rarámuris.

Al igual que en otras regiones de México, la conversión de los rarámuris al cristianismo retuvo un considerable sabor indígena, y Cristo y la Virgen María sencillamente pasaron a formar parte de su panteón como otras dos importantes divinidades masculina y femenina.

Conocidos por ser excelentes corredores de fondo, algunos de ellos pueden llegar a correr hasta 180 kilómetros sin parar, por lo que no resulta sorprendente que se denominaran a sí mismos *rarámuri*, que significa «el pueblo de los pies veloces». Se disputan carreras entre dos equipos de hasta 20 corredores, quienes patean una pelota de madera y salen corriendo, todo el día y toda la noche. Los rarámuris apuestan en estas pruebas y los ancianos llegan a arriesgar sus exiguos rebaños de cabras, ovejas u otro tipo de ganado.

Lo mismo que otros pueblos indígenas del norte de México, los rarámuris todavía utilizan el peyote para celebrar sus ritos. A principios del siglo XX, el explorador noruego Carl Lumholtz escuchó que, cuando Dios abandonó la Tierra para irse al Paraíso, dejó el peyote como remedio para su pueblo y como salvaguarda contra la brujería. Aplicado sobre la piel, se consideraba un buen remedio contra las mordeduras de serpiente, las quemaduras, las heridas y el reumatismo. La planta era sagrada y se le hacían diversos tipos de ofrendas para evitar que provocase locura.

En la actualidad, la mayoría de los rarámuris habitan en un enclave en la Sierra Madre Occidental y aproximadamente un 20 por ciento de ellos conservan su modo de vida tradicional. Ahora existe un Consejo Nacional de los Pueblos Indígenas y miles de indígenas acuden a los congresos que organiza el gobierno. Algunos de los líderes locales piden derechos de propiedad sobre sus tierras, y escuelas y profesores, mejores carreteras, teléfonos, médicos y medicinas, asistencia legal, competencias sobre sus recursos forestales y la autodeterminación en el ámbito local; pero otros muchos cabecillas de la comunidad no muestran ningún deseo de integrarse y ni siquiera quieren escuelas o carreteras.

Los seris

Junto a los lacandones, los seris son uno de los grupos indígenas menos numerosos de México. Tras siglos de catastróficos contactos con la civilización occidental, la mayoría de su pueblo ha ido muriéndose. En 1600 había unos 5 000 indígenas seri, pero en 1930 sólo quedaban alrededor de 175. En nuestros días existen unos 500. Los supervivientes se aferran a algunas de sus tradiciones en una zona de su tierra natal, el golfo de California, al oeste de Sonora.

Los seris –«los que viven en la arena»– forman parte de un grupo étnico llamado kunkaahac, que quiere decir «nuestra gran raza materna», donde se incluyen otras seis tribus. En otros tiempos vivían en el sur del desierto de Arizona-Sonora, a lo largo de la costa, y en la cercana isla de Tiburón. Cazadores y pescadores, salían al mar en barcas de cañas para capturar enormes tortugas marinas con lanzas de madera de palo de hierro.

A finales del siglo XVII, un jesuita alemán, el padre Gilg, recibió el encargo de pacificar y convertir a los seris, cuyo número se calculaba entonces en unas 3 000 personas. Tuvo que hacer frente a muchos problemas, de los cuales no era el menor la escasez de tierras de cultivo en el semidesierto. También tuvo que enfrentarse a serias dificultades en su intento de convertirlos al cristianismo, aludiendo que los seris vivían «sin Dios, sin fe y sin casas, como el ganado… No tienen cultos religiosos y no se encuentra entre ellos ni siquiera una sombra de idolatría, puesto que nunca han conocido o adorado a ninguna divinidad, ni verdadera ni falsa». Eso no era del todo cierto, pues los seris, como todos los pueblos de Mesoamérica, veneraban al Sol y la Luna, y su religión se estructuraba en torno a deidades animales, con la tortuga y el pelícano a la cabeza.

El padre Gilg despreciaba a los indígenas por su incapacidad para entender el Santo Sacramento y los misterios cristianos de la fe, y no tuvo demasiado éxito tratando de enseñarles a vivir como buenos y obedientes súbditos y a trabajar felices para sus señores blancos. De hecho, los seris eran un pueblo orgulloso y se rebelaron contra los españoles. Un grupo de varios cientos luchó contra ellos en el año 1662 hasta que el último indígena,

hombre o mujer, fue asesinado; entonces, los niños fueron enviados a los pueblos de las misiones españolas para intentar educarlos en sus principios.

En 1742 tan sólo alrededor de un tercio de los seris había aceptado vivir en las misiones. Cuando, en 1748, los españoles levantaron un fuerte en Pitic, sus esfuerzos por persuadirlos de que se estableciesen en las tierras colindantes tuvieron un cierto éxito. Pero cuando los blancos les arrebataron esas mismas tierras, los seris protestaron, aunque de forma pacífica. Como consecuencia, los españoles arrestaron a ochenta familias y enviaron a las mujeres a Guatemala y a otras regiones. Los seris, furiosos esta vez, se aliaron con los indígenas pima, destruyeron la misión de Guaymas y pro-

cedieron entonces a efectuar incursiones en los asentamientos españoles. No obstante, en 1769, la escasez de alimentos había mitigado sus ganas de luchar, de manera que muchos de ellos se rindieron, aceptando convertirse al cristianismo y asistir a misa a diario.

Casi a finales del siglo XIX, un ranchero llamado Encinas ocupó parte de las tierras donde los seris acostumbraban cazar conejos y ciervos para usarlas como pasto para su ganado. Los indígenas consideraron que también podían «cazar» las reses, y durante los diez años siguientes los vaqueros y los seris combatieron en la denominada guerra de Encinas; se impusieron castigos muy severos, y por cada cabeza de ganado que era robada se ejecutaba a un seri.

IZQUIERDA: algunos rarámuris todavía viven en cuevas.
DERECHA: una mujer de la tribu seri, uno de los grupos indígenas menos numerosos de México.

En 1920 sólo unos pocos de los seris que quedaban eran cazadores nómadas. Algunos de ellos se establecieron de forma temporal en las afueras de un pequeño pueblo en la bahía de Kino y se hicieron pescadores; para responder al alza en la demanda de hígado de tiburón que se produjo en la década de 1930, muchos de ellos se dedicaron a la pesca de este temible escualo.

Posteriormente, en la década de 1950, los norteamericanos pudientes, que habían descubierto el placer de la pesca en

REINA DE LOS SERIS

Lola, la hija de una distinguida familia blanca, fue capturada por los seris y se convirtió en el objeto de muchas leyendas. Se habituó al modo de vida de los indígenas, pasó a ser conocida como la «reina de los seris» y tuvo varios hijos con el chamán Coyote-Iguana.

moldean vasijas y figuritas de cerámica. También son buenos mecánicos. Se dice que a finales del siglo XIX podían reproducir una pieza de sus rifles Mauser con una lima como única herramienta. Aún hoy cuentan con esta habilidad y de ella se valen para mantener los motores fuera borda de sus lanchas en buen estado.

Los coras

Durante 200 años a partir de la caída del Imperio Azteca, los indígenas coras de Nayarit conservaron su frágil estructura tribal y se negaron a ceder tanto ante las armas de los sol-

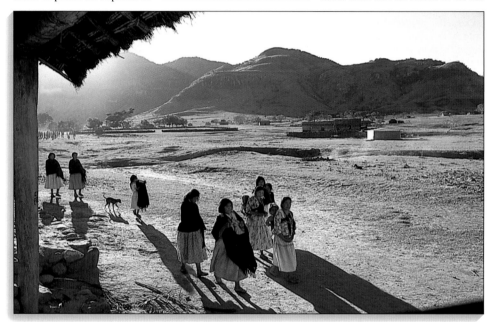

la bahía de Kino, aportaron una nueva fuente de ingresos. Para entonces, los seris habían despertado el interés de muchas organizaciones: los antropólogos comenzaron a estudiar sus costumbres y modo de vida, los lingüistas tradujeron el Nuevo Testamento al idioma seri, los misioneros protestantes los convirtieron en hipotéticos cristianos, y a tal fin –para decepción de los turistas y los antropólogos– les prohibieron continuar con la costumbre de pintarse la cara.

En la actualidad, los seris se ganan la vida vendiendo pescado, collares de caracolas y unas preciosas tallas de animales en palo de hierro. El grupo principal, con unas 300 personas, habita en Desemboque. Todavía fabrican unos pesados cestos decorativos con una fibra llamada «torote», y

dados como ante los engatusamientos de los misioneros. De hecho, no serían derrotados hasta 1722. La inhóspita sierra del Nayar, donde habitan, en la cordillera occidental de la Sierra Madre, mantuvo a los invasores alejados y les permitió conservar su independencia.

El misionero jesuita padre Ortega escribió que el país de los coras era «tan salvaje y contemplar su escabrosidad infundía tal temor, más incluso que las punzantes flechas de sus belicosos habitantes, que a los conquistadores les faltaba coraje porque no sólo las sierras y los valles parecían inaccesibles, sino que la extensa cordillera de elevados picos montañosos confundía la vista».

Nuño de Guzmán conquistó las tierras bajas del oeste de México, pero no sojuzgó las zonas montañosas, por lo que se convirtieron en reductos de las rebeliones indígenas. Exceptuando a los purépechas, no existían en el oeste de México entidades que gozasen de una sólida organización política que la superioridad armamentística española no pudiese aplastar con rapidez. Guzmán ordenó el asesinato del rey de los purépechas y éstos reconocieron a los españoles como a sus nuevos amos ansiosos de tributos. Pero no iba a resultar tan fácil derrotar a las tribus del occidente mexicano.

Los coras se convirtieron en los rebeldes más implacables de esta parte de México. Sus vecinos, los huicholes, apenas participaron en esta crónica de resistencia, quizás porque moraban en una región aún más inaccesible y porque estaban incluso menos organizados que los coras.

Durante el siglo XVI, la casi totalidad del oeste de México se encontraba en estado de rebelión y guerra, mientras los indómitos indígenas realizaban frecuentes razias. Para contrarrestar sus ataques, los españoles desplazaron a grupos numerosos de sumisos indígenas, entre ellos a los cristianizados tlaxcaltecas, para que sirviesen de barrera contra las tribus rebeldes. En 1616, los coras se aliaron en la gran insurrección de Tepehuan y durante el resto del siglo llevaron a cabo incursiones cada vez más audaces.

Los misioneros hicieron todo lo que estuvo en sus manos para ganarse a los coras, pero los indígenas rehusaron abandonar a sus dioses. A continuación, los españoles cortaron el comercio de sal de los coras y enviaron a un sacerdote jesuita con una propuesta de paz. Un grupo de músicos, guerreros y ancianos encabezados por Tonati, el sacerdote del Sol, recibió a la delegación. Pero, aunque se mostraron amables, los coras no aceptaron doblegarse ante la autoridad española.

Poco después, algunos jefes coras se ofrecieron a jurar fidelidad a la Corona española con la condición de que pudieran conservar sus tierras a perpetuidad, no pagasen tributos y tuviesen el derecho a proseguir con el comercio de la sal sin pagar impuestos. Sin embargo, no todos los coras estaban de acuerdo con esto, así que los españoles decidieron darles una lección a los obstinados indígenas. La primera operación militar a gran escala sólo obtuvo un éxito relativo, pero en el año 1722, al mando del capitán Juan Flores de la Torre, lograron una contundente victoria. Algunos de los supervivientes huyeron a las montañas más remotas, pero ya nunca más volvió a producirse una resistencia generalizada.

Los misioneros que llegaron detrás del ejército se toparon con las mismas dificultades para convencer a este pueblo, una situación que se vio agravada por la disputa en que estaban envueltos los franciscanos y los jesuitas en aquella época sobre quién tenía el derecho a salvar almas. Se impusieron los jesuitas, pero no por demasiado tiempo; menos de medio siglo después fueron expulsados de Nueva España y les sustituyeron los franciscanos, quienes fundaron misiones en los centros religiosos de los coras. Pero entonces los indígenas evitaron pisar esos lugares, excepto en los días de fiestas importantes.

Los misioneros sí consiguieron inculcar un tipo de gobierno civil de carácter español a los indíge-

nas, y las fórmulas que recibieron los delegados –gobernador, alcalde, alguacil– todavía se mantienen en la actualidad. Los misioneros también lograron implantar la festividad de Semana Santa, pero los inflexibles coras la transformaron en algo muy personal.

El balance final demuestra que los misioneros no tuvieron demasiado éxito a la hora de dominar a los pueblos de las montañas. Cuando, a comienzos del siglo XX, el explorador noruego Carl Lumholtz conoció a los coras, se encontró con que aún practicaban la mayor parte de sus costumbres tradicionales.

La Estrella Matutina seguía siendo su principal divinidad, la cual actuaba junto a los otros dioses de su panteón para ayudar a los indígenas en apuros.

IZQUIERDA: los centros religiosos y civiles coras se encuentran en las pocas zonas llanas de la Sierra.
DERECHA: un huichol cuelga el peyote a secar.

Lumholtz observó que los coras adoraban viejas estatuas de piedra y un gran cuenco sagrado al que se dirigían en idioma cora, pues no entendía ninguna otra lengua, y era considerado el santo patrón de la comunidad y madre de la tribu.

Incluso hoy en día, los coras (tan sólo quedan unos miles en todo México) llevan una vida tradicional, practican la agricultura de subsistencia y profesan su propia religión. Viven de la cría de ganado y de la venta de sus bellos tejidos. Al igual que los huicholes, se entregan al uso ritual del peyote, un cactus sin púas muy conocido por sus efectos alucinógenos. Los chamanes todavía invocan a seres sobrenaturales y los misioneros siguen tratando de influir en ellos.

monta a la Antigüedad. Las principales divinidades son las fuerzas de la naturaleza personificadas: Tatewari (el fuego), Nakawe (el crecimiento) y Kayaumari (el ciervo).

Muy celosos de su modo de vida y de sus costumbres, los huicholes ganan algún dinero trabajando en las plantaciones de la costa, vendiendo ganado y también su artesanía.

En el pasado sembraban maíz y cazaban ciervos, que constituían la base de su alimentación. Los poblados solían estar muy alejados unos de otros, a veces hasta a medio día de marcha.

Los huicholes celebran sus ceremonias más importantes –de la siembra, la cosecha y la recolección de peyote– en un *tuki*, o templo circular, ubicado

Los huicholes

Los ceremoniales indígenas huicholes de la escarpada Sierra Madre Occidental, situada en el norte de Jalisco, son una ventana al pasado prehispánico de México. Los antropólogos los consideran uno de los pueblos mexicanos menos afectados por la cultura occidental. Su montañoso hogar los mantuvo aislados de los conquistadores y los misioneros llegaron a ellos con retraso, doscientos años después de Hernán Cortés.

Los huicholes han adoptado los rituales católicos pero los han embellecido a su modo. Algunos, por ejemplo, optan por creer que José adquirió el derecho a casarse con la Virgen María porque ganó un concurso de violín. Las creencias huicholes son el reflejo de una teología mesoamericana que se re-

en algún paraje céntrico. El *tzaururika* (el chamán cantor) es quien conduce los ritos. Él y los demás oficiantes son elegidos por un plazo de cinco años, de modo que casi todos los hombres huicholes ocupan varios cargos a lo largo de su vida. Aparte de ser el centro de la vida religiosa de la tribu, el *tuki* funciona también como lugar social de reunión, donde los huicholes acuden a buscar ayuda o a intercambiar ideas. Antes de cada ceremonia, como hacían sus antepasados, suelen realizar la caza ritual de un ciervo.

No existe demasiada interacción entre los huicholes y los mestizos, salvo durante los festejos que se celebran durante la fiesta mayor de San Andrés, en la que estos últimos asisten a las festividades para vender cerámica y dulces, tocar música y comprar ganado. Los huicholes alquilan a veces sus tierras para que otros hombres las trabajen y luego se reparten las ganancias a medias.

Hasta el momento, el estilo de vida de los huicholes no se ha visto demasiado amenazado ni por parte de los mestizos ni por parte de los muchos turistas curiosos. Pero ahora la gente quiere terrenos para pastos, explotaciones forestales y cultivos, lo cual plantea un problema. Para superarlo, los huicholes necesitan encontrar líderes fuertes y competentes, y contratar los servicios de profesionales como abogados y agrimensores.

Lo que al final suceda dependerá de la actitud que decida mantener el gobierno y de las presiones de la economía. Si los precios de la madera y de la carne de vaca suben mucho, o si se descubren nuevos yacimientos minerales en las tierras de los huicholes, entonces quizás su manera de vivir esté condenada a la extinción.

Los huicholes son famosos sobre todo, tanto dentro como fuera de México, por sus ritos tradicionales en los que utilizan peyote para caer en trance (*véase pág. 239*). Paradójicamente, el peyote no crece en su territorio; ni el suelo ni el clima son los adecuados. De modo que todos los años llevan a cabo una peregrinación hacia el nordeste, al desierto de San Luis Potosí, para recolectarlo. Una pequeña «dosis» –entre uno y cuatro botones de peyote– elimina la sensación de hambre, la sed y la libido, y alivia la fatiga. Una dosis mayor –cinco o más botones– provoca alucinaciones.

En los últimos tiempos ha habido señales de cambio, de nuevas actitudes que penetran incluso en los intrincados valles de la Sierra Madre. Ahora, algunos huicholes hablan español y llevan ropas mestizas. Han empezado a aparecer turistas en su región, sobre todo en Semana Santa, la única festividad que tiene una fecha fija en su calendario, y muchos de sus visitantes son jóvenes venidos de todo el mundo seducidos por las historias de los huicholes y el peyote.

Los purépechas o tarascos

Los purépechas son artesanos célebres desde la época precolombina. Su país se encuentra en el norte de Michoacán, en torno al lago de Pátzcuaro, y hacia el oeste, en la meseta de Tarasca. Su número varía bastante de un censo a otro, pero lo más probable es que haya alrededor de 80 000 personas que todavía hablan su idioma vernáculo; se trata de una lengua distinta de cualquier otra de las habladas por los indígenas de México, y algunos investigadores buscan sus orígenes en una tribu peruana.

Los purépechas de nuestros días destacan como pescadores y, especialmente, como artesanos. Trabajan el barro y el cobre, fabrican bandejas y cuencos lacados, paños de lana, guitarras, artículos de cuero, máscaras de madera, sombreros, esteras y muebles.

Antes de la llegada de los españoles, los purépechas habían levantado un imperio militar lo suficientemente poderoso para mantener a raya a la máquina de guerra azteca. Poco después de la conquista española encontraron un amigo y protector en la persona de Vasco de Quiroga. Abogado y

ESPECIALIDADES PURÉPECHAS

Aunque los purépechas son famosos artesanos desde la época precolombina, fue el obispo Vasco de Quiroga quien animó a cada poblado para que fundase una cooperativa y explotase su propia especialidad artesana, una costumbre que aún perdura. Por ejemplo, el pueblo purépecha de Ocumicho se especializa en hacer diablos de arcilla de mil formas y maneras: conduciendo una moto, con forma de pez, etc. Otros pueblos célebres por su artesanía son:

Santa Clara: objetos de cobre
Ihuatzio: esteras de juncos
Patamban: cerámica verde
Paracho: guitarras.

IZQUIERDA: en las orillas del lago de Pátzcuaro hay muchos pueblos purépechas.
DERECHA: los voladores totonacas diseñan y confeccionan sus propios trajes de pájaro.

amigo personal del monarca español, fue nombrado oidor de la Audiencia de Nueva España, la cual había condenado a Nuño de Guzmán por sus abusos y por haber asesinado al rey purépecha, Tangaxoan. Consagrado como clérigo y obispo el mismo día, Quiroga fue a Michoacán para cristianizar a los purépechas y protegerlos de los abusos de los terratenientes españoles.

Los ideales de Quiroga de una comunidad autosuficiente e igualitaria se basaban directamente en la filosofía del libro *Utopía*, de Tomás Moro. Tata («padre») Quiroga, como le llamaban cariñosamente los indígenas, siempre se mostró amable y generoso con ellos; fundó hospitales y escuelas en las misiones y animó a los purépechas a que conti-

principios del siglo XX y observó el modo en que se habían adaptado a su nueva religión. Los campesinos, por ejemplo, enterraban viejas réplicas de piedra de sus antiguas deidades para asegurarse una buena cosecha, al tiempo que imploraban a san Mateo, responsable de las recolecciones abundantes. Lumholtz reparó en que los purépechas no podían vivir exclusivamente de la tierra. Muchos de ellos tenían que dedicarse a la artesanía, un trabajo agotador y muy mal pagado. No obstante, perseveraron y en la actualidad siguen demostrando su habilidad en este arte.

En la década de 1930, el presidente Lázaro Cárdenas intentó estimular un sentimiento de autosuficiencia entre el pueblo purépecha. Pensaba que

nuasen con su artesanía. Crearon unos intrincados mosaicos de plumas para él y modelaron estatuillas de sus dioses en una pasta hecha con mazorcas de maíz pulverizadas y extracto de orquídea. Quizás fuese también Quiroga quien les animó a moldear figuras de Cristo en pasta de maíz.

Pero no todo era utopía. Los purépechas, atrapados entre la codicia de los españoles y las estrictas normas del cristianismo, se vieron obligados a adaptarse. El comercio estaba acaparado por los mercaderes españoles y no se permitía el intercambio directo de mercancías entre los pueblos indígenas; antes tenía que pasar todo por los mercados de las ciudades dominadas por los blancos.

Carl Lumholtz, cronista noruego de las tribus indígenas, recorrió la tierra de los purépechas a

podrían tomar parte en la economía nacional y, a la vez, conservar sus costumbres tradicionales. Pero su situación no mejoró. Muchos hombres purépechas aún tienen que dejar su pueblo para encontrar trabajo y arañar algo con lo que vivir; algunos incluso se aventuran a cruzar la frontera para buscar trabajo en Estados Unidos.

Los totonacas

Los totonacas, cuyo número se estima en unos 150 000 aproximadamente, han podido conservar gran parte de su rica tradición cultural. Habitan en las fértiles tierras tropicales a lo largo de la costa de Veracruz y en los fríos altiplanos de la Sierra Madre, regiones en donde no es necesaria la irrigación, pero sí el duro trabajo manual.

Los ancestros de los totonacas se remontan a una de las civilizaciones precolombinas más refinadas. Antiguamente destacaban por la excelencia de su cerámica, sus esculturas en piedra y su arquitectura.

Cortés desembarcó en la costa habitada por los totonacas y pactó una alianza con su jefe, Cempoala, contra los aztecas, de modo que sus porteadores sirvieron en el ejército de Cortés transportando los suministros y los pesados cañones a través de los pasos de montaña. Por haber ayudado a los españoles, se les concedió un cierto grado de autonomía durante la

LOS VOLADORES

Podrá contemplar el ritual de los voladores frente al Museo de Antropología de la Ciudad de México, en el Centro de Convenciones de Acapulco, en las ruinas de El Tajín y en Papantla.

Cuando el poste de los voladores ha sido alzado, los totonacas combinan las bendiciones y los rituales cristianos de purificación con sus propios conjuros mágicos y ofrendas de comida y licor. Estas precauciones son para asegurarse de que el poste no se lleve a ninguno de los hombres que giran en torno al mástil. Como última medida de seguridad, arrojan un pavo vivo al agujero, donde lo sacrifican de forma ceremonial, aplastándolo con el tronco o el poste al levantarlo.

Este ritual se revela como una acusación en un tiempo en el que los bailarines totonacas han teni-

época colonial: retuvieron sus tierras comunales y sus caudillos pudieron ejercer en parte su potestad. Pero el territorio de los totonacas era fértil y rico (cultivaban caña de azúcar, tabaco, café y vainilla), y al final se les obligó a trabajar en las haciendas españolas.

Los totonacas se convirtieron al catolicismo pero, al igual que otros grupos indígenas, reinterpretaron los ritos a su manera. El ritual precristiano de los «voladores» (*véase pág. 281*), por ejemplo, se celebra ahora frente a la iglesia de Papantla el día de san Francisco.

do que organizarse en un sindicato para defender su manera de ganarse la vida y preservar la autenticidad de su actuación.

Los totonacas llevan una existencia precaria, atrapados entre su modo de vida tradicional y la intrusión del mundo moderno. El descubrimiento de petróleo en el golfo de México, junto a la cría intensiva de ganado, les ha empujado fuera de sus tierras. Subsisten con una dieta básica de maíz, frijoles y chiles, complementada con verduras y plantas silvestres. Normalmente, sólo en las fiestas sacrifican y comen animales domésticos.

IZQUIERDA: lacandones en una fotografía del siglo XIX, tomada por el explorador francés Desiré Charnay.
ARRIBA: mujeres zapotecas en Oaxaca.

Los lacandones

Otra tribu que ha conservado su identidad cultural es la de los lacandones, quienes lograron escapar

El problema de Chiapas

Hasta el 31 de diciembre de 1993, el estado de Chiapas era conocido sobre todo por las majestuosas ruinas mayas de Palenque y por la encantadora, si bien algo fría, ciudad colonial de San Cristóbal de las Casas.

Los actuales indígenas de Chiapas –que suman alrededor de un tercio de los tres millones de habitantes del estado– constituían un pintoresco telón de fondo.

Entonces llegó el 1 de enero de 1994, fecha en que varios miles de indígenas pertenecientes al Ejército

Zapatista de Liberación Nacional (EZLN) ocuparon media docena de ciudades chiapanecas, entre ellas San Cristóbal. Declararon la independencia de la región e incluso nombraron una capital, el pequeño municipio de La Realidad, en el interior de la selva de los lacandones, como símbolo de su lucha por el reconocimiento político.

Tras sólo doce días de sangrientos combates ocasionales, el presidente Carlos Salinas declaró la tregua y se ofreció a negociar las demandas zapatistas de derechos políticos y económicos. En la primera ronda de conversaciones, una veintena de campesinos, muchos de ellos con los trajes tradicionales de los indígenas, se sentaron a dialogar con el ex jefe del gobierno de la Ciudad de México, Manuel Camacho. El obispo de la diócesis de San Cristóbal, Samuel Ruiz, defensor

desde antiguo de los derechos de los indígenas, actuó de mediador.

Pero la estrella del acto sería el subcomandante Marcos, el misterioso jefe zapatista, fumador de pipa, y el único delegado de la guerrilla que claramente no era indígena. Más tarde «desenmascarado» como el antiguo maestro Rafael Sebastián Guillén, Marcos cautivó a una gran audiencia con su retórica autocrítica.

Pese a las primeras y belicosas declaraciones de los zapatistas, éstos enseguida manifestaron que sólo estaban interesados en avivar una revolución pacífica en la «sociedad civil» mexicana. Pero, aunque las conversaciones con Camacho produjeron un acuerdo en apariencia viable, el EZLN rechazaría posteriormente las condiciones.

A principios de 1996 reanudaron las conversaciones y alcanzaron un consenso. Pero el Gobierno no redactó el anteproyecto de ley necesario para llevar el acuerdo a la práctica y el EZLN abandonó las negociaciones. El Gobierno, que al parecer apostó por la estrategia de la contrarrevolución y una guerra de «baja intensidad» en lugar de por el diálogo de buena fe, no hizo nada ante la proliferación de grupos paramilitares antizapatistas.

El ejército federal y la policía del estado estrecharon el cerco en la «zona de conflicto», pero no hicieron nada para evitar la violencia en el seno de las comunidades. Esta combinación de acoso e impunidad tuvo como consecuencia el aumento del número de víctimas: desde enero de 1994 ha muerto en Chiapas mucha más gente que en años anteriores. La policía federal ha arrestado a docenas de sospechosos, pero, meses después, los oficiales que dejaron que los paramilitares se moviesen a sus anchas siguen sin enfrentarse a ninguna acusación.

Las autoridades federales decidieron, sin embargo, poner en marcha una nueva política más activa en el estado de Chiapas. El ministro del Interior, Ernesto Chuayffet, fue destituido y su sucesor, Francisco Labastida, trató de que la ley contemplase los derechos de los indígenas.

No obstante, en Chiapas se intensificó el hostigamiento a los partidarios del EZLN. El servicio de inmigración expulsó a los extranjeros que simpatizaban con los zapatistas alegando intromisión en asuntos de política mexicana. También comenzaron a desmantelar la red de «municipios autónomos» del EZLN y a encarcelar a supuestos cabecillas.

Aislados y acorralados, la mejor estrategia de los zapatistas parece consistir en continuar resistiendo, con la esperanza de que las próximas elecciones generales resulten en un cambio de gobierno.

IZQUIERDA: miembros enmascarados de las guerrillas zapatistas durante una conferencia de prensa en San Cristóbal de las Casas.

hasta no hace demasiado tiempo a las influencias de la civilización occidental al vivir en la selva de Chiapas. Sin embargo, a lo largo de los años, leñadores, cazadores, comerciantes e investigadores han tratado con los lacandones cambiando alcohol, armas de fuego, alimentos y ropas por maderas preciosas, tabaco y chicle (el original). Los lacandones, en grupos de dos o tres familias, adoran a sus antiguos dioses y sobreviven en la selva. A pesar de que el número de miembros del pueblo lacandón es muy reducido, el formidable entorno en que habitan aún les ofrece cierta protección.

UN INFIERNO VERDE

El antropólogo Jacques Soustelle describió el hábitat de los lacandones como un «infierno verde», en el que es tan difícil entrar como salir de él.

chillones monos, los animales eran escasos, incluidos los insectos, salvo en las orillas de los ríos.

Pero los lacandones están muy bien adaptados a su medio. Saben qué plantas son beneficiosas para ellos y cuáles dañinas, y a la edad de doce años un niño ya se muestra bastante capaz de sobrevivir en la selva.

La palabra «lacandón» proviene de *lacantum*, que significa «gran roca»: la isla del lago Miramar y hogar de los ancestros de los lacandones, que eran una rama de la familia de los mayas.

Para los lacandones, la divinidad más importante es el dios Sol, a quien acompañan otros dio-

Apenas se sabía nada de ellos hasta que el antropólogo francés Jacques Soustelle, junto a su esposa Georgette, los visitaron en 1933. Soustelle informó de que el sol no atravesaba la tupida espesura y de que el suelo estaba compuesto por un espeso manto de vegetación putrefacta que hacía que incluso caminar requiriese esfuerzo.

Sin embargo, los lacandones se desplazaban sin dificultad. Los árboles tenían un aspecto torturado, como salidos de una pesadilla, y en lo más alto descollaba la caoba. Había un sinfín de charcas que nunca emitían el menor destello porque el sol rara vez traspasaba la vegetación y, aparte de los

ARRIBA: dos niños del grupo maya actual, que se extiende sobre todo por la península de Yucatán.

ses en una compleja mitología que se transmite de padres a hijos. Creen que el Sol pasa la noche en el mundo subterráneo, en una casa de piedra donde come y bebe igual que un ser humano. Celebran entonces rituales y le entregan ofrendas para asegurarse de que volverá a aparecer a la mañana siguiente.

En la actualidad, los antiguos centros de ceremonias de los mayas son objeto de una veneración especial entre los lacandones. Pequeños grupos acuden a la ciudad de Yaxchilán (Yucatán) para ofrecer incienso y comida al dios Atchakyum, pues creen que vive allí.

Soustelle halló a los lacandones viviendo en pequeños claros, rodeados por un muro de jungla y nunca en comunidades de más de doce personas.

Plantaban algodón, tabaco, chile, maíz, yuca y bananas por el método de roza, tumba y quema para despejar el terreno, en el que siembran durante unos tres años más o menos, hasta que el suelo se agota y tienen que mudarse a otro lugar.

Los lacandones buscaban en la selva sitios que consideraban favorables para la fertilidad de las mujeres, pero debido a la escasez de éstas no podían tener muchos hijos. Incluso hoy en día, los hombres se «casan» a veces con niñas muy pequeñas y viven entonces en casa de su suegro trabajando para él durante unos años. En cuanto la niña ha crecido, cocina para su marido. El concepto que los lacandones poseen de la vida matrimonial tiene más que ver con comer juntos que con dormir juntos.

Solían cazar con arcos y flechas con puntas de sílex y plumas. Por lo general, sus presas eran monos, pavos salvajes o cerdos salvajes. Pero la selva no siempre resulta un lugar saludable en el que vivir y los lacandones tienen tendencia a padecer malaria o reumatismo, provocado por la humedad. También contraen con facilidad las enfermedades y gérmenes occidentales, y no es raro que mueran de una gripe o incluso de un simple catarro; de hecho, no se permite que entre en su país ningún turista con un resfriado.

Los contactos de los lacandones con el hombre blanco empezaron a ser frecuentes en la segunda mitad del siglo XIX, cuando la caoba se convirtió en un bien muy codiciado y se construyeron carreteras de acceso. Algunos indígenas trabajaban para

las compañías madereras a fin de ganar dinero con el que comprar diversas herramientas, como hachas y machetes, además de armas de fuego y licor.

Los pocos lacandones que han logrado sobrevivir hasta nuestros días han sido testigos de profundos cambios en los últimos años. Una carretera de tierra (sólo en la estación seca) les proporciona una vía de acceso a Palenque, y el ex presidente Luis Echeverría les entregó extensos ejidos de selva en propiedad; con el dinero que reciben de las explotaciones forestales se han comprado camiones, ropas y artículos manufacturados.

Tzotziles y tzeltales

Unos 200 000 indígenas, divididos casi a partes iguales entre tzotziles y tzeltales, habitan en las tierras altas de Chiapas, cerca de San Cristóbal de las Casas. Ambos grupos hablan dialectos mayas. El suyo es un país maravilloso; un escritor habla de atravesar «capas de frío antes de entrar en el fresco sol de montaña del altiplano de Chiapas». Los tzeltales viven en la parte baja de los montes centrales de Chiapas, mientras que la mayoría de los tzotziles lo hacen en la misma zona, pero por encima de la cota de los 1 500 metros. Las dos tribus conservan su peculiar manera de vestir, así como sus característicos rasgos sociales y culturales.

Las poblaciones constan de un núcleo central y granjas dispersas alrededor, a menudo tras una larga pendiente a varias horas de distancia. Los representantes civiles residen en el pueblo con sus familias, mientras que la mayoría de la comunidad vive en las colinas cercanas. Las calles del pueblo sólo se animan y llenan de ruido durante el mercado de los domingos y en las fiestas oficiales que se celebran periódicamente. Cada individuo vive en paz con sus vecinos y con todos los seres sobrenaturales, es decir, los dioses tradicionales, el espíritu de los ancestros y los santos que introdujeron los españoles. Los indígenas ofrecen alimentos, incienso y flores a estos dioses, y si alguno de ellos deja la comunidad, se le considera un traidor.

A lo largo de los siglos, los indígenas han sido brutalmente explotados y tratados como ciudadanos de segunda clase. Sus tierras les fueron arrebatadas y a ellos se les forzó a trabajar en las plantaciones. Durante la época colonial, cuando no había buenas comunicaciones, se utilizó a los tzeltales como porteadores. Se les obligaba a transportar pesadas cargas hasta Veracruz, a casi 1 000 kilómetros de distancia. Muchos murieron debido al calor de las tierras bajas, y se les ejecutaba sin piedad si intentaban sublevarse.

Las relaciones entre los indígenas y la Iglesia Católica fueron a menudo tensas y marcadas por la intolerancia. Muy pocos de los primitivos misioneros procuraron comprender los ritos tradicionales indígenas; destrozaron sus ídolos, bautizaron a los paganos y les convencieron de que aceptasen una condición inferior y trabajasen para los españoles. Su recompensa llegaría, les decían repetidamente, en la otra vida.

Salvo algunos misioneros excepcionales –como fray Bartolomé de las Casas–, la Iglesia consintió la explotación de los indígenas. Una parte de los misioneros se dieron una vida de asueto, incluso de lujo, pero de vez en cuando estallaban cruentas rebeliones y en ocasiones estos sacerdotes pagaban por su indolencia y eran asesinados.

Los levantamientos siempre eran asuntos locales. La rebelión de 1994 (*véase pág. 90*) quizás haya causado un impacto más profundo, ya que el mundo entero ha sido testigo de las pésimas condiciones en que aún se encuentran muchos indígenas.

Tanto los tzeltales como los tzotziles han desarrollado un *modus vivendi* con el cristianismo, una filosofía de vive y deja vivir. En público, los tzeltales veneran a Cristo como a su Dios, pero en sus casas también adoran a Chulmetic, la diosa de la Tierra. Y creen en Uch, un ser sobrenatural que ayuda a que el maíz crezca.

Los tzotziles creen en Hz'k'al, un fantasma negro con un pene de 1 metro de longitud. Algunos tzotziles creen que los santos y los dioses mantienen reuniones periódicas en las que deciden si castigar a los seres humanos enviándoles una enfermedad o haciendo que la cosecha sea mala. Los indígenas creen que la misa es una obligación que la comunidad tiene con los santos. Las autoridades civiles visitan los lugares en los que moran los seres sobrenaturales –montañas, cavernas, manantiales–, donde rezan, tocan música y aplacan a los dioses con comida y bebida. La principal obligación de un hombre es plantar y cuidar su campo de maíz, pues es su relación con el maíz lo que lo distingue de los animales. Estos indígenas consideran que es una pérdida de tiempo cultivar cualquier otra cosa que no sea maíz y se desesperan con los agrónomos que quieren que siembren distintos tipos de cultivos.

Los indígenas de las tierras altas de Chiapas visten algunas de las ropas más exquisitas de México, como las blusas con finos bordados y los suaves chales de lana. Los hombres de Zinacantán llevan ponchos rojos de algodón y sombreros de paja adornados con lazos. Las mujeres andan descalzas. Ni a ellos ni a ellas les gusta que se les saquen fotografías.

Izquierda: en Veracruz vive mucha gente de ascendencia afrocaribeña.
Derecha: un puesto de mariscos.

La asimilación cultural es un problema muy serio para esta gente. Es la vieja falacia –el «malinchismo»– de que todo lo que proceda del extranjero es mejor que lo indígena. Por fortuna, todavía hay muchos indígenas que se dan cuenta de lo erróneo de tal razonamiento y que ensalzan el valor de sus tradiciones. Gracias a la devoción que poseen por sus ancestros, las comunidades tzotzil y tzeltal siguen existiendo hoy en día.

Sobrevivir en la adversidad

Hay que sumar a los anteriores muchos otros grupos indígenas hasta llegar a los 13 millones de indígenas que se calcula que viven en México hoy en día. Hay, por ejemplo, casi medio millón de

mayas modernos en la península de Yucatán; los zapotecas y los mixtecos de Guerrero y Oaxaca también suman un millón entre los dos. Pero el más numeroso de estos pueblos es el nahua –descendientes de los antiguos aztecas–, cuyo número se estima en torno al millón y medio, y viven principalmente en los estados de México, Puebla, Hidalgo y San Luis Potosí. Otras tribus más reducidas, algunas con tan sólo unos cuantos cientos de miembros, son los mazatecos, los huastecos, los mazahuas, los trignis y los otomíes. Estos tres últimos grupos han llevado su lucha territorial a la Ciudad de México. Una cantidad importante de otomíes ocupa predios baldíos en colonias del centro. Hay un conjunto de 160 mazahuas que se han integrado en la vida de la capital.

LOS CHARROS: LOS ENGALANADOS JINETES DE MÉXICO

Estos vaqueros practican lo que muchos creen que es el auténtico deporte nacional de México

D ecir que un charro mexicano es simplemente un vaquero no le hace justicia. Las raíces de los charros se remontan a España, lo mismo que sus caballos, el ganado que cuidan y la indumentaria que llevan. Durante el virreinato, todos los españoles estaban obligados a poseer un caba-

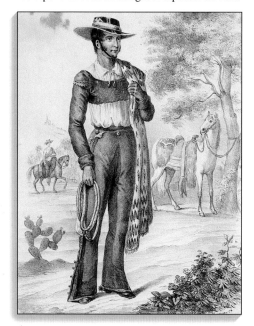

llo, al tiempo que una cédula real de 1528 prohibía a los indígenas incluso montar a caballo, so pena de muerte. Pero, con el paso de los años, a medida que aumentaba el número de reses en México y los indígenas eran necesarios para trabajar con el ganado, esta ley fue paulatinamente perdiendo su vigencia. Los hombres cabalgaban y cuidaban de los caballos por deporte y como ejercicio, además de formar parte de su trabajo diario.

Los charros constituían una excelente caballería en las guerras de México. En la batalla de Álamo atraparon con el lazo a muchos tejanos y, en la lucha contra los franceses, charros al galope lanzaban el lazo a los cañones para volcarlos. También durante la Revolución desempeñaron una importante función, si bien las trincheras, las alambra-

das de púas y las ametralladoras del general Álvaro Obregón acabaron por detener a «los Dorados» de Pancho Villa.

Inevitablemente, el especializado trabajo que los charros efectuaban en el campo suscitó la competición, y más tarde el deporte. Todo comenzó en los ranchos de ganado: lanzar el lazo, atar, cabalgar y marcar con hierro. Durante muchos años, las charreadas y las corridas de toros estuvieron profundamente vinculadas. De hecho, los aficionados, tanto de la fiesta brava como de la charrería, hicieron suyo al gran Ponciano Díaz, torero y extraordinario charro. Es probable también que algunos de los charros más conocidos de todos los tiempos fueran los doce hombres que participaron en los espectáculos del Salvaje Oeste de Buffalo Bill que se presentaron por todo el territorio de Estados Unidos. Su jefe, el charro Vicente Oropeza, gozaba de la reputación de ser el mejor artista con el lazo del mundo.

Charros urbanos

Tras la expropiación de un gran número de extensos ranchos de ganado en los días posteriores a la Revolución, los charros perdieron prestigio. Desde entonces, la charreada se ha desarrollado en un escenario urbano a cargo de quienes podríamos denominar «vaqueros urbanos», y se ha convertido en lo que muchos piensan que es el único deporte nacional auténtico. Los mayores lienzos charros (el ruedo de los charros) se encuentran en la Ciudad de México y en Guadalajara, donde todos los domingos se disputan las competiciones de 11:00 a 14:00 h.

La representación comienza con los jinetes cabalgando en columna para saludar a los jueces y al público, algo parecido al comienzo de una corrida. La primera suerte es la llamada «cala de caballo», en la que el jinete debe demostrar su dominio sobre el caballo. El jinete sale galopando a toda velocidad bajo una pasarela y procede entonces a frenar de repente al caballo dentro de un rectángulo blanco marcado con tiza. El jinete obliga al caballo a girar en redondo –hacia la derecha, hacia la izquierda–, siempre dentro del rectángulo. Como colofón, hace que el caballo camine hacia atrás para salir del ruedo.

Luego vienen las llamadas «coleadas», quizás lo más emocionante de la actuación. Un toro aparece por una rampa bajo la pasarela, y hacia él trota nuestro héroe, quien lo agarra por el rabo y trata de que pierda el equilibrio y ruede sobre su lomo. Consigue puntos por la rapidez con que ejecute esta difícil maniobra y por la limpieza con que haga caer y rodar al toro.

Aparte de la doma del potro cerril y la monta del toro bravo, todo lo demás se realiza con el lazo. La actuación más espectacular tiene lugar casi al final, cuando tres jinetes conducen un caballo salvaje a lo largo de la periferia del ruedo. El cuarto miembro del equipo se sitúa de pie a unos tres metros del perímetro de la plaza, dejando sitio para

los tacones y derriba al cimarrón. Por lo general, a continuación es el momento del denominado «paso de la muerte», en el que un charro salta de su montura al lomo de un caballo salvaje. Es lo que se conoce en la charreada como «cambiar de caballo en mitad de la corriente».

Las mujeres cuentan con sus propias actuaciones, llamadas «escaramuzas charras». Visten, desde luego, al estilo charro y montan de lado, para no perder «el atractivo de su exquisita feminidad», como dijo un escritor mexicano.

A veces se cierra la representación con la danza del «jarabe tapatío», el famoso baile mexicano originario de Jalisco y desde siempre el favorito entre los charros.

que pasen el caballo y los jinetes. Después de que éstos hayan galopado unas cuantas veces en torno al ruedo, el hombre a pie comienza a voltear el lazo. Entonces, mediante un súbito movimiento coordinado al segundo, salta a través de un lazo de la soga al mismo tiempo que deja caer otro sobre el suelo, frente al caballo, a medida que se acerca al trote. Cuando las patas traseras del caballo están dentro del lazo, el charro tira rápidamente de la cuerda para apretarlo y se la pasa por la espalda; tensa entonces la soga, se inclina hacia atrás, clava

---

IZQUIERDA: grabado del siglo XIX que representa a un hacendado.
ARRIBA: un charro salta a través del lazo antes de atrapar a un caballo salvaje.

CABALLEROS

Los charros suelen ser románticos y conservadores. Idolatran a las mujeres y por lo general son fervientes nacionalistas. Se entregan por entero a sus caballos y disfrutan comiendo y bebiendo con entusiasmo.

A veces los charros resultan vanidosos y se gastan una fortuna en sus espléndidos trajes, en particular en los sombreros de ala ancha. Están rodeados de un aura de nostalgia, un deseo de regresar a un pasado glorioso. Les encanta realizar hazañas audaces para impresionar a las damas; su lema es: «Un caballo para llenar las piernas, un gallo de pelea para llenar el bolsillo y una mujer para llenar los brazos».

LOS TOROS

Puede que para muchos las corridas de toros no sean la idea que tienen de pasar

un buen rato, pero hace casi 500 años que forman parte de la cultura mexicana

omo en España, su país de origen, en México la llamada «fiesta brava» nació y se desarrolló con motivo de grandes celebraciones. La primera corrida de toros en suelo mexicano, según coinciden diversas fuentes, se efectuó el 24 de junio de 1526, día de san Juan Bautista, para festejar el retorno del conquistador Hernán Cortés de su expedición a las Hibueras. Hoy en día las corridas

Tercio de varas: el torero observa mientras sus peones le dan unos pases al toro para fijarlo. Entonces él mismo realiza los pases de recibo, que sirven para comprobar el comportamiento del animal, su modo de embestir y hacia dónde dirige los cuernos. El diestro emplea una pesada capa de oro y seda y ejecuta el conocido pase de verónica (cuyo nombre se debe a la mujer que enjugó el ros-

de toros comienzan a las 16:30 h en punto, aunque haya que retrasar el reloj. El paseíllo viene encabezado por los alguacilillos, quienes solicitan la venia del presidente para que se celebre la corrida. Les siguen tres toreros, resplandecientes en sus trajes de luces, confeccionados en brillante seda y bordados de oro. Detrás van los banderilleros; luego, los picadores y por último, los monosabios, areneros y tiros de mulillas, que se encargan de sacar a los toros muertos.

El presidente del ruedo saca su pañuelo e irrumpe en la arena el primer toro. Con más de 500 kilos de peso, se trata de un musculoso contendiente enfurecido que embiste como un tren expreso, ansioso por pelear. El espectáculo se desenvuelve en tres actos.

CÓMO SE JUZGA LA ACTUACIÓN

A cada uno de los tres matadores que torean una tarde cualquiera se le asignan dos toros, y los aficionados y jueces valorarán su actuación de acuerdo a las siguientes cualidades:
- ☛ «mandar»: el grado de dominio que el torero ejerce sobre el toro.
- ☛ «parar»: la clase con la que el diestro se planta; si se mantiene erguido, con los pies bien asentados.
- ☛ «templar»: la ligazón y el temple del torero, la adecuación entre velocidad y ritmo para hacer que el animal tenga tiempo de embestir y lo haga con plasticidad.
- ☛ la limpieza de la estocada.

tro de Cristo). Siguen los picadores, que clavan la puya en lo alto del lomo. Suelen picar dos veces para exponer la cruz, donde el torero hundirá el estoque en la suerte suprema. Por fin salen los picadores, dejando tras de sí un toro furioso pero atemperado.

Tercio de banderillas: entonces, los peones del matador, a veces el propio torero, hincan tres pares de banderillas o rehiletes sobre los cuartos delanteros. El banderillero corre hacia el toro, clava las banderillas inclinándose sobre él y esquiva con habilidad la embestida del animal, que a estas alturas ya sangra mucho.

EL COLOR ROJO

Los toros no distinguen los colores. Por eso es un mito que el capote sea rojo: embisten todo lo que se mueve.

dorsal, pasando sobre las astas directamente hacia la cruz, la zona por la que el estoque puede penetrar limpiamente y seccionar la aorta o perforar el pulmón. El toro cae sobre sus rodillas y por lo común muere al instante, aunque a veces hay que emplear la puntilla.

Según haya sido su actuación, el torero puede recibir una oreja, dos, o dos orejas y el rabo, y en alguna ocasión hasta las pezuñas.

Sin embargo, no siempre gana el diestro; la mayoría han sufrido cornadas, incluso muchas veces. Uno de cada cuatro acaba lisiado en el transcurso de su carrera y uno de cada diez muere en una cogida. Si el toro demuestra una bra-

Tercio de muleta: la hora de la verdad. El diestro pide permiso al presidente para matar al toro y se lo brinda a alguna amiga o a quien quiera. Dispone a partir de ese momento de 16 minutos para acabar la faena o tendrá que abandonar el ruedo humillado. El torero despliega ahora todo su arte ante el astado con el capote, mediante una serie de lances muy próximos a los pitones. Toma entonces la muleta, una capa de menor tamaño. Cuando las fuerzas del toro están tan mermadas que no puede levantar la cabeza, el matador lo cita con la espada en alto, apuntándolo, y la hunde entre el cuello y la línea

vura excepcional puede ser indultado, y pasar a una vida tranquila de ramoneo y de semental, con la esperanza de que su progenie herede su coraje.

Desde luego, la lidia no es del gusto de todos. Ernest Hemingway afirmaba que había dos tipos de espectadores de corridas de toros: los que se identifican con el animal y los que lo hacen con el torero. Pero lo que es innegable es su popularidad: en México existen más de 225 cosos permanentes y 500 desmontables. La Monumental Plaza de México, en la capital, es la mayor del mundo, con capacidad para 64 000 espectadores. La temporada va desde finales de noviembre hasta marzo o abril. No obstante, también hay algunas buenas corridas en verano, en los ruedos de la frontera con Estados Unidos, para un público «yanqui» creciente.

IZQUIERDA: citando al toro.
ARRIBA: el torero da vuelo a la capa para engañar, de este modo, al toro.

ARTESANÍA

Después de admirar la infinita variedad de artesanías que existe en México
es posible que su idea de la belleza y el color nunca vuelva a ser la misma

La tradición artesanal de México se remonta a mucho antes de que llegasen los españoles y sus coloridas y hermosas artesanías presentan características que delatan su origen precolombino. En ocasiones también han subsistido los materiales y las técnicas empleados, aunque las fibras y los colores sintéticos se han adueñado de gran parte del mercado, y la producción en masa amenaza algunas de las creaciones más complejas pero infinitamente más bellas.

Cuando llegaron los españoles, encontraron a los artesanos nativos bien organizados y vendiendo sus artículos en grandes mercados llamados *tianguis*, palabra náhuatl que todavía se utiliza, como también se utilizan las vasijas, los cestos, los juguetes, la ropa, las sandalias, los sombreros, las hamacas y otros objetos cotidianos que fabrican los actuales artesanos de México.

Uno de los cambios más profundos que provocó la llegada de los europeos fue el empleo del torno para la alfarería y de herramientas de metal. Los españoles necesitaban utensilios que resultaba demasiado caro importar desde España: sillas de montar y correajes, paños de lana, muebles y otros enseres domésticos. Así que, tras los conquistadores, llegaron los artesanos, quienes enseñaron su oficio a aprendices indígenas. En 1529, un hermano lego, Pedro de Gante, fundó la Escuela de Artes y Oficios de la Ciudad de México para indígenas, mientras en Michoacán, el obispo Vasco de Quiroga introdujo nuevas técnicas para trabajar el cobre y la laca, y fabricar objetos de hierro.

Cambia la moda

En un principio, los artesanos indígenas eran despreciados y todo lo que fuese español se consideraba mejor. Habría que esperar hasta comienzos del siglo XX, gracias al nuevo sentimiento nacionalista que surgió a raíz de la Revolución, para que la balanza empezara a inclinarse hacia el otro lado.

En 1921, el presidente Álvaro Obregón inauguró una exposición de artesanía, el primer reco-

nocimiento de este tipo que se les dio a los artesanos nativos. Diego Rivera, su mujer Frida Kahlo y otros artistas de aquella época elogiaron su trabajo y se convirtieron en coleccionistas de este tipo de obras. Tanto bombo tuvo su efecto: la artesanía indígena se puso de moda, la clase media mexicana comenzó a comprarla, y lo mismo hicieron los turistas americanos. Y todavía lo hacen, aunque no

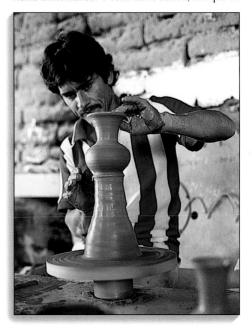

todo es de color de rosa, como podría parecer: hay tantos intermediarios que rara vez el artesano recibe un precio justo.

La mayoría de los artesanos de México son campesinos o jornaleros que trabajan la artesanía en los ratos libres para incrementar sus ingresos y por lo general fabrican objetos domésticos de uso cotidiano. Luego están los artesanos dedicados por entero a su oficio, que o bien disponen de su propia tienda o trabajan para alguien que tiene una. Fabrican artículos que son al mismo tiempo decorativos y útiles, aunque también surten el negocio de los *souvenirs* con baratijas atractivas para los turistas. Los siguientes en el escalafón son los que trabajan en la producción en masa, y por último está el artesano de ciudad que no tiene empleo y vive

---

PÁGINAS ANTERIORES: un artista huichol realizando un dibujo de hilo.

IZQUIERDA: esta máscara procedente de Guerrero presenta influencias indias y españolas.

DERECHA: la alfarería es una de las especialidades mexicanas.

de su habilidad e ingenio, construyendo juguetes y otras cosillas con restos de artículos manufacturados y materiales baratos como papel, hojalata, alambre, madera o corcho.

Comprar artesanía

Cada región de México, y en algunos casos cada pueblo o ciudad, se especializa en un tipo de artesanía en concreto o en unos cuantos. A veces un mismo pueblo lleva haciendo una misma clase de artículo desde la época precolombina. En muchas de las capitales de los estados hay una Casa de las Artesanías donde podrá admirar y adquirir objetos típicos de esa zona, aunque el precio quizás sea algo más alto que en los mercados. En algunas

grandes ciudades hay también una tienda Fonart, administrada por una agencia del gobierno dedicada a fomentar el trabajo artesanal y encargada de preservar su calidad. En ellas, o en cualquiera de los mejores establecimientos turísticos, encontrará una buena selección que le dará idea de lo que existe y de los precios.

Sin embargo, siempre que sea posible, resulta mil veces más interesante comprar la artesanía en la región de origen. Los mercados de todo el país son un buen lugar; en el *tianguis*, diario o semanal, suele haber unos cuantos puestos en los que se venden objetos domésticos como vasijas y cestos, y algunas ciudades cuentan con mercados dedicados por entero a la artesanía de la comarca. Con todo, es frecuente que las compras más interesantes las realice en algún tenderete en la esquina de una calle o a un lado de la carretera en medio de ninguna parte.

Especialidades regionales

Si bien mucho de lo que se hace hoy en día mezcla influencias precolombinas, españolas y modernas, para encontrar esa maravillosa artesanía única hay que dirigirse a las zonas en las que haya una considerable población indígena, como Michoacán, Puebla, Oaxaca, Guerrero y Chiapas.

El norte de México no destaca por su artesanía, pero hay excepciones, como las tallas de animales en palo de hierro de los seris, los cinturones, las cestas y las muñecas de lana de los rarámuris o los sarapes de Coahuila y Zacatecas.

Los indígenas coras y huicholes viajan hasta Tepic y Guadalajara para vender sus cinturones y sus bolsos de lana, sus preciosos trabajos de cuentas, sus prendas bordadas y sus cuadros hechos con hilos. Tlaquepaque, un barrio de Guadalajara, es un centro alfarero –incluidas magníficas copias de piezas prehispánicas–, del vidrio soplado y de la fabricación de muebles. La cercana ciudad de Tonalá, en la que hay un gran mercado callejero los jueves y los domingos, se ha especializado en el barro y el vidrio.

El mejor momento para comprar los deshilados y bordados de Aguascalientes es el festival de San Marcos, que se celebra todos los años desde abril hasta primeros de mayo. Los rebozos de seda de San Luis Potosí son famosos por ser tan finos que se pueden hacer pasar a través de un anillo de boda. En la región de La Huasteca, los indígenas tejen la tradicional *quechquémetl* (una capa de mujer) blanca con bordados de punto de cruz. También urden unos rústicos y baratos bolsos de lana, además de otros artículos con fibras vegetales.

En Guanajuato fabrican cerámica de Talavera, mientras que en San Miguel se venden sarapes,

LOS ESTADOS DE LAS ARTES

Es posible encontrar artesanía por todo México, pero ciertos estados sobresalen en algunas:
- ☞ **Cerámica:** Oaxaca, Puebla, Guerrero, Jalisco.
- ☞ **Textil:** Chiapas, Oaxaca, Puebla, Nayarit, Coahuila.
- ☞ **Cuero:** Zacatecas, León, Jalisco, Michoacán.
- ☞ **Madera:** Sonora, Michoacán, Morelos.
- ☞ **Lacas:** Michoacán (Uruapán), Guerrero (Olinalá), Chiapas (Chiapa de Corzo).
- ☞ **Orfebrería/metal:** Guerrero (Taxco), Querétaro (San Juan del Río), Michoacán (Santa Clara del Cobre).
- ☞ **Hamacas:** Yucatán, Campeche, Michoacán.
- ☞ **Vidrio:** Jalisco, Puebla, Oaxaca.

objetos de lata, piñatas y máscaras. Querétaro es famoso por su orfebrería de plata y piedras semipreciosas, y en Tequisquiapan, los artesanos hacen cestos, banquetas plegables y sarapes. Todo ello puede comprarse en la ciudad colonial de San Juan del Río. En el valle de Mezquital (Hidalgo), los indígenas otomíes utilizan el tradicional telar de cintura para tejer rebozos y cinturones, mientras que la ciudad de Ixmiquilpan, también en Hidalgo, es célebre por sus jaulas de pájaros en forma de catedral.

Quizás sea Michoacán el estado que dispone de una mayor variedad artesanal de todo México. Muchos artesanos viven cerca del lago de Pátzcuaro y la mayor parte de sus obras las encontrará en la ciudad de Pátzcuaro. El día dos de noviembre, la

objetos lacados. En Morelia, la capital de Michoacán, es posible comprar en la Casa de las Artesanías, situada en el antiguo convento de San Francisco, algunos de los mejores ejemplos de artesanía de todo el estado.

En el estado de México encontrará cálidos sarapes de lana y vistosos cestos de Lerma, y la cerámica policromada de los «árboles de la vida» en la ciudad de Metepec. En Ixtapán de la Sal, utensilios domésticos y animales decorativos tallados en madera de naranjo. Toluca, la capital del estado, es conocida por su platería y por las fichas de dominó y tableros de ajedrez hechos de cuero, hueso o madera.

El estado y municipio de Tlaxcala, el primer lugar de Nueva España en donde se hiló lana, aún es

plaza Vasco de Quiroga se convierte en un centro de artesanía. Algunos artesanos trabajan todo el año en la cercana Casa de los Once Patios, cuna del utópico proyecto artesanal del Tata Vasoo.

Desde tiempos coloniales los municipios de Michoacán se dedican a un tipo particular de creación artesanal: en Santa Clara del Cobre trabajan el cobre; en Paracho hacen guitarras; cerámica bruñida en Tzintzuntzán; en Quiroga, cuencos de madera pintados y enseres domésticos; en Ihuatzio, esteras de juncos y cestería; una soberbia cerámica verde vidriada en Patambán, y en Uruapan, máscaras y

Izquierda: figura de cerámica de un diablo y una serpiente.
Arriba: tejiendo en un telar de cintura.

famoso por sus tejidos. Una vez más, los sarapes son la especialidad, aunque también destacan los bastones labrados a mano y pintados con vivos colores.

El estado de Puebla es uno de los más ricos en cuanto a la variedad y calidad de su artesanía. La cerámica de Talavera (*véase pág. 187*), las vajillas y los azulejos vidriados se fabrican en la capital, mientras que en Tehuacán y en Tecali esculpen el ónix. La barroca decoración alfarera del «árbol de la vida», que se ve a menudo en los carteles de las agencias de viajes, se realiza en la ciudad de Acatlán –sobre todo Herón Martínez– y en Izúcar de Matamoros por las familias Flores y Castillo. Puebla también tiene fama por el grueso papel de corteza de amate y por sus tejidos y ropas tradicionales. Los huipiles y tapices bordados, y las blusas decoradas con cuentas de Cuetzalan y San Pablito Pahuatlán constituyen los mejores ejemplos. Los cestos de juncos –que se hacen en Puebla– son el artículo que más suelen comprar los turistas.

El estado de Morelos, al sur de la Ciudad de México, concentra la venta de su artesanía en la localidad de Cuernavaca. Allí se venden muebles de estilo colonial de fabricación local, cuencos de madera, sarapes, cestas hechas con tiras de hojas de palmera y joyas de distintos materiales. En el pueblo de Hueyapan, en la municipalidad de Tetela del Volcán, se tejen unos anchos chales bordados.

> ### CONTROL DE CALIDAD
>
> Antes de comprar asegúrese de que la lana sea lana y de que las hamacas sean de algodón, no de nailon.

El contiguo estado de Guerrero se especializa en la cerámica, pero también se crean en Olinalá las piezas lacadas más bonitas de México: cuencos de calabaza, bandejas de madera, cajas y máscaras de jaguar. Taxco, también en Guerrero, es mundialmente famoso por su platería, y es en los pueblos tropicales de más al sur donde los indígenas emplean colores muy brillantes, incluso fluorescentes, para pintar cuentos y diseños abstractos sobre papel de corteza de amate.

Cruzando la frontera estatal, en Oaxaca, los indígenas zapotecas cosen unas blusas muy adornadas, llenas de flores diminutas y muñecas en miniatura que mantienen los pliegues juntos. Las camisas y pareos de Yalalag están teñidos con tintes naturales.

En la ciudad de Oaxaca, los artesanos crean copias idénticas de las preciosas e intrincadas joyas mixtecas halladas en las tumbas de Monte Albán. La costa mixteca de Oaxaca es conocida por sus redes a modo de bolsos, mientras que Cuilapan y San Martín Tilcajete lo son por los animalitos de madera de colores vivos y mil formas; el pueblo de San Bartolo Coyotepec es famoso por su tradicional cerámica negra bruñida, y en Santa María Atzompa se hacen figuras de animales de cerámica verde vidriada; Teotitlán del Valle fabrica los mejores sarapes del sur de México, ya sea decorados con diseños tradicionales precolombinos o con copias de cuadros famosos de arte moderno. La artesanía de Oaxaca se puede adquirir en muchas tiendas y mercados (más baratos), y en particular en diciembre durante las fiestas.

Las ropas de lana que llevan los indígenas en las tierras altas de Chiapas se venden en la cooperativa de tejedores de San Jolobil, en San Cristóbal de las Casas; también podrá comprarlas en los mercados dominicales de San Cristóbal y en casi todos los pueblos de las colinas de los alrededores. En el pueblo tzotzil de San Juan Chamula se confeccionan gran parte de las prendas de lana que se venden por todo el estado, así como guitarras y arpas. Chiapa de Corzo es célebre por sus lacas, sobre todo por las máscaras que se utilizan en la fiesta de San Sebastián, mientras Amatenango fabrica cerámica tradicional que no se cuece en hornos.

La península de Yucatán se dedica a fabricar muebles de calidad hechos de madera de caoba y de cedro, además de tejer las mejores hamacas del país –con sisal o algodón–, mientras que los mejores sombreros de jipijapa o panamá proceden de Becal, en Campeche.

La artesanía en la capital

Muchas de todas estas maravillosas obras artesanales se pueden encontrar en la capital, que también cuenta con un nutrido grupo de artesanos y orfebres propios. Los trabajos de la familia Linares, por ejemplo, unas figurillas fantásticas que llaman «alebrijes», han alcanzado gran popularidad en los últimos años. Pero también existen otros habilidosos artistas urbanos a los que no se les suele prestar atención, pero que crean objetos de arte y juguetes con materiales de desecho tales como chapas de botellas o alambre.

IZQUIERDA: para decorar la cerámica hace falta una mano firme.
DERECHA: pintura sobre papel de corteza de amate de estilo *naïf*, típica del estado de Guerrero.

MURALISTAS

La pintura mural, cuyo origen se remonta a la época precolombina,
ha sido la mayor contribución mexicana al arte contemporáneo

Las espectaculares obras de grandes artistas y de otros menores adornan los muros de los edificios públicos de todo México. El muralismo fue un producto cultural de la Revolución que floreció hasta bien entrada la década de 1950. En México se han pintado murales desde mucho antes de la llegada de los españoles, si bien no hace mucho que los historiadores y los arqueólogos han

mexicana del arte popular. De hecho, constituyen la mirada más cabal y profunda de la sociedad en el México anterior a la Revolución. Posada, cuyos esqueletos eran auténticamente mexicanos (muy alejados de los modelos extranjeros que utilizaban los artistas de su época), allanó el terreno para toda una escuela artística vigorosa y nacionalista hasta lo obsesivo. El movimiento muralista permaneció

descubierto una gran parte de ellos, como los de Bonampak (*véase pág. 310*) o los de Cacaxtla (*véanse págs. 188-189*).

Los explosivos murales de la posrevolución marcaron un nuevo rumbo; las impresionantes obras de Diego Rivera, David Alfaro Siqueiros y José Clemente Orozco se convertirían en la expresión visual más poderosa del moderno México emergente y habrían de asombrar al mundo.

La influencia de los grabados

De todos los artistas mexicanos que influyeron sobre los «tres grandes», el más importante fue sin duda José Guadalupe Posada (1852-1913), cuyos impactantes aunque humorísticos grabados tocan la mismísima esencia y vitalidad de la rica tradición

próximo a la tradición folclórica –la llamada «mexicanidad»– de los maravillosos y populares grabados y estampas de Posada. Oriundo de Aguascalientes, Posada tenía gran facilidad para el dibujo, así como una enorme imaginación. Realizó lo mejor de su obra en la capital del país, donde ilustró libros, carteles, anuncios, etc. Su estilo nada tenía que ver con el rígido academicismo del arte oficial, y se acercaba, más bien, a la caricatura de intención satírica.

Los primeros murales

En 1921, los miembros del nuevo gabinete de Álvaro Obregón se mostraban deseosos de difundir una conciencia histórica y cultural mexicana, en particular el radical José Vasconcelos, ministro de

Educación, quien encargó murales para las paredes de numerosos edificios públicos ubicados en lugares céntricos. Comenzó así el muralismo mexicano y Diego Rivera (1886-1957) pintó su primer mural en la Escuela Nacional Preparatoria, en la Ciudad de México.

Rivera fue un artista contradictorio y controvertido que despertó intensas pasiones. A pesar de que se trataba de un idealista (era comunista, pero fue expulsado del partido), el estilo de su obra es más sensual que político, al modo de Paul Gauguin, Henri Rousseau o incluso Pieter Brueghel el Viejo. Las fuentes de las

OBRAS MAESTRAS

La mayoría de los murales más famosos se encuentran en la Ciudad de México, aunque Orozco pintó sus mejores obras en Guadalajara y en Estados Unidos.

temporánea, sino que procedía de los frescos y pinturas del Renacimiento italiano. De hecho, *La Battaglia di San Romano* de Uccello está considerada como una de las mayores fuentes de inspiración del muralismo mexicano.

Pero dejando de lado todas estas influencias europeas, Rivera reconoció su deuda con el artista mexicano Posada retratándolo en algunos de sus murales más importantes. Rivera se revela profundamente mexicano en su apego a las formas suaves y a los colores, como también en su sólida identificación con los indígenas de su país. Así

que bebería Rivera durante su formación no fueron de ningún modo exclusivamente mexicanas. En Europa entró en contacto con los movimientos vanguardistas, como el cubismo, cuya influencia resulta evidente en muchos de sus trabajos de esa época. Sin embargo, a raíz de la revolución rusa y de su creencia manifiesta en la «necesidad de un arte social y popular», Rivera se fue distanciando poco a poco de los cubistas en busca de un estilo más directo y funcional. Se suele decir que la principal influencia de Rivera no fue en absoluto con-

mismo, las formas arquitectónicas y escultóricas precolombinas influyeron mucho en su trabajo. Era un dibujante y acuarelista excelente que creó una imagen idealizada y tierna de un México primitivo poblado por muchachas de piel morena y niños adorables con enormes ramos de flores exóticas.

Él mismo era un hombre polémico, que resultaba una fuente constante de habladurías y a quien le encantaba provocar. En una de sus obras, titulada *Sueño de una tarde dominical en la Alameda*, aparecían las palabras «Dios no existe», que causaron un revuelo tan grande entre los fieles católicos y las autoridades eclesiásticas de México que hubo que borrarlas (Museo Mural Diego Rivera, *véase pág. 160*).

PÁGINAS ANTERIORES: mural de Diego Rivera en el teatro de los Insurgentes.
IZQUIERDA: *Catarsis*, mural de José Clemente Orozco.
ARRIBA: autorretrato de David Alfaro Siqueiros.

El idealista

David Alfaro Siqueiros (1899-1974), al igual que Rivera, prosiguió su formación artística en Europa. Sin embargo, a diferencia de Rivera, había combatido en la Revolución Mexicana; se trataba de un hombre de acción, de un activista político que se marchó voluntario a la guerra civil española, participó en luchas obreras, estuvo implicado en el asesinato fallido de León Trotsky y pasó varias veces por la cárcel. Sus pinturas reflejan su ideología y gusto por la acción temeraria, incluso por la violencia. Son tan descomunales y musculosas que se convierten en una especie de escultura aprisionada. De hecho, experimentó con una fusión de pintura y escultura a la que llamó «escultopintura».

Siqueiros, siempre innovador, no dejó nunca de probar técnicas y materiales nuevos. Quizás sus mejores murales sean los del castillo de Chapultepec, en la Ciudad de México (*véase pág. 164*), que muestran una vigorosa interpretación barroca de la historia mexicana. Las obras del palacio de Bellas Artes (*véase pág. 158*) se cuentan entre sus mejores cuadros de caballete, aunque se le conoce sobre todo por su enorme mural tridimensional del Poliforum Cultural Siqueiros, en la Ciudad de México (*véase pág. 167*).

El pintor satírico

A José Clemente Orozco (1883-1949), artista trágico y apasionado, se le considera a menudo el mejor de los tres. Su escepticismo político y su mordacidad no significan que no fuera un idealista muy afectado por la sordidez de la historia. Orozco se sirvió de los murales para ocultar sus sentimientos atribulados; su mensaje transciende la cultura nacional de forma que todo el mundo los puede entender. Se le ha comparado con artistas alemanes como Max Beckmann, Otto Dix y Käthe Kollwitz. Orozco, que siempre dijo lo que pensaba, denunció la tendencia existente a convertir la Revolución Mexicana en una farsa sangrienta que sólo tendría como resultado una nueva servidumbre de las masas.

Orozco pintó su primer mural importante a principios de la década de 1920 en la Escuela Nacional Preparatoria (*véase pág. 157*). Severo y simple, revelaba un cierto influjo de la pintura renacentista italiana. En la Escuela Preparatoria, Orozco alcanzó momentos de esplendor, en especial con *La trinchera*, una poderosa imagen de la guerra y la lucha personal. En la escalinata del mismo edificio pintó *Cortés y la Malinche*, en el que plasma los cuerpos desnudos del conquistador y Malintzin, su guía, intérprete y amante india. La obra es un claro alegato de las relaciones entre España y México, entre el conquistador y el conquistado, un tema al que Orozco regresaría en numerosas ocasiones.

Entre 1927 y 1934, Orozco vivió en Estados Unidos, donde pintó murales para el Pomona College, en California, la School for Social Research de Nueva York y el Dartmouth College, en Nueva Hampshire. En su amarga autobiografía y en las cartas que escribió a su amigo el pintor Jean Charlot describe la vida cultural de su época. Tras regresar a México, Orozco pintó *Catarsis* en el Palacio de Bellas Artes, cuya figura central es una colosal prostituta, el símbolo de la corrupción.

Pero sus mejores obras llegarían a finales de la década de 1930 en Guadalajara, en el Palacio del Gobierno, en el Paraninfo de la Universidad y en las paredes y techos del Hospicio Cabañas (*véanse págs. 250 y 252*). En ellas se muestra en la cima de su creatividad, cubriendo superficies lisas y curvas con fieros rojos y austeros negros, rindiendo homenaje al padre Hidalgo, denunciando la manipulación política y buscando una simbología profunda y universal.

Otros muralistas

Jean Charlot, nacido en París en 1898, fue otro de los primeros muralistas. Su *Matanza en el Templo Mayor*, un mural que finalizó en 1923 en la escalinata del patio occidental de la Escuela Nacional Preparatoria, está considerado como el primer fresco pintado en México desde el virreinato. Antes de trasladarse a Hawai, Charlot vivió en Estados Unidos, donde contribuyó con sus pinturas, pero sobre todo con sus escritos, a popularizar el muralismo durante los primeros tiempos del mandato de Roosevelt.

Juan O'Gorman, pintor y arquitecto de origen irlandés, transformó los murales en una especie de panorama de escenas en miniatura. Aunque sus pinturas son modernas, hunden sus raíces en el arte popular mexicano del siglo XIX. Se le conoce sobre todo por los murales que adornan la Biblioteca Central de la Universidad Nacional Autónoma de México (*véase pág. 172*). Estos gigantescos mosaicos murales creados con piedras de colores plasman el mundo en una textura barroca cuya inocencia y frescura resultan sorprendentes.

con el geometrismo para dar lugar a visiones cargadas de sugerencias galácticas y simbólicas. Destacan en Tamayo el estilo sintético y bidimensional, las texturas y los colores primarios, como en *Las músicas dormidas* y *Hombre con sombrero rojo*.

El artista natural de Zacatecas Pedro Coronel (1922-1985) exploró en gran parte el mismo terreno que Tamayo y es posible que sus murales se cuenten entre los mejores que se han pintado en los últimos años. Otros importantes muralistas mexicanos cuya obra nunca se aleja demasiado del realismo son Fernando Leal, Xavier Guerrero, José Chávez Morado, Roberto Montenegro, Raúl Anguiano, Manuel Rodríguez Lozano, Alfredo Zalce y Jorge González Camarena.

Tras la estela de «los tres grandes» surgió una segunda generación de muralistas, uno de los cuales fue Rufino Tamayo, un indígena zapoteca de Oaxaca que murió en 1991 a la edad de 92 años. Su obra nunca fue política y pronto abandonaría el realismo por formas simples más poéticas. Sus murales recrean una simbología lo mismo cósmica que doméstica (estrellas, gatos, mujeres), sin preocuparse de la interpretación directa de la historia. También dejó numerosas piezas de caballete donde las formas del antiguo arte indígena se combinan

Murales contemporáneos

El muralismo mexicano nació a raíz de la Revolución y, en realidad, ese sentimiento ya es parte del pasado. En la segunda mitad del siglo XX, las nuevas generaciones de muralistas reaccionaron contra esa tendencia, a la que acusaron de una excesiva obviedad en sus intenciones didácticas y de ser obsesivamente nacionalista. Pero los discípulos de los grandes muralistas siguen cubriendo los muros de los edificios públicos de todo el país. La mayoría, aunque no todos, repiten la misma fórmula que, si bien en Rivera, Siqueiros y Orozco fue un manifiesto revolucionario proclamado con ardor y vehemencia, resulta actualmente anticuada y, con demasiada frecuencia, incluso reiterativa y burocrática.

IZQUIERDA: retrato del padre Hidalgo, obra de Orozco, Guadalajara.

ARRIBA: detalle de *Niña atacada por un pájaro extraño*, de Rufino Tamayo.

FIESTAS

*Déjese deslumbrar por los rituales, costumbres, máscaras, fuegos artificiales,
canciones y bailes que hacen de las fiestas de México una explosión de exuberancia*

En México siempre hay una fiesta en alguna parte. Además de las festividades oficiales, cada ciudad, pueblo, aldea o barrio cuenta con su propia fiesta, generalmente en honor del santo patrón.

Los turistas tienen muchas posibilidades de presenciar uno de los maravillosos festejos mexicanos, sobre todo si van al país en alguno de los clásicos períodos vacacionales. Hay señaladas en el calendario más de 5 000 fiestas al año, lo que significa casi 14 al día.

Las celebraciones son una parte fundamental de la vida social de los mexicanos. Muchas de ellas se remontan a la época precolombina, a ritos relacionados con viejas costumbres y aspectos de la naturaleza, como la fertilidad o la cosecha. Otras fueron importadas de Europa con el cristianismo y presentan un marcado acento español. Pero la mayoría de las fiestas de México, como su gente, son una mezcla de ambas.

Los festejos varían enormemente de una región a otra y no hay dos que sean iguales, aunque la música, los bailes, los desfiles, los fuegos artificiales y los petardos casi siempre están presentes. En las festividades religiosas se celebran procesiones, se reza el rosario y se cantan novenas, entre otros aspectos comunes a todas.

Los fuegos artificiales de México son impresionantes, muy distintos de cualquier otro espectáculo pirotécnico que vaya a ver nunca. Por regla general, cuanto más grande o rica es la ciudad, más imponentes son. Se contrata para la ocasión el servicio de artesanos especializados que construyen los castillos y los toritos. Los primeros son unas gigantescas estructuras de mimbre de hasta 20 metros de altura a las que se atan cientos de fuegos de artificio, para así crear unos fantásticos efectos. Los toritos, especialmente famosos en Cholula, Puebla, son unos armazones de mimbre con forma de toro, llenos de cohetes, buscapiés y petardos que explotan mientras un hombre carga con ellos persiguiendo a la gente.

PÁGINAS ANTERIORES: bailarines de las tradicionales representaciones de moros y cristianos en Janitzio, Michoacán.
IZQUIERDA: un bailarín conchero en la Ciudad de México.
DERECHA: figurillas de la fiesta del rábano, que se celebra en Oaxaca.

Las fiestas tienen lugar en el centro de la población, en torno a la iglesia, en la plaza mayor y en las calles adyacentes. Se levanta un mercado con puestos en los que se venden artesanía, baratijas, recuerdos y los irresistibles «antojitos». Los antojitos, el bocado favorito de los mexicanos, son de todo tipo, desde las llamativas copas de macedonia de frutas en jugo de limón, con sal y chile,

hasta los famosos tacos, tamales, tostadas y quesadillas.

La lotería mexicana también está presente, con sus tradicionales figuras del diablo, la luna, el soldado, la dama, el borracho, el valiente y, por supuesto, la muerte. También son comunes en la mayor parte del país las corridas de toros, las carreras de caballos, las charreadas (*véanse págs. 94-95*) y las peleas de gallos.

En algunas ciudades y pueblos –como Huamantla, en Tlaxcala, o Tlacotalpan, en Veracruz– hay corridas; en Huamantla, los toros llegan a recorrer hasta 12 kilómetros por las calles, que se adornan con serrín de colores y flores para «la noche en que nadie duerme», en la fiesta de la Asunción (el 14 de agosto).

Canciones y bailes

La variedad de músicas y bailes tradicionales que existe en México es enorme. Aparte del obvio jarabe tapatío, hay muchos más que resultan igualmente interesantes. Algunos, como el de los «concheros», han sobrevivido a la conquista, otros la escenifican. Los protagonistas enmascarados de la «danza de la conquista», que se celebra en las localidades de Jalisco y Michoacán, son Moctezuma, Cortés y la Malinche, junto a soldados españoles armados y el jaguar y el águila guerreros con sus tocados de plumas.

El más conocido de los muchos bailes que antiguamente se dedicaban a Huehuetéotl, el «Viejo Dios», divinidad del fuego y el tiempo, es la extra-

Fiestas religiosas

El carnaval se celebra la semana previa al inicio de la cuaresma, en febrero o marzo. Tradicionalmente es la última oportunidad de explayarse antes de los cuarenta días de abstinencia que preceden a la Semana Santa. Los famosos carnavales de Veracruz y Mazatlán (que afirman ser los más grandes después de los de Río de Janeiro), así como los de Campeche, Mérida y otras localidades de la República, se celebran con vistosos desfiles y disfraces extravagantes, fuegos artificiales, y bailando, comiendo y bebiendo todo el día y toda la noche. En Veracruz, los festejos empiezan con la tradicional «quema del mal humor» y alcanzan su clímax varias noches en blanco más tarde, el Martes de Car-

ordinaria «danza de los viejitos», en Michoacán. En Puebla, los bailarines quetzales llevan unos inmensos tocados de plumas de soberbios colores, mientras que, en Sonora, los indígenas yaquis interpretan la «danza del venado» y, en Veracruz, los denominados voladores «vuelan» en círculos alrededor de un poste de 32 metros de altura (*véase pág. 281*) en una hipnótica representación de un antiguo ritual totonaca.

Otros bailes que fueron llevados por los misioneros españoles y que se han incorporado al folclore mexicano enfrentan a moros contra cristianos e incluyen a personajes como Carlomagno, Roldán y los doce pares de Francia, además de los más habituales del ángel, el diablo, el cura, la doncella y la muerte.

PIÑATAS

Los puestos más vistosos de cualquier mercado de México son los que venden piñatas, las vasijas de terracota decoradas con pasta y tiras de papel de vivos colores. Las hermosas piñatas, que tienen forma de estrella tridimensional, forman parte de los festejos tradicionales de Navidad. Hoy en día las hay con toda clase de formas. El recipiente de arcilla –lleno de golosinas y frutas– se cuelga en el patio o en la calle y, uno por uno, los niños, con los ojos vendados, intentan romperlo con un palo. En cuanto uno lo consigue, su contenido se precipita al suelo, al tiempo que el resto de los niños se abalanzan para tomar todo lo que puedan.

naval. Al día siguiente, el Miércoles de Ceniza, se entierra a Juan Carnaval y se da por iniciado el nuevo ciclo.

La semana anterior a la Pascua es costumbre comprar en puestos callejeros unos coloridos diablos o Judas hechos con pasta de papel que se queman el sábado. En México, la Semana Santa es época de solemnes procesiones con velas y conmovedoras representaciones de la Pasión que pueden durar días. Todos los años, gran cantidad de gente se dirige a Taxco, y son millones los que asisten a la crucifixión de Cristo en Iztapalapa, en la Ciudad de México.

La feria de San Marcos, hacia el 25 de abril, es un animado acontecimiento en Aguascalientes, mientras que el Corpus Christi –fecha en que los niños acuden a la iglesia vestidos como indígenas y llevan unos diminutos asnos de paja– es especialmente interesante en Papantla, Veracruz. El día de los Difuntos es la versión mexicana del día de Todos los Santos, una fascinante fusión de rituales precolombinos y cristianos (*véanse págs. 262-263*). Incluso las celebraciones del 12 de diciembre, cuando todo México glorifica a la Virgen de Guadalupe (*véanse págs. 118-119*), tienen un origen azteca, además de católico. Las «posadas», que se celebran durante los nueve días previos a Navidad, conmemoran el viaje de María y José hasta Belén, y en cada una se suele romper una piñata. La Navidad se festeja la noche del 24 de diciembre con una copiosa cena, y una misa a la mañana siguiente. Algunas familias todavía ponen el tradicional nacimiento, aunque, por influjo de Estados Unidos, los árboles de Navidad son en los últimos tiempos algo más corriente. Las costumbres varían enormemente de unas regiones a otras: en algunas partes, el niño Jesús da sus regalos a los niños, mientras que en otras son los tres Reyes Magos quienes les llevan sus juguetes el 6 de enero.

Izquierda: un grupo de indígenas coras, con el cuerpo y el rostro pintados de negro, celebran la Semana Santa.

Arriba: en el barrio de Iztapalapa, en la Ciudad de México, se recrea la crucifixión de Jesucristo el Viernes Santo.

Fiestas patrióticas

Si bien las festividades religiosas son por lo general las más espectaculares, también hay otras fiestas muy animadas en el calendario político mexicano. En septiembre, el mes de la patria, se venden banderas nacionales por todas partes. Suele iniciarse con el discurso presidencial del estado de la nación (el 1 de septiembre), y los actos van animándose hasta los festejos del día de la Independencia, con fiesta, la noche del 15 y desfile militar el 16 del mismo mes.

El 20 de noviembre se celebra un desfile deportivo para conmemorar el día de la Revolución, mientras que el 5 de mayo se celebra la victoria (aunque de corta duración) sobre los franceses en la batalla de Puebla.

LA VIRGEN DE GUADALUPE

*La venerada patrona de México, la Virgen de Guadalupe,
es la expresión más clara de la mezcla racial y cultural de este país*

Todos los años se acerca hasta la basílica de Nuestra Señora de Guadalupe del Distrito Federal la increíble cantidad de seis millones de peregrinos para rendir homenaje a la patrona de México. Algunos llegan a pie, tras muchos duros días de camino desde los puntos más remotos del país; otros sólo caminan los últimos kilómetros por la Calzada de Guadalupe. Es fascinante observar

la devoción que muestra un nutrido grupo de jóvenes que cruzan de rodillas la plaza, en un último acto de penitencia, mientras empujan las bicicletas en las que han estado pedaleando durante días y semanas, en algunos casos.

La gente va a pedir ayuda, a rezar o simplemente a dar gracias a la Virgen. Es corriente que grupos empresariales envíen a un representante y en ocasiones llega incluso todo un pueblo. Cuando se le pregunta a un anciano por qué ha ido, responde sin vacilar: «Señor, he tenido una vida muy dura, mucho trabajo y muy poco dinero. Pero siempre que de verdad he necesitado algo, se lo pedí a la Virgencita y siempre me ha ayudado. Le estoy agradecido. Ahora que mi esposa está enferma, he venido a pedirle a la Virgen que la cure».

La Virgen de Guadalupe es mucho más que una santa patrona. Es el símbolo de la unidad nacional, de la mezcla racial y cultural que es México. Nacida de la fusión de las culturas india y española, representa las creencias precolombinas y las católicas.

Templos y dioses

Tras la conquista, en un intento de suprimir la vieja religión e imponer la fe católica, los españoles derruyeron los templos «paganos» y construyeron iglesias, con frecuencia en el mismo lugar y utilizando las mismas piedras. No obstante, pronto descubrirían que un edificio no garantiza la devoción, pues pese a todos los intentos de los misioneros, muchos de los indígenas continuaban adorando a sus viejos dioses.

En el siglo XVI, el padre Bernardino de Sahagún se propuso rectificar lo que en aquel momento la Iglesia consideraba un estado melancólico de las cosas. Pensó que el catolicismo no podía implantarse si antes no se comprendían los dioses, los rituales y las creencias indígenas, para luego tratar de reemplazarlos.

Durante el sitio de Tenochtitlán, los conquistadores habían levantado un campamento al pie del cerro de Tepeyac, al norte de la capital azteca. Llevaban con ellos a su venerada Virgen de Guadalupe, esculpida, según la leyenda, por san Lucas y aparecida de forma milagrosa en España, donde se la asoció con la reconquista de una península Ibérica ocupada por los musulmanes. Curiosamente, su santuario se construyó en Extremadura, la tierra de Hernán Cortés.

En ese mismo cerro de Tepeyac había un templo consagrado a una de las deidades aztecas más importantes, la diosa de la tierra, la primavera y el maíz, conocida por los nombres de Cihuacóatl (mujer serpiente), Coatlicue (falda serpiente), Chicomecóatl (siete serpientes) o, el más común, Tonantzín (nuestra madre).

El milagro de Juan Diego

Poco después de la conquista, un indígena recién convertido al catolicismo llamado Juan Diego tuvo una visión de la Virgen de Guadalupe. Una mañana temprano del año 1531, Juan Diego, un hombre sencillo y humilde, caminaba por el cerro de Tepeyac cuando oyó una voz dulce que le llamaba. Era la Virgen María; le dijo que deseaba que se construyese un templo en ese lugar para que todo el mundo pudiese venerarla. «¿Por qué yo? –preguntó Juan Diego, sin demostrar tener miedo–, ¿por qué no se lo pides a uno de los poderosos españoles?»

La Virgen no se lo explicó, pero le dijo que comunicase su mensaje al arzobispo Zumárraga. Como era de esperar, el arzobispo se burló. Al día siguiente, la Virgen se le volvió a aparecer a Juan Diego, y también al siguiente. Por fin, le dio la prueba que necesitaba: ordenó que brotasen rosas –lo que ya era en sí un milagro, pues nunca antes habían crecido allí rosas– y le mandó a Juan Diego que las depositase en su sayo de fibra de cactus y que se las llevara al arzobispo.

Así lo hizo y, cuando dejó caer las rosas a los pies del prelado, apareció en el sayo la imagen de la Virgen de Guadalupe. Al habérsele aparecido a un humilde indígena, la Virgen había mostrado su amor no sólo por los españoles, sino por todos los pueblos de México. Se dice que el trozo de tela en que aparece la Virgen y que actualmente está guardado en el interior de la basílica, es el sayo que llevaba Juan Diego.

Fechas confusas

Los monjes franciscanos trataron enseguida de disipar cualquier tipo de confusión entre la Virgen de Guadalupe y Tonantzín, la diosa de la tierra y la primavera. No era una tarea sencilla, sobre todo teniendo en cuenta que la basílica se construyó exactamente en el mismo lugar donde años antes había estado el templo dedicado a la diosa azteca. Además, la festividad precolombina en honor de Tonantzín se celebraba el primer día del decimoséptimo mes del antiguo calendario religioso azteca, es decir, el 22 de diciembre del calendario juliano, que fue el que se utilizó en México hasta el año 1582. Fue entonces cuando el papa Gregorio XIII suprimió 10 días del calendario para que se ajustase mejor al ciclo solar. Así, el 22 de diciembre pasó a ser el 12, el día en que en la actualidad todo México venera a la Virgen de Guadalupe.

La tienda en el Sinaí

La construcción de la basílica original se inició en el año 1694, pero a mediados del siglo XX, los ci-

AMADA VIRGEN

Exceptuando el Vaticano, la basílica de Nuestra Señora de Guadalupe, sita en la Ciudad de México, recibe más visitantes que ningún otro centro religioso cristiano.

mientos habían perdido estabilidad y empezaron a aparecer inquietantes grietas. La nueva basílica fue diseñada por el arquitecto Pedro Ramírez Vázquez, el también responsable del Museo Nacional de Antropología de la Ciudad de México (*véase pág. 164*). El diseño del edificio estaba inspirado en la tienda que utilizó Abraham en el desierto del Sinaí. Llevó más de veinte meses levantar este impresionante santuario, cuya envergadura supera los 11 000 metros cuadrados y en el que caben hasta 10 000 fieles. El coste total de la construcción subió a 10 millones de dólares.

La reina de México

Se dice que la Virgen de Guadalupe, la imagen más venerada por todos los mexicanos, sin distinción de edad ni clase social, detuvo la inundación de México en 1629 y que acabó con una terrible epidemia que asoló el país en 1736. Durante la lucha contra España se le otorgó el rango de general, y, tras la independencia, el emperador Iturbide fundó la Orden Imperial de Guadalupe. El nombre del primer presidente de México era Guadalupe Victoria, y el dictador Porfirio Díaz mandó que se coronase a la Virgen como reina de México; no mucho después se vería aclamada como la patrona de Emiliano Zapata, que luchaba contra Díaz. Ni siquiera en la actualidad se atrevería ningún político sensato a criticar a la Virgen de Guadalupe.

IZQUIERDA: un grupo de devotos peregrinos completa el último trecho del camino hacia la basílica de rodillas, después de haber caminado días y días desde los más remotos puntos del país.
DERECHA: ofrendas florales a la Virgen de Guadalupe, en la basílica del mismo nombre en el Distrito Federal.

GASTRONOMÍA

Ya se trate de auténtica comida mexicana o de algún sucedáneo

«gringo», la salsa siempre será picante

L o mismo que tantas otras cosas de México, su gastronomía es el resultado de siglos de cruces y fusiones de pueblos y culturas. Junto a los alimentos básicos como los chiles, los frijoles y el maíz, los indígenas disfrutaban de una variada dieta compuesta de pavo, cerdo salvaje, *itzcuintli* (un rechoncho perro sin pelo), pescado e iguana, además de aguacates, jitomates, tomates verdes, no-

damérica. Incluso los franceses, a pesar del poco tiempo que estuvieron en el país, fueron responsables de la incorporación de varios postres y pasteles, como la *crème caramel*, por ejemplo. Con el paso de los siglos, la mezcla de todos estos diferentes alimentos, métodos de preparación y gustos distintos se ha convertido en la cocina típica actual de México.

pal, frutas tropicales como la piña y la papaya, vainilla, calabazas, hierbas aromáticas y cacao.

Los conquistadores y los colonos españoles, que querían conservar sus propios hábitos alimentarios, llevaron al Nuevo Mundo las prácticas y la mayor parte de los ingredientes propios de la cocina mediterránea; pollos, cerdos y vacas, queso y trigo, aceite de oliva y vino, cítricos, cebollas y ajo. Se adoptaron nuevas formas de cocinar para combinar los ingredientes nativos y europeos, si bien es verdad que para la gran mayoría de los mexicanos la dieta básica de maíz, frijoles y chiles ha permanecido inalterable durante siglos.

Durante el virreinato llegaron el arroz y las especias en los galeones procedentes de China y Filipinas, y también se importaron patatas desde Su-

El picante de la vida

Comer puede ser uno de los mayores placeres en México, donde la gastronomía es tan variada como el propio país. En términos generales, la comida es mucho más picante en el sur que en el norte. Algunos platos, aunque sean originarios de alguna región concreta, se encuentran por todo México, mientras que otros sólo se pueden degustar en la zona de origen. Una visita al mercado es la mejor manera de ver y probar la ingente variedad de extrañas frutas, verduras, chiles y otros productos

PÁGINAS ANTERIORES: pescado, ensalada
y unas cuantas cervezas; maíz, tortillas y salsa.
ARRIBA: tostadas de marisco.
DERECHA: desayunando en Baja California.

exóticos. La Ciudad de México es el gran crisol culinario, en donde hallará muchos restaurantes especializados en platos regionales. Al igual que la mayoría de las grandes ciudades, también cuenta con numerosos establecimientos vegetarianos y de cocina internacional.

De norte a sur

La cocina sencilla y sin sazonar del norte de México, por lo general compuesta de carnes asadas, va acompañada de tortillas elaboradas con harina de trigo, más que con maíz. El cabrito asado es la especialidad de Monterrey: graso pero muy sabroso, podrá tomarlo con otro favorito local, la cerveza Carta Blanca bien fría. Pero incluso la parca cocina norteña ofrece manjares tales como el caldillo, que es lo más parecido que hay en México al «chile con carne».

La cocina del Altiplano Central es más arriesgada y cuenta con muchos platos tradicionales, como el pozole, una nutritiva sopa hecha de maíz con cerdo o con pollo. Gran parte del sabor de un buen pozole se debe a la curiosa mezcla de condimentos: salsa de chile, orégano, aguacate, lechuga, cebolla, rábanos y zumo de limón, aunque la receta y condimentos varían según el lugar. Otros platos exquisitos son la delicada sopa de flor de calabaza o los tacos y tortas rellenos de *huitlacoche*, un hongo negruzco que crece en el maíz muy apreciado desde los días de los aztecas.

En Puebla se prepara el famoso mole poblano, la espesa salsa picante que se dice que inventó una monja en la época colonial. De hecho, el mole es una de las combinaciones de las gastronomías indígena y española más ingeniosas de cualquier menú. Para prepararlo hacen falta más de dos docenas de ingredientes, entre los que figuran varias clases de chiles, especias, hierbas, tortilla, frutos secos y, desde luego, chocolate. Esta salsa, que se

sirve con el pollo o con el pavo autóctono y se acompaña con tortillas de maíz y arroz, suele tomarse en las fiestas o en los banquetes de boda. Podrá saborear todas las variaciones de mole posibles en la fiesta anual del mole, en San Pedro Atocpán (Ciudad de México), incluidas algunas de las múltiples variedades oaxaqueñas, y el más suave y fácil de digerir «pipián», llamado también mole verde, que se prepara con semillas de calabaza.

El chile relleno es otro de los platos predilectos. Los grandes chiles verdes poblanos se rellenan de queso o de una mezcla de carne picada y especias, todo rebozado con huevo y servido con salsa de tomate. En Puebla son típicos los chiles en nogada, rellenos de carne, cubiertos de una salsa blanca de

LAS VERSÁTILES TORTILLAS

Las tortillas, unas tortas circulares y aplanadas hechas con masa de harina de maíz o de trigo, son el alma de la cocina mexicana. Se utilizan a modo de pan con casi cualquier cosa y constituyen el ingrediente básico de muchos de los maravillosos antojitos. Al principio, distinguir entre los muchos platos que se elaboran con tortillas puede resultar confuso. Aquí le indicamos los más frecuentes:

☛ **Tacos:** tortillas calientes enrolladas con cualquier tipo de relleno; los tacos al pastor consisten en carne envuelta en una tortilla, que se sirve con cilantro picado, cebolla y una rodaja de piña.

☛ **Flautas:** pollo envuelto bien apretado en una tortilla, frito y servido con lechuga.

☛ **Enchiladas:** rollos de tortilla rellenos de carne y cubiertos de salsa, queso y cebolla.

☛ **Quesadillas:** tortillas enrolladas sobre queso (u otro tipo de relleno), fritas o asadas a la plancha.

☛ **Chilaquiles:** trozos de tortilla fritos en una salsa de tomate más o menos picante; se sirven regados con queso.

☛ **Tostadas:** tortillas fritas y crujientes sobre las que se sirven frijoles refritos, lechuga, pollo, tomate, cebolla, aguacate, chile, crema agria, queso o cualquier otra combinación.

☛ **Sopa de tortilla:** una sopa con tiras de tortilla frita, tomate, chile y aguacate (también se llama sopa tlaxcalteca o sopa tarasca).

nueces y aliñados con semillas rojas de granada, los tres colores de la bandera mexicana. Este plato, obra maestra del arte culinario poblano y del país, está asociado con un personaje histórico, Agustín de Iturbide.

Los más de 10 000 kilómetros de litoral surten a México de una plétora de marisco y pescado. Dos de los platos de pescado más populares son el ceviche (pescado crudo adobado en zumo de limón y mezclado con cebolla, chiles, tomates y cilantro) y el huachinango a la veracruzana, un pescado muy abundante en el golfo de México, preparado con aceitunas, alcaparras y salsa de tomate. Además de la española, la gastronomía de Veracruz presenta una acusada influencia cubana, con sus

características habas negras y el formidable plátano «macho» tropical, que se come frito. Veracruz también goza de las frutas más deliciosas de México; a los lados de las carreteras encontrará numerosos puestos en los que se venden enormes piñas, exquisitos mangos y jugosas naranjas, clementinas y otros cítricos.

En Oaxaca es famoso el mole negro y los tamales envueltos en hojas de plátano, más grandes y elaborados que los de otras regiones del país (*véase más abajo*). El queso de Oaxaca, parecido a la *mozzarella* italiana, es el mejor para las quesadillas, puesto que se funde muy bien cuando se asa o fríe en una tortilla.

En Yucatán, la inspiración culinaria se remonta a los indígenas mayas precolombinos. La cocina yucateca ha creado recetas tan suculentas como la cochinita pibil, un plato de cerdo dulce y picante preparado en hojas de plátano, y las *papadzules* (tortillas fritas con huevo y semillas de calabaza). Existe una magnífica sopa preparada con limas. Los aficionados a la cerveza valoran la de Yucatán como la mejor del país, tanto la ligera Montejo como la oscura y fuerte León Negro. El queso relleno, otra especialidad de Yucatán, es, sorprendentemente, queso holandés con carne picada sazonada. Desde no hace mucho, los inmigrantes libaneses han aportado su propio granito de arena a la gastronomía mexicana y algunos de los mejores restaurantes de Mérida ofrecen una combinación de platos yucatecos y libaneses.

Antojitos

Parecidos a las tapas españolas, los antojitos son la versión mexicana de la comida rápida. Estos deliciosos aperitivos se pueden comprar –y comer– casi en cualquier parte, de norte a sur, en el mejor restaurante urbano o en la hacienda más elegante, en la plaza o el mercado del pueblo, incluso en el autobús o en el tren.

Los antojitos abarcan un amplio surtido de platos mexicanos, desde la apetitosa mazorca de maíz hasta los trozos de tortilla con guacamole y las suculentas tortas, o los bocadillos variados. También los tamales son muy apreciados; se trata de una especie de empanadillas de masa de harina de maíz rellenas con una carne muy sazonada, queso o salsa de chile, envueltas en hojas de la mazorca del maíz (o de plátano en Oaxaca) y cocidas al vapor. También pueden ser dulces, sustituyendo la carne por fresas, piña, nueces de pacana o uvas pasas. Pero ya se trate de tacos, tostadas, quesadillas o enchiladas, la mayoría de los antojitos, como casi toda la comida mexicana, se basa en el maíz.

LOS HORARIOS DE LAS COMIDAS

El desayuno puede ser tan sencillo o tan elaborado como se desee; algunos mexicanos prefieren el desayuno de tipo inglés, mientras que otros esperan hasta media mañana para tomarse un copioso almuerzo. La comida se toma entre las 14:00 y las 16:00 h, aunque por lo general los restaurantes ya la suelen servir a partir de las 13:00 h. Muchos establecimientos ofrecen a un precio fijo un menú del día que incluye varios platos y suele resultar bastante económico. Después de una comida abundante y tardía, la cena o merienda tiende a ser ligera, consistiendo a menudo en tacos u otros antojitos y pan dulce.

IZQUIERDA: una fuente con frutas.

Chiles

En México hay chiles por todas partes, más de 100 variedades que no se parecen entre sí ni en el sabor ni en el picor, ya que dependen del clima en el que crecen, de la composición química del suelo e incluso de las características de las plantaciones vecinas.

Los chiles pertenecen a la familia de las plantas solanáceas, que incluye así mismo a los pimientos, los tomates, las berenjenas y las patatas. No obstante, escapan a una descripción precisa: los chiles se clasifican en la horticultura como frutas, aunque los botánicos los denominan bayas. Los vendedores los incluyen entre las verduras, pero cuando están secos todo el mundo piensa en ellos como en especias.

Los chiles son, junto a la tortilla, un elemento imprescindible de la cocina mexicana. Prácticamente se puede afirmar que los mexicanos los consumen a diario. Además de la variedad de chiles existentes, llama la atención las diferentes formas como se utilizan: se pueden usar para realzar sabores, añadirse a las salsas, o comerse crudos, secos, cocidos, molidos, tostados o mezclados con otros ingredientes.

Los aztecas y los incas los cultivan y conocen desde hace unos 7 000 años, pero sólo recientemente gente de otras culturas se ha interesado por definir sus sabores y usos.

Colón llevó algunos a Europa, donde España y Portugal los incorporaron a algunos de sus platos, y de allí pasaron a la India y África, que los adoptaron entusiasmados en sus propias cocinas. Una vez más, las alteraciones que sufrían al crecer en latitudes distintas a las originarias complicó enormemente el problema de su identificación.

Resulta incluso más complejo tratar de clasificar los chiles por su grado de picor, porque estos perversos y pequeños pimientos varían de un sitio a otro e, incluso, por extraño que parezca, de uno a otro en la misma planta. Sin embargo, no es difícil identificar los más frecuentes en los mercados de México, donde podrá comprarlos frescos, secos o en vinagre.

☛ **Chile serrano:** es el más común en México. Se emplea cuando aún es pequeño y está verde para preparar salsas y para añadir un poco de picante en los estofados y las sopas. Cuando se vuelve rojo pierde parte de su picor. El chile de árbol se utiliza a veces fresco, pero lo normal es que sea seco, en salsas de mesa y para guisar.

☛ **Chile ancho:** un chile muy sabroso, suave y algo dulzón; se trata de la versión seca del chile poblano verde, el cual se prepara relleno de queso o carne tro-

ceada, rebozado, frito y servido con salsa de tomate; se presenta como chile relleno.

☛ **Chile chipotle:** es lo mismo que un chile jalapeño, sólo que aquí primero se deja que madure y luego se ahúma y se seca. Se emplea para preparar una salsa muy picante que forma parte de la receta de las albóndigas en chipotle, un plato típico de Querétaro.

☛ **Chile guajillo:** la versión seca del chile mirasol, que aporta un apreciable ardor además de un color amarillo a los platos a los que se añade.

☛ **Chile mulato:** muy parecido al chile pasilla; este último se usa para elaborar una de las grandes recetas de la Ciudad de México, el caldo tlalpeño. El chile mulato es un ingrediente esencial del mole, la salsa que acompaña al plato típico de las fiestas mexicanas, el

mole poblano de guajolote: pavo guisado en salsa de chile y chocolate sin azucarar.

☛ **Chile piquín:** en otros países se conoce con el nombre de «pimienta de chile», muy picante, sólo superado por el chile habanero de la península del Yucatán, del cual se dice que es el más picante del mundo. El chile piquín o chile chiltepín suele crecer en estado silvestre por todo México.

☛ **Chile habanero:** el pequeño e intenso chile habanero es frecuente en la península de Yucatán, donde se emplea para una salsa llamada *ixni-pec*.

¿Qué hacer si casi toda la comida mexicana se le antoja demasiado picante? Si ya la tiene en la boca, pruebe con pan, pero no con agua. La cerveza también ayuda mucho. Si está en un restaurante, pregunte antes al camarero.

DERECHA: algunos chiles mexicanos pican más que otros.

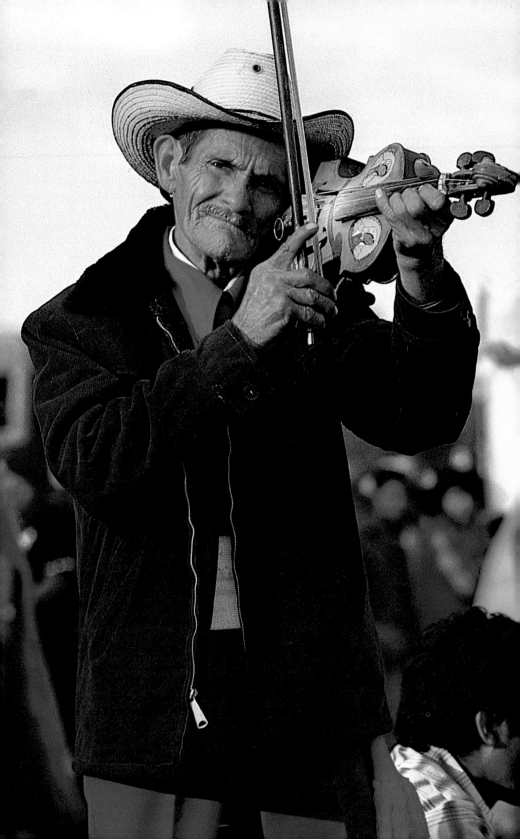

MÚSICA MEXICANA

*La salsa es la esencia, y que nadie crea que la cumbia, el son,
el danzón y la quebradita son músicas anticuadas o en decadencia*

La música está por todas partes en México. Dondequiera que se encuentre usted, ya sea en un restaurante, en la playa, en el metro o en un autobús abarrotado a la «hora pico», es probable que haya alguien que saque una guitarra y se ponga a cantar. Pero no escuchará los mismos ritmos en Chihuahua que en Chiapas; la música mexicana es tan diversa como la cocina, la cultura y el propio país; tan mestiza como la misma gente, con influencias de la música popular y tradicional de todo el mundo: España, Argentina, Colombia, Cuba y África, además del más reciente *rock* europeo y estadounidense.

Música popular

Aunque la historia de la música y la danza en México se remonta a la época prehispánica, en el período colonial ambas formas de expresión se manifestaron plenamente en su vertiente popular. Con los españoles habían llegado los músicos que proporcionaban entretenimiento a los habitantes de la Nueva España y un lazo con la madre patria. Entonces empezó a darse una mezcla de cantos y bailes mestizos. Surgían variantes americanas basadas en los ritmos españoles que recibían el nombre genérico de «soneos». Esta música auténtica, vital y sensual, provocó desconfianza y fue perseguida por las autoridades religiosas y civiles. No obstante, la expresión popular sobrevivió y halló un lugar en clases sociales más altas. Hoy en día, en el norte de México (y en el sur de Estados Unidos) las popularísimas bandas ejecutan corridos con sus guitarras, acordeones, contrabajos y tambores. Los corridos, emparentados con los romances españoles, siempre cuentan una historia en la que el héroe suele estar fuera de la ley; en los viejos tiempos, las letras enaltecían las virtudes de hombres como Pancho Villa y Emiliano Zapata; ahora hablan de inmigrantes ilegales y del destino de los «mojados» en Estados Unidos.

Las rancheras son otro de los grandes clásicos que al parecer tienen su origen en las romanzas españolas o en las baladas caballerescas. Las rancheras mexicanas son apasionadas por definición.

Páginas anteriores: tocando música norteña.
Izquierda: el violín de este músico está decorado con una imagen de la Virgen de Guadalupe.
Derecha: un cantante de mariachi se arranca.

Las emociones salen a flor de piel y lo que se narra es siempre un melodrama: héroes y villanos, temas de actualidad o, lo más normal, amores imposibles.

Las bandas tropicales de salsa se valen de una gran variedad de instrumentos de percusión para animar los salones de baile: bongos, tumbas, güiros, timbales, carracas, matracas y cencerros, además de pianos, marimbas, guitarras, trompetas, flautas…

En general, la salsa, o música tropical, consta de todo un repertorio de géneros, desde el mambo y la cumbia (probablemente más popular en México que en su nativa Colombia) hasta el rabioso merengue y el sedante y sensual danzón.

La marimba es típica sobre todo en los estados sureños de Chiapas, Oaxaca, Tabasco y Veracruz. Se trata de una especie de xilófono de madera que percuten hasta cuatro músicos a la vez, utilizando para ello unas baquetas con la cabeza de goma. El solista lleva la melodía; los otros tres dividen la melodía secundaria en contrapuntos. Es costumbre que todos los músicos procedan de la misma familia y suelen ser capaces de tocar valses, pasodobles, boleros y en ocasiones especiales hasta fragmentos de óperas.

Es posible que los nostálgicos y románticos boleros sean lo que más se escuche en el México urbano. Sus orígenes se remontan a Andalucía, pero fueron enriquecidos por los ritmos tropicales llegados desde Cuba. Agustín Lara es el compositor de boleros más famoso del siglo XX, un auténtico ídolo en México. En Veracruz hay un museo dedicado a su vida.

Pero es probable que la música más propiamente mexicana sea el ubicuo son, interpretado con una gran variedad de instrumentos distintos en muchas zonas del país. En Jalisco, el son es la música de las bandas de mariachis y, en general, está considerado como el género musical más representativo de México. En la región conocida como la

Huasteca, el son o «huapango» se entona con voz de falsete, mientras que en el sur de Veracruz el son jarocho (del cual *La bamba* constituye el ejemplo más famoso) acompaña las guitarras y violines con el arpa, la jarana y a veces la pandereta.

Los mexicanos, maestros de la improvisación, se encuentran en su salsa con el son, y aunque las letras de muchos de ellos datan de la España del siglo XVI, los soneros inventan sobre la marcha muchas estrofas ingeniosas que aluden a algún tema o persona en particular.

Existen otros ritmos no tan conocidos, como el jarabe de Jalisco, la sandunga de Oaxaca, la jarana de Yucatán o el pirecua de Michoacán; cada uno en su región goza de una gran popularidad y todos cuentan además, como el son, con su propio baile.

Una noble tradición musical

La música tradicional mexicana hunde sus raíces tanto en la cultura precolombina de América como en la española. Antes de que llegaran los conquistadores, la música formaba parte de los ritos religiosos y era sorprendentemente variada y vigorosa. Había que interpretarla, lo mismo que el baile, en una plaza, sobre una tarima o sobre una pirámide. Los sacerdotes, los nobles e incluso los reyes participaban.

Netzahualcóyotl, rey de Texcoco, era un poeta y un buen cantante que animaba a los compositores de su corte para que relatasen las gestas de su linaje y la historia de su reino. Han sobrevivido muchas de las canciones dedicadas a los dioses; en el siglo XVI, el fraile español Bernardino de Sahagún consignó en códices y manuscritos notaciones rítmicas que hoy constituyen el primer ejemplo de partituras musicales en América.

Las canciones solían estar acompañadas por el *huehuetl* y el *teponaztli*, ambos instrumentos de percusión, además de matracas, flautas, conchas marinas y huesos acanalados. En algunos pueblos de Hidalgo, Veracruz y Tabasco, tanto el *huehuetl* como el *teponaztli* se consideran instrumentos sagrados y todavía se usan en los rituales antiguos.

Los instrumentos de viento precolombinos eran complejos: flautas de cañas y de arcilla, flautas múltiples, ocarinas, cántaros en los que se soplaba y trompetas de caracolas. En los rituales funerarios se asociaba el sonido que producían las caracolas con el duelo.

Fray Juan de Torquemada dejó una excelente descripción de los cánticos y bailes prehispánicos que formaban parte de las ceremonias religiosas. En Tenochtitlán (Ciudad de México), los instrumentos que se utilizaban en el culto se guardaban en un lugar sagrado llamado Mixcoacalli. Los templos contaban a su servicio con un gran número de músicos que se dedicaban al estudio de las canciones y la danza. La música tenía tanta importancia para los indígenas que un misionero llegó a afirmar que las conversiones resultaban más sencillas mediante la música que predicando.

Influencias coloniales

Tras la conquista, los músicos que antes tocaban en los templos pasarían a hacerlo en las iglesias. La primera escuela para enseñar música a los indígenas fue fundada por fray Pedro de Gante tres días después de la conquista. No pasaría demasiado tiempo antes de que Nueva España comenzase a fabricar sus propios órganos y otros instrumentos religiosos. Algunos, como las guitarras, los violines y las arpas, se convirtieron en la especialidad de ciertos pueblos. Los aztecas eran un pueblo de músicos. Un misionero de los primeros tiempos se maravillaba de que «al principio no entendían nada, ni tampoco el viejo maestro disponía de un intérprete. Al poco lo comprendían tan bien que no sólo habían aprendido cánticos elementales, sino también las canciones de órgano, y ahora existen muchos coros y cantantes muy diestros en la modulación y la armonía, todo lo cual lo aprenden de memoria».

La música sacra del Renacimiento llegaría a bordo de los galeones españoles. Del Caribe arribaron ritmos y formas musicales que fusionaban

EL MARIACHI

La palabra «mariachi» proviene de *mariage*, matrimonio en francés, o de *mariaxero*, un término gallego para designar a los músicos que tocan en las bodas.

La música de mariachi, que tuvo su origen en el siglo XVIII, todavía se toca por todo el país, pero donde más difundida está es en Jalisco y en México central. Al principio, los músicos sólo utilizaban instrumentos de cuerda, pero más tarde se incorporaron las trompetas para dotarla de un mayor brío.

En el siglo XIX, el vals se puso de moda. Esta nueva música hablaba del triunfo de la guerra de la Independencia. Compositores geniales como Juventino Rosas configurarían la versión mexicana del vals combinando originalidad, nostalgia e imaginación melódica.

cadencias ibéricas, mediterráneas, árabes, africanas e indígenas. De todas ellas nacieron los excitantes ritmos del tango, la rumba, el fandango, la chacona, la zarabanda, el cumbé, la habanera, el bolero y el danzón.

Durante los trescientos años en que México fue una colonia, todo tipo de músicas circularon por el país. En el año 1711 se representó en la Ciudad de México la primera ópera compuesta e interpretada en el Nuevo Mundo, *La Parténope*, de Manuel de Zumaya.

IZQUIERDA: un indígena rarámuri toca el violín durante las sobrias celebraciones de Semana Santa.
ARRIBA: una vistosa danza folclórica en el Centro Acapulco.

Música moderna

La invasión del *rock* norteamericano y británico (muchos mexicanos afirman haber aprendido inglés con las letras de los Beatles) se ha visto compensada por la tendencia actual del *rock* en español. Y la prolongada influencia cubana se encuentra lejos de desaparecer: el peso de la Nueva Trova Cubana puede sentirse en muchas de las composiciones de los músicos modernos.

El interés por la música folclórica mexicana que suscitó en la década de 1970 la llegada de las melodías andinas se ha desvanecido. En su lugar, algunos compositores intentan fusionar el pasado y el presente musical mezclando instrumentos precolombinos auténticos con lo último en sonidos electrónicos.

LAS PLAYAS DE MÉXICO

Las playas mexicanas constituyen la escapada ideal tanto para practicar el submarinismo como para tomar el sol

Salvo las fronteras con Estados Unidos y Guatemala, México está totalmente rodeado por cálidas aguas tropicales; casi 3 600 kilómetros de costa en el Pacífico, el golfo de México y el Caribe. Y en este litoral, la naturaleza ha labrado algunas de sus más hermosas creaciones; las opciones son ilimitadas, desde lujosos hoteles y suntuosos retiros hasta diminutas calas paradisíacas en su placidez tropical, donde la vida se mueve muy despacio y «escapar del mundanal ruido» se ha convertido en un arte.

EL BUCEO CON TUBO DE RESPIRACIÓN Y CON BOMBONAS

Algunos de los mejores lugares del mundo para la práctica del submarinismo se encuentran frente a la costa mexicana. Casi todos los centros turísticos de la costa del Pacífico disponen de magníficas zonas en las que bucear, pero sin duda la preferida por los aficionados al submarinismo con bombonas es Cozumel, con el segundo mayor arrecife de coral vivo del mundo.

A su vez, la costa del Pacífico ofrece algunas de las mejores aguas del mundo para la práctica del surf.

▷ **CESTOS A MONTONES**
En las playas hay vendedores de todo tipo de artesanías. ¿Por qué ir de compras cuando las compras van a usted?

△ **PLAYA Y CULTURA**
A poca distancia al sur de la bulliciosa localidad turística de Cancún, las ruinas mayas de Tulum se alzan sobre kilómetros de apacibles playas blancas. Con su mirador en lo alto de un acantilado, Tulum era el lugar ideal para adorar al dios del Sol poniente.

△ **PELÍCANOS**
Cientos de especies de aves acuden a las costas mexicanas del Pacífico, el Atlántico y el Caribe para alimentarse con los peces de sus cálidas aguas.

LAS NOCHES EN LA PLAYA

▽ **COMER EN LA COSTA**
Cenar en la costa puede consistir en un montón de camarones frescos y una cerveza fría bajo una «palapa», o un filete de ternera en un restaurante con una banda de mariachis.

▽ **SUBMARINISTAS**
Las claras y cálidas aguas del Caribe mexicano están repletas de peces y arrecifes de corales. En las localidades del Pacífico también encontrará excelentes lugares para la práctica del submarinismo con tubo o con bombonas.

◁ **MÚSICA CALLEJERA**
Dondequiera que esté, en México nunca estará demasiado lejos del sonido de la música. Si desea paz y tranquilidad y disfrutar del silencio, sin duda el bar local no es el lugar más indicado, ya que suena la música día y noche.

◁ **VISTA AÉREA DE CANCÚN**
Cancún, que en la década de 1970 ni siquiera aparecía en los mapas, ha crecido a partir de un plan gubernamental hasta convertirse en uno de los centros turísticos más grandes y concurridos del mundo, con vuelos directos y viajes organizados desde Europa y América.

▷ **UNA CERVEZA MUY ESPECIAL**
La cerveza mexicana está a la altura de las mejores del mundo. Si desea beberla a la manera local, déle un trago con un poco de limón o lima y una pizca de sal.

Los centros turísticos de México cobran verdadera animación cuando oscurece. Los restaurantes empiezan a llenarse después de las 21:00 h, y las discotecas, que no abren hasta las 22:30 h, están repletas hacia la medianoche y permanecen abiertas hasta la madrugada. Acapulco y Cancún son las indiscutibles capitales mexicanas de las salas de fiestas, pero Mazatlán, Ixtapa y Puerto Vallarta no les andan muy lejos. Incluso en las poblaciones más pequeñas se puede disfrutar de un romántico paseo junto a la playa, de una bebida refrescante bajo una palapa y de uno o dos locales en los que «podrá sacudirse el polvo», como dicen en México. Desde luego, otra opción consiste en tumbarse en una hamaca y contemplar las estrellas en medio de una magnífica soledad. Suele haber cruceros al atardecer o por la noche en los que se ofrecen cenas y baile. Las «fiestas mexicanas» –algo rancias, pero muy divertidas– constituyen una oportunidad perfecta para conocer gente, y por lo general cuentan con un bar, bufé, bailes populares y, por supuesto, una banda de mariachis.

LUGARES

Desde el río Grande o Bravo hasta Yucatán, todo México está aquí,
con mapas especialmente trazados para ayudarle a orientarse

No hay forma de conocer todo México en unas vacaciones, ya que es demasiado extenso y variado. Decídase por algunas visitas interesantes: el viaje en tren más extraordinario del mundo a través de una región más grande que el Gran Cañón, desde Chihuahua hasta la costa del Pacífico; el salto de 45 metros de altura desde un acantilado en la bahía de Acapulco, la tumultuosa Ciudad de México y las antiguas pirámides en el Altiplano Central o las ruinas mayas al sur y al este del país.

Desde los áridos paisajes desérticos de Baja California hasta las montañas de Chiapas, y desde la frontera del norte, que linda con cuatro estados de Norteamérica, hasta las exuberantes selvas de Yucatán y las aguas color turquesa de Cancún, México cuenta con 9 650 kilómetros de costa. Casi la mitad del país está por encima de los 1 500 metros de altitud, mientras los volcanes humeantes salpican los macizos montañosos. Los montes y montañas nevadas de México ofrecen un panorama sublime; sus mares –desde el mar de Cortés, al noroeste, hasta el Caribe, en el sudeste– bullen con algunas de las formas de vida submarina más espectaculares que hay en todo el mundo.

El plan más práctico consiste en instalarse en una región y dedicarse a explorarla a fondo. O concentrarse en un tema; por ejemplo, en la arquitectura colonial, la ruta maya o la vida submarina, o quizás limitarse a descansar en uno de los maravillosos centros playeros. En la actualidad existen agencias especializadas en el «turismo de aventura», que organizan escaladas a montañas, descensos en barca por los rápidos de los ríos o prácticas de submarinismo; otras promocionan excursiones por la ruta de Cortés, el itinerario que siguieron los conquistadores españoles desde Veracruz hasta Tenochtitlán, capital del Imperio Azteca y actual Ciudad de México. Es seguro que en los cerca de 1 958 203 km² de superficie de México habrá algo para casi todo el mundo.

Además, es un destino aprovechable todo el año, pues el sol baña la totalidad de la costa occidental, sin olvidar los 1 770 kilómetros de la península de Baja California, durante casi las tres cuartas partes del año. El litoral que comprende Acapulco, Ixtapa/Zihuatanejo y Puerto Vallarta está considerado como la Riviera mexicana, sin que falte ninguno de sus atractivos. Incluso en el sur, incluido el Distrito Federal, las torrenciales lluvias estivales suelen caer por las tardes y acaban por despejar el resto del día, que por lo general queda soleado.

Muchas de las ciudades coloniales de la zona central del país –Guanajuato, San Miguel de Allende, Morelia– se encuentran a una altura suficiente para que hasta en los días más calurosos sople una brisa fresca. Proporcionan una aproximación a la historia y cuentan con un clima ideal para ser exploradas. El invierno es la mejor estación para visitar las ruinas mayas de Yucatán, pero las playas de arena finísima de Cancún se muestran irresistibles en cualquier época del año.

PÁGINAS ANTERIORES: el Popocatépetl se eleva sobre los campos de maíz del Altiplano Central; vista del río desde la misión Mulegé, en Baja California; panorámica de la Ciudad de México antes del terremoto de 1985, con el «Popo» y el «Itza» al fondo. **IZQUIERDA:** un cauteloso submarinista se topa con una morena.

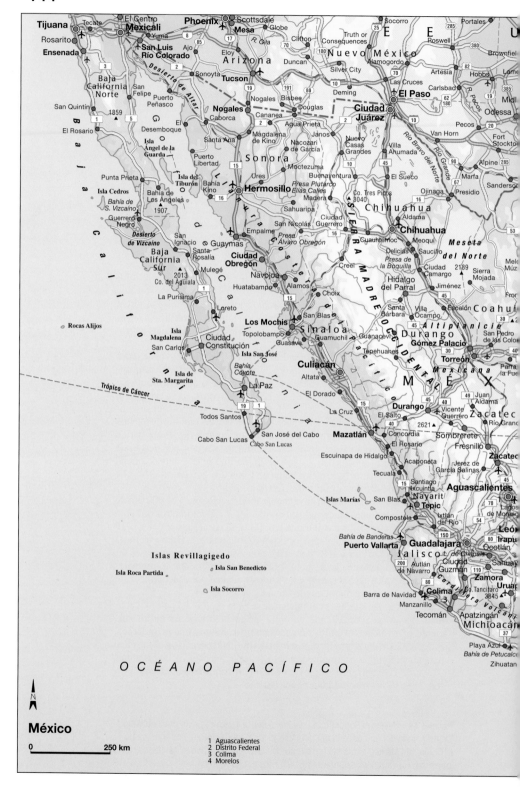

México

0 _____ 250 km

1 Aguascalientes
2 Distrito Federal
3 Colima
4 Morelos

CIUDAD DE MÉXICO
Y SUS ALREDEDORES

Un recorrido por la capital y el estado donde se encuentra;
los números remiten a los mapas y a los planos callejeros

Denominada por los mexicanos simplemente México o el Distrito Federal, o, más sencillo aún, el D.F., la capital de México reclama para sí el título de ciudad más populosa de todo el mundo. Situada a 2 250 metros de altitud, es también una de las ciudades más altas del planeta y, por desgracia, una de las más contaminadas. Algunos turistas notan que se sienten cansados y que les falta el aire a consecuencia de la altura, si bien tales síntomas no suelen durar mucho, a diferencia de los que provoca el elevado índice de contaminación atmosférica.

Aunque mucha gente opta por volar directamente a Cancún o a Puerto Vallarta, atraída por sus playas, la Ciudad de México es la parada inicial de la mayoría de los turistas que llegan en avión. Bien vale la pena pasar un par de días en la capital, y todo aquel que esté interesado o piense visitar los yacimientos precolombinos de Teotihuacán o más alejados no debe dejar de acudir al museo de Antropología para pasar unas horas admirando lo que allí se expone.

La mayor parte de los puntos de interés de la Ciudad de México se concentran en torno al área central que se extiende entre el Zócalo y el Templo Mayor Azteca, al este, y que pasa por la Alameda y la Zona Rosa hasta el bosque de Chapultepec, con su magnífico Museo Nacional de Antropología, al oeste. Así mismo, todo aquel que disponga de uno o dos días extras podrá aprovecharlos para realizar una pequeña excursión al sur, a las colonias de San Ángel –con sus mansiones coloniales y el famoso mercado de los sábados– y Coyoacán, donde podrá disfrutar de su ambiente bohemio de cafeterías con terraza y actuaciones callejeras, así como de unos helados deliciosos. Los jardines flotantes de Xochimilco son otro destino muy apreciado, aunque, si no dispone de mucho tiempo, quizás sea preferible que se dirija sin más a uno de los sitios arqueológicos en las inmediaciones del Distrito Federal.

La Ciudad de México constituye una base muy conveniente para efectuar todo tipo de fascinantes excursiones de un día o de fin de semana: hay ruinas prehispánicas, ciudades coloniales e iglesias barrocas; podrá ir a Taxco a comprar plata y, para los que quieran alejarse del mundanal ruido, existen balnearios semitropicales o lagos de montaña donde es posible practicar la navegación de recreo, entre otros muchos deportes acuáticos.

PÁGINAS ANTERIORES: la catedral por la noche.
IZQUIERDA: veteranos de la Revolución Mexicana.

CIUDAD DE MÉXICO

Puede que sea un caos de tráfico y esté muy contaminada,
pero la capital es el corazón de México, donde se encuentran
los mejores museos y soberbios restaurantes

Plano
página
152

México D.F.

L a colosal megalópolis que es la Ciudad de México es el tipo de lugar que se adora o se odia. Gran parte de la riqueza y el poder del país se concentran en ella, junto a lo más destacable de la música y las artes. Se trata de una enorme ciudad, excitante e impredecible, donde la gente es amable y la aventura parece esperarnos a la vuelta de cada esquina. Pero ser una de las ciudades más grandes y pobladas del mundo también tiene sus inconvenientes: el tráfico, la contaminación y los pequeños hurtos de carteristas y ladrones. Existen más probabilidades de que los turistas sean robados en la Ciudad de México que en cualquier otra parte del país, por lo que deberán tomarse ciertas precauciones básicas: guarde las cámaras y las joyas donde no se puedan ver; evite las calles laterales mal iluminadas y no deje nunca de vigilar con atención sus pertenencias, sobre todo en los autobuses y en el metro; y si viaja en taxi, asegúrese de que es uno autorizado, de los que están estacionados en las paradas de taxis y que se pueden llamar por teléfono.

El centro urbano de la Ciudad de México, donde se encuentra lo más sórdido y lo más majestuoso a un tiempo, comprende unos 100 edificios de arquitectura española, indígena, del romántico francés y moderna; se trata de un barrio de oficinas, un mercado, un suburbio colonial y una zona comercial todo en uno. El **centro histórico** se corresponde más o menos con la antigua capital azteca y colonial.

IZQUIERDA: qué tomar, ¿el taxi o el autobús? **ABAJO:** niños llamando por teléfono.

Casa de azulejos

Desayunar en la encantadora **casa de los Azulejos ❶**, una casa del siglo XVI revestida de azulejos azules y blancos, es una agradable manera de empezar el día. En la actualidad, junto al restaurante **Sanborns**, quizás sea el local más conocido de la ciudad donde comer, pero es famosa al menos desde los tiempos de Pancho Villa y Emiliano Zapata, cuyos hombres comieron una vez en ella, en los días de la Revolución. El patio del restaurante, cubierto por una cristalera, es precioso, y hay un gran mural de José Clemente Orozco en el rellano de la escalinata (*véase pág. 110*).

Podrá contemplar una conocida foto de los revolucionarios cenando (*véanse págs. 60-61*) en la tienda de fotografía **Casasola**, en la misma calle, donde también se puede curiosear en los archivos de imágenes antiguas o incluso posar ataviado como un revolucionario para sacarse una foto de recuerdo. Frente al Sanborns, la **Torre Latinoamericana ❷** (abierta hasta la medianoche) fue el primer rascacielos de México, levantado en 1956. El panorama desde la plataforma de observación del piso 42 (y desde el restaurante del piso 41) se aprecia mejor por la noche; durante el día es muy posible que un turbio manto de humo gris lo cubra todo.

La animada **calle Madero** enlaza la Alameda con el Zócalo, el núcleo de la capital y su centro histórico. Se trata de una calle interesante en la que se hallan edificios tan emblemáticos como la hundida iglesia de **San Francisco ❸**, que antes formaba parte de un monasterio fran-

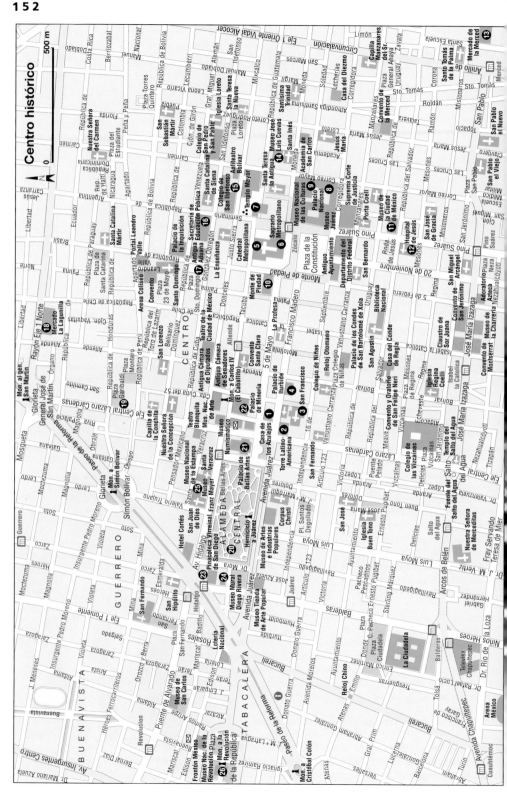

Centro histórico

500 m

ciscano fundado por el propio Cortés en 1524. Casi todos sus elementos, como el pórtico de piedra y la fachada churrigueresca, datan del siglo XVIII.

El recargado **palacio de Iturbide** ❹ también es del siglo XVIII; el nombre se debe al «emperador» Agustín de Iturbide, que vivió en él en 1821. Ahora es la sede de la fundación cultural Banamex, que organiza espectáculos de arte contemporáneo en el patio. Casi al final de la calle Madero el sombrío **templo de la Profesa**, que sirvió como sustituto de la catedral de la ciudad hasta principios del siglo XX, se ha hundido de forma considerable desde que fuera erigido en 1720.

El **Zócalo** (su nombre oficial es la plaza de la Constitución), antaño el principal centro de ceremonias de los aztecas, con pirámides, palacios y anchos espacios abiertos, ha sufrido frecuentes transformaciones. Hasta hace unos años era una enorme y bulliciosa plaza, un lugar muy apropiado para las manifestaciones militares y políticas. La mejor vista del Zócalo se obtiene desde el restaurante situado en la azotea del **Hotel Majestic** (entrando por Madero), y en la estación de metro de la misma plaza se exhiben fotografías y maquetas de cómo era antes.

Plano página 152

Detalle de la fachada de la catedral.

Mezcla de estilos

La enorme **catedral Metropolitana** ❺, supuestamente el edificio religioso más grande del continente, es una auténtica enciclopedia del arte colonial mexicano. Se emplearon unos tres siglos en construirla, comenzada en estilo renacentista español y concluida en el neoclásico francés de principios del siglo XIX. La sección superior de la elegante fachada y las torres rematadas por unas singulares cúpulas con forma de campana fueron diseñadas por dos grandes arquitectos neoclásicos: Manuel Tolsá y José Damián Ortiz de Castro.

El umbrío y majestuoso interior de esta imponente catedral está iluminado por unas vidrieras modernas por las que se filtra una claridad dorada y tenue. Sus 100 metros de longitud por 46 de anchura están divididos en cinco naves. Cerca de la entrada se encuentra el **altar del Perdón**, con un enorme retablo del siglo XVII, obra de Jerónimo de Balbas. En el año 1967, el fuego dañó tanto el altar como el coro adyacente, cuyas sillas lucen unas intrincadas y hermosas tallas, aunque en la actualidad ya han sido restaurados.

Al fondo de la nave central, el magnífico **altar de los Reyes** –también de Jerónimo de Balbas– constituye una de las obras maestras del estridente y ultrabarroco estilo churrigueresco (*véase pág. 54*). Terminado en 1737, parece un gran nicho desbordado por una decoración de tallas, molduras, ángeles, santos y querubines pintados en oro. En el centro, dos pinturas representan la Asunción de la Virgen y la Adoración de los Magos. A lo largo de los muros oriental y occidental de la catedral hay 14 capillas, muchas de las cuales se hallan sumidas en una insólita oscuridad. Por desgracia, lo mismo que muchos otros edificios de la Ciudad de México, la catedral se está hundiendo y gran parte de su belleza interior está oculta por el armazón que apuntala todo el edificio.

Junto a ella se alza el armonioso edificio del **Sagrario Metropolitano** ❻, del siglo XVIII, con una fachada churrigueresca de piedra profusamente decorada en rojo y blanco. Por desgracia también se está desplomando, y en los muros ya han aparecido unas impresionantes resquebrajaduras.

En una pintoresca plaza del flanco este de la catedral hay una fuente y un monumento en honor de fray Bartolomé de las Casas, el obispo español que consagró su vida

ABAJO: la bandera ondeando en el Zócalo.

a la defensa de los indígenas (en cierta ocasión sugirió de buena fe que se llevasen africanos a México para que hiciesen el trabajo duro, contribuyendo así al infame comercio de esclavos).

Las ruinas de Tenochtitlán

El **Templo Mayor** ❼ (abierto de martes a domingo; se paga entrada), situado al noroeste del Zócalo, estaba ubicado en el centro del universo azteca, en el punto exacto donde fue avistada el águila sobre el cactus (*véanse págs. 33-35*). Las excavaciones se iniciaron a partir de que unos empleados de la compañía de electricidad dieran por casualidad con un disco de piedra de 8 toneladas de peso. Los relieves representan el cadáver de Coyolxauhqui, la diosa de la Luna, vencida por su hermano Huitzilopochtli, y su muerte simbolizaba el triunfo diario del Sol sobre la noche. Esta gran piedra circular se encontró al pie de la pirámide, que estaba dividida en dos secciones con dos templos en lo alto, dedicado uno a Huitzilopochtli, el dios de la guerra, y otro a Tláloc, el dios de la lluvia. Un camino a su alrededor pone de manifiesto sus múltiples niveles de construcción, aunque al principio resulta difícil distinguir qué es qué, pues los españoles demolieron dos tercios del templo y utilizaron las piedras para la edificación de sus iglesias y palacios. El precioso **Museo del Templo Mayor** (la entrada está incluida en el precio de la visita al templo) expone piezas descubiertas durante los trabajos de excavación, entre las que figura la piedra original de Coyolxauhqui, además de útiles maquetas de cómo eran Tenochtitlán y el soberbio Templo Mayor antes de la conquista española.

El Palacio Nacional

El **Palacio Nacional** ❽, situado en el flanco oriental del Zócalo y construido sobre el palacio de Moctezuma, es la sede del poder en México, y donde están los despachos

NOTA

El bar León, a la vuelta de la esquina desde la catedral, es uno de los mejores locales para escuchar música salsa.

ABAJO: cabezas de serpientes del Templo Mayor.

presidenciales, la tesorería del Estado y los archivos nacionales. La mayoría de los visitantes van al Palacio para admirar los murales de Diego Rivera (*véase pág. 109*) que adornan la escalinata principal y la galería del primer piso. Pintados entre 1929 y 1935, ilustran de forma dramática la historia de México, desde un idealizado pasado precolombino, pasando por los horrores de la conquista hasta la independencia y la Revolución de 1910, con Karl Marx señalando hacia el futuro.

La noche del 15 de septiembre, el presidente de México se asoma al balcón principal del Palacio para tañer la campana con la que el padre Hidalgo convocó a la gente en Dolores (*véase pág. 244*), reunión que desencadenaría la guerra de la Independencia. «El Grito» es una ceremonia breve pero muy emotiva: el presidente proclama una vez más la independencia de México, y la multitud en el Zócalo grita: «¡Viva México! ¡Viva la Independencia!». (Mucha gente prefiere participar en «El Grito» de la plaza Hidalgo de Coayacán, que resulta igual de animado, pero se considera algo más seguro que las tumultuosas y a menudo sobreexcitadas muchedumbres que invaden el Zócalo.)

El **Museo Nacional de las Culturas** ❾ (abierto de martes a domingo; entrada gratuita), en la misma manzana que el Palacio Nacional, está ubicado en una impresionante edificación del siglo XVIII con un patio repleto de árboles, flores y fuentes. En el museo se exhiben piezas de la historia de las culturas de todo el mundo; en el segundo piso, los fines de semana se proyectan gratis vídeos culturales. En la esquina noroeste del Zócalo, el **Monte de Piedad** ❿ es una enorme casa de empeños que, desde que fue fundada en 1775, forma parte fundamental de la vida en la Ciudad de México, sobre todo en períodos vacacionales, en los que la gente hace cola en la calle para empeñar sus preciadas posesiones familiares.

Una manzana (o cuadra, como se dice en México) al sur del Zócalo, en la calle 20 de Noviembre, merece la pena visitar los grandes almacenes del **palacio de Hie-**

Plano
página
152

ABAJO: un
limpiabotas
trabajando.

Bailando al ritmo del danzón.

ABAJO: *La gran Tenochtitlán,* de Diego Rivera, en el Palacio Nacional.

rro, aunque sólo sea para ver uno de los techos acristalados más sublimes que existen. En la calle Pino Suárez, paralela a la anterior, el **Museo de la Ciudad de México ⓫** (abierto de martes a domingo; entrada gratuita), instalado en lo que fuera el magnífico palacio de los condes de Santiago de Calimaya, proporciona un espléndido recorrido por la historia de la ciudad desde la Prehistoria hasta nuestros días. Cruzando la calle se encuentra el **Hospital de Jesús ⓬**, hospital y residencia con aspecto de fuerte, instituido en 1524 por el propio Hernán Cortés. Se trata del hospital más antiguo del Nuevo Mundo, y de él se dice que está situado en el lugar exacto donde Cortés se reunió con Moctezuma por primera vez. Los restos del conquistador yacen en un sepulcro junto al altar de la iglesia, cuyo techo abovedado luce un mural de José Clemente Orozco (*véase pág. 110*).

Mercados callejeros

El **mercado de la Merced ⓭**, uno de los mayores mercados de abastos del Distrito Federal, cerca de la estación de metro del mismo nombre, es un inmenso laberinto de actividad repleto de una abrumadora variedad de sonidos y aromas: pollos fritos, radios atronadoras y hombres con altavoces pregonando sus insólitos remedios junto a muchachas aplanando, calentando y rellenando tortillas con ingredientes sacados de coloridos contenedores de plástico. A un par de manzanas, en la calle fray Servando Teresa de Mier, está el **mercado de Sonora**, famoso por su amplísimo surtido de hierbas medicinales y por los supuestos brujos que las venden. El ambiente en este mercado es silencioso, casi reverente, comparado con el bullicio de la Merced. En un extremo, después de los puestos de llamativas figuritas religiosas, se encuentra el mercado de animales, donde hay tanques llenos de ranas, tortugas y culebras, y jaulas apiladas llenas de conejos, palomas, pichones, loros, periquitos, canarios y cachorros de perro.

Al norte del Zócalo

El **Museo José Luis Cuevas** ⓮ (abierto de martes a domingo; se paga entrada), instalado en un antiguo convento reformado y fundado por uno de los artistas modernos mexicanos de mayor renombre. Entre sus salas se cuenta la controvertida Sala Erótica y está situado al nordeste del Zócalo.

Antes había sido la zona universitaria, si bien ya hace mucho que fue sustituida por el espacioso campus del sur de la ciudad. Detrás del Templo Mayor, en el **colegio de San Ildefonso** ⓯, los murales cubren las paredes de los patios de este antiguo colegio de jesuitas, también llamado **Escuela Nacional Preparatoria**, hasta una altura de tres pisos. Pueden verse obras de Siqueiros, Rivera y otros, pero destacan sobre todo las pinturas de Orozco. Tras una profunda renovación, en 1992 abrió de nuevo sus puertas y desde entonces acoge importantes exposiciones itinerantes.

Lo mejor de la obra de Rivera puede admirarse a la vuelta de la esquina, en los patios gemelos de la **Secretaría de Educación Pública** ⓰ (abierta de lunes a viernes; entrada gratuita). En el exterior se levanta una descomunal estatua de José Vasconcelos, el radical ministro de Educación que tras la Revolución encargó la elaboración de los murales. Nada más entrar en este majestuoso y viejo edificio, que ahora alberga la **librería Justo Sierra**, hay un pequeño cine (entrada gratuita; la programación puede verse en un tablón contiguo).

La maravillosa **plaza de Santo Domingo** ⓱ es una de las más típicas de México. Bajo los soportales del flanco oeste, los escribas públicos, conocidos como los «evangelistas», siguen escribiendo cartas y rellenando impresos para los iletrados con sus viejas máquinas de escribir. También hay tipógrafos callejeros con anticuadas imprentas manuales. La hermosa iglesia barroca de **Santo Domingo**, en el extremo norte de la plaza, es la más importante iglesia dominica de la ciudad. Justo enfrente se encuentra el **palacio de la Inquisición**, sede de esta temida e intransigente institución, que administraban los dominicos.

Mercados y mariachis

Durante la semana, **La Lagunilla** ⓲ no es más que otro de los mercados de la ciudad. A un lado de la carretera está la zona de alimentación, donde los hombres rebanan, cortan y tronchan con cuchillos, tajaderas y machetes las innumerables piñas, zanahorias y pedazos de carne y pescado; las descarnadas cabezas de los patos desplumados cuelgan sobre el mostrador; se destripan los pollos, cuyos hígados se colocan en sangrientas hileras; las atildadas manos de cerdo se exponen en pilas dispuestas con esmero; con un cucharón se sirve sopa de unas gigantescas ollas esmaltadas; y una mujer hace amorosos gorgoritos a su bebé mientras lo deposita con cuidado en la balanza para pesar patatas.

La otra sección del mercado recuerda a una gran exposición de prendas festivas: sombreros charros con bordados, trajes de fiesta para niños y docenas de maniquíes ataviados con deslumbrantes vestidos de lentejuelas o trajes de poliéster. Los domingos, La Lagunilla se extiende por las calles adyacentes y se transforma en un enorme bazar, con cientos de puestos en los que se vende todo tipo de tesoros, objetos de muy poco valor y cualquier mercancía a medio camino entre ambas cosas.

La célebre **plaza Garibaldi** ⓳ se encuentra a unas pocas cuadras al sur de La Lagunilla. Es preferible visitarla por la noche, cuando las bandas de mariachis con trajes típicos esperan a que alguien les pague para tocar una canción y los alegres bares, garitos y teatros de variedades

Plano página 152

ABAJO: remedios milagrosos con todo tipo de productos en el mercado de Sonora.

bullen de animación, al tiempo que en el cercano **mercado de alimentos San Camilito** se venden antojitos y otras tapas autóctonas.

La **Alameda** ❷⓿, que antaño era el lugar donde se quemaba a los herejes, fue reconvertida en el siglo XIX en un romántico parque repleto de árboles, fuentes, estatuas y el inevitable templete de música, un refugio que se agradece en esta ruidosa y caótica capital. Entre los monumentos del parque figura el Hemiciclo, un homenaje a **Benito Juárez** en mármol blanco italiano, una estatua de Beethoven y dos encantadoras figuras eróticas de unas muchachas, también en mármol, llamadas *Malgré Tout* (*Pese a todo*) y *Désespoir* (*Desesperación*).

El palacio de Bellas Artes

En el extremo oriental de la Alameda se alza el enorme y extravagante **palacio de Bellas Artes** ❷⓵ (abierto de martes a domingo; entrada gratuita), que mandó construir el presidente Porfirio Díaz a comienzos del siglo XX. Aunque el diseño original se debía al arquitecto italiano Adamo Boari, la Revolución interrumpió las obras, que concluiría 30 años después el arquitecto mexicano Federico Mariscal.

Ese lapso sirve para explicar la mezcla de estilos: el exterior de mármol blanco fusiona el neoclasicismo con el modernismo, decorado con motivos florales y esculturas voladizas, mientras que el interior es una especie de *art déco* azteca. El edificio es tan grande y pesado que se ha hundido en sus cimientos bastante más que cualquier otro de esa zona.

El teatro se utiliza para celebrar conciertos, actuaciones de danzas tradicionales a cargo del **Ballet Folclórico** y para exposiciones de arte, entre las que se cuenta una permanente de cuadros de artistas mexicanos contemporáneos y algunos de los mejores murales del país. Cabe destacar la réplica de Diego Rivera de una controvertida pintura que realizó él mismo en 1934 para el centro Rockefeller de Nueva York.

ABAJO: un escriba en la plaza de Santo Domingo.

No obstante, su tema anticapitalista fue considerado excesivamente izquierdista, por lo que el mural original se destruyó. Expone además otros trabajos de Rivera junto a obras de Orozco, Siqueiros, O'Gorman y Tamayo.

El autor del famoso telón de cristal, inspirado en un cuadro de Gerardo Murillo, conocido por el sobrenombre de «Dr. Atl», es el neoyorquino Louis Comfort Tiffany. Se trata de una obra maestra del arte *kitsch* en la que aparecen los volcanes Popocatépetl e Iztaccíhuatl; los domingos por la mañana se ilumina para el público, al igual que antes de las funciones vespertinas.

Un monumento muy querido

Cruzando la calle, a sólo unos pasos del recargado edificio de estilo veneciano del **Correo Central**, diseñado a principios del siglo XX también por Adamo Boari, se levanta el monumento más apreciado de México, **El Caballito**. Esta escultura, que a pesar del diminutivo no tiene nada de pequeña, sino que es enorme y muy formal, representa al rey de España Carlos IV a caballo.

Fue esculpida en 1803 por Manuel Tolsá, y desde entonces este «caballito» ha trotado de un lado a otro de la Ciudad de México en busca de un emplazamiento definitivo; según en qué época ha adornado el Zócalo, el patio de la Universidad y el bullicioso paseo de la Reforma, en el cruce de las calles Juárez y Bucareli. Pero el cada vez más denso tráfico hizo que la estatua se convirtiera en un estorbo, por lo que, en 1981, fue trasladada una vez más.

Uno de sus actuales vecinos es el **palacio de Minería** ㉒ (abierto de lunes a viernes; entrada gratuita), obra también de Manuel Tolsá y uno de los mejores ejemplos de la arquitectura neoclásica del país.

La Alameda está flanqueada por la **avenida Hidalgo**, al norte, y la **avenida Juárez**, al sur, con sus restaurantes, tiendas y edificios muy dañados por el terremoto de

Plano página 152

Carlos IV sobre la muy viajera estatua de El Caballito.

ABAJO: palacio de Bellas Artes, en el centro urbano de la Ciudad de México.

1985, y que aún están abandonados. En la linde occidental del parque, la antigua iglesia de San Diego es ahora la **Pinacoteca Virreinal de San Diego ㉓** (abierta de martes a domingo; se paga entrada), un atractivo museo con cuadros de la época colonial de maestros como Echave, Juárez, Cabrera y López de Herrera. La pintura del virreinato, muy influida por los patrones español e italiano, es sobre todo religiosa, con una cierta tendencia a lo lúgubre.

No muy lejos de ella, el **Museo Mural Diego Rivera ㉔** (abierto de martes a domingo; se paga entrada) cobija el famoso mural de Rivera *Sueño de una tarde dominical en la Alameda*, donde aparecen retratadas más de 100 personalidades –entre ellas, él mismo, su esposa, Frida Kahlo, y el grabador José Guadalupe Posada– bajo los árboles del parque de la Alameda. Tras el seísmo de 1985, durante el cual se desplomó de forma trágica el hotel del Prado –la ubicación primigenia del mural–, se organizó una mastodóntica operación para transportar la pared entera por la avenida Juárez hasta su actual emplazamiento.

Iglesias inclinadas

En la avenida Hidalgo, dos pequeñas iglesias coloniales miran hacia la diminuta y apacible **plaza de la Santa Veracruz**, la cual conserva parte del encanto de la vieja Ciudad de México. Junto al muy inclinado templo barroco de San Juan de Dios, en un hospital del siglo XVI restaurado con gran belleza, se encuentra el **Museo Franz Mayer ㉕** (abierto de martes a domingo; se paga entrada).

Mayer fue un financiero alemán que más tarde se nacionalizaría mexicano y que reunió una fantástica colección de muebles de época, elegantes piezas de cerámica, tapices, alfombras, objetos de plata y cuadros. La colección se expone en unas agradables salas en torno a un delicioso patio ajardinado, donde la cafetería del claustro también contribuye al encanto del recinto.

ABAJO: los «ecotaxis» funcionan con gasolina sin plomo.

El **Museo Nacional de la Estampa** (abierto de martes a domingo; se paga entrada), situado en la misma plazuela, está dedicado a los grabados y estampas de conocidos artistas del siglo XIX, como José Guadalupe Posada. La **iglesia de la Santa Veracruz**, contigua al museo y también ladeada, data del siglo XVIII y luce una bella fachada churrigueresca.

En la esquina de la avenida Hidalgo con el paseo de la Reforma, la pequeña iglesia de **San Hipólito** se alza sobre el lugar donde, en julio de 1520, los españoles fueron vencidos por los aztecas, un episodio conocido como la «Noche Triste» (*véase pág. 43*).

Un monumento *art déco*

En la frenética confluencia de Reforma, Juárez y Bucareli se yergue la alta torre de la **Lotería Nacional**, donde tienen lugar los sorteos públicos dos veces por semana. Desde la intersección, el ancho paseo de la Reforma se dirige hacia el castillo de Chapultepec, mientras que la avenida Juárez conduce al formidable **monumento a la Revolución ㉖**, considerado por algunos como el mayor edificio *art déco* del mundo.

Comenzó siendo la enorme cúpula central del nunca finalizado Palacio Legislativo, como parte de los planes de Porfirio Díaz para transformar México en una especie de París latinoamericano. Pero la Revolución interrumpió el gran proyecto y la gigantesca estructura de hierro, vacía, quedó abandonada a la acción del óxido durante años, hasta que un emprendedor arquitecto la convirtió en el imponente –si bien algo antiestético– monumento

Plano
página
152

que se puede ver hoy día. El **Museo Nacional de la Revolución** (abierto de martes a domingo; entrada gratuita), en la planta baja, exhibe fabulosas piezas de la historia de la Revolución, además de una colección de dibujos en los que el edificio adopta muchas formas divertidas.

Tres cuadras en dirección nordeste, en la calle Puente de Alvarado, se halla el **Museo de San Carlos** (abierto de miércoles a domingo; se paga entrada), ubicado en una mansión del siglo XVIII, el palacio del Conde de Buenavista, y construido en estilo neoclásico por el arquitecto Manuel Tolsá. Fue la primera academia de arte de México; en la actualidad alberga bellas obras de arte del período colonial y una excelente colección de pinturas de los siglos XVI-XIX, con obras de algunos de los más importantes artistas europeos, como Rubens, Rembrandt y Goya.

El Sena de cemento

Desde los días del emperador Maximiliano, el **paseo de la Reforma** ha sido un espléndido bulevar, repleto de árboles umbrosos y monumentos, que culmina en el bosque de Chapultepec y su romántico castillo. El escritor mexicano Octavio Paz dijo que el paseo era el río de la Ciudad de México, una especie de Sena de cemento que cruza majestuoso la mejor zona de la ciudad. Sin embargo, los coches sustituyeron a los caballos y carruajes, al tiempo que muchas de las mansiones de aspecto francés fueron derribadas para construir rascacielos en su lugar, que albergan oficinas, embajadas, bancos y hoteles de lujo.

Aun así, el paseo sigue siendo hoy una hermosa calle arbolada, llena de jardines y esculturas. La **glorieta de Cristóbal Colón** ostenta una gran estatua del descubridor. Más al sur, en el cruce de Reforma e Insurgentes, se levanta el monumento a **Cuauhtémoc**, el último emperador azteca y el primer héroe mexicano. Cuauhtémoc, que gobernó tras Moctezuma, durante el sitio al que Cortés sometió a Tenochtitlán, se

Una limpieza de zapatos y el periódico.

ABAJO: artesanía mexicana a la venta.

convertiría en la imagen del perfecto romántico, valiente y trágico; se alza, erguido y orgulloso como un senador romano con un tocado de plumas, en una de las intersecciones con más tráfico del Distrito Federal.

Quizás sea el **Ángel de la Independencia** el más hermoso y estimado de todos los monumentos. De pie en una grácil pose sobre una alta y elegante columna, este ángel de oro conmemora la independencia de México. Cerca hay edificios tan magníficos como el **Hotel Sheraton** y la **embajada estadounidense**.

La Zona Rosa

Al sur de Reforma, entre Cuauhtémoc y el Ángel, se halla la famosa **Zona Rosa** ❷❼, un colorido barrio atestado de *boutiques* y galerías de moda, restaurantes caros, cafeterías con terraza, hoteles y comercios. Es un lugar ideal para comer, salir de compras y mirar a la gente.

Amberes es una distinguida calle comercial desde la década de 1960, reputada por sus artículos exclusivos. Fíjese en particular en las caprichosas y coloreadas estatuas y joyas de **Sergio Bustamante**. **Gucci** está en la esquina con Hamburgo, y en **Los Castillos** se venden unas enigmáticas piezas de porcelana con incrustaciones de plata. Enfrente encontrará la entrada a la fastuosa galería comercial **Plaza Rosa**. La galería comercial de la calle Londres, **Plaza Ángel**, está especializada en antigüedades, como muebles coloniales labrados y curiosas imágenes de santos y milagros sobre hojalata.

El patio central y los corredores se llenan los sábados por la mañana con los puestos de un concurrido rastro. Al otro lado de la calle se encuentra el **mercado Insurgentes**, con una amplia selección de objetos de plata, sarapes, prendas bordadas y todo tipo de recuerdos. En un lateral se agrupan los tenderetes de comida barata pero en perfectas condiciones higiénicas.

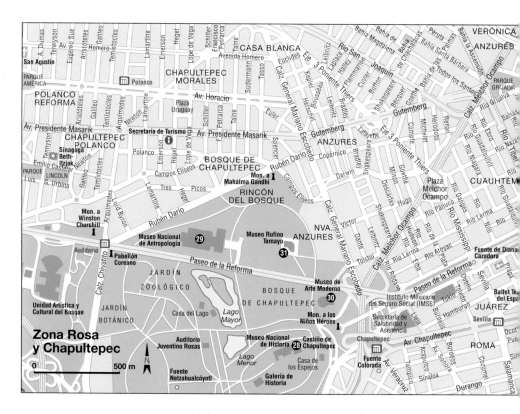

La estación de **metro Insurgentes** está situada en un enorme círculo abarrotado de puestos de todo tipo. En otras ciudades, las estaciones de metro sólo son estaciones de metro, ni más ni menos. En México son soberbias ferias de muestras.

El cerro del saltamontes

Seis descomunales columnas, el **monumento a los Niños Héroes**, rinden homenaje a los seis jóvenes cadetes que en 1847 murieron defendiendo el castillo (que entonces era una academia militar) de la invasión del ejército norteamericano durante la guerra contra Estados Unidos. El enorme monumento también señala la entrada al **bosque de Chapultepec**, la zona verde más extensa de la Ciudad de México y uno de los pocos sitios de la capital donde es posible descansar al aire libre. Posee así mismo una gran importancia histórica; los gobernantes de México vivieron en él durante siglos, y se cree que incluso el famoso rey Netzahualcóyotl tenía un palacio allí. En la época precolombina, el agua potable de la ciudad procedía de los manantiales de Chapultepec, que en náhuatl quiere decir «cerro del saltamontes».

El fantasma de los Habsburgo

Se rumorea que en el **castillo de Chapultepec** ㉘, edificado para ser la residencia del virrey español, vagan los fantasmas de Maximiliano de Austria y su esposa Carlota, quienes residieron allí durante su breve reinado como emperador y emperatriz de México. Hoy en día, el castillo –a 20 minutos a pie desde el parque subiendo por una inclinada pendiente– alberga el **Museo Nacional de Historia** (abierto de martes a domingo; se paga entrada), donde las exposiciones constituyen una crónica de la historia mexicana desde la conquista española hasta la Revolución. Muchas de las salas están decoradas con muebles de época y entre sus piezas figura el carruaje que perteneció a Maximiliano. Varias paredes lucen unos impresionantes murales histó-

Plano
páginas
162-163

NOTA

Las largas sobremesas son una institución en México, de modo que tómese su tiempo y reléjese en uno de los muchos restaurantes o cafés de la Zona Rosa. Los de las calles Copenhague o Génova son los más interesantes.

ABAJO: el Ángel de la Independencia.

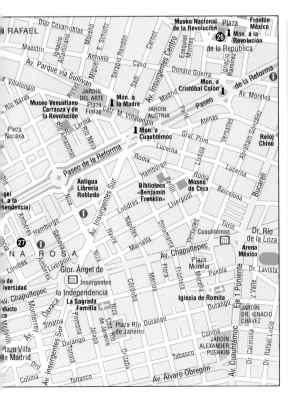

Una hermosa estatuilla huasteca que se cree que representa al dios Quetzalcóatl, en el Museo Nacional de Antropología.

ABAJO: en el lago del bosque de Chapultepec se pueden alquilar barcas.

ricos de artistas célebres del siglo XX, como Siqueiros, O'Gorman y Orozco. Si la contaminación se lo permite, podrá disfrutar de unas fantásticas vistas de la ciudad desde lo alto de la fortaleza.

Nada más descender la colina desde el castillo, el llamado **Museo del Caracol** (abierto de martes a domingo; entrada gratuita) presta una atención especial a la lucha de México por la independencia, desde finales del virreinato hasta la Constitución de 1917. Además de estos museos, el parque cuenta con varios teatros, jardines botánicos, un zoológico y un lago.

El Museo de Antropología

Pero, por encima de todo, el bosque de Chapultepec es el lugar donde se encuentra uno de los museos más fascinantes del mundo, el **Museo Nacional de Antropología** ❷❾ (abierto de martes a domingo; se paga entrada). La entrada del paseo de la Reforma está indicada por una gran estatua de piedra que representa a Tláloc, el dios de la lluvia, aunque ciertos estudios apuntan a que quizás se trate de Chalchiuhtlicue, la diosa azteca del agua. Este monolito de 7,5 metros de altura fue llevado hasta allí en la década de 1960, cuando se inauguró el famoso museo, en medio de fuertes e intensas lluvias que algunos interpretaron como una señal de protesta del dios ante su traslado.

Pedro Ramírez Vázquez, el arquitecto, se inspiró en las ruinas mayas del Cuadrángulo de las Monjas de Uxmal (*véase pág. 322*). Todas las salas de exposiciones dan a un amplio patio central al que da sombra, a modo de techo, una inmensa fuente rectangular, la cual, asombrosamente, se apoya en una única columna central. Las paredes están decoradas con estilizadas serpientes realizadas en aluminio.

Las salas están dispuestas como sigue, en el sentido contrario a las agujas del reloj: Introducción a la Antropología, Introducción a Mesoamérica, los Orígenes del Hom-

bre en Mesoamérica, Culturas Preclásicas, Teotihuacán, Toltecas, Mexicas (aztecas), Oaxaca (mixtecas y zapotecas), el golfo de México (olmecas, totonacas y huastecos), Mayas y México septentrional y occidental.

La maravillosa **Sala Mexica**, dedicada a la historia y al arte azteca, es uno de los platos fuertes del museo. Entre sus piezas figuran la célebre Piedra del Sol, también conocida como el **Calendario Azteca**, y la soberbia estatua de **Coatlicue** (*véase la fotografía de la pág. 29*), la diosa de la tierra y de la muerte. La **Sala Maya** dispone de una maqueta de la tumba del deificado rey Pakal, descubierta en las profundidades del templo de las Inscripciones, en Palenque. Exhibe así mismo una reproducción de los famosos murales de Bonampak. En el piso superior hay exposiciones etnográficas de los numerosos grupos indígenas que todavía existen en México.

Museos de arte

El **Museo de Arte Moderno** ❸ (abierto de martes a domingo; se paga entrada), ubicado en dos edificios redondos con fachada de vidrio, exhibe una colección permanente de pinturas de algunos de los más conocidos artistas mexicanos del siglo xx, como Frida Kahlo, Rufino Tamayo y «los tres grandes»: Orozco, Rivera y Siqueiros. Una de las salas está dedicada al gran fotógrafo mexicano Manuel Álvarez Bravo y también merece la pena ver la serie de paisajes del pintor del siglo xix José María Velasco. Por lo general, hay al menos una exposición itinerante de interés, de modo que no se olvide de informarse al respecto.

El **Museo Rufino Tamayo** ❸ (abierto de martes a domingo; se paga entrada), al este del Museo de Antropología, alberga una admirable colección de arte contemporáneo donada por Rufino Tamayo, expuesta en un ingenioso edificio diseñado por los arquitectos Zabludosky y González de León. El museo atesora algunos elocuentes trabajos del propio Tamayo, entre ellos un magnífico retrato de su esposa, Olga.

Plano
páginas
162-163

NOTA

Hay mucho que ver en el Museo de Antropología, por lo que, si no dispone de demasiado tiempo, vaya directo a las salas dedicadas a las regiones de México que piense visitar.

ABAJO: Museo Nacional de Antropología.

El paseo de la Reforma, la más elegante y solemne arteria de la capital (*véase pág. 161*) continúa hacia el este rumbo a algunas zonas residenciales acomodadas. Una de ellas, **Polanco**, dispone de unos excelentes comercios, unos pocos restaurantes elegantes y varios hoteles caros.

La Virgen de Guadalupe, patrona de México

En México, la imagen de la **Virgen de Guadalupe** (*véanse págs. 118-119*) está presente en todas partes: en las casas, los comercios, los restaurantes, los bares, las cafeterías, los lugares de trabajo e incluso en sitios tan sorprendentes como en los autobuses, los camiones y los taxis. El 12 de diciembre, decenas de miles de penitentes peregrinan desde todos los puntos del país hasta la **basílica de Nuestra Señora de Guadalupe Ⓐ**, situada al norte de la ciudad, para celebrar el aniversario de su aparición, ocurrida en el siglo XVI.

Cuando la preciosa basílica del siglo XVIII, realizada entre 1695 y 1709, se quedó demasiado pequeña para dar cabida a la ingente multitud de feligreses (además estaba empezando a escorarse de un modo peligroso y a hundirse en el suelo de manera notable), se construyó junto a ella una nueva, en la espaciosa Plaza de las Américas. Diseñada por el gran arquitecto mexicano Pedro Ramírez Vázquez (responsable así mismo del aclamado Museo de Antropología), la colosal basílica de cemento, acero y madera se concluyó en 1976. En el interior de este imponente edificio de planta circular abierta caben ahora hasta 10 000 fieles.

Aunque casi siempre se está oficiando alguna misa, la gente no cesa de entrar y salir constantemente, admirando las vidrieras, la escalinata de mármol, las lámparas de araña modernas y el techo acanalado de lustrosa madera. Una lenta escalera mecánica pasa junto a la venerada imagen de la Virgen, situada en lo alto de uno de los muros, detrás del altar mayor, en un lugar bien visible, transportando una fila interminable de devotos feligreses.

La vieja iglesia funciona ahora como museo, con una buena colección de pinturas coloniales. Detrás de la basílica, un camino en cuesta bordea la **iglesia del Cerrito** y desemboca en la pequeña **capilla del Pocito**, de estructura redonda y con un pozo, que fue construida por el arquitecto Guerrero y Torres en el siglo XVIII. Enfrente, una hilera de tiendas y puestos venden imágenes religiosas, incienso, comida, juguetes y billetes de lotería.

La plaza de las Tres Culturas

La **plaza de las Tres Culturas Ⓑ** (en dirección a la Villa de Guadalupe, en Tlatelolco) es ensalzada como el símbolo del México moderno, cuya cultura nació de la fusión de dos culturas previas (la precolombina y la colonial). En el centro de la plaza yacen las ruinas de **Tlatelolco**, emplazamiento del mayor mercado del valle de México y último baluarte de los aztecas en la guerra contra los conquistadores españoles.

Según reza una placa que hay en la plaza, «no fue ni una victoria ni una derrota, sino el doloroso parto de la raza mestiza que es México hoy en día». La **iglesia de Santiago**, frente a las ruinas, data del año 1524, aunque fue reconstruida en el siglo XVII. Las modernas edificaciones que flanquean la plaza, incluido el anodino edificio que alberga el **Ministerio de Asuntos Exteriores**, no constituyen el mejor ejemplo de la arquitectura mexicana contemporánea, pero ahí están.

En la actualidad, la plaza se recuerda sobre todo por los cientos de personas que fueron masacradas en ella el

NOTA

Si va a ir a la basílica de Nuestra Señora de Guadalupe, apéese en la estación de metro de La Villa, pues está más cerca que la estación llamada Basílica.

ABAJO: todos los barrios cuentan con su propio «tianguis» (mercado) semanal.

2 de octubre de 1968, cuando se ordenó a la policía y al ejército que abriesen fuego contra los miles de estudiantes que protestaban por la política social y educativa del Gobierno.

Plano página 168

Hacia el sur por Insurgentes

La avenida Insurgentes, la arteria más larga de la ciudad con sus 25 kilómetros de longitud, enlaza el norte industrial con el menos saturado sur, donde los suburbios coloniales de San Ángel y Coyoacán muestran una cara muy distinta y mucho más serena del Distrito Federal.

El primer edificio destacado de Insurgentes Sur es el **Hotel de México** ⊙, que dispone de un restaurante giratorio y una discoteca en el quincuagésimo y último piso. Delante del hotel está el insólito y de apariencia improvisada **Poliforum Cultural Siqueiros** ⊙ (abierto a diario; entrada gratuita), un edificio poligonal diseñado y decorado por el artista David Alfaro Siqueiros (*véase pág. 110*). En su interior, un grandioso mural tridimensional, titulado *La marcha de la humanidad en América Latina hacia el Cosmos,* combina la pintura y la escultura, y está considerado el mural más grande del mundo.

A unas pocas manzanas al sur, otra edificación que bate marcas es la Monumental Plaza México, la plaza de toros más grande del mundo, con capacidad para unos 64 000 espectadores.

El inmenso mosaico que cubre la fachada del **teatro de los Insurgentes** ⊖ (en la acera de la derecha, diez bloques antes de San Ángel) es obra de Diego Rivera (*véase la fotografía de las págs. 106-107*). El mosaico recrea muchos personajes de la historia mexicana, pero el lugar de honor le corresponde a Cantinflas, héroe nacional de la comedia, retratado en el centro como un Cristo, con los brazos extendidos, quitándole al rico para darle al pobre.

ABAJO: «gorditas», una especialidad de la Villa de Guadalupe.

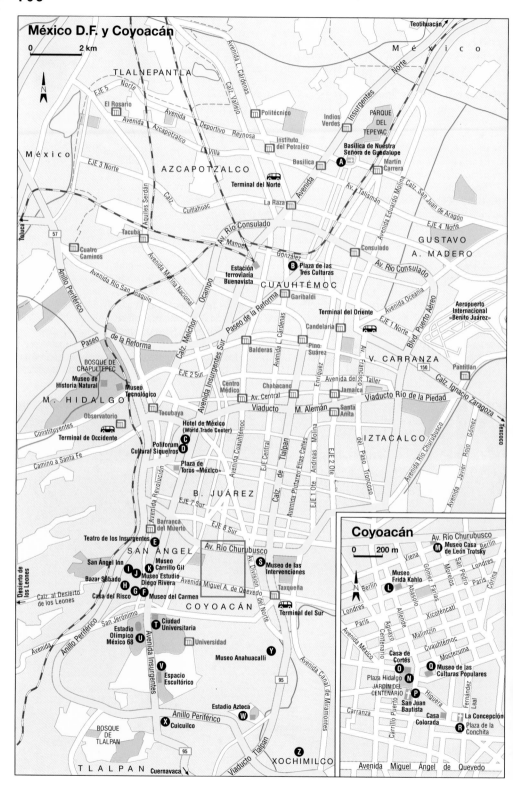

México D.F. y Coyoacán

0   2 km

TLALNEPANTLA

México

El Rosario

EJE 5 Norte
Norte

Avenida

Avenida Azcapotzalco

Deportivo Reynosa

Politécnico

Indios Verdes

Insurgentes

PARQUE DEL TEPEYAC

México

Norte

Instituto del Petroleo

Basílica de Nuestra Señora de Guadalupe

EJE 3 Norte

La Villa

Basílica

A

AZCAPOTZALCO

Martín Carrera

Calz. San Juan de Aragón

Av. Talismán

Av. Eduardo Molina

GUSTAVO A. MADERO

Terminal del Norte

Cuitlahuac

Calz.

Aquiles Serdán

Avenida

La Raza

EJE 4 Norte

Toluca

57

Av. Manuel

Av. Río Consulado

González

Consulado

Av. Río Consulado

Cuatro Caminos

Anillo Periférico

Tacuba

Avenida Río San Joaquín

Avenida Marina Nacional

Ocampo

Estación ferroviaria Buenavista

Plaza de las Tres Culturas

B

CUAUHTÉMOC

Garibaldi

Aeropuerto Internacional «Benito Juárez»

Paseo

de la Reforma

Paseo de la Reforma

Calz. Melchor

Terminal del Oriente

Candelaria

EJE 1 Norte

Blvd. Puerto Aéreo

BOSQUE DE CHAPULTEPEC

Museo de Historia Natural

Museo Tecnológico

Balderas

Avenida

Cárdenas

Pino Suárez

Enríquez

Av. Francisco

V. CARRANZA

150

Pantitlán

M. HIDALGO

Observatorio

EJE 2 Sur

Avenida Insurgentes Sur

Centro Médico

Chabacano

Av. Central

Avenida del Taller

Jamaica

Viaducto Río de la Piedad

Calz. Ignacio Zaragoza

Texcoco

Constituyentes

Terminal de Occidente

Camino a Santa Fe

Tacubaya

Hotel de México (World Trade Center)

Poliforum Cultural Siqueiros

Plaza de Toros «México»

Viaducto

M. Alemán

Santa Anita

del Paso

IZTACALCO

Avenida Río Churubusco

Avenida Javier Rojo Gómez

C
D

B. JUÁREZ

EJE 7 Sur

Avenida Revolución

Avenida Cuauhtémoc

Calz.

de

Tlalpan

EJE Central

EJE 1 Ote

Avenida Plutarco Elías Calles

Andrea Molina

EJE 2 Ote

EJE 3 Ote

del Paso y Troncoso

Barranca del Muerto

EJE 8 Sur

Av. Río Churubusco

Teatro de los Insurgentes

E

SAN ÁNGEL

San Ángel Inn

Museo Carrillo Gil

Museo de las Intervenciones

S

Bazar Sábado

Museo Estudio Diego Rivera

Avenida Miguel A. de Quevedo

Taxqueña

Casa del Risco

Museo del Carmen

COYOACÁN

Terminal del Sur

I J K
H
G F

Desierto de los Leones

Calz. al Desierto de los Leones

San Jerónimo

Ciudad Universitaria

T

Av. División del Norte

Anillo Periférico

Estadio Olímpico México 68

U

Universidad

Avenida Insurgentes

Museo Anahuacalli

Y

Avenida

Espacio Escultórico

V

95

Avenida Canal de Miramontes

Anillo Periférico

Estadio Azteca

W

Cuicuilco

X

BOSQUE DE TLALPAN

95

Z

TLALPAN

Cuernavaca

XOCHIMILCO

Viaducto Tlalpan

Coyoacán

0   200 m

Av. Río Churubusco

Museo Casa de León Trotsky

M

Viena

Berlín

Gómez Farías

San Pedro

Allende

Berlín

Londres

Paris

Corina

Museo Frida Kahlo

N

Londres

Paris

Aguayo

Centenario

Abasolo

Xicoténcatl

Malintzin

Cuauhtémoc

Moctezuma

Morelos

Avenida México

Casa de Cortés

O

Museo de las Culturas Populares

Q

Plaza Hidalgo

JARDÍN DEL CENTENARIO

San Juan Bautista

P

Higuera

Fernández Leal

Casa Colorada

La Concepción

Plaza de la Conchita

R

Carranza

Carrillo Puerto

Avenida   Miguel   Ángel   de   Quevedo

San Ángel

El delicioso «pueblo» de **San Ángel**, que antes se encontraba a cierta distancia de la ciudad pero que ahora ha sido engullido por ella, se las ha arreglado para retener gran parte de su encanto. La fascinante **iglesia del Carmen**, carmelita, con sus cúpulas de tejas, su sereno claustro y su recargado altar churrigueresco, era una de las más ricas de la zona cuando fue construida en el siglo XVII. El contiguo **Museo del Carmen ❻** (abierto de martes a domingo; se paga entrada), ubicado en el edificio del convento, ostenta frescos en los muros, un bello mobiliario y pinturas religiosas. Sin embargo, la mayoría de los visitantes se dirigen a la cripta del sótano para echar un vistazo al extraordinario y sobrecogedor conjunto de cadáveres momificados de forma natural, preservados en féretros tapados con un cristal.

Más arriba, en el patio de la **casa del Risco ❼** (abierta de martes a domingo; entrada gratuita), que data del siglo XVIII, hay una maravillosa fuente compuesta por cientos de platos, tazas, platillos y jarrones de alegres colores, la mayoría de ellos contando siglos de antigüedad.

Aún es posible escapar del bullicio de la ciudad en estas calles adoquinadas en las que la buganvilla cae en alborotadas cascadas desde lo alto de los grandes muros de piedra tras los que se esconden espléndidas mansiones. En este lugar parece que no pasa el tiempo, excepto los sábados, o sea, el día en que oleadas de turistas acuden al famoso **bazar Sábado ❽** de San Ángel, un mercado cubierto en el que se venden piezas de artesanía procedentes de todo el país, rodeado de puestos en el exterior que se derraman por la habitualmente soñolienta plaza de San Jacinto. La **iglesia de San Jacinto**, de finales del siglo XVI, situada en un cautivador patio al lado de la plaza, luce una fachada renacentista con puertas de madera decoradas con hermosos grabados.

A poca distancia, en Altavista, el **San Ángel Inn ❾** es uno de los mesones típicos más exclusivos de México; se trata de una antigua hacienda del siglo XVIII situada

Plano página 168

La vigilante presencia de la Iglesia.

ABAJO: la plaza de las Tres Culturas ha sido el escenario de varias tragedias históricas.

entre unos fascinantes jardines coloniales. El edificio modernista de enfrente, con cierto aspecto de caja, es el **Museo Estudio Diego Rivera** ❿ (abierto de martes a domingo; se paga entrada), donde trabajó durante muchos años el controvertido pintor y donde murió en 1957.

La casa entusiasmará a cualquier admirador de Rivera. Se exponen algunos de sus últimos retratos y un revoltijo de objetos, entre los que figuran su característica cazadora vaquera, materiales de pintura, recortes de periódico y su colección de máscaras y arte precolombino. Se encuentra a cinco minutos a pie de la avenida de la Revolución y el **Museo Carrillo Gil** ❿ (abierto de martes a domingo; se paga entrada), que atesora una de las mejores colecciones de arte moderno de México.

Coyoacán

Tras la caída de Tenochtitlán, Cortés estableció su gobierno en Coyoacán, al sur de San Ángel, que aún era una ciudad aparte en la década de 1940, época en la que vivían en ella muchas celebridades, como Frida Kahlo, Diego Rivera, León Trotsky o la actriz Dolores del Río. Todavía es un barrio muy favorecido por los artistas, los intelectuales y los bohemios. En la esquina de la calle Londres con Allende, el **Museo Frida Kahlo** ❿ (abierto de martes a domingo; se paga entrada) es la casa de color azul intenso en la que nació Frida y donde más tarde residiría junto a Diego Rivera. Contiene parte de su trabajo, una sugerente cocina y todo tipo de recuerdos, entre ellos las cartas de amor de la pareja y los vestidos indígenas de Frida.

A seis cuadras de distancia, en un escenario bastante más sombrío, el **Museo Casa de León Trotsky** ❿ (abierto de martes a domingo; se paga entrada) fue el hogar de este dirigente comunista, ahora con las ventanas tapiadas, un alto muro y torres de vigilancia. Siguen allí los agujeros de bala de un fallido intento de asesinato, ocurrido en 1940 (que se piensa que pudo haber organizado el muralista David Alfonso

Siqueiros). Tres meses después, Trotsky moriría asesinado con un piolet a manos de un agente estalinista español, mientras se hallaba sentado en el escritorio de la casa. Su pequeña tumba se encuentra en el jardín.

En el centro de Coyoacán, la atractiva **plaza Hidalgo** y el adyacente **Jardín del Centenario** bullen de actividad los fines de semana (merece la pena hacer cola en La Siberia, donde se despachan algunos de los mejores helados de la Ciudad de México). La **casa de Cortés** ⊙, del siglo XVI, en la que ahora se han instalado oficinas gubernamentales, se alza en el flanco norte de la plaza. En el lado sur de la plaza se levanta la iglesia parroquial de **San Juan Bautista** ⊙, también del siglo XVI. A una manzana está el **Museo de las Culturas Populares** ⊙ (abierto de martes a domingo; entrada gratuita), un humilde museo con imaginativas muestras, que centra su atención en los distintos aspectos de la cultura mexicana.

Bodas barrocas

A dos manzanas al este de la plaza Hidalgo se encuentra la pintoresca **plaza de la Conchita** ⊙, cuya capilla de la Concepción, con su barroca fachada, es muy solicitada para celebrar bodas. La Casa Colorada, mirando a la plaza, fue construida para la Malinche, la intérprete y amante indígena de Cortés. El **Museo de las Intervenciones** ⊙ (abierto de martes a domingo; se paga entrada), ubicado en el antiguo convento de Churubusco, una construcción fortificada al nordeste de Coyoacán, ofrece un recorrido a través de la historia de las numerosas intervenciones extranjeras en México. Fue en este edificio donde el general Anaya se rindió tras su derrota en la guerra contra Estados Unidos, en 1847. Se tributa un sentido homenaje al grupo de soldados irlandeses del batallón de San Patricio, que desertaron del ejército norteamericano para unirse a los mexicanos, pero que luego serían capturados durante la batalla y condenados a muerte.

Plano página 168

NOTA

La mayor parte de las galerías y museos públicos de México son gratuitos los domingos (aunque eso suele significar que también están más llenos) y cierran los lunes.

ABAJO: deje atrás el ajetreo del centro urbano en el precioso Coyoacán.

Un buen sitio para beber y descansar es La Guadalupana, una conocida cantina próxima al centro de Coyoacán.

ABAJO: autorretrato de Frida Kahlo.

La Ciudad Universitaria

Más al sur todavía, Insurgentes Sur atraviesa el espacioso campus de la Universidad Nacional Autónoma de México (UNAM). La **Ciudad Universitaria** ❶, con su atrevido empleo del color, los murales y la escultura, fue un campus muy avanzado cuando se construyó en la década de 1950 para trasladar la universidad desde el centro urbano, que se extiende en gran parte sobre una zona cubierta por la lava del volcán Xitle y ocupa unas 300 hectáreas de campos deportivos, jardines botánicos y unos 100 edificios aproximadamente, los cuales albergan las distintas facultades universitarias. Esta prestigiosa institución es heredera de la primera universidad de América, que se fundó en el año 1551 en México y que en la actualidad acoge en sus aulas a una población de casi 400 000 estudiantes. Entre las construcciones más significativas destaca la **Biblioteca Central**, el edificio moderno más fotografiado de México, un fascinante bloque de diez pisos cuyos muros están totalmente cubiertos por un vistoso mosaico de piedras de Juan O'Gorman, cuyo tema es la historia nacional.

Así mismo, merece la pena ver el mural realizado por Siqueiros situado detrás del cercano edificio de la **Rectoría**, que combina la pintura, la escultura y el mosaico, y otro del menos conocido José Chávez Morado, en la Antigua Facultad de Ciencias. Al otro lado de la calle, un mural del prolífico Diego Rivera sobre la historia del deporte en el país adorna el **Estadio Olímpico México 68** ❹, construido para las Olimpiadas de 1968 a partir de un diseño que imita un volcán y que tiene cabida para unos 80 000 espectadores.

El enorme campus se halla en una extensa zona conocida como **El Pedregal**, el resultado de la erupción del volcán Xitle hace casi 2 000 años. Al abrigo de los teatros, cines, cafeterías y librerías del **Centro Cultural Universitario** se encuentra el **Espacio Escultórico** ❺, realizado en la década de 1980 por seis escultores, quienes rodearon una escabrosa extensión de roca volcánica negra con un inmenso círculo de pirá-

FRIDA KAHLO

Frida Kahlo (1907-1954), durante mucho tiempo eclipsada por su marido, el famoso muralista Diego Rivera, se ganó el reconocimiento como artista respetable por derecho propio en la década de 1980, 30 años después de su muerte. Ahora es una figura de culto internacional y es probable que sea más conocida que el gran Diego Rivera.

Los vestidos tradicionales con bordados, los complicados peinados, las exóticas joyas y las espesas cejas juntas –que exageraba en sus autorretratos– se convirtieron en sus rasgos distintivos. Aunque ella y el excéntrico Rivera fueron personajes centrales del movimiento nacionalista de izquierdas, el arte de Frida era surrealista, de un acusado simbolismo y nunca abiertamente político. Empezó a pintar tras las heridas que sufrió en un accidente de tranvía, ocurrido cuando aún era una adolescente, que estuvo a punto de costarle la vida y que la dejó en silla de ruedas.

Los cuadros más conocidos de Frida son sus autorretratos, en muchos de los cuales aparecen cruentas alusiones trágicas a su accidente. Estas introspecciones, que quizás servían a la pintora como terapia, expresan la angustia de una mujer cuya vida estuvo marcada por el sufrimiento físico y el desasosiego espiritual provocados, entre otras razones, por las muchas y dolorosas operaciones a que se vio sometida, dos abortos y su tormentoso y muy comentado matrimonio con Diego.

mides uniformes de cemento, lo que confiere al conjunto un extraño aspecto de ruedo casi sobrenatural. Hay además esculturas monumentales creadas por cada uno de los artistas participantes. No muy lejos del **estadio Azteca** , uno de los estadios de fútbol más grandes del mundo, se levanta el centro ceremonial más antiguo del valle de México: la pirámide circular de **Cuicuilco** (abierta a diario; entrada gratuita), edificada ya en el año 1000 a.C. y enterrada por la posterior erupción del volcán, hacia el año 100 d.C.

El muy singular y poco concurrido **Museo Anahuacalli** (abierto de martes a domingo; entrada gratuita) fue diseñado por Diego Rivera, y guarda su colección personal de arte precolombino. Este lúgubre edificio de oscura roca volcánica remeda un antiguo templo maya o azteca. Además de viejos tesoros (en su mayor parte procedentes de las civilizaciones del oeste y el centro de México), contiene una réplica de su estudio con algunas de sus obras y pertenencias, y goza de unas magníficas vistas de la ciudad y los volcanes.

Los jardines flotantes

Los famosos jardines flotantes de **Xochimilco** (tome el tren ligero en la estación de metro de Tasqueña) es todo lo que queda de las ciudades lacustres prehispánicas. Los domingos, los ciudadanos acuden en gran número para comer, beber y escuchar la música de los mariachis desde las floridas «trajineras» (barcas decoradas). Entre semana no resultan ni la mitad de animadas, pero puede que le salga más barato (la tarifa por hora para dar un paseo en trajinera está marcada en unos carteles, pero siempre puede tratar de regatear). En el cercano mercado de Nuevo León se venden frutas locales, como tamarindos, caquis, guayabas y papayas, todo ello pulcramente presentado. Más adelante, justo al lado de la plaza principal, se alza la encantadora iglesia de **San Bernardino,** del siglo XVI.

Plano página 168

La famosa «ola mexicana» nació en el estadio Azteca durante el Mundial de 1986.

ABAJO: dé un paseo por Xochimilco en una trajinera.

POR LOS ALREDEDORES DE LA CIUDAD DE MÉXICO

Mapa página 178

Inmensas pirámides, recargados edificios del barroco colonial, volcanes coronados por la nieve, jardines subtropicales... A quien elija la Ciudad de México como base de sus vacaciones no le faltarán excursiones de interés

México D.F.

A pesar de que los suburbios no cesan de engullir terreno en torno al Distrito Federal, tan sólo una o dos horas en coche en cualquier dirección le llevarán al corazón del país. Al este, norte y oeste de la urbe se extiende el estado de México; al sur está Morelos. También se encuentran a una distancia razonable Hidalgo, al norte, y Puebla y Tlaxcala, al este. Estas regiones son el centro de México, un mosaico de pueblos dispersos por un territorio muy variado, que va desde los fríos y formidables pinares y cumbres nevadas de los volcanes hasta los cálidos y húmedos valles de exuberante vegetación.

Al norte hacia Tepotzotlán

El pueblo de Tepotzotlán está a unos 35 kilómetros aproximadamente al norte del centro urbano del Distrito Federal, junto al peaje de la carretera de Querétaro (México 57), que empieza cerca de la plaza de toros de Cuatro Caminos. Pasa junto a las **Torres de Satélite**, un gigantesco conjunto escultórico compuesto por unas torres modernas de vivos colores, diseñadas por el artista de origen alemán Mathías Goeritz, y cruza los interminables suburbios industriales y de clase media del norte de la ciudad.

La espléndida iglesia jesuita y el monasterio de **Tepotzotlán** ❶ constituyen una de las joyas del arte colonial mexicano. El monasterio se construyó en el siglo XVI como escuela para los indígenas conversos; más tarde pasaría a ser un seminario de los jesuitas y, por último, en la década de 1960, un museo.

La iglesia de **San Francisco Javier** es uno de los tres mejores ejemplos de arquitectura churrigueresca de México (los otros dos se encuentran en Tlaxcala y Taxco, *véanse págs. 189 y 193*). Terminada en 1762, ostenta una fachada de piedra profusamente decorada y un único y delicioso campanario. A los lados del pórtico y la ventana central luce cuatro abigarradas columnas con nichos que contienen imágenes de santos. En el interior se agolpan los altares dorados, que parecen crecer y multiplicarse como una exótica planta tropical cubriendo los muros y transformándolos en una misteriosa y fulgurante cabellera rizada; en algunos puntos, la decoración de oro tiene un metro de espesor. Proporciona un sugerente marco a las esculturas y pinturas de artistas de la era colonial, como por ejemplo el retablo de Nuestra Señora de Guadalupe, de Miguel Cabrera.

La ornamentación barroca hace gala de un vertiginoso esplendor en el **Camarín de la Virgen**, donde no queda ni un centímetro que no esté cubierto por un alud de arcángeles, querubines, frutas, flores y caracolas. A esta pequeña sala octogonal, en la que se vestía la imagen de la Virgen, se llega a través de la capilla de la Virgen de Loreto. En ella se guarda una réplica de la casa de Nazaret, en la que se supone que vivió la Virgen María. Se ha sugerido

PÁGINAS ANTERIORES: el Iztaccíhuatl y el Popocatépetl. **IZQUIERDA:** una explosión dorada en Tepotzotlán. **ABAJO:** los Atlantes de Tula sostenían antaño el techo del templo de la Estrella Matutina.

que el estilo barroco se da la mano con la sensibilidad mexicana; el desbordante empleo del color y el movimiento, la imaginación desbocada y excesiva se dice que son el alma del arte mexicano. Quizás los mexicanos sean un pueblo barroco en lo más profundo de su corazón, irremisiblemente enamorados del color, de los murales y de los adornos.

El monasterio contiguo, con su exquisito claustro y sus jardines, alberga el **Museo Nacional del Virreinato** (abierto de martes a domingo). Entre sus exposiciones hay pinturas que recrean pasajes de la vida de san Ignacio de Loyola, fundador de la Compañía de Jesús, y una heterogénea colección de objetos decorativos, joyas y otras obras de arte del período colonial.

El escritor de ciencia ficción Erich von Däniken afirma que los Atlantes tienen lanzadores de rayos láser traídos de otro planeta.

Tula y los toltecas

La antigua ciudad de **Tula** ❷ (abierta a diario; se paga entrada), capital de los toltecas, está situada a unos 50 kilómetros al norte de Tepotzotlán. Tuvo una gran relevancia en la historia mesoamericana y constituye un importante eslabón en la cadena de civilizaciones que dominaron el Altiplano Central. Fue fundada a comienzos del siglo X, después de que Teotihuacán hubiera sido destruida y antes del auge de Tenochtitlán. Una facción guerrera expulsó a Topiltzin, el legendario fundador de la ciudad, y desde entonces dominó la cultura y el arte de Tula, hasta que la urbe fue devastada 300 años más tarde.

La pirámide principal es **Tlahuizcalpantecuhtli**, o templo de la Estrella Matutina, en cuya cúspide se yerguen los famosos **Atlantes** con sus 4,6 metros de altura. Se trata de unos telamones de basalto que antaño habrían sostenido el techo de madera de un templo y que son considerados como la aportación más valiosa de Tula al arte mexicano. Representan a Quetzalcóatl como el lucero del alba, el planeta Venus. Aparece armado con jabalinas y vestido con el atuendo de un guerrero, protegido

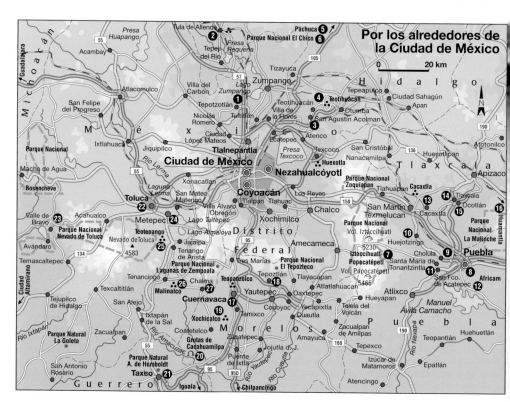

por un peto con forma de mariposa. Al dorso lleva un espaldar redondo con la forma del sol poniente, en cuyo centro aparece reproducido un rostro humano. El casco, con aspecto de caja, está adornado con unas plumas en posición vertical.

De las demás edificaciones de Tula que han resistido el paso de los siglos quizás la más interesante sea el **Coatepantli** o muro de las serpientes, levantado a lo largo de la cara norte de la pirámide; con 40 metros de longitud y más de 2 metros de altura, los relieves muestran serpientes devorando seres humanos. Cerca, frente al **Palacio Quemado**, se encuentra el Chacmool, la figura reclinada de un sacerdote sobre cuyo pecho descansa un recipiente en el que se depositan ofrendas a los dioses.

El lugar de los dioses

Salga de la Ciudad de México por Insurgentes Norte tomando la autopista 132 para ir a Acolman y la antigua ciudad de Teotihuacán, a unos 50 kilómetros al nordeste de la capital. Unos pocos minutos antes de llegar a la salida a Teotihuacán no quite los ojos de la izquierda de la carretera, donde verá la iglesia y el monasterio, impresionantes y fortificados, de **San Agustín Acolman** ❸ (abierto de martes a domingo; se paga entrada), del siglo XVI, con una hermosa fachada plateresca y un bonito interior gótico. Existe una espaciosa capilla abierta, construida para dar cabida a los numerosos indígenas conversos, y frescos originales que embellecen el claustro, en cuyo centro hay una extraordinaria cruz misional, labrada por un escultor indígena anónimo que interpretó los símbolos de la pasión de Cristo.

Teotihuacán ❹ (abierta a diario; se paga entrada), la ciudad de Quetzalcóatl, «el lugar donde los hombres se convirtieron en dioses», constituye un importante yacimiento arqueológico, uno de los mejor conservados del país. Carece del exotismo de las más remotas ciudades mayas, perdidas entre espesuras tropicales, pues su belleza resulta más discreta, incluso modesta. Teotihuacán, que surgió como asenta-

Mapa
página
178

👁
NOTA

Hay autobuses hasta
Acolman desde
la estación de metro
Indios Verdes;
el autobús que va
a las pirámides no
para en la ciudad.
Desde ella puede
tomar un autobús
de línea o un taxi
hasta Teotihuacán.

ABAJO: calzada
de los Muertos y
pirámide de la Luna,
en Teotihuacán.

ABAJO: cabezas de serpientes con collares de plumas en el templo de Quetzalcóatl.

miento agrícola varios cientos de años antes de la era cristiana, se convertiría en una de las mayores ciudades del mundo, con una población de unos 200 000 habitantes. En su momento álgido, esta metrópoli, emplazada en un valle casi yermo, no demasiado fértil, abarcaba una superficie de 20 km², más extensa incluso que la Roma imperial de su época.

Hacia el año 600 d.C. comenzó el declive de esta gran ciudad y poco después sería abandonada por completo. No se conocen las razones exactas de su ocaso, pero sin duda todo México estaba convulsionado entonces. Cuando llegaron los aztecas en el siglo XIV, Teotihuacán ya llevaba mucho tiempo desierta.

La visita a la ciudad

El autobús (que tarda aproximadamente una hora desde la terminal del Norte, en el Distrito Federal) lo deja en la Puerta 1, donde se adquiere la entrada y se paga un suplemento por cada cámara que se tenga a la vista. Pase de largo los puestos atestados de curiosos en los que se venden ropa y recuerdos, en dirección al **museo**, donde hay una maqueta a escala del yacimiento, mapas y diagramas explicativos y algunas reproducciones de objetos hallados en el recinto (los originales están en el Museo de Antropología de la Ciudad de México). En el piso superior dispone de una pequeña cafetería y un restaurante con precios exorbitantes. Existen otros restaurantes en la zona, pero no es posible llegar a ninguno de ellos sin contar con un coche. El yacimiento es enorme, de modo que se ve abarrotado de gente sólo relativamente. De hecho, a veces da la impresión de que hay tantos vendedores de recuerdos como visitantes.

La entrada va a dar al extremo sur de la **calzada de los Muertos**, el eje principal, que se prolonga 3 kilómetros hacia el norte, pasando junto a la pirámide del Sol y la de la Luna. Cerca de la entrada, en una plaza deprimida conocida como la **Ciudadela**, se encuentra el **templo de Quetzalcóatl**. Célebre por su fachada escultural,

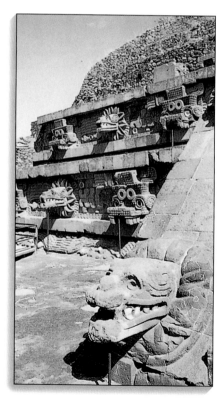

este templo ostenta una decoración en relieve de la divinidad de la serpiente emergiendo de un collar de plumas que alterna con los típicos ojos desorbitados del dios de la lluvia, Tláloc. Estaba oculto por una edificación posterior y fue descubierto durante unas excavaciones realizadas a principios del siglo XX.

Al poco de rebasar el punto medio de la avenida se alza la descomunal **pirámide del Sol**, la construcción más emblemática de Teotihuacán. Construida en torno al año 100 d.C., la totalidad de su estructura, cuya base mide casi 225 metros cuadrados, habría estado en otro tiempo revestida de estuco y pintada de vivos colores. Para disfrutar de una soberbia panorámica de la ciudad, ascienda los 248 escalones que conducen hasta lo alto de su cúspide, situada a 64 metros, donde antiguamente se levantaba un templo. El **palacio de Tepantitla**, detrás de la pirámide, contiene los restos del famoso mural *El paraíso de Tláloc* (reproducido en el Museo de Antropología de la Ciudad de México).

La **pirámide de la Luna**, aunque es más pequeña que la del Sol, fue construida sobre una zona elevada, de forma que ambos vértices se hallan a la misma altura. Además resulta menos fatigosa su ascensión. Erguida sobre una plaza en el extremo septentrional de la avenida, está rodeada por una docena de pequeños templos. En el cercano **palacio del Quetzalpapalotl** (de la mariposa Quetzal) podrá contemplar unos murales bien conservados y unos bajorrelieves de acusado carácter simbólico que representan unas criaturas mitad pájaro mitad mariposa.

Cabe así mismo destacar el **palacio de los Jaguares**, cuyo nombre se debe a las pinturas murales en que aparecen estos felinos, y el **templo de los Caracoles Emplumados**, en el que aún se aprecian rastros de los signos blancos, amarillos, verdes y rojos que simbolizan las aves, el maíz y el agua.

Uno podría pasarse el día entero vagando por el yacimiento, pero quizás con un par de horas sea suficiente. Si bien la mayoría de las guías aconsejan llegar temprano

Mapas páginas 178 y 180

La pirámide del Sol, en Teotihuacán, la tercera más grande del mundo, tiene menos de la mitad de altura que la gran pirámide de Keops, en Egipto, aunque el tamaño de la base es el mismo.

ABAJO: un fresco bien conservado del palacio de los Jaguares.

para evitar las multitudes, es al atardecer, en realidad, cuando las pirámides se muestran más espectaculares. El recinto cierra a las 18:00 h.

No deje de explorar el paisaje de los alrededores. Cerca está Otumba, donde Hernán Cortés venció a los aztecas en una de las batallas decisivas de la conquista española. Más al nordeste se encuentra Ciudad Sahagún, uno de los experimentos industriales de México.

Cuando los aztecas se instalaron en Teotihuacán, en el siglo XIV d.C., la ciudad ya llevaba abandonada unos 700 años.

La región es típica del centro de México: llanos desérticos y cerros, donde casi toda la vegetación se compone de magueyes, un cactus del que se extrae el «pulque», una bebida nacional. Con un sabor peculiar y lleno de vitaminas, el pulque tiene fama de ser muy nutritivo (la mejor excusa del mundo para echar un trago). Durante el virreinato y en el siglo XIX se cultivaron grandes plantaciones de maguey. Las casas solariegas de esas plantaciones eran majestuosas, y algunas de ellas se han conservado, como la de Xala, cerca de Ciudad Sahagún, reconvertida en un hotel pero que aún ostenta parte de su pasada grandeza.

Hidalgo

El recóndito estado de Hidalgo es uno de los menos visitados de México y, sin embargo, es uno de los más bonitos. Para una escapada de un fin de semana, la capital, **Pachuca ❺**, a 90 kilómetros al nordeste de la Ciudad de México, constituye una buena base. La historia del municipio está estrechamente relacionada con las minas de plata que desde el siglo XVI administran compañías españolas, inglesas, mexicanas y estadounidenses. El antiguo convento de San Francisco, del siglo XVI, a unas cuantas cuadras al sudeste de la plaza de la Independencia, es ahora el **Centro Cultural Hidalgo** (abierto de martes a domingo; entrada gratuita). En su interior, el Museo Nacional de Fotografía expone imágenes de los reputados archivos de Casasola, además de una nutrida colección de fotografías de la controvertida fotógrafa del siglo XX

ABAJO: esperando a los clientes.

Tina Modotti. El Museo Regional se halla en el mismo complejo, y al lado se encuentra la iglesia de **La Asunción**. En el altar yace el cuerpo momificado de santa Columba, martirizada en Francia en el siglo III d.C.

A poco más de 20 kilómetros al norte de Pachuca, los pinares, lagos y espectaculares formaciones rocosas del **Parque Nacional El Chico** ❻ brindan un magnífico territorio para realizar excursiones a pie. No muy lejos está la pintoresca y vieja localidad minera de **Mineral El Chico**.

El lunes es día de mercado en la ciudad de **Ixmiquilpan**, a 75 kilómetros al noroeste de Pachuca por la autopista 85. Es el mejor día para admirar los bellos paños y hermosos objetos de madera con incrustaciones que llevan al mercado los indígenas otomíes. En el camino, párese en Actopan para contemplar el monasterio fortificado del siglo XVI, y, más adelante, las cataratas, fuentes de aguas termales y cuevas de la **Barranca de Tolatongo**.

Al este de la Ciudad de México

La carretera hacia Puebla y la costa oriental es una continuación de la gran avenida llamada **calzada Ignacio Zaragoza**, la espina dorsal del Distrito Federal proletario. Comienza cerca del aeropuerto y continúa a través del extenso barrio dormitorio de **Ciudad Netzahualcóyotl**, donde viven más de 2 millones de trabajadores, a la que se alude en ocasiones como «la tercera ciudad más grande de México».

Una vez que la calzada deja atrás el área urbana, se adentra en las bellas montañas cubiertas de pinos próximas al **Parque Nacional Iztaccíhuatl-Popocatépetl** ❼, de 25 679 hectáreas, que comprende los volcanes de Popocatépetl, el segundo pico más alto de México, e Iztaccíhuatl. Ambos volcanes se alzan muy cerca el uno del otro. La ruta hacia estas magníficas cumbres nevadas discurre a través de una agradable campiña por la carretera de **Amecameca**.

Mapa
página
178

El fútbol fue introducido en México en el siglo XIX por mineros procedentes de Cornualles, Inglaterra. También a ellos se deben las típicas empanadillas de papa, cebolla y carne.

ABAJO: guerrero jaguar en un mural de Cacaxtla, cerca de Tlaxcala.

LOS VOLCANES

La Ciudad de México, edificada en una zona donde los terremotos son frecuentes, está rodeada de picos volcánicos, como los majestuosos Popocatépetl (5 452 metros) e Iztaccíhuatl (5 286 metros), cuyos nombres se abrevian afectuosamente en Popo e Izta. En el pasado, estos enormes volcanes de nevadas cumbres eran un telón de fondo de la Ciudad de México, a unos 60 kilómetros de distancia. En la actualidad constituye un tema de conversación el hecho insólito de que no se vean, pues están envueltos por la contaminación; sin embargo, aún constituyen un imponente espectáculo para todo aquel que viaje hacia el oeste, en dirección a Puebla y la costa del Golfo. Según la leyenda, Popocatépetl («montaña humeante» en náhuatl) era un guerrero enamorado de Iztaccíhuatl («la dama blanca»), la hermosa princesa azteca. Temerosa de que su amante hubiera muerto en combate, Iztaccíhuatl murió de pena, y cuando Popo regresó con vida, depositó su cuerpo sobre el monte a cuyo lado, centinela eterno, se alza él. La reciente actividad volcánica ha obligado a las autoridades mexicanas a cerrar el acceso al Popocatépetl. La carretera está abierta hasta el Paso de Cortés, por donde se adentraron en 1519 los conquistadores rumbo a Tenochtitlán desde Veracruz. Izta ya ni siquiera tiene cráter y constituye un reto alternativo, aunque sólo para los escaladores avezados, lo mismo que la montaña más alta de México, el Pico de Orizaba (5 760 metros), también conocido como el Citlaltépetl.

Entre las 11:00 y las 12:00 h se puede subir a una de las torres de la catedral para disfrutar de una magnífica vista de la ciudad y los cercanos volcanes. No obstante, sólo se le permitirá hacerlo si va acompañado.

Puebla: la ciudad de los ángeles

Una vez que se cruzan las montañas, la carretera desciende hacia el ancho valle de **Puebla ❽**, una ciudad fundada durante el virreinato y capital del estado del mismo nombre. A pesar de que se trata de un centro industrial en expansión, conocido por su enorme fábrica de coches Volkswagen, Puebla ha logrado conservar parte de su viejo sabor y posee algunas de las obras de arte colonial más importantes de México.

Una de tales joyas es la elegante y majestuosa **catedral Ⓐ**, la segunda más grande del país y la que ostenta las torres más altas, considerada por algunos como la más hermosa de México. Fue consagrada en 1649 y fusiona el barroco temprano con el estilo arquitectónico más refinado del Renacimiento español (cuyo nombre se debe a Juan de Herrera, el arquitecto que proyectó el monasterio de El Escorial en España). El exterior resulta austero y sobrio, mientras que, en el interior, el delicado altar principal, obra del célebre artista neoclásico Manuel Tolsá, es como un templo romano en miniatura. Las estatuas de ángeles que rodean el atrio simbolizan la ciudad, cuyo nombre completo es, en realidad, Puebla de los Ángeles.

La oficina turística se encuentra junto a la catedral, en la calle 5 Oriente, casi al lado de la **Casa de la Cultura**. Fundada en 1646 como seminario, dispone ahora de un jardín escultural, una diminuta cafetería y un teatro al aire libre. Subiendo por las escaleras de piedra se llega a la magnífica **Biblioteca Palafoxiana Ⓑ**, la más antigua de América, con 50 000 volúmenes dispuestos en estanterías de madera labrada.

Dos cuadras hacia el oeste, el **Museo Bello Ⓒ** (abierto de martes a domingo; se paga entrada) atesora una fascinante y ecléctica colección de objetos de arte decorativos reunidos por un empresario local en el siglo XIX. El mejor Museo de Puebla, el **Museo Amparo Ⓓ** (abierto de miércoles a lunes; entrada gratuita los martes), equipado con una nada habitual tecnología punta, se inauguró en 1991 en el edificio de un hospital del siglo XVIII. Ofrece vídeos interactivos que facilitan información sobre la

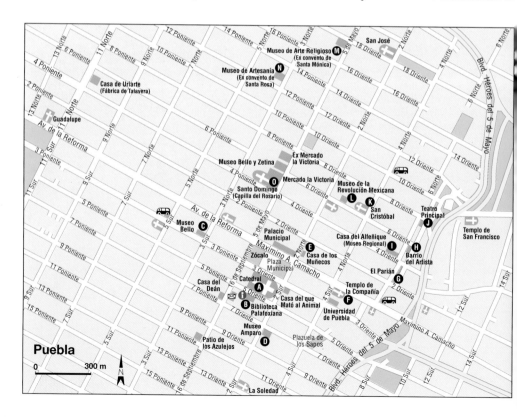

Puebla

0   300 m

extensa colección de utensilios precolombinos expuestos con gran belleza. La otra sección del museo alberga muebles del período colonial.

Es posible que la **casa de los Muñecos ⓔ**, del siglo XVIII, en la que está ubicado el Museo de la Universidad (abierto de martes a domingo; se paga entrada), luzca la fachada de azulejos más sorprendente de Puebla; los personajes retratados se supone que son caricaturas de enemigos de los primeros propietarios del edificio. En su interior expone una colección de insectos y de aparatos científicos.

El inconfundible **templo de la Compañía ⓕ**, a una cuadra de distancia, con su recargada fachada, se cree que es el lugar donde reposan los restos de la famosa **China Poblana**, una princesa asiática del siglo XVII cuya estatua remata una fuente en la parte oriental de la ciudad. Sus vestiduras, una blusa con volantes sobre una falda bordada con lentejuelas, son una estilización mestiza de los trajes de las indígenas mexicanas. Junto a la iglesia, flanqueando un apacible callejón adoquinado, se encuentra el edificio del siglo XVI de la Universidad de Puebla, que antaño funcionaba como colegio de los jesuitas.

Los puestos del principal mercado turístico de Puebla, **El Parián ⓖ**, venden todo tipo de productos mexicanos, desde sarapes hasta sombreros. No obstante, si lo que busca son cuadros, cruce la calle y deambule por los estudios al aire libre del **barrio del Artista ⓗ**.

Gran parte de la arquitectura de Puebla puede considerarse como una versión mexicana del Barroco español, plasmada en la abundancia de azulejos y ornamentos de yeso. El estuco como de merengue de la **casa del Alfeñique ⓘ** quizás sea el mejor ejemplo. En la actualidad alberga el **Museo Regional** (abierto de martes a domingo; se paga entrada), en el que hay buenos ejemplos de la cerámica que se fabrica en el estado y recuerdos de la batalla del Cinco de Mayo de 1862. Justo detrás del barrio del Artista se levanta el **Teatro Principal ⓙ**, que contaba con casi 150 años de antigüe-

Mapas páginas 178 y 184

La fonda Santa Clara, casi enfrente del Museo Bello, se dedica a la gastronomía típica de Puebla. Pruebe un chile en nogada: chiles verdes rellenos de carne, salsa blanca de nueces y semillas rojas de granada, los colores de la bandera mexicana.

ABAJO: las calles de Puebla.

El 5 de mayo de 1862,
un ejército mexicano
al mando del general
Ignacio Zaragoza, del
que también formaba
parte un batallón
de indígenas apenas
armados, derrotó
al numeroso ejército
francés. Esta victoria
sirvió para levantar
la moral de los
mexicanos, pero
no pudo evitar
la invasión francesa
un año después.

ABAJO: la cocina del
antiguo convento
de Santa Rosa,
en Puebla.

dad –uno de los más viejos de las Américas– cuando en 1902 fue pasto de las llamas, tras lo cual hubo de ser reconstruido.

La calle 6 Oriente resulta fascinante, famosa sobre todo por sus numerosas dulcerías, con escaparates de sabor añejo llenos de exquisitos confites caseros. Están los «camotes» (patatas dulces preparadas con frutas y azúcar), los «dulces de leche», las limas rellenas de coco azucarado y el «rompope», una bebida elaborada con aguardiente, leche, huevos, azúcar y canela.

También en esa calle se encuentra la iglesia de **San Cristóbal ⓚ**, con sus cristaleras de ónix y su techo abovedado y esculpido. La primera batalla de la Revolución de 1910 se entabló en la casa colindante, que pertenecía a una familia de activistas liberales que se oponían a la dictadura de Porfirio Díaz. Ahora es la sede del **Museo de la Revolución Mexicana ⓛ** (abierto de martes a domingo; se paga entrada). Mirando hacia el oeste, por la calle 6 Oriente arriba, podrá observar la estructura de hierro forjado del **mercado la Victoria**, reconvertido no hace mucho en una moderna galería comercial. Se trataba de uno de los últimos de aquellos espléndidos mercados antiguos, construido por Porfirio Díaz, quien al parecer pretendía transformar México en una copia de Francia.

Los poblanos tienen fama de ser los católicos más tradicionales y devotos de todo México. Merece la pena visitar dos ex conventos: **Santa Mónica ⓜ** (abierto de martes a domingo; se paga entrada), ahora un museo de arte religioso, funcionó en secreto durante los días de la persecución al clero, en 1926 y 1927, y no fue desenmascarado, o reconocido, por las autoridades civiles hasta 1933. El convento de **Santa Rosa ⓝ** (abierto de martes a domingo; se paga entrada), del siglo XVII, tiene una accidentada historia, pero en la actualidad es un museo de artesanía con una maravillosa colección de los muchos y diversos artículos artesanales que se confeccionan en el estado de Puebla. La preciosa cocina abovedada del piso bajo está totalmente reves-

tida de azulejos; se afirma que el famoso mole mexicano lo inventaron las monjas en esta misma estancia.

Pero el orgullo de la arquitectura religiosa poblana lo cobija la iglesia de **Santo Domingo,** del siglo XVI. Se trata de la sublime **capilla del Rosario** ⓪, a la izquierda del altar mayor, una deslumbrante marea de dorada decoración barroca, en la que se representan ángeles, santos y mártires.

Una ciudad de iglesias

Cholula ⓪ es ahora un barrio de Puebla, aunque en la época precolombina se trataba de un importante centro de culto religioso. Durante la conquista, Cortés, que se temía una emboscada en Cholula, organizó un eficaz contragolpe que acabó con la matanza de unas 3 000 personas. Entonces, tras una peste que diezmó a la población, la otrora poderosa ciudad se convirtió en un pueblo empobrecido.

En nuestros días, Cholula es una atractiva villa, sede del campus de la **Universidad de las Américas** y famosa por sus muchas iglesias; según la leyenda, los conquistadores prometieron levantar una por cada templo pagano que hallaran, o, si prefiere la otra versión de la historia, una por cada día del año. El fortificado **convento de San Gabriel,** del siglo XVI, es el edificio más impresionante; su descomunal atrio, que orilla el flanco oriental del zócalo, conduce a tres hermosas iglesias, entre ellas la **Capilla Real,** inspirada en la magnífica mezquita de Córdoba, en España. En un principio era una capilla abierta para los indígenas, y el techo, con 49 pequeñas cúpulas, no fue incorporado hasta el siglo XVIII.

La mayoría de la gente se acerca a Cholula para contemplar lo que parece un vulgar cerro con una iglesia en lo alto. En realidad se trata de la **Gran Pirámide** (abierta a diario; se paga entrada), la más grande nunca construida en Mesoamérica. En la etapa final de su edificación, la totalidad de la pirámide se hallaba cubierta por una

Mapas páginas 178 y 184

Un bello ejemplo de la elegante cerámica de Talavera.

ABAJO: productos mexicanos en conserva.

OBJETOS DE CERÁMICA DE TALAVERA

L a cerámica de Talavera está por todas partes en Puebla: hay azulejos, fuentes, jarrones, floreros, vasijas y esculturas. Esta técnica fue introducida en México por los monjes dominicos de Talavera de la Reina, en España, a finales del siglo XVI. La cerámica original era de color azul cobalto y blanco, decorada con motivos moriscos, pero los alfareros mexicanos aportaron su toque personal, incorporando también influencias de China y del Renacimiento italiano, lo que condujo a la aparición de nuevos diseños y colores, en especial verdes, amarillos y naranjas, entre otras muchas particularidades.

Mediante la técnica genuina se tarda unos seis meses en confeccionar una pieza de auténtica cerámica de Talavera, y resulta bastante sencillo distinguir entre los pigmentos minerales de los originales y los tonos de las imitaciones fabricadas en masa, más chillones y toscos (existe así mismo una sustancial diferencia de precio).

Algunos talleres de Puebla y sus alrededores, como el histórico taller Uriarte, ofrecen visitas con guía que explican el proceso de principio a fin. Primero se deja secar la arcilla durante tres meses, luego se apelmaza con los pies hasta que está bien amasada. Un mes después se moldea la pieza de cerámica, se deja que se seque antes de hornearla, pintarla y vidriarla, y entonces se hornea una vez más.

ABAJO: cúpulas
de la Capilla Real
y al fondo la Gran
Pirámide de Cholula.

espesa capa de adobe en la que creció la vegetación y que inspiró el nombre náhuatl de Tlachihualtépetl, «la montaña hecha a mano».

Un carnaval de máscaras

Huejotzingo ⑩, a unos 17 kilómetros al noroeste de Cholula, es una pequeña ciudad conocida sobre todo por su sidra, sus sarapes de lana y el baile de máscaras de carnaval, en febrero, en el que se recrea una batalla entre los franceses y los mexicanos. Muy cerca de la plaza mayor se encuentra el formidable **monasterio de los Franciscanos** (abierto de martes a domingo; se paga entrada), del siglo XVI. Provisto de recias fortificaciones, murallas almenadas y un sobrio exterior, se exponen en él objetos relacionados con las misiones españolas y la vida monástica.

Santa María de Tonantzintla ⑪, un pueblo al sur de Cholula en la vieja carretera hacia Oaxaca, dispone de una extraordinaria iglesia de estilo barroco folclórico, cuyo interior está enteramente cubierto de arrebatadoras y vistosas tallas. Se tardaron 200 años en completar la decoración, que constituye un magnífico ejemplo del modo en que los indígenas adoptaron la iconografía española. La espectacular fachada de azulejos de la iglesia de **San Francisco de Acatepec**, unos tres kilómetros al sur, también merece la pena ser vista, aunque en 1941 fue destruida por el fuego y hubo de ser reconstruida.

Para quien guste de los zoológicos, **Africam ⑫**, a 16 kilómetros al sudeste de Puebla por la carretera de Valsequillo, es la más importante reserva de animales de México, en la que podrá pasear en coche entre sus 250 especies de aves y mamíferos.

En el vecino estado de Tlaxcala, a 18 kilómetros al sudoeste de su capital homónima, está **Cacaxtla ⑬** (abierto a diario; se paga entrada), el «lugar donde la lluvia muere en la tierra». Se trata de un yacimiento arqueológico del siglo VII, un antiguo centro ceremonial de un pueblo de la costa del Golfo llamado olmeca-xicalanca. En 1974, los

Mapa
página
178

arqueólogos descubrieron allí algunos de los murales mejor conservados de México, en particular el *Mural de la Batalla*, de 22 metros de longitud, en el que se representa a todo color un violento combate entre guerreros jaguar y águila.

La ciudad de **Tlaxcala** ⓴, capital del estado más pequeño de México, es uno de esos tesoros coloniales ocultos del país. El centro urbano está ahora bellamente restaurado, y gracias a un plan de control de tráfico es posible callejear o sentarse en la terraza de una cafetería en una plaza sin los humos y ruidos de los autobuses, un detalle nada corriente en las ciudades mexicanas actuales.

Aunque vivían a tan sólo 115 kilómetros de la capital azteca, los tlaxcaltecas siempre consiguieron mantener su independencia por medio de batallas constantes. Cuando en 1519 llegó Hernán Cortés, se convirtieron en sus principales aliados en la conquista de Tenochtitlán. Un mural del pintor local Desiderio Hernández Xochitiotzin, visible en el **Palacio de Gobierno**, narra la historia.

El **convento de San Francisco**, en lo alto de una colina desde la que se contemplan unas hermosas vistas de la ciudad y la plaza de toros, luce un techo de madera de estilo morisco y la pila en la que los cuatro jefes tlaxcaltecas fueron bautizados. En el **Museo Regional**, justo al lado, podrá admirar una fascinante colección de piezas precolombinas de la región, entre ellas una estatua de piedra de Camaxtli, el dios de la guerra y la caza.

Cabe destacar así mismo el **Museo de Artes y Tradiciones Populares** (abierto de martes a domingo; se paga entrada), un museo viviente donde artesanos y artesanas de la comarca ejecutan los laboriosos procesos de fabricación de los maravillosos artículos artesanales de Tlaxcala a la vista del público.

Encaramada en un cerro sobre la ciudad, en el pueblo de **Ocotlán** ⓵, se alza una iglesia de torres gemelas ligera como el merengue: la **basílica de Ocotlán**, del siglo XVIII, otra de las iglesias churriguerescas más abigarradas de México (*véase pág. 177*). No hay que perderse la decoración barroca.

Otra de las instituciones más emblemáticas de este pequeño estado son las haciendas de pulque, las cuales prosperaron en él hasta la Revolución; entre las más bellas figuran San Bartolomé del Monte, San Cristóbal Zacacalco y San Blas. La ciudad de **Huamantla** ⓶ es célebre por sus fiestas de la Asunción, en agosto, en las que se celebra la «huamantlada», un encierro de toros como los de Pamplona. Muchos de los toros bravos de México se crían en las cercanas haciendas. El **Museo Nacional del Títere**, situado en la Plaza Mayor, contiene una interesante colección de marionetas.

A partir del momento en que la avenida Insurgentes Sur, en la Ciudad de México, enlaza con la autopista de **Cuernavaca** ⓷, se convierte en una de las carreteras con más tráfico del país. Tras un ascenso inicial se comienza a descender, 75 kilómetros después, hasta una altitud considerablemente más baja que la del Distrito Federal. Cuernavaca es *el* destino de fin de semana, adonde los capitalinos acuden en busca de aire fresco, un clima suave y sosiego. Siempre ha atraído a la elite de la capital: los emperadores aztecas construyeron templos y Cortés levantó un palacio; ciudadanos acaudalados, artistas, jubilados norteamericanos e incluso el exiliado sha de Persia, también decidieron instalarse en esta florida «ciudad de la eterna primavera». A pesar del rápido desarrollo ocurrido durante las dos últimas décadas y de la creciente contaminación y densidad del tráfico, un fin de semana en ella aún resulta un anhelado desahogo frente a la cacofonía de la metrópoli.

Aunque Tlaxcala es el estado más pequeño de México, nada más que el dos por ciento de todo su territorio, su tamaño es comparable al de Bélgica, Suiza, Holanda o Israel.

ABAJO: la espectacular iglesia de San Francisco de Acatepec.

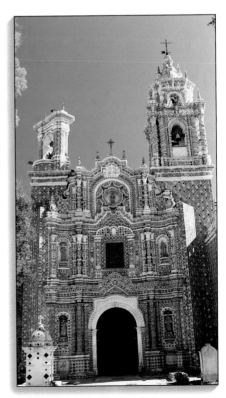

En el centro de la ciudad, la **plaza de Armas** está flanqueada al este por el **palacio de Cortés** (abierto de martes a domingo; se paga entrada), construido por el conquistador sobre las ruinas de un templo precolombino, donde en la actualidad está ubicado el **Museo Cuauhnáhuac** (el topónimo indígena de Cuernavaca), en el que hay una importante colección de arte colonial. Expone así mismo una serie de murales de Diego Rivera (*véase pág. 109*) que ilustran casi 400 años de historia mexicana (desde la conquista hasta la Revolución de 1910). Durante décadas, mucho antes de la moda del «¿Dónde está Wally?», los niños mexicanos se han afanado por identificar a los héroes y villanos célebres de la saga nacional.

El 14 de agosto, «la noche en que nadie duerme», la gente de Huamantla confecciona hermosas alfombras de flores y serrín coloreado a lo largo de 12 kilómetros de calles.

Un quiosco de Eiffel

El contiguo **Jardín Juárez**, en la esquina noroeste de la Plaza Mayor, tiene un quiosco central diseñado por Gustav Eiffel, el mismo que proyectó la famosa torre, en el que podrá comprar zumos de frutas exprimidas o licuadas (batidos), para saborearlos a la sombra de los encendidos flamboyanes.

Dos manzanas al oeste por la calle Hidalgo se levanta, en medio de un jardín rodeado de altas tapias, el imponente edificio fortificado de la **catedral**, del siglo XVI. Durante las obras de restauración efectuadas en 1959 se descubrieron en ella algunos curiosos frescos orientales, que al parecer plasmaban la crucifixión en masa de los misioneros en Japón, supuestamente pintados en el siglo XVII por un japonés convertido al cristianismo. La misa del domingo (a las 11:00 h), con músicos de mariachi, es famosa en todo México.

También dentro de los límites del recinto se encuentra el **Museo Casa Robert Brady** (abierto de jueves a sábado; se paga entrada). Brady fue un rico artista y coleccionista estadounidense que vivió y trabajó en México hasta su muerte, acaecida en 1986. El museo exhibe su extraordinaria colección de arte, antigüedades y artesanía

ABAJO: detalle del mural de Diego Rivera en el palacio de Cortés, en Cuernavaca.

de México y otros lugares del mundo. Cerca, en el **Palacio Municipal** (abierto de lunes a viernes; entrada gratuita), se exponen en torno al patio una serie de coloridas pinturas que plasman una romántica visión de la vida de los indígenas antes de la llegada de los españoles.

Debido a que una gran parte de la belleza de Cuernavaca descansa oculta tras las altas tapias de jardines privados, la ciudad puede decepcionar al turista. Sin embargo, el más hermoso de todos sus jardines, el **Jardín Borda** (abierto de martes a domingo; se paga entrada), que antaño rodeaba la casa del siglo XVIII del magnate más rico de Taxco, es público. Hace algunos años fue remozado y resulta excepcionalmente placentero con sus fuentes, sus parterres, su lago artificial y su teatro al aire libre. El museo, situado en una de las alas de la casa, expone objetos del siglo XIX, cuando era la residencia de verano del emperador Maximiliano y su esposa Carlota.

Aparte del **mercado** (cruzando la quebrada hacia el este) y de la **pirámide de Teopanzolco** (de martes a domingo; se paga entrada), situada en un parque todavía más al este, no hay mucho más en Cuernavaca. Dispone de algunos hoteles excelentes, de los que el más famoso puede que sea **Las Mañanitas**. Si alguna vez ha soñado con reposar en un hermoso jardín lleno de flores donde canturrean las fuentes y los pavos alardean presumidos, con dormir en una habitación decorada con muebles de época y con comer exquisitos manjares, éste es el momento de permitírselo.

Cuernavaca es la capital del estado de **Morelos**, el azucarero de México. Los conquistadores llevaron hasta allí caña de azúcar, junto a esclavos negros que trabajaban en unas condiciones infrahumanas y que no sólo plantaron azúcar sino también la semilla del movimiento agrario en Morelos. El jefe revolucionario Emiliano Zapata procedía del cercano **Cuautla**, y en los pueblos de la región aún se exhibe su retrato: un enorme bigote hirsuto, el atuendo charro, el sombrero y la profunda y triste expresión de sus ojos.

Mapa página 178

Estatua en un nicho de una iglesia colonial.

ABAJO: muchachas conversando.

Tepoztlán ⑱ –que no debe confundirse con Tepotzotlán (*véase pág. 177*)– es una atractiva ciudad acurrucada al pie del cerro de Tepozteco, a 26 kilómetros al nordeste de Cuernavaca. El centro de la ciudad está presidido por un gigantesco **monasterio dominico** fortificado y por la iglesia, ambos del siglo XVI. Detrás de la iglesia, un pequeño **Museo Arqueológico** (abierto de martes a domingo; se paga entrada) atesora una magnífica colección de piezas de ésta y otras regiones de México. Subir hasta la **pirámide de Tepozteco** (abierta a diario; se paga entrada) lleva una agotadora hora de caminata; es un templo precolombino dedicado a Tepoztécatl, el dios azteca de la fertilidad y el pulque (una bebida alcohólica elaborada a partir del jugo fermentado de maguey). El sobrecogedor panorama del valle de Tepoztlán que se divisa desde lo alto proporciona una agradable recompensa por el penoso ascenso. Al hallarse a una distancia razonable de la Ciudad de México, el mercado de artesanía de los domingos en Tepoztlán atrae a un gran número de visitantes, al igual que la feria del pulque, en el mes de septiembre.

En dirección sur desde Cuernavaca por la vieja carretera de Taxco, un corto desvío conduce al espectacular aunque poco concurrido yacimiento de **Xochicalco** ⑲ (abierto a diario; se paga entrada), que en náhuatl quiere decir «lugar de la casa de las flores». Este importante centro comercial y de ceremonias floreció entre los siglos VII y X, llenando así el hueco entre el declive de Teotihuacán y el auge de la civilización tolteca en Tula. Xochicalco recibe en ocasiones el apelativo de cruce de caminos del antiguo México y está considerado como uno de los enclaves más significativos de la región central. Si bien la superficie total del yacimiento es de 25 hectáreas, todavía queda mucho por excavar. El monumento más fascinante que se puede ver es la **pirámide de la Serpiente Emplumada**, con sus soberbios bajorrelieves, situados en lo más alto de las plataformas en terraza. Otro punto de interés son las ruinas de un campo de juego de pelota.

Oscar Lewis basó su estudio de La vida de un pueblo mexicano *en Tepoztlán, y algunas escenas de la película* Dos hombres y un destino *se rodaron aquí.*

ABAJO: una típica calle adoquinada de Taxco.

Si le gustan las cuevas, las **grutas de Cacahuamilpa** ❷⓿ (abierto a diario; se paga entrada) son enormes, enigmáticas y temibles para los claustrofóbicos; varios kilómetros de caminos bien iluminados discurren a través de espaciosas cámaras con estalagmitas, estalactitas y fantásticas formaciones rocosas.

Mapa
página
178

La ciudad de la plata

Taxco ❷⓵, la ciudad minera de la plata más famosa de México, se encuentra a unos 72 kilómetros al sur de Cuernavaca, más o menos a un tercio del trayecto entre el Distrito Federal y Acapulco. Se trata de una población realmente pintoresca, una de las pocas del país que han sido declaradas Patrimonio Nacional: casas encaladas con rojos tejados, encantadoras plazas, cascadas de buganvilla y angostas callejuelas adoquinadas que serpentean arriba y abajo por las empinadas colinas. Todas acaban por desembocar en el zócalo, dominado por la iglesia rosa del período colonial de **Santa Prisca**. Concluida en 1758, está rematada por las barrocas torres gemelas de 40 metros de altura, con una estridente fachada churrigueresca y una cúpula revestida de azulejos, todo ello complementado por el deslumbrante interior dorado. Fíjese en especial en el bello órgano alemán, el púlpito de madera con delicadas tallas y las pinturas del conocido artista del siglo XVIII Miguel Cabrera. El edificio fue financiado por José de la Borda, un minero de la plata que llegó a ser uno de los hombres más ricos de México.

A la derecha según se sale de la iglesia, todavía en la plaza, una placa indica la **casa Borda**, donde vivió el acaudalado patrón de la ciudad. Cruzando el pasaje contiguo y bajando por las escaleras, se llega al **Museo de la Plata** (abierto de martes a domingo; se paga entrada), el cual contiene una variada selección de objetos; entre ellos, un juego de ajedrez que enfrenta a los indígenas con los conquistadores. Fue Guillermo Spratling, un catedrático de arquitectura de Nueva Orleans, quien propició el auge de la joyería en plata al inaugurar su primer taller de orfebrería a principios de la década de 1930. Pronto los aprendices de Spratling empezaron a ir por libre y hoy en día existen en Taxco más de 300 joyerías en las que se vende una formidable variedad de piezas en plata, entre las que se cuentan algunas de las mejores del mundo.

El **Museo de Taxco Guillermo Spratling** (abierto de martes a sábado; se paga entrada), la casa de Spratling hasta que murió en un accidente de coche en 1967, alberga su colección privada de arte y antigüedades precolombinas. Hay así mismo una pequeña sección dedicada a la historia local. Al pie de una estrecha escalera detrás de la catedral está el **mercado de las Artesanías**, con decenas de puestos en los que podrá comprar todo tipo de artículos artesanales.

La **casa Humboldt**, en la calle Juan Ruiz de Alarcón, es una de las edificaciones coloniales más antiguas de México. Recibió ese nombre desde que un ilustre explorador y científico alemán, el barón Alexander von Humboldt (1769-1859), pernoctó en ella en una ocasión en 1803, durante sus viajes por América Central y del Sur. Esta hermosa casa de estilo morisco, que fue un convento, un hospital y más tarde una casa de huéspedes, es ahora la sede del **Museo de Arte Virreinal** (abierto de martes a sábado; se paga entrada), en el que se expone una heterogénea colección de piezas religiosas y otros objetos.

En Semana Santa, cuando la gente se acerca en masa hasta Taxco para presenciar las procesiones, los penitentes y la representación de las últimas horas de Cristo, es aconsejable confirmar una reserva en un hotel, pues una

Si bien el precio de muchas de las joyas de plata es parecido al de la Ciudad de México, mucha gente se acerca a Taxco con el único propósito de encontrar alguna ganga. La plata es de ley, de 925, y el resto es cobre. No obstante, preste atención: la alpaca no contiene nada de plata.

Abajo: las tiendas de regalos de Taxco están atestadas de artículos de plata.

vez allí es muy difícil encontrar habitación. Desde Taxco puede continuar hacia el sur, hasta la costa y el famoso centro turístico de Acapulco, o regresar a Cuernavaca y la Ciudad de México.

Al oeste en dirección a Toluca

Existen varias carreteras que comunican la Ciudad de México con **Toluca** ㉒, la capital del estado de México, a una hora de viaje en autobús en dirección oeste desde el Distrito Federal. Una carretera directa sale del parque de Chapultepec, en la capital, por la avenida Constituyentes, y asciende a través de un sorprendente paisaje de altos pinares que recuerda a Alemania. Sin embargo, el típico paisaje mexicano pronto vuelve a imponerse, con sus secos campos dorados de cactus y casas de adobe.

La proximidad de Toluca a la capital ha favorecido su rápido desarrollo industrial, además de que, desde hace mucho, constituye un importante centro comercial. El **mercado al aire libre** de los viernes (en las afueras de la ciudad, cerca de la estación de autobuses), según se dice el más grande de México, atrae a miles de personas.

El centro de Toluca es el propio de una ciudad de provincias mexicana, con iglesias coloniales, edificios del siglo XIX y un ancho **Zócalo** (la plaza de los Mártires) porticado con 120 arcos que constituye el populoso núcleo de la localidad. Todos los alimentos y bebidas típicos de Toluca se venden allí: mermelada de frutas casera, dulces deliciosos, chorizos picantes y los famosos moscos, que se despachan en botellas de largos pitorros y que, como todos los licores de la calle, son muy traidores.

Una cuadra al norte del Zócalo, en el viejo edificio del mercado de la plaza Garibay, se encuentra el **Cosmovitral** (abierto de martes a domingo; se paga entrada), un delicioso jardín botánico rodeado de paneles con vidrieras de colores muy vivos. Los mejores ejemplos del arte y la artesanía tradicionales de la región los hallará en el **Museo de Culturas Populares** (abierto de martes a domingo; se paga entrada), uno

NOTA

Aunque algunos puestos sí venden artesanía local –sobre todo artículos textiles y cerámica–, quizás haya una mayor oferta en Casart, un establecimiento estatal sito en el paseo Tollocán 700.

ABAJO: detalle de un «árbol de la vida», característico de la cerámica popular.

Mapa
página
178

de los tres museos que alberga el Centro Cultural Mexiquense, situado a 8 kilómetros al oeste del centro urbano.

Saliendo de Toluca, dispone de varias opciones; una de ellas consiste en dirigirse en dirección oeste por una carretera recién construida hacia el **Valle de Bravo** ㉓, una pintoresca población de montaña a 80 kilómetros de Toluca. Los adinerados turistas de fin de semana procedentes de la capital, junto a una bastante nutrida comunidad británica, disfrutan del idílico escenario de casas con techos de paja, paredes blancas y chimeneas de piedra mirando al lago y al boscoso paisaje de montaña. Los entusiastas de los deportes acuáticos cuentan con un gran número de instalaciones, aunque también es posible practicar en esta zona la equitación, el golf y el senderismo.

Otra posibilidad es encaminarse hacia el sur por **Metepec** ㉔, célebre por sus coloridos «árboles de la vida» realizados en cerámica, que ofrecen una interpretación indígena de la historia de Adán y Eva. Más al sur, sobre el monte que domina la ciudad de Tenango del Valle, se encuentran las ruinas de **Teotenango** ㉕ (abierto de martes a domingo; se paga entrada), un fortificado centro ceremonial matlazinca que se estima que data del siglo VII.

Más al sur por la carretera principal (México 55) se llega al balneario de **Ixtapán de la Sal**, semitropical y florido, cuyas aguas minerales tienen fama de poseer propiedades curativas y rejuvenecedoras. En las inmediaciones de la ciudad está el **parque de los Trece Lagos** (abierto a diario; se paga entrada y suplementos por cada actividad), donde lo mismo puede disfrutar de los toboganes que de las máquinas de fabricar olas, nadar en la piscina de dimensiones olímpicas o relajarse en los baños romanos mediante un masaje, el lodo y un tratamiento de belleza. El parque es muy frecuentado por familias; hay en él un monorraíl que circula por el recinto y agradables extensiones de hierba para merendar. La ciudad también cuenta con su propio balneario (abierto a diario; se paga entrada). Desde Ixtapán, la carretera continúa hacia el sur hasta las grutas de Cacahuamilpa y la pintoresca ciudad minera de Taxco, declarada Patrimonio Nacional (*véase pág. 193*).

Santuarios aztecas y cristianos

No muy lejos de Ixtapán de la Sal se encuentra el yacimiento de **Malinalco** ㉖ (abierto de martes a domingo; se paga entrada), construido por la civilización matlazinca y posteriormente absorbido por el imperio azteca. El templo principal, el **Cuauhcalli** (casa de los guerreros águila), fue excavado en la roca de la falda de la montaña. Era el sitio donde se realizaban las ceremonias sagradas de iniciación de la joven nobleza azteca en la elite guerrera. Se entra caminando por la lengua y a través de la enorme boca con colmillos de una serpiente. En el interior hay una sala circular en donde un águila señala el centro del suelo. Las imágenes de animales sagrados, como águilas, serpientes y jaguares, son muy abundantes por todo el yacimiento, que debió de haber tenido una gran importancia religiosa para los aztecas. La cercana ciudad de Malinalco se ha convertido en un destino de moda entre los mexicanos adinerados; dispone de un club de golf nuevo y de algunos comercios y restaurantes de interés.

Varias veces al año, miles de peregrinos invaden el pueblo de **Chalma** ㉗, 12 kilómetros más hacia el este, para adorar al Santo Señor de Chalma, una imagen de Cristo que apareció allí «milagrosamente» en 1533, poco después de la llegada de los misioneros. Desde este lugar se puede volver en autobús directo a la Ciudad de México, regresando así al presente.

ABAJO: navegando en el Valle de Bravo.

EL NORTE

*La región al sur de la frontera con Estados Unidos cuenta
con numerosas joyas culturales y naturales*

El hecho de que la mayor parte del norte de México no sea una zona turística es uno de sus principales atractivos. Este abrupto, solitario y a menudo inhóspito territorio es una región de paisajes desérticos donde hay enormes y muy diversos cactus, elevadas montañas y altas mesetas. Es el salvaje oeste mexicano, célebre por sus extensos ranchos de ganado –de hecho, muchas películas se han filmado en el estado de Durango–, donde también se encuentran algunas de las tierras más fértiles del país.

La Sierra Madre Oriental y la Sierra Madre Occidental corren paralelas a las costas este y oeste; el golfo de México está al este; al oeste, el golfo de California y el océano Pacífico. La actividad sísmica de la famosa falla de San Andrés ocasionó hace unos 20 millones de años el desprendimiento del continente de los 40 000 km² de Baja California.

Cada vez más turistas consideran Baja California como un destino en sí mismo. Alejada de la estridente Tijuana (que recibe más visitantes estadounidenses al año que ninguna otra ciudad del mundo), la península de Baja California se compone de desiertos, montañas cubiertas de pinares, remotas playas paradisíacas y chabacanos centros turísticos recientes. Cientos de kilómetros de costa sólo son accesibles desde el mar, y los vehículos todo terreno resultan en muchos casos la única manera de circular por los escabrosos caminos del interior. Gran parte de la fama de Baja California descansa en la reputación de la que goza como paraíso de la pesca deportiva. En la actualidad, sin embargo, cada vez son más los turistas que van a las playas y a observar a las inmensas ballenas grises de California retozar en su zona de cría, la laguna costera de Ojo de Liebre.

El extremo septentrional de México –el vasto y monótono desierto de Sonora, la formidable Sierra Madre o las extensas ciudades industriales– suele recibir visitas como lugar de tránsito, de camino hacia algún otro sitio. Pero este interminable y desnudo paisaje esconde algunas fantásticas sorpresas: las ruinas precolombinas de Paquimé, en Casas Grandes, o –la estrella de cualquier viaje al norte de México– el recorrido en tren más espectacular del mundo, entre Chihuahua y Los Mochis, a través del prodigioso escenario de la Barranca del Cobre.

Al sur del trópico de Cáncer, el país se vuelve más amable, el clima menos extremo, y, para muchos turistas, la localidad turística de Mazatlán o las playas de San Blas en la costa del Pacífico son el final del viaje.

PÁGINAS ANTERIORES: el escarpado paisaje de la bahía de Los Ángeles, Baja California.
IZQUIERDA: terco como una mula.

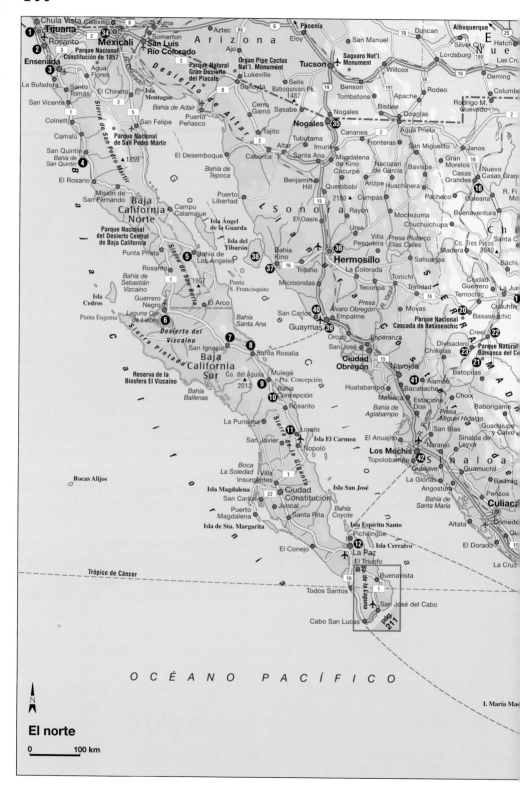

El norte

0   100 km

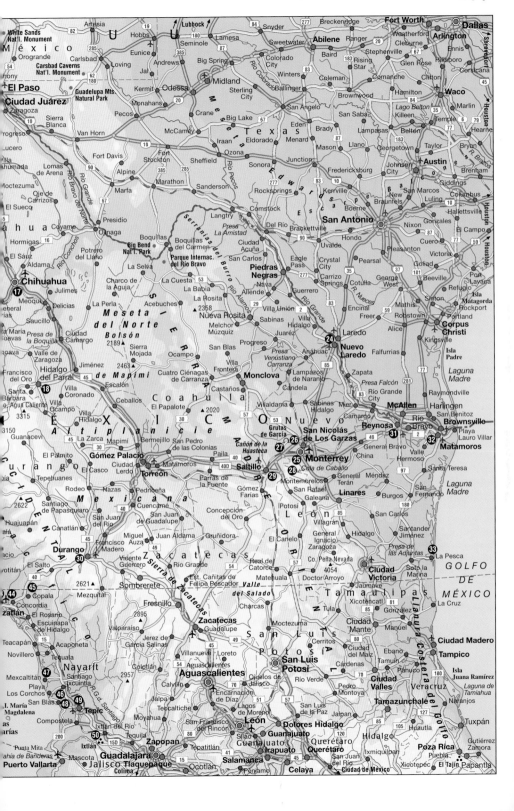

BAJA CALIFORNIA

Montañas, desiertos y miles de kilómetros de litoral para explorar,
bucear, observar a las ballenas y nadar, y algunas de las mejores
zonas de pesca de profundidad del mundo

Mapa
páginas
200-201

México D.F.

La autopista 1, una carretera de 1 690 kilómetros que comunica la península desde Tijuana hasta Los Cabos, no existía antes de 1973, y aunque hay media docena de rutas complementarias más cortas, cientos de kilómetros de la costa de Baja California y prácticamente la totalidad de su interior no son accesibles más que con un vehículo todoterreno. Mientras que a mucha gente esta inaccesibilidad le parece deplorable, la mayoría de los enamorados de Baja California se deleitan en su conocimiento de un territorio que en su mayor parte –pese a la proximidad de Alta California y sus muchos millones de habitantes– sigue estando muy poco explorado.

Los españoles ocuparon la península, la cristianizaron y la despoblaron; de los 40 000 pobladores indígenas de Baja California, quedan menos de 500. Los pocos que sobreviven lo hacen en el norte, mientras que en el sur todo lo que queda de los antepasados de los indígenas son los más o menos 400 yacimientos con pinturas rupestres que se remontan a 500 y 1 000 años atrás.

La población de Baja California y su economía se concentran en el norte. En las tierras irrigadas en torno a Mexicali se recolectan abundantes cosechas de algodón, alfalfa, trigo, tomates y uvas.

Existen tres aduanas principales entre la California mexicana y la estadounidense: **Tijuana**, **Tecate** y **Mexicali**, todas ellas conectadas por la autopista 2.

IZQUIERDA: el inmenso arco natural del cabo San Lucas, al sur de Baja California. **ABAJO:** artesanía a la venta en El Rosario.

Un paraíso de las compras

Tijuana ❶, antaño una ciudad fronteriza sin ley en la que todo valía, es hoy en día una de las ciudades mexicanas más activas y prósperas. Se jacta además de ser la localidad fronteriza más visitada del mundo.

Debido a que es un puerto franco, los artículos importados pueden resultar muy baratos, y podrá adquirir caviar ruso, cuero español, perfume francés e incluso cigarros puros cubanos a precios de ganga. La principal arteria de la ciudad, la avenida Revolución, está flanqueada por animados bares, discotecas, tiendas de artesanía y de ropa, y joyerías, entre las que hay puestos de sarapes y sandalias. Pero los compradores encontrarán un surtido mayor todavía en la plaza Río Tijuana, cerca del río, el centro comercial más grande de México. Si busca zapatos, hallará una formidable variedad en la plaza del Zapato, dentro de plaza Fiesta.

El **trolebús de Tijuana**, de un característico color rojo, circula continuamente entre las principales atracciones de la ciudad, desde las 10:00 hasta las 17:00 h todos los días, aunque también puede caminar por Vía Poniente hacia el norte, junto al río, dando un paseo realmente agradable. Llegará a un centro comercial más antiguo y original, **Pueblo Amigo**, que se anima por las noches.

Cosas que ver

Mexitlán (abierto a diario; se paga entrada) es un curioso parque temático cultural que costó 23 millones de dólares, coronado por una piñata de cristal visible desde el puente

peatonal. Uno de sus principales atractivos es una serie de enormes mapas en relieve de todo México, en los que hay 150 edificaciones destacadas del país reproducidas a escala.

Detrás de la plaza Revolución se encuentra el **Museo de Cera** (abierto los lunes y de miércoles a sábado; se paga entrada), cuyos variopintos ocupantes van desde Madonna, Gandhi y el Papa, hasta los héroes de la Revolución Mexicana y una dama de pelo gris llamada la **Tía Juana**, la legendaria cantinera a quien se debe el nombre de la ciudad.

El ultramoderno **Centro Cultural**, con su exhaustivo recorrido por la historia de México, linda con un edificio que parece una gigantesca pelota de golf. Se trata del auditorio y del **teatro Omnimax**, de 26 metros de altura, donde se proyecta a diario, a las 14:00 h, una película sobre la historia y la cultura mexicanas.

En el **Palacio Frontón**, en la avenida Revolución, se disputan partidos de *jai alai* o cesta punta, a los que asiste un numeroso público. El *jai alai* es un juego de pelota, hay quien afirma que el más rápido del mundo, en el que los jugadores utilizan una cesta de mimbre amarrada al antebrazo para lanzar la bola a velocidades de hasta 290 km/h; los partidos se celebran de lunes a sábado a las 20:00 h.

La autopista al oeste de Tijuana conduce a la **plaza de toros Monumental**, a 10 kilómetros de distancia, al borde del mar. Las corridas tienen lugar los domingos (en esta plaza o en la más vieja del centro de la ciudad) de la temporada, que va de mayo a septiembre. Existen moteles económicos a lo largo de la carretera de la costa y puestos en los que se venden bebidas de coco y marisco.

Hacia el sur

La costosa carretera de cuota o peaje hacia Ensenada cuenta con algunos tramos en los que las vistas del océano son preciosas (la carretera libre o gratuita discurre paralela

ABAJO: mercado de «artesanía» en Tijuana.

CIUDADES FRONTERIZAS

Durante los años de la prohibición en Estados Unidos, las ciudades fronterizas de México, y en particular Tijuana, se convirtieron en un paraíso del sexo, el alcohol y el juego, adonde acudían en tropel cientos de estadounidenses. La fama que se ganó como ciudad del pecado todavía flota sobre Tijuana, aunque la urbe ha hecho mucho para limpiar su reputación.

Hoy en día, la mayor parte de las ciudades fronterizas de México son ruidosos y grises centros industriales rodeados de poblados de chabolas que parecen atraer a lo peor de las culturas a ambos lados de la frontera. Sin duda las influencias interculturales son profundas; el término «Tex-Mex» ya no se emplea únicamente para describir un tipo de cocina o de música, sino que ahora ha pasado a designar un estilo de vida. El sur de Estados Unidos depende de la mano de obra barata mexicana, mientras que, gracias a las inversiones norteamericanas, proliferan miles de «maquiladoras» (plantas de montaje) al sur de la frontera. Unos 518 000 obreros trabajan en estas plantas, que se valen de esta mano de obra barata y reexportan luego los artículos, por los que sólo tienen que pagar el impuesto del valor añadido.

Estados Unidos es un imán económico, en particular para los miles de «mojados» y para los poderosos cárteles de la droga. Pero son muchos más los millones que cruzan la frontera al año en ambas direcciones; sólo hacia Tijuana, la atraviesan anualmente más de 35 millones de personas.

casi todo el camino). A unos 27 kilómetros al sur de la frontera se halla **Rosarito ❷**, una ciudad playera sobreexplotada, cuya fama se remonta a 1927, desde que el entonces recién abierto Hotel Playa de Rosarito empezara a atraer a estrellas de cine, entre otras celebridades. La langosta es la especialidad de los muchos restaurantes de la localidad, y existe incluso un «pueblo de la langosta», **Puerto Nuevo**, a 10 kilómetros al sur, donde hay un gran número de establecimientos dedicados a preparar este plato, todos ellos con precios uniformemente elevados.

La capital mundial del medregal

Al entrar en la ciudad de **Ensenada ❸** (230 000 habitantes), casi 113 kilómetros al sur de la frontera, gire hacia la derecha para dejar la autopista 1 y suba por la avenida Alemán hasta las colinas de Chapultepec, un barrio acomodado que goza de una magnífica panorámica de esta ciudad dispuesta en torno a la bahía de Todos los Santos.

Ensenada cuenta con un activo puerto en el que suelen atracar los cruceros y es el punto más al sur que la mayoría de los turistas estadounidenses llegan a visitar. Está siempre llena de marineros; «la capital mundial del medregal» es la etiqueta con la que se califica a sí misma. En su rocosa costa se practica la pesca del eperlano, y desde los muelles de embarcaciones de pesca deportiva, cerca del bulevar Lázaro Cárdenas, se organizan paseos en barco por el mar. En invierno también tienen mucho éxito las excursiones para observar a las ballenas.

Ensenada es el centro de la industria vinícola de la región; las **bodegas Santo Tomás** (Miramar 666) ofrecen visitas organizadas todos los días, excepto los lunes. La principal zona de comercios turísticos es la **avenida López Mateos**, situada cerca de la bahía, aunque los precios son más bajos en torno a la avenida Ruiz y la calle 11, donde uno de cada dos bares o tiendas parece llamarse Hussong. La cantina Hussong original, con serrín esparcido por el suelo, es un concurrido establecimiento en el

Mapa páginas 200-201

Stevenson escribió parte de su libro La isla del tesoro *en el puerto de Ensenada.*

ABAJO: el bar Rockodile, en San Felipe.

El Observatorio Nacional se construyó en este lugar porque Baja California, junto a las costas occidentales de África y Chile, disfruta de uno de los cielos más claros del mundo.

ABAJO: una ballena gris se asoma a la superficie en la laguna de San Ignacio.

que clientes de todo el mundo llevan un siglo clavando en las paredes billetes de sus respectivas monedas.

Al sur de la ciudad tome el desvío hacia **La Bufadora**, donde las olas empujan el agua por unos estrechos orificios en las rocas provocando unos enormes chorros de más de 18 metros de altura que salpican a los divertidos espectadores. El mejor momento es cuando la marea está subiendo, por lo que es una buena idea consultar en el periódico el horario de las mareas.

El Picacho del Diablo

De vuelta en la autopista 1, a la altura de la localidad de **San Telmo de Abajo**, al sur de Colonet, una carretera bastante buena (en la estación seca) se dirige hacia el este, rumbo al extenso rancho Meling. Podrá alojarse en uno de sus cómodos aposentos, nadar en la piscina o pasear a caballo por el montañoso **Parque Nacional de San Pedro Mártir**, en el que hay preciosos bosques de pinos y robles. El Observatorio Nacional se encuentra cerca de la cumbre más alta, el denominado **Picacho del Diablo** (3 090 metros).

Fértiles tierras agrícolas rodean **San Quintín**, una pequeña ciudad que se extiende a ambos lados de la autopista. Al mejor sitio para pasar la noche se llega tomando la salida de la autopista que hay a la derecha, justo al sur del cuartel militar de Lázaro Cárdenas, y recorriendo 5 kilómetros por una carretera sin pavimentar: el **Old Mill** (Viejo Molino), vestigio de los tiempos en que esta región estuvo colonizada por una empresa agrónoma británica que acabó en la bancarrota; en un grupo de solitarias tumbas junto al mar se leen los nombres de los casi olvidados pioneros. La agreste península que abraza la **bahía de San Quintín** ❹ es un lugar muy apreciado por los campistas avezados, amantes de la pesca y de excavar en busca de almejas «cubiertas de chocolate».

Rocas, cactus y cirios

Al sur de San Quintín, la carretera vira hacia el interior, donde comienzan a hacer acto de presencia los cirios (*Idria columnaris*), unos delgados y angulosos árboles con unas diminutas flores amarillas que recuerdan mucho a la mítica especie descrita por Lewis Carroll en su novela *La caza del Snark*.

En esta zona, unas colosales rocas salpican el paisaje. En dirección al sudeste, pasando **Cataviña** (un oasis inesperado en el que hay una planta petrolífera de la Pemex), la carretera sube para cruzar la sierra y luego desciende hacia la árida cuenca de la **laguna Chapala**.

Cerca del extremo sur de la región de los cirios, una carretera secundaria pavimentada se bifurca rumbo al este, hacia la **bahía de Los Ángeles ❺**, situada en las plácidas aguas del golfo de California. Protegida por la isla llamada muy apropiadamente **Ángel de la Guarda**, la pesca y la recolección de almejas es aquí abundante. A menudo se pueden ver delfines en la bahía, en cuyas aguas nadan millones de peces. La minúscula **isla de la Raza** constituye una reserva natural. El pueblo del mismo nombre tan sólo dispone de un diminuto museo, una tienda y un par de hoteles y parques por los que pasear, pero las vistas y el emplazamiento son ideales.

Un refugio de ballenas

De nuevo en la carretera principal, en dirección sur, llegará al paralelo 28, donde se alza una escultura metálica que señala el límite entre Baja California Norte y Baja California Sur. Nada más cruzarlo, en **Guerrero Negro**, se extienden hectáreas y hectáreas de salinas marinas, las más extensas de este tipo, que producen un tercio de toda la sal que se consume en el mundo. La población cuenta con hoteles, restaurantes, comercios y gasolineras, si bien es entre enero y marzo cuando tiene un interés especial para los muchos turistas que acuden a observar a las ballenas en la **laguna**

Mapa páginas 200-201

En las ventosas extensiones del desierto Vizcaíno logran prosperar hasta 80 especies de plantas comestibles. Pruebe las jugosas pitahayas, una fruta parecida al higo chumbo, pero de color rojo oscuro.

Abajo: el timonel de uno de los barcos que salen a observar a las ballenas en Guerrero Negro.

La observación de las ballenas

Durante siglos, las ballenas grises han viajado desde el gélido mar de Bering hasta las cálidas y poco profundas aguas frente a la costa de Baja California para aparearse y dar a luz a sus crías. Estos amables gigantes tardan unos dos o tres meses en recorrer los 9 500 kilómetros de la travesía, la migración más larga efectuada por un mamífero. Llegan entre diciembre y enero, y se quedan hasta marzo, a veces hasta junio.

En el año 1857, el codicioso capitán de un ballenero, oriundo de Maine, Charles M. Scammon –de ahí el nombre de laguna de Scammon–, descubrió su zona de cría. En los cien años siguientes se daría caza a las ballenas hasta casi llegar a la extinción de la especie, hasta que esta región se convirtió en 1972 en la primera reserva natural de ballenas de todo el mundo, el Parque Natural de Ballena Gris. La cercana población de Guerrero Negro debe su nombre a un ballenero británico que naufragó en la costa poco tiempo después.

Hoy en día, los cazadores sólo van armados con prismáticos y cámaras, y la población de ballenas grises se ha recuperado casi por completo. Las mejores horas del día para observarlas son por la mañana temprano o al atardecer, ya sea desde la orilla (o desde la torre de observación junto a la laguna Ojo de Liebre –Scammon–) o desde los barcos que se alquilan con este fin, que proporcionan una perspectiva aún más próxima de estos magníficos leviatanes de 15 metros de longitud.

Una carretilla abandonada en la mina de cobre El Boleo.

Ojo de Liebre ❻, también conocida como laguna de Scammon, situada al final de una pista de tierra de varios kilómetros al sur de la localidad, cruzando las marismas en las que se evapora el agua.

Desde Guerrero Negro, la autopista atraviesa la península hasta el mar de Cortés. No debe dejar de hacer un alto en el pequeñísimo pueblo de **San Ignacio ❼**, en cuya plaza, sobre la que proyectan su sombra los laureles, se levanta la misión de San Ignacio, construida en 1786 por los dominicos, con muros de 1,2 metros de espesor y el techo abovedado, para reemplazar una misión jesuita anterior (1728). La iglesia, provista de una fachada barroca de perfecta simetría, constituye un delicioso ejemplo de lo que perdura de la arquitectura colonial en Baja California. Un vergel de casi 100 000 datileras, regadas por un arroyo subterráneo que brota en este lugar, se ha convertido en la base de la economía local.

El mar de Cortés

Tras muchas y espectaculares curvas, la autopista 1 alcanza la costa en **Santa Rosalía ❽**, 73 kilómetros después de San Ignacio. En 1887, una compañía francesa abrió allí la mina de cobre El Boleo; se marcharon en 1954, pero las pequeñas casas de madera del período francés aún le confieren a la población una apariencia anómala; de hecho, el novelista John Steinbeck la describió como la «ciudad menos mexicana» que había visto. La iglesia que hay detrás de la plaza es, sorprendentemente, obra de Eiffel, el ingeniero francés responsable de la famosa torre parisina. Su estructura metálica prefabricada ganó el segundo premio de la Exposición Universal de París de 1889 y más tarde fue adquirida por la empresa El Boleo, que la transportó desde Francia y la montó en Santa Rosalía.

Desde Santa Rosalía, un transbordador nocturno cruza el golfo hasta **Guaymas**, en la costa de Sonora. Otra posibilidad es seguir la autopista Transpeninsular que baja

ABAJO: vista desde el Hotel Old Mill, en San Quintín.

por la árida costa hasta **Mulegé ❾**. En 1847, durante la guerra con Estados Unidos, consiguieron ahuyentar en esta localidad a unos amenazadores buques de guerra norteamericanos gracias a una argucia orquestada por sus habitantes. En julio y agosto el calor es sofocante, pero las palmeras y la vegetación a lo largo del río Santa Rosalía convierten a Mulegé en un grato oasis. Existe una misión de 1766 situada en un maravilloso paraje a las afueras de la ciudad, y un museo con aspecto de fortaleza –fue una cárcel hasta 1975– en lo alto del cerro. El buceo con tubo de respiración y con bombonas y, por supuesto, la pesca son actividades habituales, aunque algunas personas van únicamente para contemplar las **pinturas rupestres** de las cuevas de la sierra.

Al sur de Mulegé, la autopista bordea el mar ofreciendo unas seductoras vistas de preciosas calas y bahías a las que sólo se puede llegar con un vehículo todoterreno. La **bahía Concepción ❿**, cercada por el este por una península que apunta al norte, es muy conocida por sus encantadores cámpings en la playa, todos ellos equipados al menos con servicios, bidones para la basura y palapas para protegerse del sol. Las rocas que abundan en las playas están ocupadas en su mayoría por pelícanos.

La vieja capital

Loreto ⓫, unos 136 kilómetros más al sur, fue el emplazamiento de la primera misión permanente y, durante 130 años, la capital de Baja California. Después de que en 1828 fuera arrasada por una tormenta, la capital se trasladó al centro perlero de La Paz. Las torres gemelas de la misión, restaurada, fueron reconstruidas con el dinero que ganó el cura local en la Lotería Nacional. La calle principal de la ciudad debe su nombre al jesuita Juan María Salvatierra, quien fundó y dirigió la misión durante 20 años. El complejo turístico de **Nopoló**, proyectado por el Gobierno, a 25 kilómetros al sur de Loreto, confía en recibir en su apacible puerto deportivo unas 8 000 embarcaciones al año para finales de la década de 1990.

Mapa páginas 200-201

👁 **NOTA**

Llame a Óscar Fischer, al motel La Posada (tel.: 685-40013), si desea concertar una excursión para ver las pinturas rupestres precolombinas de las cuevas de la región.

ABAJO: iglesia de San José, en San José del Cabo.

De camino a La Paz

La península de Baja California tiene el doble de longitud que la de Florida, pero es mucho más estrecha. Una gran grieta en la falla de San Andrés originó hace millones de años el golfo de California; frente a La Paz la profundidad del mar es de 3 290 metros.

El paisaje al sur de Loreto es espectacular; las encantadoras playas y las pardas laderas de la sierra de la Giganta distraen en ocasiones la atención de las peligrosas curvas y empinados repechos de la autopista. **Ciudad Constitución**, en el fértil valle de Santo Domingo, es un activo centro agrícola en expansión, dotado de un cierto aire de salvaje oeste. Desde allí, la autopista 22 se dirige al oeste durante 57 kilómetros, hasta el puerto de **San Carlos** en el Pacífico, una pequeña localidad situada sobre la bahía Magdalena, la más grande de Baja California, donde se refugia una flota pesquera y, en la época de puesta, las ballenas grises de California (*véase pág. 207*).

A principios del siglo XX existían comunicaciones en barco de vapor entre **La Paz** ⓬ y otros puertos de Baja California; en la actualidad hay transbordadores a Mazatlán y Topolobampo, en la costa de Sonora. La Paz, capital de Baja California Sur, es una deliciosa ciudad en la que viven unas 180 000 personas.

Aparte de su reputado puerto de embarcaciones de pesca deportiva, La Paz es famosa por sus espectaculares puestas de sol, cuya vista es inmejorable desde la terraza de la cafetería del concurrido Hotel Perla, en el paseo Álvaro Obregón. La **oficina turística**, también en el paseo marítimo, está a una manzana de distancia.

Si dispone de tiempo, vale la pena visitar la **Biblioteca**, enfrente de la catedral, en el zócalo, y el **Museo de Antropología** (abierto de martes a sábado; donativo), en la calle Altamirano, donde podrá informarse y disfrutar de las exposiciones sobre la historia de Baja California.

Desde La Paz, la carretera sube hacia el norte por la península de **Pichilingue**, pasando el muelle de transbordadores, hacia las encantadoras playas y bahías de **Balandra** y **Tecolote**. Otro destino muy popular es la isla de **Espíritu Santo** (8 kilómetros frente a la costa), hoy en día desierta, pero en otros tiempos conocida como la «isla de las perlas», desde que Cortés recolectase perlas negras en ella en el siglo XVI.

ABAJO: playa del Hotel Presidente, en San José del Cabo.

Tras siglos de explotación, el negocio de las perlas llegó a su fin en la década de 1940, cuando una misteriosa enfermedad acabó con los lechos de perlas de La Paz.

Mapas páginas 200 y 211

Los cabos

De los dos famosos cabos de la punta meridional de Baja California, **San José del Cabo ⓭** es el menos explotado y más pintoresco. Los 32 kilómetros de autopista que unen ambos cabos están repletos de centros turísticos, campos de golf y todas las instalaciones propias de una región orientada al turismo, pero San José se conserva relativamente intacto. Alquile una bicicleta o un coche, o camine hasta la playa de **La Playita**, donde podrá cenar marisco fresco recién capturado, salir de pesca en una panga o sencillamente disfrutar del estuario.

La autopista continúa hacia **cabo San Lucas ⓮**, un antiguo puerto de abastecimiento de los galeones españoles de Manila, que es en la actualidad un importante centro turístico atestado de bares, cafés, discotecas y hoteles de lujo, algunos de los cuales disponen de playas privadas y su propia pista de aterrizaje para avionetas.

Las corrientes del golfo son impetuosas y traicioneras, y el viento sopla con fuerza, lo que significa que es complicado pilotar las embarcaciones pequeñas, llegando incluso a resultar muy peligroso. Podrá fletar un barco provisto de una tripulación experimentada en el puerto deportivo, donde también se toma el barco con el fondo de cristal que va a **El Arco**, el conocido arco natural de piedra en la punta más meridional de la península.

Desde el municipio de Cabo San Lucas se puede regresar a La Paz por una buena carretera paralela a la costa del Pacífico –aunque algunos tramos no están asfaltados– que pasa junto a preciosas playas solitarias, si bien en ellas el mar es bastante bravo. La carretera deja el litoral cerca de **Todos los Santos**, que se encuentra exactamente sobre el trópico de Cáncer y cruza la península rumbo a La Paz.

El pez vela, la aguja, el pez espada, el medregal, el delfín, la cabrilla, el atún y el pez sierra son sólo algunas de las muchas especies de peces que viven en las aguas de La Paz.

ABAJO: colgadero de peces en la bahía de Los Ángeles.

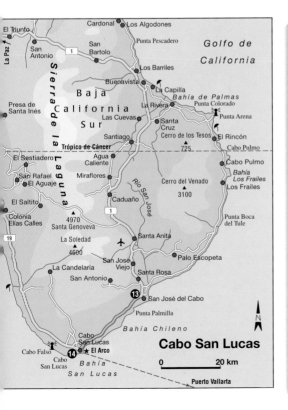

A TRAVÉS DE LAS SIERRAS

El montañoso norte es diferente del resto del país;
estamos en el salvaje oeste mexicano,
donde los hombres llevan sombreros de ala ancha

Mapa
páginas
200-201

En dirección sur desde la frontera con Texas, dos grandes macizos montañosos se elevarán frente a usted: la Sierra Madre Occidental y la Sierra Madre Oriental. La primera es, con diferencia, la más escarpada de las dos. Entre Ciudad Juárez, al borde de la frontera, y Guadalajara, 1 600 kilómetros más al sur, sólo hay dos formas de salvar las montañas hacia la costa del Pacífico: en tren desde la ciudad de Chihuahua rumbo a Los Mochis, o, mucho más al sur, la carretera desde Durango hasta Mazatlán.

Ciudad Juárez ⓯ se levanta nada más cruzar la frontera desde El Paso, en Texas. Se trata de una interesante urbe, la más grande del estado de Chihuahua, donde podrá presenciar corridas de toros, carreras de caballos o incluso, si tiene usted que arreglarse la boca, ir al dentista (muy barato). Sin embargo, la mayoría de los turistas no se quedan demasiado tiempo.

Casas Grandes ⓰ (abierto a diario; se paga entrada), situado a unos 300 kilómetros al sur de Ciudad Juárez, es el yacimiento arqueológico más importante del norte de México. El pueblo paquimé, que habitó esta zona hacia el año 900 d.C., sabía cómo irrigar la tierra y construir casas de adobe de tres pisos. Casas Grandes, que llegó a gozar de gran importancia como centro comercial, combina elementos de la civilización de los indígenas pueblo del sudoeste de Estados Unidos con influencias mesoamericanas. La ciudad fue abandonada alrededor del 1300, posiblemente tras ser atacada por los apaches. La mayoría de los objetos de cerámica que se hallaron en el yacimiento pueden verse en el Museo Nacional de Antropología de la Ciudad de México (*véase pág. 164*).

IZQUIERDA: vendedora de flores de papel.
ABAJO: grutas de García, Monterrey.

Chihuahua

Fundada en 1709, la ciudad de **Chihuahua** ⓱, con más de 1,2 millones de habitantes y algunas bellas edificaciones coloniales, se merece algo más que un vistazo superficial. Quinta Luz, la mansión de 30 habitaciones que perteneció a Pancho Villa, es ahora el **Museo de la Revolución** (abierto a diario; se paga entrada). Entre los variados recuerdos que guarda se encuentra el coche Dodge agujereado por las balas en el que, en 1923, murió asesinado a disparos el revolucionario. La señora Luz Corral de Villa, una de sus muchas compañeras, vivió en la casa hasta su muerte, ocurrida en 1981.

En la Plaza Mayor, la **catedral** barroca de torres gemelas es una de las pocas joyas de la arquitectura colonial que existen en el norte de México. Fue financiada con las contribuciones voluntarias de los mineros de las cercanas minas de plata.

Un acueducto y la iglesia de **San Francisco** también se remontan al período virreinal. Los murales en el interior del **Palacio de Gobierno** ilustran la historia de Chihuahua, mientras que en el patio central se alza un monumento al padre Miguel Hidalgo, el héroe de la guerra de la Independencia, ejecutado en este lugar. Es posible visitar el lóbrego calabozo del palacio federal donde

permaneció prisionero mientras esperaba ser ejecutado. **Quinta Gameros**, otra mansión de comienzos del siglo XX, alberga en la actualidad el **Museo Regional** (abierto de martes a domingo; se paga entrada), con intrincadas piezas modernistas y utensilios paquimeses hallados en Casas Grandes.

Hidalgo del Parral y Pancho Villa

Los pequeños perros chihuahua proceden de este estado, el más grande de México.

Conduciendo en dirección sur desde Chihuahua podrá ver las comarcas agrícolas más fértiles del estado. Es aquí donde se cultivan muchos de los famosos chiles de México. La plata fue antaño el principal sostén de la economía de la vieja y próspera ciudad minera de **Hidalgo del Parral ⓲**, y las cercanas minas aún están en funcionamiento, aunque el sector maderero y el comercio gozan ahora de la misma importancia.

Se cuenta que la hermosa iglesia del siglo XVIII de **Nuestra Señora del Rayo** fue pagada en lingotes por un indígena de la región que había encontrado oro, pero que se negó a desvelar la ubicación de la mina, ni siquiera cuando fue golpeado y torturado hasta la muerte. Otra bella iglesia, **Nuestra Señora de Fátima**, está construida por entero con mena –de oro, plata, cobre, plomo y cinc–, incluidos los bancos instalados en su interior.

Parral, como se la suele llamar, es famosa por ser la ciudad donde fue asesinado en 1923 el general Pancho Villa. Cerca del centro existe un pequeño museo con viejas fotografías y diversos recuerdos. Hace algunos años, el Gobierno decidió elevar a Villa a la categoría de héroe de la Revolución, por lo que se abrió su tumba y se trasladó el cadáver al monumento a la Revolución, en la Ciudad de México.

Los pueblos en torno a la localidad de **Cuauhtémoc ⓳**, 95 kilómetros al sudoeste de la ciudad de Chihuahua, son el hogar de 15 000 miembros de la secta menonita, cuyas familias se mudaron a esta zona en la década de 1920. Los menonitas, que hablan su propio dialecto del alemán antiguo, son granjeros y conocidos sobre todo por

ABAJO: paisaje de Chihuahua.

el queso que elaboran (queso menonita). No se relacionan demasiado con los demás y son pocos los que saben hablar español. Tienen por costumbre volver la espalda al lujo y la modernización, y la mayoría aún conducen carretas tiradas por caballos (aunque en el presente disponen ya de una o dos camionetas).

Sin embargo, la televisión es todavía tabú en casi todas sus casas y las familias con 10 hijos no son nada excepcionales. Algunas excursiones desde Creel incluyen compartir un sencillo almuerzo en un hogar menonita. Cuauhtémoc es el centro de la actividad comercial de los menonitas, si bien ellos no viven en la ciudad. Durante el día, podrá ver a los hombres vestidos con abrigos, las mujeres casadas ataviadas con colores oscuros y las niñas, con alegres vestidos de flores.

Una carretera asfaltada conduce desde Cuauhtémoc al **Parque Nacional Cascada de Basaseachic ㉔**, que es la catarata más alta de México. Asegúrese de consultar el estado de la carretera antes de aventurarse por esta ruta, pues el acceso a la cascada es difícil, en especial durante la estación lluviosa. El agua cae desde más de 300 metros de altura, pero el ascenso por la carretera hasta lo alto no es demasiado fatigoso. Si está usted en forma, descienda hasta más o menos la mitad del camino para disfrutar de una espectacular vista. Es preferible contratar a un guía, ya que el sendero no está señalizado con claridad.

La sierra Tarahumara

La **Barranca del Cobre ㉑** (*véanse págs. 220-221*), uno de los muchos cañones de la sierra Tarahumara, al sudoeste de la ciudad de Chihuahua, es incluso más profunda que el famoso Gran Cañón del Colorado. Es el país de los indígenas rarámuris; viven en esta región unos 50 000; por lo general, en cuevas o en cabañas de madera en las montañas. A pesar de contarse entre los grupos indígenas más numerosos que quedan en México, los rarámuris son también de los más aislados, una situación que ha agra-

Mapa
páginas
200-201

Abajo: una familia menonita.

*La cerveza Carta
Blanca es una
de las que elabora
la enorme cervecería
de la ciudad de
Monterrey.*

ABAJO: cascada
de Basaseachic.

vado su extrema pobreza, al tiempo que les ha permitido conservar muchas de sus tradiciones. Es fácil verlos en las ciudades y pueblos de las cercanías, con sus largas cabelleras negras y sus coloridas cintas en la cabeza, sus blancos tapotes (vestiduras largas) y una tosca camisa de paño. La tienda de la misión de **Creel** ⑫ dispone de objetos de artesanía rarámuri, a precios moderados, de cuya venta se benefician los indígenas. Existen excursiones organizadas a la Barranca del Cobre, entre las que cabe destacar las que ofrecen los Ecogrupos de México (con base en la Ciudad de México; tel.: 661 9121), ya que dedican algo del tiempo a explorar San Ignacio, con sus valles de altos peñascos y cuevas habitadas aún por los rarámuris. Estas excursiones incluyen una visita a la escuela a la que asisten los niños rarámuris desde miles de kilómetros a la redonda.

El viaje en tren entre Chihuahua y el Pacífico, que ostenta el calificativo de «la vía férrea más espectacular del mundo», trepa, rodea, atraviesa y se ciñe a las montañas de la Sierra Madre. Es posible apearse en Creel o en **Divisadero** ㉓, y explorar parte de la barranca a pie.

El nordeste de México

La mayoría de los turistas estadounidenses cruzan la frontera hacia el nordeste de México en **Nuevo Laredo** ㉔, desde donde hay menos de dos horas en coche por la carretera de cuota (peaje) hasta **Monterrey** ㉕, la tercera ciudad más grande del país y un importante centro comercial e industrial. Las viejas guías de viajes se refieren a Monterrey como el «Pittsburgh de México», pero tal descripción está anticuada, puesto que la enorme industria siderúrgica cerró hace bastantes años. Los regiomontanos no tienen muy buenas relaciones con el Gobierno central de la Ciudad de México y los empresarios locales parecen poseer a menudo vínculos culturales más estrechos con Estados Unidos que con el resto de los estados de México.

Monterrey, capital del estado de Nuevo León, produce el 25 por ciento de los artículos manufacturados del país y la mitad de las exportaciones mexicanas en productos manufacturados. La dinámica Monterrey constituye el foco mexicano de la empresa privada; el Cintermex es uno de los mayores recintos feriales de la nación. Además, el Instituto Tecnológico de Estudios Superiores de Monterrey es, probablemente, la Universidad más eminente de México. El desarrollo industrial de la ciudad suele atribuirse a la familia Garza-Sada, un grupo de empresarios privados que emigró de España en el siglo XIX.

En el centro urbano, en el extremo sur de la ancha Macro Plaza, se encuentra la animada **plaza Zaragoza**, con la fachada barroca de la **catedral** en el lado oriental y el moderno Palacio Municipal al sur. Entre ambos edificios está el **Museo de Arte Contemporáneo**, el MARCO (abierto de martes a domingo; se paga entrada), con una colección de obras latinoamericanas, mientras que en las inmediaciones se levanta una gran escultura de forma libre de Rufino Tamayo, uno de los artistas mexicanos más conocidos del siglo XX (*véase pág. 111*). Domina la plaza el faro del Comercio, un faro de cemento diseñado por el arquitecto Luis Barragán, provisto de un rayo láser que peina la ciudad todas las tardes.

La iglesia de la **Purísima Concepción**, situada a trece cuadras en dirección oeste, es obra de Enrique de la Mora y un soberbio ejemplo de la arquitectura mexicana de la década de 1940. Se dice que la pequeña imagen de madera de la Virgen que hay dentro de la iglesia realizó un milagro al evitar que el río Santa Catalina inundase la ciudad en 1756. Sin embargo, en 1988, el huracán *Gilberto* transformó este río normalmente seco en un rabioso torrente que causó cientos de muertes.

El **Obispado**, emplazado de forma estratégica sobre una colina a 2,5 kilómetros al oeste del centro urbano, es ahora un **museo** (abierto de martes a domingo; se paga entrada), desde el que se disfruta de una excelente panorámica de la ciudad y la imponente montaña al fondo denominada el **Cerro de la Silla**. Los agujeros de bala y las cicatrices de la metralla son un recuerdo de la invasión norteamericana del 22 de septiembre de 1846; también las fuerzas francesas atacaron en la década de 1860 a esta población que, medio siglo después, sería el escenario de diversos enfrentamientos entre las tropas de Villa y los constitucionalistas durante la Revolución.

Una divertida manera de comenzar o concluir un paseo por Monterrey, sobre todo si se tiene sed, es visitando la **cervecería Cuauhtémoc**, la más grande y antigua de México, donde se elaboran las marcas Carta Blanca y Bohemia, una buena cerveza de tipo Pilsen. La fábrica original, que se encuentra dentro de las instalaciones, ha sido reconvertida en el **Museo de Monterrey** (abierto de martes a domingo; entrada gratuita), uno de los mejores museos mexicanos de arte contemporáneo, con obras de Murillo, Siqueiros, Orozco, Rivera y Tamayo, entre otros (*véanse págs. 108-111*), así como algunas magníficas exposiciones temporales.

Los alrededores de Monterrey

Vale la pena pasar algo de tiempo explorando los alrededores de Monterrey. Subiendo por la ladera cubierta de pinos al sudoeste de la ciudad, se llega en poco tiempo a **Chipinique Mesa**, el barrio más selecto de Monterrey, en el que hay un restaurante, un hotel, parques para ir de *picnic* y unas espléndidas vistas de la ciudad y sus contornos. Las **grutas de García** ❷⑥ (abiertas a diario; se paga entrada), a unos 35 kilómetros al noroeste de la ciudad, cerca de Villa de García, son una serie de grandiosas

Mapa
páginas
200-201

ABAJO: Barranca
del Cobre,
en las montañas
de la Sierra Madre.

Entre los platos típicos de la región figuran el cabrito al pastor (asado al carbón), el pan de pulque (un delicioso pan dulce que se prepara con la savia fermentada del maguey) y los huevos con machaca (huevos revueltos con ternera seca al estilo de México).

cuevas que se abren en lo más hondo de la montaña, en las que podrá admirar fantásticas formaciones rocosas, estalactitas y estalagmitas. La carretera desde Monterrey es muy bonita, pero tortuosa y estrecha. Al llegar, un pequeño funicular le subirá hasta la boca de las cavernas.

A sólo 15 minutos en coche desde el centro urbano de Monterrey, en las afueras del municipio limítrofe de Santa Catalina, el **cañón de la Huasteca** ❷ es una espectacular garganta con unas paredes de 300 metros de altura (la carretera sólo es buena hasta la gruta de la Virgen). La cascada de la **Cola de Caballo** ❷ está a 35 kilómetros al sur de Monterrey. La zona en torno a las cataratas triples llamadas las **Tres Gracias** constituye un lugar ideal para una comida campestre. De camino se pasa por el embalse de **La Boca**, donde podrá disfrutar de la pesca y de otros muchos deportes acuáticos.

Una ciudad a 1 500 metros de altura

El estado de Coahuila es casi tan grande como el vecino Chihuahua. **Saltillo** ❷, a 1 598 metros sobre el nivel del mar, es la capital del estado, con una población de 650 000 habitantes. Su altitud, a la que se debe su clima soleado y seco, ha hecho de ella, desde hace muchos años, un destino de veraneo favorito, sobre todo de turistas estadounidenses. Hay además una buena universidad que, en verano, imparte cursos de español para extranjeros.

Fundada en 1575 por el capitán Francisco Urdiñola, Saltillo se convirtió en el cuartel general desde el que explorar y colonizar las tierras de más al norte, de tal forma que a comienzos del siglo XIX era la capital de un vasto territorio que incluía Texas. En 1847 se libró en **Buena Vista** (a media hora al sur por la autopista 54) una de las batallas más sangrientas y decisivas de la guerra con Estados Unidos. Un pequeño monumento indica el lugar. Poco después de esta batalla finalizaría la guerra, per-

ABAJO: viñedos de Coahuila.

diendo México más de la mitad de su superficie, que pasó a pertenecer a Estados Unidos. En la actualidad, Saltillo se presenta como una interesante mezcla de lo colonial y lo moderno; una ciudad que ha logrado preservar su encanto pese a ser un importante centro industrial. La recargada fachada de finales del siglo XVIII de la **catedral de Santiago**, en la Plaza Mayor, es uno de los mejores ejemplos –y más septentrionales– de la arquitectura churrigueresca de México.

También merece la pena visitar el elegante **Palacio de Gobierno**, en el lado opuesto de la plaza. Entre los varios museos de Saltillo figuran el **Archivo Juárez**, donde se encuentra registrada gran parte de la historia temprana de Texas, y el **Museo de las Aves** (abierto de martes a domingo; se paga entrada), un nuevo e interesante museo dedicado a las muchas especies de aves de México.

Parras, un pequeño municipio a unos 160 kilómetros al oeste de Saltillo, constituye un oasis en el desierto de Coahuila, además de ser el lugar de nacimiento del cabecilla revolucionario Francisco Madero. En el cercano San Lorenzo se embotella un excelente vino local. Se trata de la bodega más antigua del país, fundada en 1626 (se puede visitar). Otra especialidad de los famosos viñedos de Saltillo es el brandy Madero, la marca más vendida del mundo, según se afirma.

Aunque sigue considerándose como región del norte, el estado de Durango, situado al sur de Chihuahua y Coahuila, es un centro maderero y ganadero que ha alcanzado renombre por ser el escenario de muchas películas de vaqueros de Hollywood. Es posible concertar excursiones a los decorados de **Chupaderos** y **Villa del Oeste** en la oficina turística de la ciudad industrial de **Durango** ㉚, que cuenta con una hermosa plaza, una catedral barroca y otros bonitos edificios coloniales, y que está situada en un cruce de caminos: al sudeste se extiende el territorio de los zacatecas y el corazón de las tierras coloniales (*véanse págs. 235-247*), y al sudoeste se encuentra Sinaloa y la costa del Pacífico en Mazatlán.

La costa del golfo de México

El estado de Tamaulipas está al nordeste de México, en la frontera con Texas, siendo sus dos principales ciudades aduaneras **Reynosa** ㉛ y **Matamoros** ㉜. En el litoral del golfo de México, entre la frontera y Tampico, 619 kilómetros más al sur, no hay demasiadas cosas de interés para los turistas, salvo unas cuantas cabañas de caza en las que es posible hospedarse y campamentos de pesca; las carreteras suelen ser bastante malas y la costa está llena de refinerías de petróleo y petroleros.

La mayoría de los visitantes optan por continuar hacia el sur cruzando Monterrey hacia los estados centrales, el corazón del virreinato. Si elige bajar por la carretera de la costa este, la pequeña ciudad de San Fernando es un lugar muy popular para tomar un pequeño descanso, con buenos restaurantes y hoteles. Es así mismo la principal base de la caza en la comarca.

La Pesca ㉝, a unas tres horas de viaje al sudeste de Soto La Marina, es un apacible pueblo que se privó de convertirse en otro destino turístico como Cancún por su falta de recursos. En 1991, el Gobierno concibió para él un megaproyecto; se construyó un pequeño aeropuerto, se redactaron planes para edificar hoteles de cinco estrellas y, como consecuencia, la especulación del terreno se disparó. Por fortuna, el proyecto acabó por fracasar y el pueblo, con sus hoteles, cabañas de caza y espacio para las caravanas, ha podido conservar gran parte de su encanto. Desde Soto La Marina hasta Tampico se tarda unas tres horas en coche.

Mapa
páginas
200-201

Saltillo es famoso por sus vistosos sarapes tejidos a mano, que podrá comprar en el mercado de la plaza de Acuña.

ABAJO: un traguito en la fiesta del vino de Coahuila.

LA BARRANCA DEL COBRE

Cruce puentes sobre profundos barrancos, a través de paisajes sobrecogedores: bienvenido a bordo del ferrocarril de la Barranca del Cobre

Algunos de los paisajes más espectaculares de México se encuentran en Chihuahua: las inmensas quebradas y gargantas de la Barranca del Cobre. Durante millones de años, los ríos y el viento han moldeado lo que es en realidad una serie de cañones intercomunicados que abarcan una zona de 25 000 km² de accidentado relieve, con altitudes que van desde el nivel del mar hasta los 3 046 metros. La cascada de Basaseachic, la más alta de México, también está en este lugar, así como una flora muy variada y una de las tribus indias más interesantes del mundo. Se trata de un museo viviente de historia natural, excepto por lo que se refiere a los animales; aunque es posible que vea ratoneros y águilas calvas planeando en las alturas, la mayoría de la fauna ha desaparecido.

UNAS VISTAS ESPECTACULARES

El ferrocarril entre Chihuahua y el Pacífico, «el viaje en tren más espectacular del mundo», transporta madera y turistas por un escenario fascinante. Esta extraordinaria hazaña de la ingeniería, que se inició en 1881 y se finalizó en 1961, costó más de 100 millones de dólares estadounidenses. Atraviesa 87 túneles (uno de ellos de casi dos kilómetros de longitud) y cruza 35 puentes. El viaje desde Chihuahua hasta Los Mochis dura unas 12 horas, con breves paradas en el camino para disfrutar de espléndidas panorámicas, desde bosques alpinos y ríos torrenciales hasta polvorientas gargantas salpicadas de poblados de los indígenas rarámuris y las ruinas de viejas misiones y poblaciones mineras.

▷ LA INDUMENTARIA DE LOS INDÍGENAS

La indumentaria de las mujeres y niñas rarámuris suele consistir en una túnica con forma de saco. A veces llevan también una falda de lana envuelta a la cintura y sujeta por un cinturón.

▷ ARTESANÍA LOCAL

Una madre rarámuri con su hija, vestida con la indumentaria típica, vende artesanía autóctona junto a la vía del tren, al borde del cañón.

△ UNA SABROSA TORTILLA

El ferrocarril Chihuahua-Pacífico es famoso por sus magníficas vistas y por sus parcas comidas. En el mercado podrá comprar aperitivos regionales.

△ TOME EL TREN

La línea de ferrocarril fue concebida por el idealista norteamericano Albert Owen, quien emigró a México para fundar una colonia utópica en la costa del Pacífico.

▷ HACIA LAS CUMBRES

Si prefiere contemplar el paisaje desde su propia habitación de hotel, alójese en la posada Barrancas Mirador, en Divisadero, desde donde se divisan hermosas vistas.

LOS INDÍGENAS RARÁMURIS

Mucho antes de la aparición del ferrocarril, las tierras altas y las profundas gargantas de la Barranca del Cobre ya estaban habitadas por los indígenas rarámuris. Explotados durante siglos por los colonos españoles y por los mestizos, los aproximadamente 60 000 descendientes de este pueblo se mantienen aislados y evitan modernizarse. Sus viviendas son cuevas o sencillas cabañas de madera y su dieta se compone de tortillas de maíz, patatas, frijoles y zumos de frutas. En la iglesia, sus antiguos dioses, *Raiénari* (Sol) y *Mechá* (Luna), coexisten sin problemas con las imágenes de Cristo y los santos católicos. Creen que, tras su muerte, los espíritus de los ancestros visitan, durante un breve período de tiempo, el lugar que habitaron, por lo que es necesario alimentarlos o ahuyentarlos por medio de los ritos de *rutuburi*. El festejo principal es el llamado *tónare*.

△ **UNA REFLEXIÓN SERENA**
En 1921, una comunidad menonita procedente de Canadá compró 93 000 hectáreas de tierra en Cuauhtémoc, adonde emigró.

▽ **LA VISTA DESDE EL BORDE**
El mejor modo de explorar la Barranca es a pie; no obstante, rara vez los rancheros de la zona se separan de sus caballos.

Mapa
páginas
200-201

LA COSTA NOROESTE

Desde el gran desierto de Sonora hasta la región tropical de Nayarit,
el noroeste de México disfruta de unas playas fantásticas, buena pesca,
un delicioso marisco y una espectacular fauna alada

México D.F.

ABAJO: pelícanos
a la espera del
almuerzo en La Paz.

l noroeste de México estuvo desatendido hasta que, en el siglo XVII, los misioneros empezaron a trabajar entre las tribus de la región, siendo los jesuitas los que
tuvieron más éxito. Los religiosos introdujeron animales domésticos y enseñaron a los indígenas a sembrar nuevos cultivos y nuevas técnicas agrarias y de construcción. Los problemas surgieron cuando llegaron los colonos españoles, quienes tratarían
de adueñarse de las tierras más fértiles y de obligar a los indígenas a realizar los peores trabajos. Los nativos se resistieron y no era posible someterlos de un solo golpe,
debido a que estaban divididos en muchas tribus separadas entre sí por grandes distancias. Por tanto, las rebeliones estallaron una y otra vez durante muchos años.

Cuando, en 1767, los jesuitas fueron expulsados de México, las misiones se desin-
tegraron y los colonos usurparon las tierras tribales sin ningún rubor. Los yaquis, una
raza combativa, reaccionaron con una furia a la que los españoles respondieron con
gran severidad.

Durante siglos, las tribus del noroeste permanecieron aisladas en un rincón remoto
de México. Apenas participaron en la vida de la nación y se mantuvieron al margen
del movimiento independentista de la década de 1810. La región, débil y desprotegida,
prácticamente invitaba a las invasiones. Los franceses, al mando de Gaston Raousset
de Bourbon, ocuparon Hermosillo en 1852, mientras que Henry Crabb, un estadou-

nidense de California, intentó apoderarse en 1857 del norte de Sonora. En ambos casos, los mexicanos reaccionaron con fuerza, derrotando a los invasores y ejecutando a sus cabecillas.

La familia revolucionaria

Cuando en 1910 estalló la Revolución, el noroeste ya había adquirido vigor y conciencia propios, y se mostró dispuesto a involucrarse a fondo; de allí saldría un gran número de hombres y un general, Álvaro Obregón, tras la inevitable lucha interna por el poder. Durante una década, México estuvo gobernado de forma directa o indirecta por la «Familia Revolucionaria» de Sonora; primero, Obregón y luego, el general Plutarco Elías Calles.

Una cabeza esculpida en un coco, un recuerdo realmente original.

El ideal yaqui

Los yaquis, que se habían unido a las tropas del general Obregón, querían que se les devolviesen sus tierras. Al obtener Cárdenas la presidencia en la década de 1930, mandó construir una presa en la parte alta del río Yaqui, con fines de irrigación, reservando 4,5 millones de hectáreas para las tribus yaquis. Comprendían toda la ribera septentrional del río y algunos territorios al sur. Los yaquis establecieron una reserva y ocuparon sus propias tierras tribales, que conservan hasta nuestros días. A otros grupos indígenas del noroeste no les iría tan bien. A los seris, por ejemplo, cuyo número disminuyó de los 5 000 a menos de 200, debido a que fueron asesinados o murieron a consecuencia de las enfermedades. Los opatas, por otro lado, se adaptaron enseguida: aprendieron español, se casaron con gente de otros pueblos y colaboraron en la lucha contra los apaches.

   El noroeste es una región muy fecunda: Sonora encabeza la producción nacional de algodón, trigo y soja; Sinaloa aventaja a los demás estados en la producción de tomates –la mayor parte de los cuales se envía a Estados Unidos– y obtiene así mismo unas abundantes cosechas de trigo, algodón, caña de azúcar y garbanzos, que se exportan sobre todo a España y Cuba. Aunque las minas de plata del noroeste están casi agotadas, las minas de Cananea convierten a Sonora en el principal productor de cobre del país (la huelga de mineros de 1906 en Cananea fue un episodio decisivo en la marcha hacia la Revolución).

ABAJO: un tranquilo paseo a la orilla del mar.

De Mexicali a Mazatlán

Las playas del Pacífico constituyen el principal atractivo de la ruta entre Arizona y Mazatlán, pero en el camino también se encuentran interesantes pueblos de montaña y monumentos históricos. Una excelente aunque cara autopista discurre a lo largo de casi toda la costa. La otra alternativa, la carretera «libre» (gratuita), es más larga y el tráfico es, lógicamente, más denso.

   Muchos de los turistas que entran en México desde Estados Unidos por **Mexicali** ❸❹ o **Nogales** ❸❺ comienzan sus vacaciones con una excursión a **Puerto Peñasco**, en la esquina noroeste de Sonora. Se trata de un delicioso pueblecito pesquero que se ha convertido en un retiro de fin de semana para mucha gente de Arizona. La pesca y tomar el sol son las dos razones fundamentales por las que acuden. Si piensa salir a navegar, tenga mucho cuidado, porque las corrientes son peligrosas y los vientos soplan con fuerza en las someras aguas del interior del golfo de California. Al igual que la mayoría de las localidades turísticas del norte, Puerto Peñasco dispone de buenas instalaciones para caravanas, con tomas de agua y electricidad.

¿Esperando una ola?

El gran desierto

Apenas hay nada que rompa la desolada monotonía del paisaje entre la frontera y Hermosillo. En la pequeña ciudad de **Magdalena**, a 20 kilómetros al nordeste de la intersección de Santa Ana, un relicario de cristal contiene los restos mortales del padre Eusebio Kino, el sacerdote jesuita que contribuyó al establecimiento de las misiones de la costa y, más tarde, en Arizona y Alta California. Kino, postrado a menudo a causa de la artritis, matemático, astrólogo, arquitecto y economista, murió en 1711, pero su tumba no fue descubierta hasta 1966. En los montes que rodean a Santa Ana se extrae oro, aunque ni esta villa ni la capital de Sonora, **Hermosillo ㊱**, una próspera ciudad con una fábrica de coches Ford, tienen demasiado interés para los turistas.

Las tallas en palo de hierro de los seris

La siguiente parada que merece la pena es **Bahía Kino ㊲**, que todavía logra conservar su ambiente de sencillo pueblo pesquero, pese a los muchos estadounidenses que optan por pasar el invierno en él. Los indígenas seris de la región venden unas maravillosas obras de artesanía, como cestas y tallas de palo de hierro, una madera muy dura procedente de un árbol autóctono. Los seris pertenecen a una tribu nómada que fue trasladada a esta zona de Sonora desde la cercana **isla del Tiburón ㊳**, en la actualidad una reserva natural.

Las frescas noches de invierno

ABAJO: puerto pesquero de Guaymas al amanecer.

Es posible fletar un barco de pesca deportiva en la mayor parte de las localidades turísticas de la costa. Conseguir un permiso resulta sencillo y las embarcaciones suelen estar equipadas con aparejos, tripulación y cerveza fresca, aunque los precios varían. En invierno, en la costa de Sonora puede refrescar por la noche y, aunque de día sale el sol, el agua está demasiado fría para nadar.

Un oasis gringo

Aunque mucha gente piensa que **Guaymas** ❸❾ es un complejo turístico de sol y playa, no es así. Es una ciudad pesquera y puerto principal de Sonora, comunicada por transbordador con Santa Rosalía, en Baja California. Si bien es verdad que no se ahorra dinero yendo a Baja California en barco, sí se ahorra tiempo, sin olvidar que el precio por pasaje es bastante razonable.

La localidad playera es la cercana **San Carlos** ❹⓿, un oasis gringo, donde residen muchos jubilados norteamericanos y canadienses. Existen docenas de hoteles y restaurantes, y dispone de uno de los puertos deportivos más grandes de México, en el que atracan veleros de todo el mundo.

Navojoa, al sur de **Ciudad Obregón**, es el núcleo de una importante región algodonera en la que viven los indígenas mayos. Desde Navojoa puede desviarse 53 kilómetros hacia el interior para visitar la hermosa y vieja **Álamos** ❹❶, situada en las estribaciones de la sierra. En el siglo XVIII era un boyante centro minero en el que docenas de fabulosos palacetes flanqueaban sus calles adoquinadas. Tras la Revolución, las minas cerraron y la ciudad quedó prácticamente abandonada. A finales de la década de 1940, norteamericanos adinerados redescubrieron Álamos, compraron muchas de las mansiones coloniales y las restauraron. La fachada barroca de la iglesia de **Nuestra Señora de la Concepción** domina la preciosa Plaza Mayor. La ciudad de Álamos es patrimonio nacional.

Los Mochis

La autopista atraviesa algunas de las mejores tierras de cultivo de México desde Navojoa en dirección a la agradable y acogedora ciudad de **Los Mochis** ❹❷. Mucha gente pasa en ella uno o dos días mientras espera el **tren de la Barranca del Cobre** (*véanse págs. 220-221*), que cruza las escarpadas montañas de la Sierra Madre rumbo

Mapa páginas 200-201

Álamos es la capital del frijol saltarín, que en realidad es la semilla de una vaina cuya agitación se debe a una pequeña larva de polilla que crece en su interior.

ABAJO: puerto deportivo de la bahía de San Carlos.

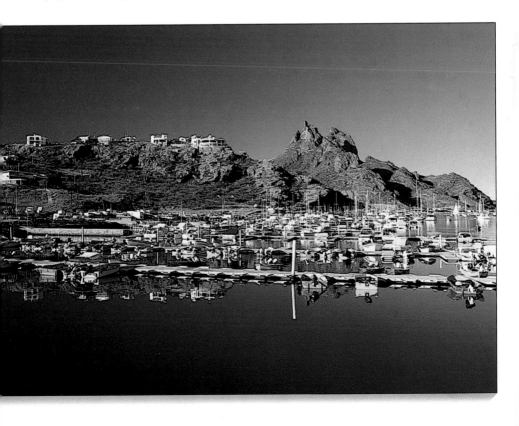

a Chihuahua por una de las vías férreas más espectaculares del mundo. El tren sale por la mañana temprano y llega a Chihuahua a últimas horas de la tarde. Los Mochis ha alcanzado una gran prosperidad gracias al arroz, el algodón, las verduras de invierno, la caña de azúcar y las caléndulas que se cultivan en los alrededores. Lo que quizás no sepa es que, cuando los pollos se alimentan con caléndulas, las yemas de sus huevos adquieren un intenso color amarillo.

El transbordador de La Paz, en Baja California, recala al sur de Los Mochis, en **Topolobampo**. La rocosa isla de **Farallón** (también llamada Isla las Ánimas), situada frente a la costa, es un lugar de cría de los leones de mar, además de estar poblada por miles de aves marinas. También son de gran belleza las formas de vida subacuática en torno a la isla.

El Fuerte, un importante enclave español durante el virreinato, antaño capital del estado de Sinaloa, es una pintoresca ciudad situada a 78 kilómetros al nordeste de Los Mochis. Además de la plaza, el museo y la iglesia, vale la pena conocer la Posada del Hidalgo, una mansión del siglo XIX reconvertida en un elegante hotel. Es posible la pesca del pez gato y de la carpa en la cercana presa de Miguel Hidalgo, uno de los mejores lagos para pescar róbalos del país.

Desde Los Mochis hasta Mazatlán, la autopista pasa por **Culiacán**, capital de Sinaloa, conocida por sus abundantes cosechas de tomates y opio, ambos destinados a Estados Unidos (el opio se cultiva de forma legal con fines medicinales). Así mismo, entre las plantaciones de cáñamo del enmarañado relieve de la Sierra Madre Occidental, se cultiva marihuana de forma ilegal. Culiacán es el centro del tráfico de drogas mexicano, por lo que los turistas han de saber que no deben ni consumirlas ni traficar, ya que las leyes mexicanas son muy estrictas en lo que se refiere a las drogas.

Por la autopista de cuota (peaje) entre Culiacán y Mazatlán, el trecho más caro, se ahorra 1,5 horas de tiempo. El tráfico por la vieja carretera gratuita es muy denso,

ABAJO: Mazatlán, el puerto mexicano más grande del Pacífico.

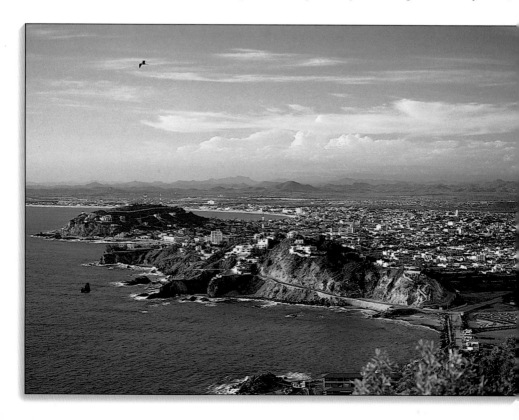

aunque el pavimento suele estar en bastante buen estado. Más o menos a medio camino entre ambas poblaciones puede desviarse hacia **Cosalá**, una antigua ciudad minera con fuentes de aguas termales en las cercanías.

La perla del Pacífico

Mazatlán ㊸ (que en náhuatl quiere decir «lugar del ciervo») es una floreciente localidad turística ubicada a unos 15 kilómetros al sur del trópico de Cáncer. Se trata además de uno de los puertos más importantes de la costa oeste de México, donde se localiza la mayor flota de pesqueros de camarones del país, la mayoría de los cuales se exportan a Estados Unidos y los pocos que quedan en el país tienden a alcanzar precios desorbitados, de modo que, si su presupuesto es limitado, pida sólo pescado, que preparan de muchas y deliciosas maneras. Los restaurantes de la playa o de los hoteles playeros suelen tener el marisco de mejor calidad, pero también los precios más elevados; cuanto más se aleje de la playa, menor será el importe.

La parte vieja de la ciudad, emplazada en una península, se concentra en torno a la Plaza Principal y la catedral del siglo XIX, con dos torres gemelas, cuya insólita fachada está engalanada con caprichosas formas esculpidas en roca volcánica. El **cerro de la Nevería**, desde el que podrá disfrutar de unas espléndidas vistas panorámicas, domina el casco viejo. La mayoría de los turistas pasan el tiempo en la **Zona Dorada**, un largo tramo de hoteles, restaurantes y tiendas a unos 3 kilómetros al norte del casco viejo de la ciudad. No muy lejos de los hoteles más grandes se encuentra el bien surtido **Centro de Artesanías**, donde podrá admirar el emocionante espectáculo de un grupo de «voladores de Papantla» (*véase pág. 281*). Un poco más al sur, cerca de la playa del Norte, el **acuario Mazatlán**, con más de 200 especies de peces, bien vale una visita. Las agencias de viajes de la zona organizan excursiones guiadas por la ciudad y por la selva, y también ofrecen paseos en barco por la bahía y las islas próximas.

El invierno es la estación más animada en este lugar, aunque cualquier época del año es buena. El verano es la estación «lluviosa», pero las lluvias no resultan un gran inconveniente, a no ser que esté próximo un huracán. El carnaval de Mazatlán (la semana previa al miércoles de Ceniza) es una de las fiestas más bulliciosas de México; esos días, así como entre Navidad y Año Nuevo, es imprescindible hacer reserva en algún hotel, sin olvidar la semana anterior a la Pascua, durante la cual todas las localidades playeras están abarrotadas. En cualquier otra época encontrará hoteles de todos los precios.

Un pequeño rodeo hacia el este por la autopista 40, en dirección a las estribaciones de la Sierra Madre, constituye una apacible excursión de un día desde Mazatlán. La ciudad colonial de **Concordia ㊹**, rodeada de exuberante vegetación tropical y con unas fuentes de aguas termales no muy lejos, es famosa por su cerámica y sus muebles labrados a mano. **Copala ㊺**, antigua ciudad minera, se encuentra 25 kilómetros más adelante; parece salida de una postal, con sus calles adoquinadas, sus techos de tejas rojas y sus balcones de hierro forjado.

Los indígenas huicholes

En Mazatlán es posible encontrar artesanía de todos los puntos de la República, pero los trabajos de cuentas y los tejidos de los indígenas huicholes son particularmente bellos. No obstante, si va usted de camino hacia el sur, es más provechoso para ellos –y preferible para usted– que espere a llegar a **Santiago Ixcuintla ㊻**. Allí existe un

Mapa páginas 200-201

Las mejores vistas de Mazatlán se contemplan desde el faro, en el extremo sur de la península; situado a 157 metros sobre el nivel del mar, se dice que es el segundo faro más alto del mundo (después del de Gibraltar).

ABAJO: apacible puesta de sol sobre el mar.

Mapa
páginas
200-201

El emblema nacional
de México proviene de
una leyenda azteca.

Centro Huichol para la Supervivencia Cultural donde podrá observar a las familias huicholes mientras realizan sus piezas artesanales, y todo el dinero que se gaste en este lugar va a parar directamente a la tribu, y gran parte de él al cercano hospital (la tuberculosis, la desnutrición y otras enfermedades causan entre los niños huicholes una mortalidad infantil del 50 por ciento).

La Venecia de México

El pequeño pueblo insular de **Mexcaltitán** ❼ recibió el sobrenombre de la «Venecia de México», porque cuando llueve con fuerza se inundan las calles y hay que desplazarse en canoa empujándose con un remo. Cada vez más calles han sido terraplenadas, por lo que sus días de anegamientos quizás sean ya muy pocos. El marisco es aquí excelente, pero no espere encontrar hoteles de lujo: la localidad es algo decadente. Algunos historiadores creen que Mexcaltitán es la legendaria isla de Aztlán, el lugar de origen de los aztecas, donde tuvieron la visión de un águila posada sobre un nopal con una serpiente en las garras; al final dieron con esta señal de su tierra prometida en Tenochtitlán, la actual Ciudad de México.

La ciudad del surf

San Blas ❽ es una tranquila población pesquera y un destino turístico económico, célebre por la ferocidad de sus mosquitos, llamados «jejenes». Cuando más agresivos se muestran es por la mañana temprano, al atardecer y en las noches de luna llena, de modo que no se olvide de incluir en el equipaje un buen repelente contra insectos. Los surfistas van a San Blas en gran número para deslizarse sobre sus famosas olas larguísimas, y los ornitólogos van a observar a las numerosas especies de aves migratorias y autóctonas que se refugian en esta zona. Es posible organizar excursiones hasta el **Santuario de Aves**. Otro entretenimiento muy popular es el barco que sube por el estuario de San Cristóbal, adentrándose en la selva a través de un túnel verde de vegetación hasta las fuentes de **La Tovara**, donde podrá nadar en un agua cristalina, o bien comer al aire libre o en uno de los numerosos restaurantes de palapas.

Aunque hoy en día resulta difícil de creer, San Blas fue en otro tiempo un centro astillero desde el que zarpaban las expediciones españolas hacia el noroeste del Pacífico. Entre los vestigios de esa época figuran la vieja **aduana** del puerto y el **fuerte de San Basilio**, una contaduría construida en 1768.

El viaje a Ixtlán

Tepic ❾, unos 70 kilómetros tierra adentro, capital del estado de Nayarit, luce un hermoso zócalo flanqueado por una catedral con unas impresionantes torres neogóticas. El **Museo Regional** (abierto de lunes a sábado; se paga entrada) alberga una colección de cerámica precolombina, mientras que el **Museo de Artes Populares** (abierto a diario; entrada gratuita) expone artesanía de los indígenas huicholes, coras, náhuatles y tepehuanos, donde además es posible comprarla por mucho menos dinero que en las tiendas de los centros turísticos.

En las afueras de la ciudad de **Ixtlán del Río** ❺⓿ –que hizo famosa el libro de Carlos Castaneda *Viaje a Ixtlán*– se encuentra un extenso yacimiento arqueológico restaurado, **Los Toriles** (abierto a diario; se paga entrada), que floreció en el siglo II d.C. La edificación principal es un extraño templo circular con ventanas cruciformes dedicado a **Quetzalcóatl**.

ABAJO: arrastre en paracaídas.
DERECHA: ataviada para una fiesta.

MÉXICO CENTRAL

*Esta región es famosa por sus playas del Pacífico,
por el tequila y por el «jarabe tapatío», pero, por encima
de todo, es el corazón del México virreinal*

El Altiplano Central era una fuente de enormes riquezas para los colonos españoles. La ruta de la plata entre Zacatecas y la ciudad de México pasaba por las majestuosas ciudades del llamado corazón del virreinato. Las catedrales, los monasterios, las capillas y las mansiones que se pueden ver hoy en día constituyen, por un lado, el exquisito legado de la bonanza española y por otro, el de la explotación extrema de la mano de obra indígena. No es una casualidad que la revuelta independentista del siglo XIX se desencadenara en El Bajío, el triángulo que forman las ciudades de Querétaro, San Luis Potosí y Aguascalientes.

Al sur de El Bajío se extienden las herbosas y suaves colinas de Michoacán, uno de los estados más bellos y cautivadores de la República. Los turistas podrán subir a caballo hasta el cráter de un humeante volcán o contemplar el soberbio espectáculo de los millones de mariposas monarca que anualmente llegan desde Canadá. Los artesanos de Michoacán gozan de un gran prestigio por su especial habilidad y lo variado de sus trabajos; y todos aquellos que viajen a México en noviembre han de saber que en ningún sitio se celebra el singular día de los Difuntos con más apasionamiento que en la deliciosa población de Pátzcuaro y en la cercana isla de Janitzio.

Interminables campos verdeazulados de magueyes rodean la pequeña pero maravillosa ciudad de Tequila, en el vecino estado de Jalisco, de donde proceden muchos de los tópicos acerca de México y sus habitantes: los charros, los mariachis, el baile de los sombreros y, por supuesto, el tequila, todo ello se originó en este importante estado. Pero Jalisco, y su capital Guadalajara (la segunda ciudad más grande de México), van mucho más allá de los estereotipos. Entre otras cosas, Jalisco es el territorio de los indígenas huicholes y coras, que viven en las sierras, desde donde peregrinan todos los años a San Luis Potosí –un viaje de 1 600 kilómetros de ida y vuelta– para recolectar el peyote, un cactus alucinógeno que es parte esencial de sus antiguos rituales.

Jalisco es también la puerta a la costa del Pacífico, cuyos enormes complejos turísticos atraen a miles de turistas en busca de sol. Las escarpadas montañas de la Sierra Madre Occidental y la Sierra Madre del Sur sirven de fondo a sus playas erizadas de palmeras y a sus lagunas costeras de aguas azul celeste. Los principales centros de recreo están orientados a los adoradores del sol y a los amantes de la pesca y de todo tipo de deportes acuáticos imaginables. Sin embargo, miles de kilómetros de litoral deshabitado orlan las grandes plantaciones de bananos, mangos y cocoteros para todo aquel que desee evadirse de las multitudes.

PÁGINAS ANTERIORES: remando en el sereno lago de Pátzcuaro.
IZQUIERDA: ofrendas a Jesucristo durante la ceremonia del día de los Difuntos.

EL BAJÍO
Y EL CORAZÓN COLONIAL

Mapa
páginas
236-237

*Durante siglos, de las minas del centro de México se extrajo gran parte
de la plata mundial; hoy en día, su legado se manifiesta en algunos de
los ejemplos de arquitectura colonial más bellos del país*

México D.F.

L os cinco estados del Altiplano Central de México, al norte del Distrito Federal,
reciben menos visitantes que las localidades turísticas de la costa o que algunos
de los estados del sur, pero cualquier viajero con el tiempo, la paciencia y la
curiosidad necesarios para explorarlos descubrirá que tienen mucho que ofrecer.
Zacatecas, Aguascalientes, San Luis Potosí, Guanajuato y Querétaro conforman el
corazón virreinal de México. En las ciudades de esta región pueden verse algunos
de los ejemplos más formidables de la arquitectura colonial, ciudades que crecieron
y prosperaron durante la dominación española como resultado de las ingentes cantidades de plata y otros metales que se extraían de sus minas.

IZQUIERDA: los tejados
de Pátzcuaro.
ABAJO: máscara
de la danza del
jaguar en el Museo
Rafael Coronel,
en Zacatecas.

Zacatecas, la ciudad rosa

El estado de **Zacatecas** constituye la principal vía de paso entre el vasto, desnudo y
desolado norte y la región del altiplano del centro de México, más rica, fértil y con una
mayor densidad de población. En el yacimiento arqueológico de **Chalchihuites ❶**,
al noroeste del estado, una ciudad fortificada que floreció desde el año 900 d.C. hasta
el 1200, han sido halladas maravillosas piezas de cerámica que sugieren la existencia
de contactos en el pasado entre el estilo mesoamericano del
Altiplano Central y el más sencillo estilo geométrico del
oeste norteamericano.

La ciudad de **Zacatecas ❷**, emplazada entre espectaculares cerros desérticos a una altitud de 2 500 metros,
fue declarada propiedad de la Corona española en 1546.
Poco después se extraían enormes cantidades de plata que
se enviaban a España. Se amasaron grandes fortunas en
muy poco tiempo, una prosperidad que dotó a Zacatecas
de algunos de los más bellos ejemplos de arquitectura
colonial de México. La ciudad, una de las más limpias y
acogedoras del país, posee un ambiente peculiar que aúna
el vigor y la austeridad del norte con el refinamiento arquitectónico del Altiplano Central. Sus elegantes mansiones
de piedra ostentan caprichosos balcones de hierro forjado
y ventanas enrejadas. Los sitios más interesantes de la
urbe se concentran en su mayoría en una pequeña área de
12 manzanas o cuadras, que como mejor se recorre es a
pie. Al norte de esta zona, en la plaza de Armas, la **catedral**, con su grácil fachada de piedra rosa de cantería, está
considerada como una de las obras maestras del Barroco
mexicano. En esta plaza se levantan así mismo dos mansiones coloniales: el **Palacio de la Mala Noche** y el **Palacio de Gobierno**.

Al sur de la catedral se encuentran el **teatro Calderón**,
del siglo XIX, y el **mercado González Ortega**, una estructura de hierro forjado de principios del siglo XX reconvertida en una galería comercial. Subiendo desde la plaza de
Armas, detrás de una sobria fachada, la iglesia de **Santo
Domingo**, del siglo XVIII, guarda algunos hermosos retablos

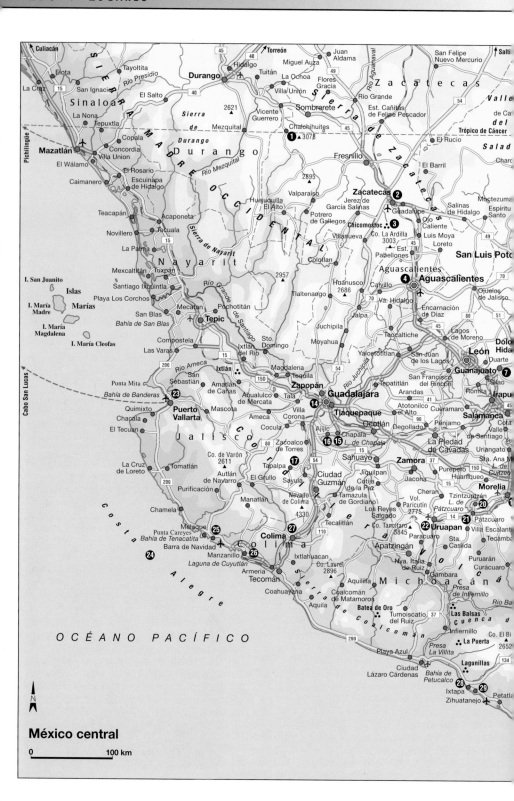

México central

0 ——————— 100 km

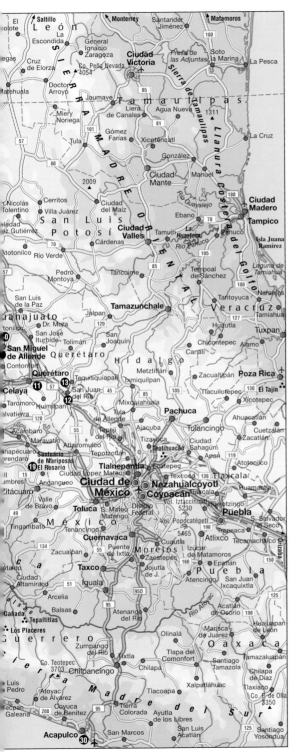

dorados. El monasterio contiguo, del siglo XVII, en la actualidad el **Museo Pedro Coronel** (abierto de viernes a miércoles; se paga entrada), expone una envidiable colección de arte y objetos tanto antiguos como modernos procedentes de todo el mundo (entre ellos obras de Picasso, Braque, Chagall y Miró) que este notable artista zacateco legó a su ciudad natal. El hermano del pintor también donó su propia colección, compuesta por máscaras, marionetas del siglo XIX y algunas piezas de cerámica precolombina, expuesta en el espléndidamente restaurado convento de San Francisco, ahora el **Museo Rafael Coronel** (abierto de jueves a martes; se paga entrada).

Quizás la atracción local más emocionante sea la visita a las profundidades de la **mina El Edén** (de martes a domingo; se paga entrada), una de las más ricas de México y que se explotó desde 1586 hasta la década de 1950. Mientras la visita pasa por espectaculares túneles iluminados, pozos y abismos subterráneos, los guías describen las deplorables condiciones de trabajo que soportaban los mineros durante el virreinato. Desde la entrada de la mina, un funicular sube hasta la cima del **cerro de la Bufa**, donde la panorámica de la ciudad es fantástica. Los fines de semana podrá bailar en una discoteca abierta cerca de la boca de la mina.

El **convento de Guadalupe** (abierto de martes a domingo; se paga entrada), construido en el siglo XVIII y situado a 10 kilómetros al sudeste de Zacatecas, es un extraordinario museo, además de un monasterio con una capilla profusamente ornamentada, que alberga una impresionante colección de pinturas del período colonial.

A unos 45 kilómetros aproximadamente al oeste de la ciudad de Zacatecas, atravesando los mejores pastos de México, en la atractiva ciudad virreinal de **Jerez**, se encuentra el **teatro Hinojosa**, con forma de herradura, que es una réplica del teatro de Ford en Washington DC.

Al borde de la carretera de Guadalajara, a unos 50 kilómetros al sur de Zacatecas, las ruinas de **Chicomostoc** ❸ (abierto a diario; se paga entrada) se extienden por una ladera. Se piensa que La Quemada, como también se conoce, formó parte de una red comercial y estuvo habitada desde el año 300 hasta 1300, cuando el fuego la destruyó.

En Zacatecas la vendimia es abundante; las uvas se emplean en su mayor parte para elaborar un brandy local.

ABAJO: un caballo se toma un muy merecido descanso.

Aguascalientes

La ciudad de **Aguascalientes** ❹ se considera a sí misma como la capital de la uva de México. Hasta no hace demasiado tiempo, el pequeño estado de Aguascalientes, al sur de Zacatecas, era una importante región vinícola, pero los vinicultores no pudieron competir con los vinos importados, ni en el precio ni en la calidad. Hoy en día, la mayor parte de las uvas se destina a la elaboración de brandy mexicano. Las **bodegas San Marcos**, al norte de la urbe, ofrecen visitas guiadas. También al norte de la ciudad están las fuentes de aguas termales de las que proviene el nombre de la ciudad.

Aguascalientes es una apacible ciudad en cuyo célebre **Jardín de San Marcos**, al oeste del centro urbano, se celebra a finales de abril y comienzos de mayo uno de los mayores festivales anuales de México: la **feria de San Marcos**.

En la plaza de la Patria se halla el imponente **Palacio de Gobierno**, del siglo XVIII; las paredes del patio de su interior están decoradas con los vivos colores de los murales del artista chileno Oswaldo Barra Cunningham. La **catedral** barroca del mismo siglo y la galería de imágenes religiosas anexa atesoran cuadros del pintor del virreinato Miguel Cabrera. Hay varios museos en Aguascalientes, pero el más destacado es el **Museo José Guadalupe Posada** (abierto de martes a domingo; entrada gratuita), junto al templo del Encino. Posada, famoso sobre todo por sus grabados satíricos de calaveras (*véanse págs. 262-263*), serviría de inspiración a muchos artistas posteriores (*véanse págs. 108-111*).

San Luis Potosí

El estado de San Luis Potosí es muy extenso y variado: al este, el clima es caluroso y tropical; el centro lo ocupan las secas llanuras, mientras que el oeste es montañoso y abrupto. La ciudad industrial de **San Luis Potosí** ❺ es la capital del estado, y en ella se estableció el gobierno de Juárez antes de la derrota de Maximiliano.

El atractivo centro urbano posee muchas plazas y elegantes palacetes. La joya arquitectónica más sobresaliente de la ciudad es el **templo del Carmen**, una iglesia churrigueresca concluida en 1764, con una fachada adornada con conchas, una cúpula de azulejos de colores y un abigarrado retablo en su interior. El adyacente **teatro de la Paz** se construyó en el siglo XIX, durante la dictadura de Porfirio Díaz. Enfrente, el **Museo Nacional de la Máscara** (abierto de martes a domingo; entrada gratuita) expone unas 1 500 máscaras ceremoniales, tanto precolombinas como modernas, procedentes de todo México. El **Museo Regional de Arte Popular** (abierto de martes a domingo; se paga entrada) es un museo de artesanía regional ubicado en un antiguo monasterio franciscano; en el piso de arriba se encuentra la muy ornamentada capilla de Aranzazú, del siglo XVIII.

Mapa
páginas
236-237

Una ciudad fantasma

Real de Catorce ❻, antaño un activo centro minero de la plata donde había una Real Casa de la Moneda y vivían 40 000 personas, es actualmente poco menos que una ciudad fantasma. Enclavada en las montañas al oeste de Matehuala, hay que atravesar un túnel de 2,5 kilómetros de longitud –un antiguo pozo minero– para llegar a esta asombrosa localidad donde las otrora suntuosas mansiones son ahora espectrales ruinas que flanquean una calle tras otra. No obstante, sus 800 habitantes proporcionan habitaciones de alquiler, así como tiendas, restaurantes, platerías y misticismo: una vez al año, el 4 de octubre, Real de Catorce vuelve a la vida durante la fiesta de San Francisco, a la que acuden miles de peregrinos para las celebraciones.

La Posada de la Virreina, la antigua residencia de los virreyes españoles, es ahora uno de los restaurantes más famosos de México.

Guanajuato

La ciudad de **Guanajuato** ❼, capital del estado del mismo nombre, es una de las localidades turísticas más famosas de México. En los días del virreinato fue el centro

ABAJO: recolectando peyote en Real de Catorce.

EL RITUAL DEL PEYOTE

Antes de partir en su peregrinación anual hacia el territorio sagrado del peyote, próximo a Real de Catorce, en San Luis Potosí, los indígenas huicholes realizan ofrendas a los dioses junto a otros complicados preparativos durante un día y una noche. Todos los años llevan a cabo un viaje de ida y vuelta de 1 000 kilómetros para recolectar estos cactus carentes de espinas y púas, fundamentales para sus ceremonias. Antes acostumbraban tardar unos 20 días a pie pero, en la actualidad, los peregrinos caminan unos cuantos días y luego toman un autobús o un camión, apeándose a lo largo del camino para rendir homenaje a ciertos lugares sagrados.

No resulta sencillo encontrar esta esquiva planta: tan sólo la punta asoma del suelo y su color se funde con el de la tierra. Se tarda unos dos o tres días en reunir 10 o 15 kilos de peyote. En el mismo lugar donde se recoge ingieren un poco para comunicarse con los dioses, secan el resto y lo llevan de vuelta a casa.

Antes de regresar con sus familias, los huicholes rinden homenaje a los dioses para que al año siguiente las cosechas sean abundantes y la vida sea buena. Todo el mundo toma peyote a la vuelta, incluso los niños, quienes lo tragan con ayuda de una bebida de chocolate. Los chamanes comen peyote con el objeto de adquirir la sabiduría necesaria para diagnosticar enfermedades; también está relacionado con las ceremonias de la siembra y la cosecha, la caza del ciervo y el dios de la lluvia.

*Estatuas de don
Quijote y Sancho
Panza en el Museo
Iconográfico
del Quijote,
en Guanajuato.*

de una próspera zona minera y una de las más importantes productoras de plata del mundo. Durante la guerra de la Independencia, las minas se inundaron, pero fueron reabiertas en la época del Porfiriato. Abandonadas de nuevo con la Revolución, volvieron a abrirse hace poco, debido a la recuperación del precio de la plata.

Guanajuato, declarada patrimonio nacional, resulta encantadora, romántica y en ocasiones, turbadora. Esta bien conservada localidad se encuentra en una quebrada a la orilla de un río; ninguna de sus calles discurre en línea recta, todas ellas siguen rumbos erráticos, subiendo y bajando empinadas cuestas, algunas al borde de barrancos; parte de las casas tienen la entrada por el tejado. Los túneles y las calles serpentean entre los bajos de los viejos edificios de la ciudad, donde de forma intermitente surgen escaleras que conducen a una plaza o a un sinuoso callejón.

El corazón de la ciudad

El **Jardín de la Unión Ⓐ**, una umbrosa y fresca plaza con forma de cuña rodeada de cafeterías y situada en el corazón de la ciudad, constituye un buen punto de partida para comenzar una visita. Cruzando la calle se halla la iglesia churrigueresca de **San Diego Ⓑ**, al lado del majestuoso **teatro Juárez Ⓒ** (abierto de martes a domingo; se paga entrada), inaugurado en 1903 por el mismísimo dictador Porfirio Díaz, y cuyo interior presenta un aspecto «franco-morisco».

Casi todos los lugares de interés de Guanajuato se localizan al oeste del Jardín de la Unión, excepto el **Museo Iconográfico del Quijote Ⓓ** (abierto de martes a domingo; entrada gratuita), situado a unas cuantas cuadras en dirección este. Está dedicado al ilustre personaje de Cervantes, don Quijote de la Mancha, y la colección –que contiene desde piezas de muy escaso valor hasta obras de Picasso y Dalí– fue donada por un acaudalado ejecutivo de la publicidad enamorado del caballero de la Mancha.

Dos cuadras al oeste del Jardín de la Unión, cerca de la **plaza de la Paz Ⓔ**, se encuen-

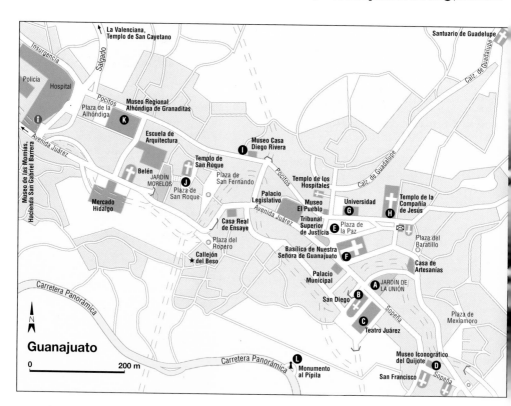

tran algunos de los edificios coloniales más interesantes de Guanajuato. El Tribunal Supremo, diseñado por el arquitecto del siglo XVIII Francisco Eduardo Tresguerras, fue la casa de los **condes de Rul y Valenciana**, propietarios de las minas de plata más ricas de México. El flanco este de la plaza está ocupado por la **basílica de Nuestra Señora de Guanajuato F**, que cobija la imagen de la patrona de la ciudad, obsequio del rey de España Felipe II, y que se cree que data del siglo VII.

La **Universidad G**, un enorme edificio blanco, constituye un magnífico ejemplo de la arquitectura de inspiración morisca de hace tan sólo medio siglo. Es el orgullo de Guanajuato y la pieza central del **Festival Cervantino**, un importante festival internacional de arte que se celebra en la ciudad todos los meses de octubre. Su vecino, el **templo de la Compañía de Jesús H**, una iglesia barroca de color rosa, es la mayor de la urbe, con una impresionante cúpula del siglo XIX y pinturas de Miguel Cabrera en su interior. Una cuadra al oeste de la Universidad, el **Museo Casa Diego Rivera I** (abierto de martes a domingo; se paga entrada) exhibe una colección de obras de este famoso muralista, nacido en esta casa en 1886. No muy lejos, en una estructura francesa de hierro forjado, el **mercado** de Guanajuato se muestra amplio, ruidoso y lleno de buenos y malos olores.

La **plaza de San Roque J** goza de renombre por sus representaciones de *Entremeses cervantinos*, pequeños cuadros cómicos del escritor español del siglo XVI Miguel de Cervantes, que se han convertido en una tradición guanajuatense y son una parte fundamental del festival cervantino.

El Pípila y más allá

La imponente **alhóndiga de Granaditas K** (abierta de martes a domingo; se paga entrada), en su origen un granero público, fue empleada como fortaleza por los españoles y los realistas durante la guerra de la Independencia, hasta que los rebeldes la

Plano página 240

ABAJO: panorámica de Guanajuato desde el monumento al Pípila.

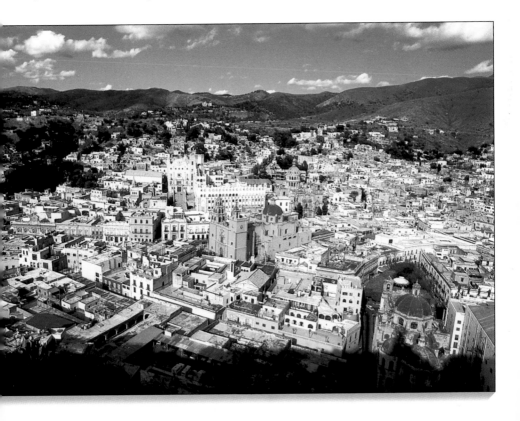

*Según se afirma,
el callejón del
Beso, el más famoso
de Guanajuato, recibió
ese nombre cuando
dos enamorados
a quienes sus familias
impedían verse
lograron besarse
desde sus respectivos
balcones a ambos
lados de la angosta
callejuela.*

capturaron tras el famoso incidente del Pípila: un minero local apodado el Pípila corrió hasta la puerta de la alhóndiga con una losa de piedra a la espalda a modo de protección, le prendió fuego, y los insurrectos se abalanzaron al interior del edificio. En la actualidad alberga un museo con murales de Chávez Morado y una colección de cuadros del pintor guanajuatense del siglo XIX Hermenegildo Bustos. Un grandioso monumento en honor del **Pípila ●** se yergue sobre un monte que domina la ciudad.

Sin embargo, la mejor panorámica de Guanajuato se contempla desde **La Valenciana** (abierta a diario; entrada gratuita), la mina de la que se extrajo gran parte de la plata mundial mientras estuvo dirigida por sus patronos españoles durante el virreinato. La recargada iglesia de **San Cayetano**, junto a la mina, se considera una obra maestra del estilo churrigueresco, con un interior deslumbrante. De camino quizás desee hacer un alto en la atracción más famosa de Guanajuato, el **Museo de las Momias** (abierto a diario; se paga entrada), en donde se exponen más de 100 grotescos cadáveres momificados, la mayoría descubiertos cuando se amplió el cementerio público en 1865 (la combinación de un suelo muy rico en minerales y un aire excepcionalmente seco es capaz de momificar un cadáver en tan sólo cinco años).

La preciosa **Hacienda San Gabriel Barrera** (abierta todos los días, se paga entrada), del siglo XVII, a unos 2 kilómetros de la ciudad por la carretera hacia Marfil, puede que no sea completamente auténtica, pero sí da una idea de la opulencia de los potentados durante el virreinato.

La cuna de la independencia

Dolores Hidalgo ●, 45 kilómetros al nordeste de Guanajuato, es conocida como la cuna de la independencia de México. La bonita **parroquia** del siglo XVIII en la plaza mayor, en la que Hidalgo pronunció su famoso «Grito de Dolores», conserva todo su encanto. El **Museo Casa de Hidalgo** (abierto de martes a domingo; se paga entrada),

ABAJO: preciosa
imagen de la iglesia
de San Cayetano,
en Guanajuato.

en la esquina de la calle Hidalgo con Morelos, era la casa donde Hidalgo vivió y en la que planeó el levantamiento junto a Ignacio Allende y Juan de Aldama. El museo expone objetos personales y documentos relacionados con la vida del sacerdote. Dolores es una típica ciudad mexicana: las casas son macizas y silenciosas, y cuenta con numerosas iglesias sencillas. Varios talleres fabrican cerámica de Talavera, mientras que los puestos de helados son famosos por la variedad de sabores que ofrecen.

San Miguel de Allende

Las hermosas calles y edificios coloniales de **San Miguel de Allende** ❾ están protegidos desde 1926, año en que toda la ciudad fue declarada patrimonio nacional. En 1938, el pintor estadounidense Stirling Dickinson fundó en ella una escuela de arte. Poco después empezaron a llegar artistas extranjeros, escritores y, por último, turistas. El **Instituto Allende**, como se llama, aún es un centro artístico y lingüístico muy apreciado, y uno de los principales atractivos de la ciudad. Ocupa lo que fue la residencia del siglo XVIII del conde de Canal, al sur del municipio. En San Miguel de Allende reside en la actualidad una nutrida comunidad de expatriados estadounidenses, entre los que figuran numerosos pintores y escritores, muchos de los cuales sólo pasan en ella los meses de invierno.

En la Plaza Mayor, dominando toda la ciudad, la **parroquia** neogótica fue proyectada a finales del siglo XIX por un cantero indígena autodidacto de nombre Zeferino Gutiérrez, quien se inspiró mirando postales de iglesias francesas.

Frente a la parroquia, al otro lado de la calle, el **Museo Histórico de San Miguel de Allende** (abierto de martes a domingo; entrada gratuita) está ubicado en la elegante casa en la que nació el héroe independentista Ignacio Allende. Sus piezas ilustran la historia local, en particular el episodio del pronunciamiento independentista y sus héroes. También en la plaza se encuentra la **casa de los condes de Canal** (abierta

NOTA

Si desea información sobre los cursos de arte y artesanía que ofrece el Instituto Allende, llame al (415) 2 01 90.

ABAJO: campesinos platicando en Atotonilco.

de martes a domingo; entrada gratuita), uno de los palacetes de la familia aristocrática de los Canal, los piadosos «Médici» de San Miguel. Fue el dinero de los Canal el que financió en la década de 1730 la **Santa Casa de Loreto**, parte del **oratorio de San Felipe Neri**, un edificio del siglo XVIII erizado de torres, situado a unas cuantas cuadras en dirección nordeste. La capilla, consagrada a la Virgen María, es una réplica de otra edificada en Loreto, Italia, y contiene un fastuoso y extravagante camerino. La iglesia principal atesora más de 30 pinturas que plasman la vida de san Felipe, algunas de ellas de Miguel Cabrera.

A dos cuadras hacia el oeste del jardín de la calle Canal se alzan la iglesia y el monasterio de **La Concepción**, cuya inmensa cúpula (añadida a finales del siglo XIX, obra una vez más de Zeferino Gutiérrez) remeda la de los Inválidos en París. El antiguo monasterio alberga ahora el instituto y centro cultural público de **Bellas Artes**. Al igual que el Instituto Allende, Bellas Artes organiza cursos de arte y artesanía. Una de las aulas ostenta un mural incompleto de David Alfaro Siqueiros (*véase pág. 110*), que fue maestro en esta institución docente en la década de 1940.

Uno de los principales atractivos de San Miguel son sus excelentes comercios. Existe un gran número de galerías y tiendas de artesanía en torno a la Plaza Mayor, muchas de las cuales venden preciosos artículos hechos a mano, entre ellos los finos manteles de tela y los objetos de hojalata y latón que se fabrican en la comarca.

El Charco del Ingenio es un jardín botánico de 65 hectáreas de superficie dedicado en su mayor parte al cultivo de cactus y otras plantas autóctonas de esta región semidesértica de México. Situado sobre una colina a tan sólo 1,5 kilómetros al nordeste de San Miguel, las vistas que ofrece del valle y la ciudad son espectaculares.

Existen varios balnearios con fuentes de aguas termales y minerales en las inmediaciones de San Miguel. **Taboada**, a 10 kilómetros al noroeste, es probable que sea el más frecuentado. Un poco más adelante, en el pueblo de **Atotonilco** ⑩, hay una igle-

El cerro del Cubilete, un monte que se alza entre Guanajuato y León, señala el centro geográfico de México. En la cima se yergue una estatua de 20 metros de altura que representa a Jesucristo con los brazos abiertos en actitud de bendecir el valle.

ABAJO: una novia mexicana llega a la iglesia.

EL GRITO DE LA INDEPENDENCIA

La mañana del 16 de septiembre de 1810, en la ciudad de Dolores, el párroco Miguel Hidalgo tocó las campanas de la iglesia. Pronunció entonces ante la congregación reunida en la plaza un apasionado discurso que finalizó con el famoso «Grito de Dolores», que rezaba «¡Que mueran los gachupines!», un grito a favor de la independencia de México, el llamamiento más famoso de la historia mexicana.

El padre Miguel Hidalgo, criollo, se convertiría enseguida en el cabecilla moral y político del movimiento independentista. No poseía ninguna formación militar, pero, con la ayuda de hombres de armas como Ignacio Allende y Juan Aldama, sus tropas —compuestas por criollos, mestizos e indígenas— se adueñaron de una gran extensión del occidente de México y a punto estuvieron de apoderarse de la mismísima capital del país. Diez meses después, el padre Hidalgo fue encarcelado y fusilado en Chihuahua. Once años más tarde, cuando por fin se obtuvo la independencia, la ciudad fue rebautizada con el nombre de Dolores Hidalgo.

Todos los años, la noche del 15 de septiembre, grandes multitudes se agolpan en los zócalos de todas las localidades del país para escuchar al presidente y a los políticos repetir «El Grito»: «¡Viva México!», que da comienzo a los festejos del día de la Independencia, y esa noche vuelven a repicar las campanas de la iglesia en Dolores Hidalgo.

sia barroca, foco de peregrinación y repleta una enorme variedad de obras de arte, entre ellas, unos frescos del artista del período virreinal Miguel Antonio Martínez de Pocasangre.

Mapa
páginas
236-237

Ciudades de El Bajío

Las ciudades coloniales de **León**, **Irapuato**, **Salamanca** y **Celaya**, todavía en el estado de Guanajuato, se están expandiendo con rapidez y no son lugares demasiado turísticos. La animada **León** es un importante centro industrial y comercial, capital del sector zapatero de México y un buen sitio para comprar artículos de cuero de todo tipo.

Salamanca, antaño una soñolienta villa campesina, se ha convertido en una localidad próspera y caótica desde que se instaló allí una enorme refinería. Como compensación, cuenta con la iglesia de **San Agustín**, que posee uno de los retablos más hermosos de México. En el pueblo agrícola de **Yuriria**, al sur de Salamanca, hay un monasterio agustino del siglo XVI provisto de una abigarrada fachada plateresca.

Celaya luce algunos edificios de arquitectura colonial tardía y el **templo del Carmen**, una construcción neoclásica diseñada por el arquitecto del siglo XVIII Francisco Eduardo Tresguerras.

Las hojas del nopal o chumbera son muy sabrosas asadas o cocidas como relleno de los tacos.

Querétaro

Guanajuato limita con el estado de Querétaro, cuya capital, llamada también **Querétaro ⓫**, es conocida por su arte colonial. Dispone así mismo de una buena plaza de toros en la que lidian toreros famosos que atraen a entusiastas desde muy lejos. En Querétaro han tenido lugar algunos de los episodios más significativos de la historia de México, como los sucesos que precipitaron la proclamación de la independencia. El tratado de Guadalupe Hidalgo, que puso fin a la guerra con Estados Unidos, por la que estos últimos pasaron a ser dueños de más de la mitad del territorio nacional mexicano,

ABAJO: charros intentando derribar un novillo.

NOTA

Para disfrutar
de un interesante
paseo por la ciudad,
únase a la visita
guiada que sale
de la oficina turística
(calle Pasteur 17)
todas las mañanas
a las 10:30 h.

ABAJO: arando
en el altiplano.

se firmó en Querétaro en 1848. También fue aquí donde se fusiló a Maximiliano en 1867, y donde se proclamó la Constitución de 1917.

Junto a la Plaza Mayor, o Jardín Obregón, se alza la iglesia de **San Francisco**, una de las primeras de la localidad. El claustro del monasterio contiguo alberga en la actualidad el **Museo Regional** (abierto de martes a domingo; se paga entrada).

Una cuadra al norte del jardín se halla el **teatro de la República** (abierto de lunes a sábado; entrada gratuita). En este edificio fue donde un tribunal decidió en 1867 el destino del emperador Maximiliano, y fue así mismo testigo de la firma de la Constitución mexicana de 1917.

La **casa de la Corregidora** (ahora el Palacio de Gobierno), frente a la encantadora plaza de la Independencia, fue en otros tiempos la elegante residencia de doña Josefa Ortiz de Domínguez, esposa del gobernador local. En 1810, doña Josefa, «la corregidora», envió un mensaje secreto desde esta casa a los conspiradores independentistas para avisarles que su marido había descubierto sus planes; su intervención indujo al padre Hidalgo a pronunciar su «Grito de Dolores» (*véase pág. 244*).

Monumentos aristocráticos y gárgolas maliciosas

De forma bastante sorprendente, el monumento de la plaza no está dedicado al padre Hidalgo o a Ignacio Allende, sino a un aristócrata del virreinato, Juan Antonio Urrutia y Aranda, quien mandó construir, hace más de 250 años, el majestuoso **acueducto** de 1 170 metros de longitud y 74 arcadas.

El **Museo de Arte de Querétaro** (abierto de martes a domingo; se paga entrada) está ubicado en un monasterio agustino del Barroco tardío provisto de unos arcos y columnas fantásticamente esculpidos. Sus gárgolas de maliciosa mirada se dice que pronuncian el nombre de la Virgen María en el lenguaje de los signos. En el museo se exhibe una buena colección de pinturas de los siglos XVI al XX.

El Barroco religioso

Detrás de una fachada engañosamente austera, la iglesia de **Santa Clara**, una manzana más al norte, en la esquina de las calles Madero y Allende, ostenta un barroco desbocado: las paredes de su interior están cubiertas de estridentes retablos dorados, mientras que el enrejado que separa el coro de la congregación es, sin duda, una obra maestra. Afuera, la fuente dedicada a Neptuno fue diseñada en 1797 por uno de los más grandes arquitectos mexicanos, Francisco Eduardo Tresguerras. **Santa Rosa de Viterbo**, al sudoeste del centro urbano, en la esquina de Arteaga con Montes, contiene unos magníficos retablos y un espléndido órgano.

Al este del centro, el **convento de la Santa Cruz** (abierto a diario; se pide un donativo) se construyó en el lugar donde los otomíes fueron vencidos en 1531, y se dice que por él vaga el espíritu del difunto emperador Maximiliano, quien permaneció prisionero allí antes de ser fusilado.

Al oeste de Querétaro se levanta el **cerro de las Campanas**, bajo y desnudo, donde el pelotón de ejecución acabó con la vida de Maximiliano. Cerca se encuentra una humilde capilla consagrada al emperador y una enorme estatua de Benito Juárez.

El estado de Querétaro

San Juan del Río ⓬, a unos 61 kilómetros al sur de Querétaro, es un destino de fin de semana muy frecuentado por los habitantes de la capital del estado. Se trata de una blanca ciudad comercial con calles estrechas y sólidas casas provincianas. Algunos de los mejores toros bravos de México se crían en sus aledaños; los cesteros y los lapidarios (de ópalo y amatista) de la ciudad gozan de una gran reputación.

Cerca, por la autopista 120, se encuentra el pintoresco pueblo de **Tequisquiapan** ⓭, otro destino de fin de semana con fuentes termales, un clima suave, instalaciones para practicar deportes acuáticos y un bullicioso festival del vino y el queso en verano.

Mapa
páginas
236-237

El pintor impresionista de nacionalidad francesa Édouard Manet se basó en relatos de testigos para crear su famoso cuadro del fusilamiento del emperador Maximiliano.

ABAJO: el Jardín Obregón, la Plaza Mayor de Querétaro.

JALISCO Y MICHOACÁN

Guadalajara y Morelia son ciudades muy españolas, pero en los pueblos de los purépechas y los huicholes de Michoacán y Jalisco, la cultura y las tradiciones indígenas aún gozan de una fuerte presencia

Mapas páginas 236 y 250

Jalisco, al noroeste de la Ciudad de México y el Altiplano Central, es uno de los estados más importantes del país. Cuenta con agricultura, una floreciente industria y localidades turísticas muy visitadas. Su capital, **Guadalajara ⑭**, es la segunda ciudad más grande de México, con más de 4 millones de habitantes. Jalisco es también el lugar de donde proceden el tequila, el jarabe tapatío y la música de los mariachis.

Situada sobre una meseta a 1 524 metros de altitud, Guadalajara ha recibido al apelativo de «la mayor pequeña ciudad de México» y se la considera una dinámica metrópoli que ha sabido conservar la atmósfera de una villa de provincia. Se dice que la ciudad disfruta del mejor clima de Norteamérica, con una temperatura media de 20 °C todo el año.

La perla del oeste

Guadalajara es una ciudad de parques y monumentos, plazas frescas y umbrías con bonitas fuentes, encantadores edificios, patios llenos de flores y vistosos trolebuses blancos que se deslizan sobre neumáticos. Posee así mismo restaurantes y hoteles de lujo tan refinados como se pueden encontrar en las principales capitales europeas. Además, hay galerías de arte, librerías y algunos de los mejores murales del país.

Guadalajara fue fundada en 1532 por Nuño de Guzmán, pero la Corona española no la reconoció hasta diez años más tarde. Guzmán, un conquistador cruel y ambicioso que pretendía que Guadalajara fuera la capital del reino de Nueva Galicia, fue enviado de vuelta a España vilipendiado. Guadalajara se las arregló para permanecer independiente de la ciudad de México y su arzobispado era tan rico y poderoso como el de la propia capital.

Guadalajara es desde hace mucho tiempo un importante centro comercial que siempre ha mantenido una cierta autonomía política y judicial; se encuentra estratégicamente emplazada próxima a unos cuantos pasos que conducen a través de las montañas a la fértil costa del Pacífico. Su universidad fue fundada muy pronto y en ella cursaban sus estudios alumnos procedentes de lugares tan lejanos como el sur de Texas, que entonces formaba parte de Nueva España.

La mayoría de los monumentos de interés en Guadalajara se concentran en el centro urbano. El más emblemático, la enorme **catedral 🅐** con su pináculo de tejas amarillas, luce una mezcolanza de estilos, desde el neogótico hasta el barroco y el neoclásico. Flanqueada por cuatro plazas, proporciona un ansiado oasis en medio del ajetreo de la gran ciudad.

Una fuente en la **plaza de los Laureles 🅑**, frente a la catedral, conmemora la fundación del municipio; en el lado norte se levanta la porticada Presidencia Municipal (el ayuntamiento). Algunos de los hombres más insignes de Jalisco yacen enterrados bajo la **Rotonda de los Hombres Ilustres 🅒**, que se alza, rodeada de columnas dóri-

IZQUIERDA: un campesino da forma a un sombrero hecho de una fibra trenzada de cactus llamada ixtle. **ABAJO:** cartucheras charras de imitación a la venta.

*Cuando más bonita
está Guadalajara
es en marzo, cuando
florece el jacarandá.
Sin embargo,
la época más animada
del año es la de las
Fiestas de Octubre,
con mariachis,
charros, procesiones
y fuegos artificiales
todas las noches.*

cas, en el centro de otra plaza al norte de la catedral, cuyas sombreadas veredas salpican aquí y allá las estatuas de jalicienses famosos. El **Museo Regional ❹** (abierto de martes a domingo; se paga entrada) ocupa un atractivo edificio del siglo XVIII, un antiguo seminario, en el flanco oriental de la plaza. El museo dispone de salas dedicadas a la arqueología, la historia del virreinato, la pintura y la etnografía.

Al sur de la catedral se encuentra la preciosa **plaza de Armas ❺**, que en un principio era la principal plaza del mercado de Guadalajara y donde se llevaban a cabo las ejecuciones públicas. En el templete francés del centro se celebran conciertos todos los jueves y domingos por la tarde. Frente a la plaza, el **Palacio de Gobierno ❻**, del Barroco tardío, ostenta un espléndido mural realizado por **José Clemente Orozco** (*véase pág. 110*), un soberbio homenaje al padre Miguel Hidalgo, el «padre de la Independencia de México».

La **plaza de la Liberación ❼**, al este de la catedral, es la más grande de las cuatro. Diseñada por el arquitecto guadalajarense contemporáneo Ignacio Díaz Morales, su estilo armoniza con el de los edificios que enmarcan la parte trasera de la catedral y la fachada del recientemente restaurado **teatro Degollado ❽**, del siglo XIX, provisto de un suntuoso interior de terciopelo rojo y ornamentaciones doradas, y un techo en el que hay pintada una escena de la *Divina comedia* de Dante.

Hospicio Cabañas

Detrás del teatro, la **plaza Tapatía ❾** es un recinto peatonal alargado que conduce al elegante **Hospicio Cabañas ❿** (abierto de martes a domingo; se paga entrada), fundado y financiado por uno de los grandes benefactores de Guadalajara, el obispo Juan Ruiz de Cabañas. Más de 20 patios comunican las distintas secciones de este edificio neoclásico, que proyectó Manuel Tolsá en 1805. En el centro se encuentra la capilla Tolsá, cuyas paredes y techo adornan los que se consideran los más hermosos mura-

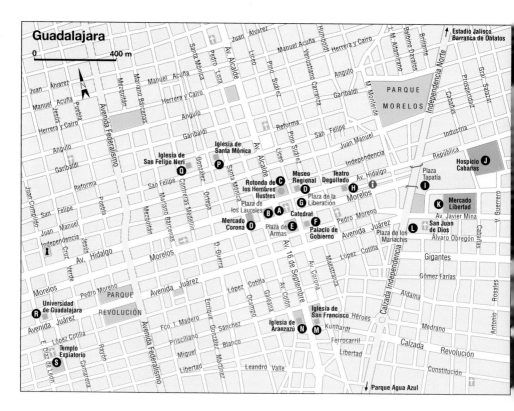

les de Orozco, pintados a finales de la década de 1930. Estas formidables obras simbólicas recrean, entre otras cosas, la destrucción y el sufrimiento que originó la conquista española. Existe así mismo un museo en el que se expone una colección de dibujos y pinturas de Orozco –natural de Jalisco–, además de exposiciones itinerantes de otros pintores, en su mayoría, contemporáneos. Esta institución cultural, la más importante de la ciudad, organiza también muchas otras actividades artísticas, como representaciones teatrales, conciertos y proyecciones de películas.

Puestos de mercado y mariachis

Al sur del hospicio Cabañas, en el corazón del casco antiguo de Guadalajara, el **mercado Libertad** Ⓚ es un amplio y colorido mercado cubierto. Más conocido por el nombre de San Juan de Dios, debido a la iglesia cercana, se vende en él de todo, desde hierbas medicinales, alimentos frescos y artículos de artesanía, hasta pantalones vaqueros importados y equipos musicales estéreo. La **plaza de los Mariachis** Ⓛ, junto a la iglesia, cobra vida por las tardes, cuando los músicos se reúnen en ella para tocar canciones tradicionales y corridos frente a las cafeterías y los restaurantes.

San Francisco Ⓜ y Aranzazú Ⓝ, en la zona sur del centro urbano, son dos extraordinarias iglesias coloniales construidas por los franciscanos como parte de su ambicioso proyecto de extender las misiones hasta las Californias. Aunque en la actualidad se encuentran en un activo distrito financiero, rodeadas por unos atractivos jardines, estuvieron en otra época en el mismísimo corazón de uno de los mejores barrios de la ciudad. El interior del templo de Aranzazú está profusamente decorado con tres retablos churriguerescos; un incendio provocado destruyó los de la más vieja iglesia de San Francisco en la década de 1930.

Más al sur, hacia la estación de ferrocarril, el extenso y bien cuidado **parque Agua Azul** (abierto de martes a domingo; se paga entrada) se extiende como un oasis de

Plano
página
250

NOTA

En el mercado Libertad podrá encontrar un enorme surtido de artículos de cuero, como cinturones. Los dulces caseros tradicionales son otra especialidad; pruebe los de tamarindo y el dulcísimo refresco de coco «cocada envinada».

ABAJO: carruajes típicos en Guadalajara.

Plano
página
250

paz frente al bullicio de la gran ciudad, con una pajarera, una gran jaula de mariposas y un invernadero de orquídeas. En la **Casa de las Artesanías de Jalisco**, en el margen norte del parque, es posible adquirir excelentes objetos artesanales procedentes de todos los rincones del estado. Dos cuadras al oeste de la catedral existe otro mercado interesante, el **mercado Corona ⓞ**, donde se venden todo tipo de tés, infusiones y remedios naturales imaginables. Esta parte de la ciudad es una de las mejores y más agradables para callejear.

Muchas de sus calles están orladas por los naranjos, mientras que algunas de las casas pintadas de vivos colores lucen unas bonitas celosías de hierro forjado que van a dar a patios inundados por la buganvilla, el jazmín y el trinar de los pájaros. Dos iglesias que a menudo se pasan por alto en esta zona son **Santa Mónica ⓟ** y **San Felipe Neri ⓠ**; la primera, una iglesia conventual que ostenta una prodigiosa fachada barroca. En su interior, las mujeres todavía rezan a san Cristóbal para que las ayude a encontrar marido (o a librarse del que ya tienen). La cercana San Felipe, del siglo XVIII, es una espléndida iglesia provista de un exótico campanario y una cúpula de hermosas proporciones.

Hacia la universidad y más allá

Más hacia el oeste, por la avenida Juárez, se llega a la **Universidad de Guadalajara ⓡ**, cuyo edificio central data de la década de 1920. Más murales impresionantes de Orozco decoran la cúpula y el muro posterior del paraninfo. También en ese edificio está el **Museo de Arte Contemporáneo** (abierto de martes a sábado; se paga entrada), que dispone de una exposición permanente de arte moderno, sobre todo local, además de otras itinerantes de más lejos. Detrás de la universidad se encuentra la gran iglesia neogótica inspirada en la catedral de Orvieto, Italia, conocida como el **Templo Expiatorio ⓢ**. Podrá descansar del ruido y el tráfico del centro urbano

ABAJO: mariachis en miniatura.

Tequila

Al igual que Jerez, Curaçao, Champagne y otro puñado de sitios, Tequila ha alcanzado una reputación desproporcionada para su tamaño. Millones de bebedores que ni siquiera sueñan con ir a esta pequeña ciudad pronuncian entusiasmados su nombre. A menos de una hora en coche al noroeste de Guadalajara, Tequila descansa a la sombra de un volcán extinto de 2 950 metros de altura y está rodeada por miles de hectáreas de lanzas verdeazuladas, las hojas de los magueyes.

Aunque existen cientos de especies distintas de este cactus, con arreglo a la ley mexicana por lo menos el 51 por ciento de cualquier tequila debe proceder del maguey azul o zapalote, que sólo crece en esta región. Las mejores marcas emplean sólo esta planta; las más baratas añaden aguardiente de caña.

Después de dejar crecer la planta entre ocho y diez años, se cortan las ramas o pencas, tras lo cual queda una piña de unos 50 kilos de peso que se cuece y luego se macera y exprime. Se añade azúcar y se deja que fermente durante cuatro días antes de someterla a dos destilaciones. Entonces, la mayoría de este líquido incoloro se embotella y el resto se envejece en barricas de roble hasta un máximo de siete años, en el transcurso de los cuales adquiere ese color de madera y sabor suave del tequila añejo.

El mezcal y el pulque se obtienen también del maguey. El pulque –la única bebida alcohólica que conocían las civilizaciones indígenas precolombinas– se fermenta en lugar de destilarlo (el proceso de destilación no se conocía antes de la conquista). Se dice que el pulque, una bebida lechosa y turbia con un olor punzante y un sabor al que hay que acostumbrarse, es algo alucinógeno. Las pulquerías, con sus típicos suelos cubiertos de serrín, tienden a atraer a una clientela predominantemente masculina de obreros. Sin embargo, cuando se «cura» con frutas como la guayaba, la piña o las fresas, el pulque se vuelve mucho más grato al paladar, y a veces se sirve en bodas u otras celebraciones. El mezcal, por otra parte, es una fortísima bebida alcohólica que, al igual que el tequila, se destila, pero el método empleado es diferente. El pequeño gusano que hay en las botellas de mezcal se considera una exquisitez, posiblemente porque absorbe el alcohol.

Pero el tequila es el único de los tres que se codea con los licores más exquisitos, sobre todo en Estados Unidos, que a finales de la década de 1980 importaba más de 5 millones de cajas al año de su vecino del sur.

El tequila se hizo popular ya en el siglo XVII, pero su reputación internacional se dispararía gracias a los soldados estadounidenses que durante la Segunda Guerra Mundial se pasaban los permisos en Tijuana y otras ciudades colindantes con la frontera.

La manera correcta de beber tequila empieza por poner una pizca de sal entre los dedos pulgar e índice, chuparla después de haber succionado unas gotas del zumo de una rodaja de limón y dar un trago del «caballito» (el pequeño vaso que se utiliza para servir el tequila). La idea es establecer un equilibrio preciso y satisfactorio de sabores fuertes, en el cual el fuego puro y pletórico del tequila se vea complementado por la acidez del limón y el alivio que proporcionan esos pocos granos de sal. Los menos puristas prefieren tomar su tequila con sangrita, una mezcla picante que contiene zumo de tomate y de naranja, o en la ahora mundialmente famosa «margarita».

DERECHA: tomándose un tequilita.

De Jalisco procede el estereotipo mexicano: el macho con bigotes y un gran sombrero de ala ancha montado a caballo (aunque en la actualidad es igual de probable que conduzca una camioneta).

Abajo: los sombreros de fieltro que llevan los charros son muy caros.

en la zona inmediatamente detrás de la universidad, a lo largo de las calles Vallarta y Chapultepec, amplias y arboladas, y con tentadoras terrazas en sus aceras.

La **calzada Independencia** constituye la espina dorsal de la Guadalajara popular. No se trata de una calle bonita, pero es animada y está llena de vida. En dirección norte se llega a un enorme estadio de fútbol, el **estadio Jalisco**, un auténtico santuario del deporte con el mayor número de aficionados –algunos dirían fanáticos– de México. Unos cuantos kilómetros más hacia el norte se encuentra la **Barranca de Oblatos,** una magnífica garganta cuyas paredes, de hasta 600 metros de altura, tapiza una exuberante vegetación y en la que hay una soberbia catarata llamada la **Cola de Caballo.** Al fondo del cañón, el río Santiago fluye hacia el trópico, rumbo al lejano Pacífico. Desde el zoológico del cercano **parque Huentitán,** las vistas de la barranca son preciosas; cuenta así mismo con un parque de atracciones y un planetario.

La gente visita **Zapopán,** situado en la periferia al noroeste de Guadalajara, por su basílica, una iglesia barroca que alberga la imagen milagrosa de la Virgen de Zapopán. Todos los veranos se saca en procesión a la Virgen por las calles de Guadalajara, llevándola de iglesia en iglesia; luego, el 12 de octubre, en lo que debe de ser una de las romerías más concurridas del mundo, la imagen se lleva de vuelta a Zapopán. Junto a la iglesia está el pequeño pero interesante **Museo Huichol** (abierto a diario; entrada gratuita), donde se exponen objetos relacionados con el arte, la artesanía y las costumbres de los indígenas huicholes.

Tlaquepaque y Tonalá

San Pedro Tlaquepaque, en las afueras de Guadalajara, al sudeste, goza de fama nacional por su alfarería, aunque la calidad y el estilo se han deteriorado debido a la gran cantidad de piezas que ahora se fabrican en masa; no obstante, aún es posible hallar un gran número de hermosas obras de artesanía hechas a mano, y también vale

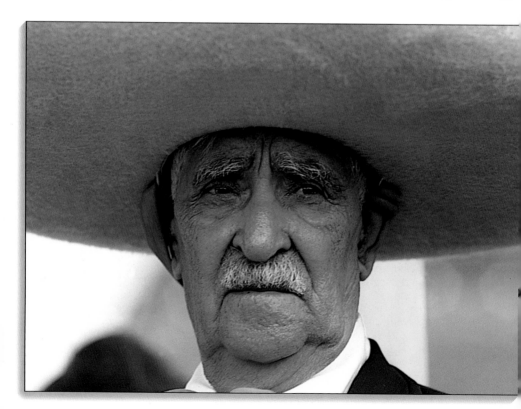

la pena visitar el **Museo Regional de Cerámica y Artes Populares** (abierto de martes a domingo; entrada gratuita) por su muestra de alfarería de la región. Pero lo mejor que se puede hacer en Tlaquepaque es deambular por sus calles adoquinadas y curiosear en las muchas casas del siglo XIX que han sido rehabilitadas como tiendas y restaurantes. **El Parián**, el mercado cubierto del céntrico jardín Hidalgo, es un lugar favorito de los «tapatíos» –como se denomina a los guadalajarenses–, quienes acuden en tropel los fines de semana para tomarse unas cervezas, comer «birria» (un plato regional compuesto de cabrito en una salsa de chile rojo) y escuchar a los mariachis.

Gran parte de la cerámica y cristalería que se vende en Tlaquepaque y Guadalajara se confecciona en las fábricas de la vecina **Tonalá**. Los jueves y domingos, la práctica totalidad del municipio se convierte en un mercado callejero.

Mapas
páginas
236 y 250

Chapala y más lejos

Al sudeste de Guadalajara se encuentra el **lago de Chapala**, el más grande de México, conocido por sus gloriosas puestas de sol. Las cómodas viviendas de fin de semana de los «tapatíos» adinerados y los jubilados estadounidenses se agrupan en la orilla septentrional. La ciudad de **Chapala** ⓯, a tan sólo 40 minutos de Guadalajara, suele estar atestada los fines de semana, aunque en ella podrá alquilar una embarcación que le lleve hasta una de las diminutas islas para almorzar o tomar un refresco. Más hacia el oeste por la orilla descansa el atractivo y apacible pueblo de **Ajijic** ⓰, con una nutrida comunidad de expatriados estadounidenses y el balneario de fuentes de aguas termales de **San Juan Cosalá**.

En **Tapalpa** ⓱, una deliciosa villa de casas viejas con balcones de madera ubicada en las frescas laderas cubiertas de pinos que se extienden al sudeste del lago Chapala, el paisaje cambia por completo y constituye una encantadora escapada de fin de semana de la ciudad.

ABAJO: la tranquila población de Tapalpa.

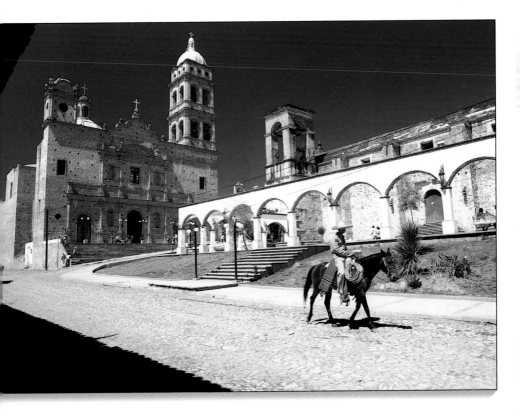

*Postales religiosas
a la venta.*

Pero todo aquel que desee pasar unos cuantos días de asueto en la playa tiene, a unos minutos en avión o a tres horas en coche, **Puerto Vallarta**, la localidad turística del Pacífico más elegante de Jalisco. Para aquellos que prefieran menos agitación y más intimidad existen largos trechos de playas de arena rubia al norte de Puerto Vallarta y románticas calas rocosas al sur (*véanse págs. 265-273*).

Michoacán

Cada persona se inclina por un estado mexicano como favorito, y para muchos sería el montañoso **Michoacán**. Sus lagos, ríos, pueblos indígenas, volcanes y ciudades coloniales hacen de él una especie de México en miniatura. Su capital, **Morelia ⑱**, al nordeste del estado, se llamaba antes Valladolid, pero en 1828 se rebautizó en honor a José María Morelos, uno de los héroes de la guerra de la Independencia. Las carreteras de la ciudad de México (tanto la libre como la de peaje) son preciosas; la libre serpentea entre bosques de pinos y límpidas cascadas para cruzar las **Mil Cumbres** (también hay mil curvas).

El clima es suave y la vida avanza despacio en Morelia, una bonita ciudad colonial construida con piedra de color rosa. Se tardó más de un siglo (1640-1744) en erigir la **catedral Ⓐ**, una magnífica fusión de los estilos herreriano, barroco y neoclásico. Por desgracia, buena parte de los relieves barrocos de su interior fueron sustituidos en el siglo xix. No obstante, atesora un espléndido órgano alemán y una imagen de Jesucristo hecha de pasta de maíz con una corona del siglo xvi, obsequio del rey español Felipe II. En el **Palacio de Gobierno Ⓑ**, un antiguo seminario en la otra acera de la avenida Madero, el artista local Alfredo Zalce ha pintado unos coloridos murales que recrean la belleza de Michoacán y su rica historia.

ABAJO: Morelia al anochecer.

La **casa natal de Morelos** (abierta de lunes a sábado; entrada gratuita), en la esquina de la calle Corregidora con Obeso, es, como su nombre indica, el lugar de

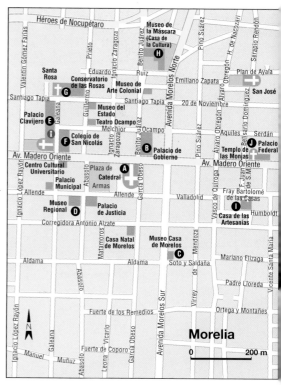

Morelia

nacimiento de José María Morelos y Pavón, el héroe del movimiento independentista, que estudió con el padre Hidalgo y también se haría cura. El **Museo Casa de Morelos G** (abierto a diario; se paga entrada), lugar de residencia de Morelos a partir de 1801, una manzana al este, está dedicado a su vida, con recuerdos como la venda que le pusieron en los ojos cuando fue fusilado en 1815. En una bocacalle del zócalo se encuentra el **Museo Regional D** (abierto de martes a domingo; se paga entrada), donde se exponen piezas de arqueología, historia, etnología y, lo más interesante, una botica intacta que data de 1868.

El elegante **palacio Clavijero E**, un antiguo seminario jesuita fundado en 1660, es ahora la **oficina de información turística**. Se le puso el nombre en honor de Francisco Xavier Clavijero, un jesuita que fue maestro en el seminario y que escribió lo que muchos consideran la mejor historia de México. El cercano **colegio de San Nicolás F**, en el que de joven estudió Morelos, es una de las universidades más antiguas de América. Una cuadra más al norte, frente a una tranquila plaza con una estatua de Miguel de Cervantes, se levantan la bella iglesia barroca de **Santa Rosa G** y el adyacente **Conservatorio de las Rosas**, del siglo XVIII, que todavía funciona como importante escuela de música.

Máscaras maravillosas

En el **Museo de la Máscara H** (abierto a diario; entrada gratuita) se exhibe una pequeña pero fascinante colección de máscaras ceremoniales relacionadas con los bailes de diferentes regiones de México. El museo forma parte de la Casa de la Cultura, una activa institución cultural ubicada en el reconvertido **convento del Carmen**, que organiza talleres de artesanía, actuaciones y exposiciones temporales.

Tres cuadras al este del zócalo, en el también rehabilitado convento de San Francisco, la **Casa de las Artesanías I** (abierta de martes a domingo; se paga entrada)

Mapas
páginas
236 y 256

Los más golosos deberían probar los chongos zamoranos, una especialidad local con un contenido en azúcar difícil de superar; incluso es posible comprarlos en latas para llevárselos de regreso a casa.

ABAJO: mercado purépecha.

*Una heladería
de Morelia.*

dedica salas independientes a la artesanía de los distintos pueblos de Michoacán, cuyas portentosas creaciones quizás sólo sean superadas por las de Oaxaca. Más hacia el este, pasado el bonito **templo de las Monjas ❶**, en la avenida Madero, se encuentra el **acueducto** dieciochesco de 253 arcos. Al sur del acueducto, en el parque más grande de Morelia –el bosque de Cuauhtémoc–, se halla el **Museo de Arte Contemporáneo** (abierto de martes a domingo; entrada gratuita), que dispone de una muy buena colección de arte moderno contemporáneo.

Todos los años, entre 30 y 100 millones de mariposas monarca vuelan desde Canadá y Estados Unidos hasta su zona de puesta, situada al este de Michoacán. Cerca del pueblo de Angangueo, no muy lejos de la autopista Ciudad de México-Morelia, se puede visitar el **Santuario de Mariposas El Rosario ⓭** (abierto a diario; se paga entrada) entre noviembre y mediados de abril, fechas en que sus alas colorean todo el paisaje de un suave naranja aterciopelado. Es preferible ir al santuario por las mañanas, cuando las mariposas revolotean desde los árboles al húmedo suelo, a medida que aumenta el calor, presentando un espectáculo realmente fascinante.

El lago de Pátzcuaro y Janitzio

Morelia no es representativa del resto de Michoacán, que ha conservado un fuerte componente indígena. Justo al oeste de Morelia, rodeado de pueblos indígenas, se encuentra el **lago de Pátzcuaro ⓴**, en el cual los pescadores utilizan unas características redes de pesca con forma de mariposa. Existen excursiones en barco a la isla de **Janitzio**, en medio del lago, con una gigantesca estatua de 40 metros de altura del héroe de la Independencia José María Morelos. Se puede subir por el interior de la estatua hasta el puño en alto para disfrutar de unas maravillosas vistas panorámicas.

ABAJO: pescando en el lago de Pátzcuaro.

Janitzio es conocida sobre todo por las celebraciones del **día de los Difuntos** (*véanse págs. 262-263*), los días 1 y 2 de noviembre, cuando los lugareños cruzan el

lago en una procesión de canoas iluminadas con cirios para llevar flores, comida y otras ofrendas al cementerio, como homenaje a sus seres queridos. A los turistas se les suele disuadir de presenciar la vigilia nocturna de Janitzio, a fin de preservar la intimidad del momento, pero existen otros cementerios en la región en donde no se les ponen tantas trabas a los visitantes que deseen asistir a las conmemoraciones.

Pátzcuaro

La ciudad de **Pátzcuaro** ㉑, en la orilla sur del lago, tiene casas de adobe encaladas con tejados saledizos de tejas rojas, mansiones coloniales con balcones y escudos de armas, calles adoquinadas y perfume de madera quemada en el aire. Estamos en el corazón del territorio de los indígenas purépechas; el mercado de los viernes es especialmente animado, aunque los artículos importados están sustituyendo a los objetos artesanales de los indígenas.

Todos los monumentos de mayor interés de Pátzcuaro se concentran en las dos plazas del centro o en torno a ellas: en primer lugar, la umbría **plaza Vasco de Quiroga**, dedicada al obispo del siglo XVI que consagró su vida a la defensa de los purépechas o tarascos, cuya estatua se alza en el centro. Al este, la plaza está flanqueada por la **casa del Gigante**, antigua residencia del siglo XVII de los condes de Menocal que sigue siendo una casa particular. Otros palacetes han sido transformados en hoteles, restaurantes y tiendas de artesanía.

La **plaza Gertrudis Bocanegra**, una cuadra al norte, fue bautizada en honor de una heroína de la guerra de la Independencia. El bullicioso mercado de la ciudad se levanta en el lado oeste, mientras que, en el norte, la biblioteca del siglo XVI ocupa la vieja iglesia de **San Agustín**. En su interior, unos murales del célebre Juan O'Gorman ilustran la historia de Michoacán. En el flanco oriental de la plaza está la **basílica de Nuestra Señora de la Salud**, un templo al que se acercan personas de todo México

Mapas páginas 236 y 256

NOTA

Los miércoles y los sábados por la noche podrá asistir a la «Noche Mexicana» y contemplar el «Baile de los Viejitos» en el Hotel Posada de don Vasco.

ABAJO: un típico rincón de Pátzcuaro.

Mapa
páginas
236-237

ABAJO: bailando
y cantando.
DERECHA: el quiosco
de la música, en
Santa Clara del Cobre.

a venerar y a pedirle salud a la imagen de la Virgen. Quiroga ideó la basílica como una gran catedral de cinco naves, pero, por desgracia, la mayor parte de sus proyectos nunca fueron llevados a cabo.

El **Museo Regional de Artes Populares** (abierto de martes a domingo; se paga entrada), al sur de la basílica, en la calle Alcantarillas, fue fundado en 1640 por don Vasco de Quiroga como colegio de San Nicolás. El museo posee una buena colección de artesanía de la región. La **Casa de los Once Patios**, al sudeste de la plaza principal, es un centro artesanal, con talleres y tiendas distribuidos en torno a los patios de un viejo convento dominico construido en el siglo XVIII.

Los pueblos de Michoacán

El pueblo de **Tzintzuntzán** («lugar de los colibríes»), situado en la orilla oriental del lago de Pátzcuaro, es la antigua capital de los purépechas o tarascos, como los denominaban los españoles. Los indígenas, invictos hasta que los españoles llegaron con sus armaduras y sus cañones, han logrado conservar hasta nuestros días sus tradiciones, su idioma y su modo de vida, sobre todo en los reductos de montaña.

El yacimiento, llamado también **Tzintzuntzán** (abierto a diario; se paga entrada), una de las ciudades más importantes de la Antigüedad en Michoacán, consiste sobre todo en un conjunto de cinco *yácatas*, o templos de base circular, sobre un terraplén reconstruido que ofrece unas vistas preciosas del lago y los campos de sus alrededores. En el pueblo hay un gran monasterio franciscano del siglo XVI rodeado de unos apacibles jardines; sus olivos, que se dice que llevó desde España el propio Quiroga, están considerados como los más viejos de México.

Los pueblos indígenas salpican la zona, distinguiéndose cada uno de ellos por un tipo especial de artesanía. Muchos de los artículos que fabrican se venden en el mercado del pueblo de **Quiroga**, en el cual se confeccionan a su vez muebles y máscaras

pintados de alegres colores. Al sur de Pátzcuaro, por ejemplo, **Santa Clara del Cobre** (también conocido como Villa Escalante) es famoso por sus objetos de cobre, y en los talleres de **Paracho** se ensamblan guitarras.

La ciudad de **Uruapan ㉒**, a 62 kilómetros al oeste de Pátzcuaro, señala el comienzo de un Michoacán diferente: la «tierra caliente», el trópico. Es el centro de una fecunda región agrícola célebre por sus aguacates. La misma ciudad es famosa por sus bandejas y cajas lacadas; existe una buena muestra de este tipo de artesanía en el **Museo Regional de Arte Popular** (abierto de martes a domingo; entrada gratuita), ubicado en uno de los edificios más viejos de Uruapan, la casa **Huatapera** del siglo XVI.

Unas pocas manzanas al oeste del zócalo por la calle Independencia se llega a la entrada del delicioso **Parque Nacional Eduardo Ruiz**, un exuberante enclave tropical que rodea las fuentes del río Cupatitzio. El paisaje de los alrededores de Uruapan es extraordinario; una bonita excursión es ir a ver el río Cupatitzio precipitarse desde 25 metros de altura en medio de una frondosa espesura selvática, en la cascada de **Tzararácua**, a tan sólo 10 kilómetros al sur de la ciudad.

Aún resulta más impresionante realizar una excursión al todavía humeante volcán **Paricutín**, cuya última erupción tuvo lugar en 1943, y tras la cual pueblos enteros acabaron sepultados bajo un fantástico paisaje lunar en el que poco a poco están volviendo a brotar las plantas. Podrá recorrerlo a pie o alquilar un poni y contratar un guía en el pueblo purépecha de **Angahuan**, situado a 30 kilómetros al noroeste de Uruapan.

EN HONOR DE LOS ANCESTROS

Todos los años, durante los dos primeros días de noviembre, los mexicanos recuerdan a sus parientes fallecidos en una ceremonia solemne

De todas las fiestas religiosas que se celebran en México a lo largo del año, es probable que el día de los Difuntos resulte la más fascinante para cualquier forastero y la más fiel al verdadero espíritu mestizo del país.

Los orígenes de esta festividad se remontan a rituales precolombinos dedicados a Mictlantecuhtli, el señor mexica del inframundo, y a Huitzilopochtli, la divinidad azteca de la guerra por quien se sacrificaron tantas vidas. Tras la conquista, en un vano intento de convertir los festejos en una celebración cristiana, los españoles movieron la fecha para que coincidiese con el día de Todos los Santos.

AMOLDARSE A LOS TIEMPOS

En la actualidad, la fiesta aúna rituales precolombinos y cristianos, y las celebraciones varían de un estado a otro. Las más comentadas son las tradiciones de los purépechas, en Michoacán, donde las vigilias nocturnas en los cementerios y las procesiones de barcas iluminadas con cirios que surcan el lago hacia la diminuta isla de Janitzio atraen a turistas de todo el mundo.

Los esqueletos y las calaveras, ya sean de pasta de papel, chocolate, azúcar o en forma de macabros bailarines con máscaras, abundan sobre todo en la capital.

En las ciudades más grandes se organizan unas maravillosas exposiciones de ofrendas, con el objeto de mantener viva esta tradición única de México, que se ve amenazada por las calabazas típicamente estadounidenses.

▽ **FLORES DE MUERTE**
El compasúchil, también conocido como clavel de moro o clavel de Indias, es la «flor de muerte» y ocupa un lugar prominente en los ceremoniales del día de los Difuntos en todo el país.

▷ **ESQUELETOS VIVOS**
Los impactantes grabados de José Guadalupe Posada (*ilustración de la esquina superior izquierda*) reflejan el humor y la tragedia de la ocasión, y llevan más de un siglo inspirando a artesanos y artistas.

▽ **DULCES CALAVERAS**
Los puestos de los mercados se llenan de calaveras de azúcar y chocolate, un vestigio de los *tzompantli* aztecas (altares de cráneos). Se venden también unos divertidos esqueletos y ataúdes hechos de arcilla y pasta de papel.

◁ **LA VIDA TRAS LA MUERTE**
El concepto de dualidad –como la vida y la muerte que muestra esta calavera precolombina– estaba presente en toda Mesoamérica.

◁ REGRESAN
LOS ESPÍRITUS
Algunas personas montan
un altar en su casa y otras
visitan los cementerios para
compartir los festejos con las
ánimas de sus seres queridos.

LOS ÁNGELES VUELVEN A CASA

△ UN MOMENTO
DE REFLEXIÓN
Es una ocasión festiva en
el conjunto de la comunidad,
pero también profundamente
espiritual; unas fechas de
contemplación, de recuerdos
compartidos, en las que
los vivos se reúnen con
sus parientes fallecidos.

Se cree que las almas
de los niños que han muerto,
que reciben el nombre
de angelitos, regresan
a su hogar terrenal el 1 de
noviembre, mientras que las
de los adultos llegan al día
siguiente. Se enciende una
vela por cada alma que
se espera que vuelva
y se realizan bellas ofrendas
o se instalan altares en
las casas de todo el país.

Sobre una mesa se
colocan fotografías de los
seres queridos junto a una
gran variedad de su comida
o antojitos preferidos, el
tradicional pan de muerto
y un vaso de tequila o un
tazón de atole (una bebida
de maíz cocido). El altar se
decora con papel de seda
recortado en hermosas
formas y flores amarillas de
cempasúchil. Alrededor de la
ofrenda se ponen pequeñas
calaveras de chocolate o de
azúcar y otros adornos, y se
quema un tipo de incienso
llamado
copal.

△ OFRENDAS
COMESTIBLES
Las ofrendas varían
de un estado a otro y de una
familia a otra, pero el pan de
muerto, decorado con formas
de huesos, es tradicional
en todo el país.

▽ MORIRSE DE RISA
Los mexicanos temen la
muerte, pero también se ríen
de ella. Las ceremonias no son
ni morbosas ni burlescas, sino
un intento de reírse de lo
que es trágicamente
inevitable.

A veces,
como parte
de este
homenaje
íntimo a
los seres
queridos,
se esparcen
pétalos de naranjas
desde la calle
hasta el altar para
ayudar a las almas
a encontrar el
camino a casa.

ACAPULCO
Y LAS PLAYAS DEL PACÍFICO

La costa del Pacífico posee elegantes complejos playeros con hoteles
de lujo y todas las comodidades, pero todavía hay ensenadas solitarias
donde tumbarse en una hamaca y contemplar la puesta de sol

Mapa
páginas
236-237

Acapulco, con sus espectaculares montañas adentrándose en el Pacífico, fue la primera de las localidades turísticas costeras en alcanzar fama internacional como meca de la «gente guapa». Más tarde, cuando el valor de la industria turística se hizo evidente, se urbanizó Ixtapa, situada a unos 257 kilómetros hacia el noroeste, y, poco a poco, toda la costa del Pacífico obtendría un gran renombre mundial.

La romántica Vallarta

Puerto Vallarta ㉓ debe su reputación a Hollywood. Saltó a la fama a raíz del rodaje en 1964 de la película de John Huston *La noche de la iguana*, efectuado en la playa Mismaloya, al sur de la ciudad. Richard Burton, protagonista del largometraje, compró entonces una casa en las cercanías; su relación con su futura esposa Elizabeth Taylor despertó un gran interés entre los medios de comunicación, y no pasó demasiado tiempo antes de que los turistas empezasen a llegar. Su casa –en la calle Zaragoza 445, en una zona residencial conocida como el «Barranco de los Gringos»– todavía guarda los muebles originales y está abierta al público a diario (se paga entrada). Desde entonces se han filmado muchas otras películas menos memorables en este lugar, entre ellas *Depredador*, en el año 1987, con Arnold Schwarzenegger.

Vallarta se agrupa en torno a la orilla de la **bahía de Banderas**, una de las diez más grandes del mundo, llamada a veces la bahía de los Rorcuales, debido a que estas ballenas migratorias se reúnen en ella todas las primaveras; también es zona de cría de delfines. La ciudad revela varias caras distintas: en el relativamente poco deteriorado **casco viejo**, a ambos lados del **río Cuale**, las casas son de adobe pintado de blanco y tejas rojas, y por sus calles adoquinadas transitan los borricos.

El **templo de Guadalupe**, un destacado edificio del centro, está rematado por una impresionante corona, imitación de la que llevaba Carlota, la esposa de Maximiliano. Unos preciosos puentes cruzan el río hasta una isla en la que hay galerías de arte, restaurantes y un **Museo Arqueológico** (abierto de martes a domingo; entrada gratuita).

La **Zona Hotelera**, al norte de la ciudad vieja, es un largo trecho de costa repleto de hoteles de lujo que finaliza en **Marina Vallarta**, 178 hectáreas de superficie reservadas para el turismo de alto nivel con más hoteles de lujo, apartamentos y un campo de golf de 18 hoyos. El arrastre en paracaídas, un sencillo y espectacular entretenimiento en el que una motora tira de un paracaídas que sobrevuela el mar, es frecuente en varias de las playas de Vallarta. Otros deportes acuáticos populares son el buceo con tubo o con bombonas, el esquí acuático, el *windsurf*, la vela y la pesca de profundidad de marlines, dorados y atunes.

La **playa Olas Altas** y la **de los Muertos**, al sur del río Cuale, son las más concurridas, pero existen otras más al

IZQUIERDA: saltos desde La Quebrada, cerca del casco viejo de Acapulco. **ABAJO:** hay que mantener los ojos abiertos.

sur, rebasando los límites de la ciudad, en **Mismaloya** o **Boca de Tomatlán**. Es posible concertar excursiones en barco o en catamarán desde el muelle de Los Muertos hasta **Las Ánimas**, una diminuta población con hoteles económicos; a **Quimixto**, donde construyó una casa el director de cine John Huston, un lugar muy apreciado por los submarinistas, o hasta **Yelapa**, algo más hacia fuera de la bahía, donde podrá elegir entre alojarse en una palapa de tejado de paja o en un pequeño hotel. También es posible alquilar un caballo o un asno y aventurarse por la selva rumbo a la cascada.

Manzanillo afirma ser la «capital mundial del pez vela». La temporada va de noviembre a marzo.

Al sur de Vallarta

La carretera discurre hacia el interior durante un rato y luego pasa **Playa Blanca**, una bulliciosa y abarrotada instalación del Club Med, y **Pueblo Nuevo**, una localidad turística de estilo norteamericano. Luego se llega a **bahía Chamela** y la **Costa Alegre** ㉔, un tramo de 96 kilómetros de litoral relativamente virgen en el que las deliciosas ensenadas no han cambiado demasiado desde que los galeones españoles surcaran sus aguas hace 400 años. El siguiente centro turístico por la costa es **Barra de Navidad** ㉕, una apacible ciudad playera orientada sobre todo a los veraneantes guadalajarenses, quienes también se dirigen a **San Patricio Melaque**, a tan sólo 2 kilómetros playa arriba. Fue desde esta bahía desde donde Miguel López Legazpi zarpó en 1564 a la conquista de Filipinas.

Manzanillo ㉖, situada a tan sólo una hora de camino, ya en el estado de Colima, es un activo puerto y estación terminal ferroviaria, con estrechas calles atestadas de tráfico. Existen algunos buenos hoteles en la ciudad, si bien los más turísticos y las mejores playas se encuentran al oeste de la bahía, en torno a la **península de Santiago**. Para los más acaudalados, el suntuoso complejo hotelero de **Las Hadas**, edificado por un magnate boliviano del estaño, es una mezcla de estilos pseudomorisco, mediterráneo y Disney.

Abajo: imagen de la zona turística de Puerto Vallarta.

Tras un pequeño paseo en coche hacia el interior a través de fincas de limoneros, se llega a **Colima** ❷, la capital del estado y la primera población que construyeron los españoles en el oeste de México. Colima cuenta con dos buenos museos: el **Museo Regional de Historia** (abierto de martes a domingo; entrada gratuita) y el todavía mejor **Museo de las Culturas de Occidente** (abierto de martes a domingo; entrada gratuita), en el que se expone una extensa y variada colección de piezas de cerámica precolombina procedentes de las culturas del occidente mexicano. Lo más destacado son los perros-vasija *itzcuintli*, por los que Colima es famosa. Se trata de una agradable ciudad de parques y jardines cuyos contornos dominan majestuosos dos volcanes: el **Volcán de Fuego**, que aún ruge, y su vecino, el más grande y ya apagado **Nevado de Colima**, coronado por la nieve y muy popular entre los escaladores.

Mapa
páginas
236-237

Poblaciones gemelas

Ixtapa y Zihuatanejo, puesto que comparten el mismo aeropuerto y están a sólo unos kilómetros de distancia, suelen meterse en un mismo saco y aparecer como una sola localidad, y sin duda sus límites se confunden; pero la personalidad de estas dos ciudades turísticas es muy distinta. **Ixtapa** ❷, como Cancún y Huatulco en Yucatán, es el resultado de un proyecto turístico gubernamental. Nació hace muy poco tiempo, en la década de 1970, pero en la actualidad recibe al año casi 400 000 turistas, tres cuartas partes de los cuales son mexicanos. Los enormes hoteles de lujo se extienden a lo largo de la magnífica playa del Palmar y en torno a la punta Ixtapa.

Cruzando una bonita carretera de aspecto impecable que discurre junto a los hoteles, se levanta un mercado inteligentemente construido, de tal forma que logra dar una mayor sensación de que se trata de un pueblecito y no una mera y fría galería comercial. Entre las tiendas en las que se venden artículos de primera necesidad y fruslerías de todo tipo, hay restaurantes y bares de zumos. Comprar es aquí una acti-

El Rodillo Verde, una monstruosa ola de 10 metros de altura, llega retumbando a Cuyutlán, al sur de Manzanillo, todos los años en abril o mayo.

ABAJO: un «escarabajo» rococó.

En esta región se venden unos coloridos bolsos hechos de fibra de ixtle entretejida.

ABAJO: hay que darse prisa para pillar las mejores olas.

vidad fundamental; hay más de 1 000 comercios en estas dos localidades, entre los que figuran *boutiques* de moda, una buena joyería (platería Roberto's) y otras en proyecto, y tres mercados de artesanía.

Además de su zona hotelera, Ixtapa dispone de apartamentos de lujo, dos campos de golf (uno de ellos diseñado por Robert Trent Jones), un abrigado puerto deportivo y todos los deportes acuáticos más habituales. Desde la playa Quieta zarpan barcos (y con menor frecuencia, desde Zihuatanejo) hacia la **isla de Ixtapa**, una reserva natural situada a unos dos kilómetros frente a la costa, donde podrá nadar, bucear y comer en alguno de los restaurantes de que dispone la isla.

Una auténtica ciudad

Zihuatanejo ㉙ –o Zi o Zihua, como la llama todo el mundo en cuanto ha pasado en ella unas cuantas horas– no sólo se ocupa de atender a los turistas; se trata de una auténtica ciudad con gente de verdad dedicada a actividades reales. Desplazarse en cualquiera de las dos localidades o de una a otra resulta bastante sencillo; los hoteles saben cuál debe ser el precio del taxi, cuyos conductores rara vez se aprovechan de los turistas.

A diferencia de la pesca deportiva del puerto de Ixtapa, en Zihuatanejo la pesca sigue siendo un modo de ganarse la vida, pues abastece tanto a sus habitantes como a los turistas, si bien el turismo se está abriendo camino, poco a poco pero sin pausa. En ocasiones es posible alcanzar un acuerdo con alguno de los marineros para salir con ellos al mar. La mayoría de las embarcaciones zarpan de la playa en el centro de la ciudad y el precio incluye a veces un sabroso almuerzo.

Mirando al océano, en el paseo del Pescador en el centro urbano, se encuentra el pequeño **Museo Arqueológico de la Costa Grande** (abierto de martes a domingo; se paga entrada), que ofrece un interesante recorrido por la cultura y arqueología de la

costa de Guerrero. Zihuatanejo está lleno de pequeños restaurantes de todo tipo, de los cuales los más apreciados son las marisquerías. En una minúscula cocina abierta ubicada en la calle Cinco de Mayo, frente al mercado de artesanía (que dispone de un buen surtido de las solicitadas sandalias de goma, perfectas para la playa), el propietario y cocinero suizo del **Paul's** prepara recetas más elaboradas, como rebozuelos aromatizados con hierbas y codorniz salteada, una *rara avis* en un país que no sobresale precisamente por su oferta en gastronomía foránea.

Muchos de los hoteles de Zihuatanejo son de bajo presupuesto (tanto Villas Miramar como Bungalows Pacíficos ofrecen una buena relación calidad precio), con algunas excepciones notables como La Casa Que Canta, un asombroso edificio que cae en cascada sobre la ladera que domina la playa de **La Ropa**, y el más viejo Villa del Sol, primorosamente cuidado y con unos jardines preciosos.

Para cambiar de aires puede ir al pueblecito de **Playa Troncones**, a media hora en coche al noroeste de Ixtapa-Zihuatanejo. Los hoteles El Burro Borracho y La Casa de la Tortuga, en la playa, constituyen un tranquilo y alejado retiro, y su copropietario facilita transporte de ida y vuelta a Ixtapa y a Zihuatanejo.

La puerta a Oriente

En el siglo XVI, el amplio fondeadero natural de **Acapulco** ⓴ era el único puerto autorizado por España para que atracasen los galeones cargados de tesoros procedentes de China y Filipinas. La mercancía se transportaba por tierra pasando por la ciudad de México hasta el puerto de Veracruz, en la costa del golfo de México, desde donde se enviaba a España. Durante los dos siglos posteriores salieron de Acapulco unos 200 millones de pesos en plata para pagar seda, porcelana, especias y marfil de Oriente. Lógicamente, la bonanza mercantil y la riqueza de los cargamentos atraían a los piratas, a los filibusteros y a los enemigos de España.

Mapa páginas 236-237

NOTA

La playa Escolleras, en la punta oeste de la playa del Palomar, en Ixtapa, es muy apreciada por los surfistas; sin embargo, las grandes olas y la poderosa resaca hacen que nadar en ella resulte peligroso.

ABAJO: mulas para cargar arena.

A finales de la década de 1950 Acapulco adquirió el sobrenombre de la «Riviera del oeste».

ABAJO: la arqueada bahía de Acapulco.

La guerra de la Independencia de México acabó con el comercio de los galeones, por lo que la ciudad pasó al olvido hasta que, en la década de 1930, se reveló como centro turístico. Hoy en día, todo el mundo ha oído hablar de Acapulco, aunque no haya estado nunca allí.

Bahía de Acapulco

El **casco viejo** tradicional se encuentra en el extremo occidental de la amplia y abrigada bahía de Acapulco. Agrupados en torno a **playa Caleta ❶**, la primera playa turística, siguen abiertos algunos de los hoteles más viejos (agradables, pero no lujosos). El promontorio rocoso de **La Quebrada ❷** y el legendario hotel Mirador se elevan sobre el casco antiguo y el malecón, donde la bahía se arquea hacia el este, en dirección al trecho de modernos hoteles turísticos. Acapulco sigue creciendo todos los años; su rápida expansión hacia el este, en una zona no muy alejada del aeropuerto, se debe en parte a la inauguración de una nueva carretera de cuota (peaje) desde Cuernavaca y la Ciudad de México.

En 1997, los habitantes de Acapulco sufrieron un trágico revés cuando el temible huracán *Paulina* arrasó sus calles, montando unos coches encima de otros, cubriendo la ciudad con una gruesa capa de barro y acabando con la vida de más de 120 personas. Sin embargo, los hoteles de cinco estrellas que bordean la bahía apenas se vieron afectados y la ciudad no tardó en recuperar la confianza de las agencias de su lucrativo negocio turístico asegurándoles que todo iba bien.

El **Zócalo**, en el corazón de la ciudad, nos recuerda que estamos en México y no en una localidad de recreo cualquiera. Hay parques con bancos y sombra, una **catedral** de la década de 1930 con una cúpula semejante a la de una mezquita, cafeterías al aire libre, restaurantes económicos, gran cantidad de comercios y el **mercado de artesanía** más grande de la ciudad. Existen también pequeñas cantinas en las que

sirven un pescado fresco maravilloso: no deje de pedir la captura del día. Al otro lado del bulevar se extienden el **Malecón** ❸ y el muelle en el que atracan las embarcaciones de pesca deportiva.

Un recuerdo que se fija en la memoria de todos los turistas que visitan Acapulco es la emoción de ver a los **saltadores** de La Quebrada. Todos los días a las 13:00 h y varias veces por la noche, unos jóvenes ejecutan unos asombrosos saltos del ángel desde las rocas del acantilado, a 40 metros de altura, para zambullirse en una estrecha franja de mar. Es imprescindible sincronizar al segundo el momento de la inmersión con el movimiento de las olas para que el saltador no acabe estrellado contra las afiladas rocas.

La construcción más emblemática de la historia de Acapulco, el **fuerte de San Diego** ❹, se edificó en 1616 con el objeto de proteger el puerto de los piratas, en su mayoría holandeses e ingleses. En 1776, un terremoto derribó el fuerte, pero se reconstruyó enseguida y en la actualidad está restaurado y alberga el pequeño **Museo Histórico de Acapulco** (abierto de martes a domingo; se paga entrada).

Saliendo del laberinto de calles del viejo Acapulco, la mayoría de turistas opta por subir los 11 kilómetros de la **Costera Miguel Alemán** ❺, un ancho bulevar que discurre a lo largo de la bahía, rebosante de altos hoteles, restaurantes y pequeños bares con el techo de paja que anuncian «la hora feliz», en la que sirven tres bebidas por el precio de una.

En Acapulco abundan las tiendas y las galerías comerciales. Existen también multitud de galerías de arte, así como restaurantes que cubren todos los gustos y nacionalidades y se adaptan a todos los bolsillos. El **Centro Recreativo CICI** ❻, situado en la Costera, en el que hay una piscina con olas y toboganes, un gran acuario y un espectáculo de delfines, encantará a los niños. Otra opción es el **parque Papagayo** ❼, con barcas, su propio galeón de Manila, un tranvía y un gran tobogán.

Plano
página
271

En Guerrero, el jueves es el día del pozole. Los restaurantes que sirven este típico plato regional, una sopa verde o roja (el color depende de los condimentos empleados) de maíz molido y pollo o cerdo, lo avisan mediante letreros o se anuncian en la prensa local.

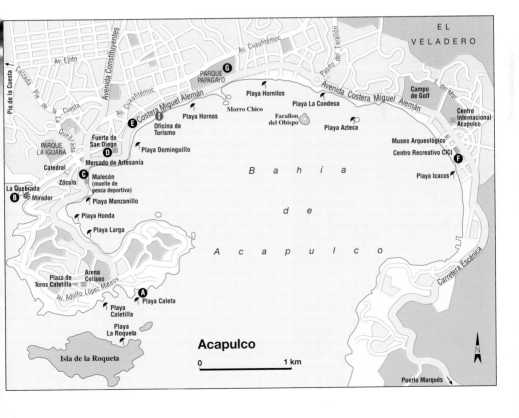

Acapulco

0   1 km

El precio de los hoteles varía enormemente según la época del año. La temporada alta, en la que el tiempo es mejor y las tarifas más altas, va de mediados de diciembre a Semana Santa, y deberá hacerse la reserva con mucha antelación. Los famosos prefieren febrero, mientras que la gente más astuta llega en noviembre y primeros de diciembre, cuando el tiempo es perfecto pero los precios aún no se han disparado. Pero incluso en la estación lluviosa, entre junio y octubre, la mayoría de las mañanas luce el sol, ya que los chubascos tienden a caer sólo por las tardes. Los mejores meses para la pesca son de noviembre a mayo. Se pueden fletar barcos, tanto para la pesca mayor como para la menor, a partir de 200 dólares al día (menos si es fuera de temporada) a través de los hoteles o directamente en el malecón, en el centro urbano. También es posible alquilar veleros, motoras, barcas de pedales y piraguas. Acapulco atiende bien a sus turistas.

Algunos trechos de playa pueden estar contaminados, siendo lo normal que el mar esté más limpio hacia el extremo oriental de la bahía. No obstante, muchos turistas prefieren bañarse sólo en la piscina del hotel. Todos los deportes acuáticos típicos, desde el esquí y las motos de agua, hasta los enormes plátanos tirados por motoras y el arrastre en paracaídas, se ofrecen en numerosos puntos a lo largo de la bahía, mientras que el buceo con tubo es mejor en las aguas poco profundas cerca de la **isla de Roqueta**. Desde las playas de Caleta y Caletilla sale hacia las islas, frente a la costa, un barco con el fondo de cristal en el que podrá ver la **Capilla Submarina**, una maravillosa imagen sumergida de la Virgen de Guadalupe (*véanse págs. 118-119*).

La puesta de sol en Pie de la Cuesta

A 8 kilómetros al norte de la ciudad se encuentra **Pie de la Cuesta**, un pueblo pesquero con una hermosa playa y muchos restaurantes. Se trata del mejor lugar para contemplar la puesta de sol, pero sin duda no es un buen sitio para nadar, ya que la resaca es

NOTA

Los voladores de Papantla (*véase pág. 281*) actúan varias noches a la semana en el Centro de Convenciones. Consulte en el hotel los días y los horarios.

ABAJO: un bar de Acapulco.

LA MOVIDA NOCTURNA DE ACAPULCO

La atrayente imagen de Acapulco como lugar de recreo favorito entre la *jet set* quizás haya perdido lustre, al menos durante el día, debido a la competencia de otros fastuosos centros turísticos; sin embargo, la fantasía y el boato siguen ahí al oscurecer, cuando la ciudad muda por completo de piel. A partir de las 22:00 h, la mayoría de los turistas se dirigen a una de las muchas discotecas, como **Extravaganzza**, **Baby'O** y **Fantasy** (esta última incluso cuenta con su propio espectáculo de rayos láser y fuegos artificiales). Otras opciones son la más nueva **Palladium**, o **Andrómeda**, preferida por los más jóvenes. El local para los aficionados a la salsa es el **Salón Q**, mientras que **The Gallery** ofrece una doble sesión de cabaré con números de travestidos. Las alternativas pueden resultar apabullantes y las modas cambian, pero se puede deducir cuál es el local en boga del mes por la longitud de las colas en la puerta. También puede preguntar a la gente de la localidad.

Si lo que desea es una noche más tranquila, el **Centro de Convenciones** celebra una **fiesta mexicana** dos veces a la semana, igual que algunos hoteles. En ellas podrá ver actuaciones de bailes tradicionales, degustar una comida bufé o un menú mexicano suavizado y beber unos margaritas o unos tequilas *sunrises*. Quizás la opción más romántica sea un paseo en barco por la bahía de Acapulco en una de las muchas embarcaciones con bares, comedor, discoteca, un comentario cultural y espectáculos.

muy peligrosa. La larga península de arena que abraza la **laguna de Coyuca** (en cuyas aguas abundan el pez gato, el róbalo blanco y el mújol) se va llenando de forma paulatina de hoteles y chalés modernos para los turistas. La laguna es también muy apreciada para la práctica del esquí acuático y las excursiones de pesca.

Hoteles de lujo

Desplazarse de un sitio a otro de Acapulco no es tan difícil como podría parecer a primera vista. Los taxis resultan bastante económicos y además la mayoría de los hoteles tienen una lista de precios a los destinos más habituales. Pero si su presupuesto es limitado, por la Costera circulan autobuses cada cierto tiempo.

En dirección sudeste, de camino a otra concurrida playa situada en **Puerto Marqués**, en la siguiente bahía, se pasa junto a algunos de los hoteles más exclusivos de Acapulco, como **Elcano**, **Las Brisas** y el **Camino Real**, ubicados en la parte baja de una colina salpicada de chalés. Estos complejos de lujo disfrutan de vistas sobre su propia cala, pero algunos pagan grandes cantidades por disfrutar de intimidad.

A unos 19 kilómetros al sudeste del centro urbano de Acapulco, en dirección al aeropuerto, una espléndida escultura metálica del reputado forjador y joyero Pal Kepenyes marca el «acceso» a la urbanización **Acapulco Diamante**. Los hoteles más conocidos de este lugar son el **Princess** y el **Pierre Marqués**, construcciones hermanas consideradas en esta zona monumentos, los cuales ofrecen un glorioso aislamiento, dos campos de golf y una veintena de canchas de tenis, además de varias piscinas, restaurantes, discotecas y bares.

El **Vidafel Mayan Palace**, a poca distancia detrás del Princess, es un nuevo y espectacular complejo hotelero en donde las cabañas de estilo maya con techos de paja se hallan intercaladas entre pabellones de tejados de cristal y piscinas como espejos dispuestas a lo largo de una serie de canales.

Mapa
páginas
236-237

NOTA

El antaño remoto pueblo pesquero de Barra Vieja es famoso en la región por su delicioso pescado a la talla, una antiquísima mezcla secreta de chiles en la que se impregna bien el pescado, que luego se asa sobre el fuego.

ABAJO: unas niñas de fiesta.

EL SUR

El sur de México, con sus bonitas playas, frondosos bosques
y antiguas culturas, tiene algo para todo el mundo

En términos de variedad del paisaje y en cuanto a la diversidad de las atracciones culturales y actividades al aire libre, el turista dispone de una mayor elección en el sur de México de la que posiblemente ofrezca ninguna otra región del país. Las plantaciones tropicales de Veracruz y las vaporosas selvas de Tabasco contrastan con las frías y nubladas altiplanicies o el tupido bosque Lacandón de Chiapas, los quebrados y erosionados montes de Oaxaca o la llana cornisa caliza de la península de Yucatán.

Veracruz, a lo largo de la costa del Golfo, es uno de los estados más verdes y bonitos de México. Aunque sus playas no son comparables a las de las costas del Caribe o del Pacífico, este estado tiene mucho que ofrecer, como las impresionantes ruinas de El Tajín (ciudad del dios del Trueno), la emoción de hacer *rafting* por los rápidos de los ríos y la histórica ruta de Hernán Cortés y los conquistadores. Para aquellos que deseen profundizar más en el pasado de la región, el Museo de Antropología de Xalapa es excelente; pero si lo que prefiere es música, baile y fiesta, entonces diríjase a la ciudad de Veracruz, una bulliciosa localidad en la que pasan sus vacaciones muchos mexicanos y el municipio más típico y seductor de toda la costa.

Los abruptos, rocosos y remotos paisajes de Oaxaca son muy diferentes. El hecho de que la maravillosa artesanía y las pirámides de los antepasados de las comunidades indígenas sean la principal «atracción turística» no hace sino enfatizar las condiciones de extrema pobreza en las que viven muchas de ellas. Además de los pueblos indígenas, allí se encuentra la cosmopolita ciudad colonial de Oaxaca, sin olvidar la enorme riqueza natural del estado, algunas deliciosas playas apartadas en el Pacífico y Huatulco, la localidad turística más grande de México.

El caluroso y petrolero estado de Tabasco, el más húmedo de México, de donde proceden las primeras civilizaciones mesoamericanas, es la puerta de acceso al altiplano de Chiapas y el umbral al antiguo mundo maya. Chiapas es un estado extraordinariamente variado en el que hay pintorescas ciudades coloniales, poblados indígenas tradicionales, el majestuoso cañón del Sumidero, los colores cambiantes de los lagos de Montebello o las cascadas selváticas de Agua Azul; y además allí está Palenque, las más sensacionales de todas las ruinas mayas (situadas en las tierras de los guerrilleros zapatistas; *véase pág. 90*).

Despúes de Chiapas, la monotonía del relieve de la península de Yucatán se nos antoja sorprendente. Estamos en el territorio de los mayas, donde los turistas pueden alternar el azul celeste de las aguas del Caribe —y las localidades costeras más turísticas de México— con el encanto de las ruinas mayas, comparables a las grandes ciudades de los antiguos imperios romano y griego. Yucatán goza así mismo de fama por sus elegantes ciudades coloniales y por sus reservas naturales, que buscan proteger la fantástica diversidad de la flora y fauna de la región.

PÁGINAS ANTERIORES: grupo de representantes tzeltales del estado de Chiapas.
IZQUIERDA: la floreciente industria petrolera del estado de Tabasco.

LA COSTA DEL GOLFO

Hay mucho que ver en el estado más verde de México: la montaña
más alta, los rápidos más impetuosos, la civilización más antigua,
el mejor museo fuera de la capital y el Zócalo más animado del país

Mapa
páginas
280-281

Veracruz es un largo y estrecho estado tropical que se extiende abrazando el golfo de México. Su costa, incluido el histórico puerto de Veracruz, es cálida, húmeda y relativamente desconocida aún para el turismo internacional en masa.

Además de ser el centro de tres importantes culturas precolombinas –la olmeca, la totonaca y la huasteca–, Veracruz era la puerta de los españoles a los tesoros de Nueva España y la consiguiente ruta hacia las riquezas de China y Oriente. Fue muy cerca del actual puerto de Veracruz donde Hernán Cortés y sus hombres desembarcaron en 1519 antes de proseguir en pos de la conquista de los aztecas en Tenochtitlán (*véase pág. 42*).

En la actualidad es el «oro negro» lo que sale del puerto de Veracruz; algunas de las refinerías de petróleo más grandes de México están en los linderos del extremo norte y al sur del golfo de México, en Poza Rica (cerca del vecino estado de Tamaulipas), Minatitlán y Coatzacoalcos (cerca de Tabasco). No obstante, con una población de 6 millones de habitantes, entre ellos 350 000 indígenas, Veracruz sigue siendo un estado eminentemente agrícola, en el que se cultiva gran parte de la producción nacional de caña de azúcar, vainilla, frutas tropicales, café y cacao, entre otras cosechas.

La Huasteca

El tercio norte del estado, entre **Tampico**, Tamaulipas y Poza Rica, ambas ciudades con refinerías de petróleo, no ofrece demasiado para atraer o retener a los turistas. Tampico, con su reciente y enorme complejo portuario, disfruta de un animado ambiente marinero y el marisco es excelente. Al sur de la ciudad se encuentra la ancha **laguna de Tamiahua**, donde podrá alquilar barcas para explorar sus islas y manglares.

La Huasteca ❶ comprende una fértil región al oeste de Tampico y reúne poblaciones de los estados de Tamaulipas, Hidalgo, San Luis Potosí y Veracruz.

La primitiva cultura huasteca, que se estima anterior a los toltecas de Tula (*véase pág. 33*), gozó de su época de mayor esplendor, más o menos entre los años 800 y 1200. No se han efectuado muchas investigaciones arqueológicas en la zona, y aunque es posible visitar varios yacimientos (por ejemplo, en Tamuín o en Tampamolón), ninguno de ellos es particularmente esclarecedor o espectacular para los no especialistas. De hecho, el mejor lugar para admirar las magníficas obras de arte de la cultura huasteca es, probablemente, el Museo de Antropología de Xalapa (*véase pág. 286*).

Los descendientes de los antiguos huastecos que viven en esta región hablan un idioma relacionado con el maya. Al sur de Ciudad Valles, entre espesuras de bambúes y bananeros, el remoto pueblo de **San Luis Potosí** es el lugar que el excéntrico escritor inglés Edward James (1907-1984) eligió para construir su palacio daliniano. El municipio de **Tamazunchale**, aún más al sur, cuenta con un vistoso mercado dominical.

IZQUIERDA: el fascinante espectáculo de los voladores. **ABAJO:** niñas disfrazadas para el Martes de Carnaval.

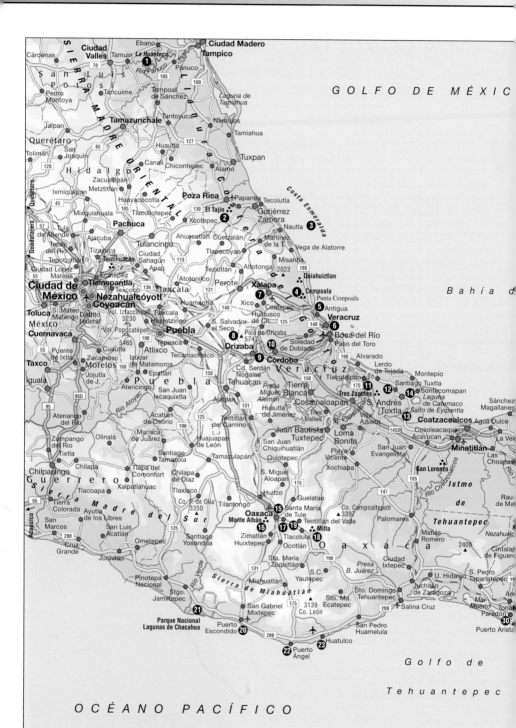

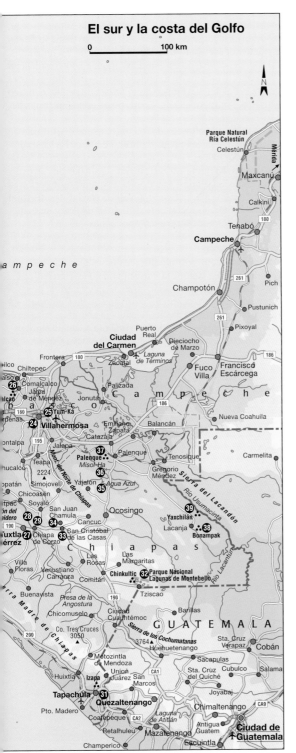

El sur y la costa del Golfo

0   100 km

También el día de los Difuntos resulta colorido (*véanse págs. 262-263*), cuando el confeti y los pétalos de flores alfombran las calles. Entre la vegetación tropical de esta zona habitan exóticas especies de aves y mariposas que atraen a los amantes de la naturaleza; en las tiendas locales se venden especímenes de mariposas disecadas.

Los voladores

La pequeña ciudad de **Papantla**, probablemente el mejor lugar para hacer un alto en el camino si se dirige hacia las ruinas de El Tajín, es famosa por dos razones: es el principal centro productor de vainilla de México, y de allí proceden los **voladores de Papantla**. En esta célebre danza participan cinco hombres vestidos con extravagantes trajes de pájaros.

Cuatro de ellos –cada uno de los cuales representa un punto cardinal– se atan una cuerda a una de las piernas y se lanzan de espaldas desde el extremo de un poste de 32 metros de altura. Los voladores giran lentamente alrededor del poste a medida que la cuerda se desenrolla, hasta que se posan con suavidad en el suelo. Entretanto, en una diminuta plataforma en lo alto, el quinto hombre baila mientras hace sonar una flauta de caña y un pequeño tambor.

En sus orígenes, esta espectacular danza era el colofón de un solemne ritual precolombino cargado de simbolismo, estrechamente relacionado con el culto a los dioses de la fertilidad. En nuestros días, sin embargo, constituye sobre todo un medio para ganarse la vida, y los voladores actúan a diario junto a las ruinas de El Tajín y en algunos otros escenarios turísticos.

El Tajín ❷ (abierto a diario; se paga entrada), próximo a Papantla, era el enorme centro político y religioso de una civilización pretotonaca. La exuberante vegetación tropical de sus inmediaciones y el hecho de que se halle alejado de las principales rutas turísticas, casi oculto en la selva, hacen que visitarlo sea incluso más deleitable. Durante su época de esplendor (800-1150 d.C.), debió de haber infundido un asombro aún mayor, cuando todas sus construcciones estaban pintadas de vivos colores y decoradas con relieves y esculturas.

En la zona baja de la ciudad, los edificios se utilizaban con fines religiosos y ceremoniales. La **pirámide de los Nichos**, con sus 365 oquedades o nichos cuadrados

Haciendo buen uso de los pastos.

–una para cada día del año–, es el más bello ejemplo de la arquitectura de El Tajín. El juego de la pelota desempeñaba un papel importante en las vidas de estas personas; seis paneles en relieve dispuestos a lo largo de los muros del recinto llamado **Juego de Pelota Sur** ilustran el ritual y el sacrificio final de uno o más de los jugadores.

El Tajín Chico, situado sobre el centro de ceremonias, era una zona residencial para la elite de las clases dirigentes y más arriba todavía, con unas magníficas vistas de toda la ciudad, se encuentra el Palacio del Gobernador. Existe un pequeño museo en el yacimiento, y en el Museo de Antropología de Xalapa podrá contemplar muchas más esculturas y relieves (*véase pág. 286*).

Si bien el estado de Veracruz brinda algunos de los paisajes más hermosos de México, son muy pocas las playas que puedan considerarse preciosas. La **Costa Esmeralda** ❸, a pesar de su cautivador nombre –parte de un reciente proyecto gubernamental para potenciar el turismo en la región–, es un tramo de costa que discurre casi en línea recta entre las ciudades de Tecolutla y Nautla. Para aquellos que prefieran alojarse a orillas del mar representa una alternativa a Papantla como base para visitar El Tajín, pero cuente con el acostumbrado regimiento de hoteles de dos y tres estrellas, unos cuantos espacios destinados a las caravanas y poco más.

La alianza hispano-totonaca

Existen docenas de pequeños yacimientos arqueológicos en esta costa –como el cementerio totonaco de **Quiahuiztlán**–, aunque la mayor parte no están señalizados o ni siquiera aparecen en los mapas de la zona y, si le interesa, es preferible preguntar a la gente al llegar a la región. El centro ceremonial fortificado de **Cempoala** ❹ (abierto a diario; se paga entrada) posee una especial relevancia histórica, pues en él vivían unas 30 000 personas en la época de la conquista española. Cuando, en 1519, Hernán Cortés y sus hombres desembarcaron por primera vez en Nueva España, fue-

ABAJO: un puesto de fruta en la carretera.

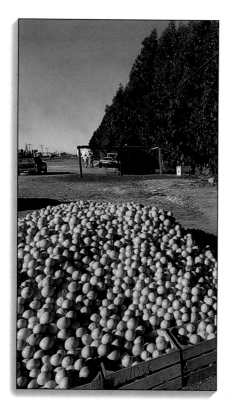

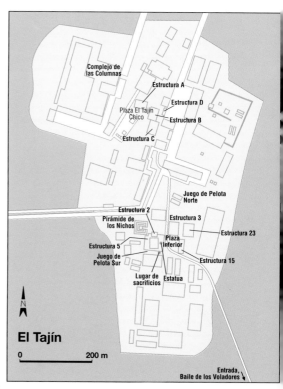

El Tajín

ron bien recibidos por los indígenas totonacas de Cempoala (a veces se escribe Zempoala), y pronto su jefe acordó una alianza con los españoles contra los poderosos aztecas, quienes llevaban muchos años exigiendo a los totonacas tributos abusivos.

La ciudad de **Antigua** ❺, ubicada al sur de Cempoala y uno de los primeros asentamientos españoles en Nueva España, fue fundada en 1525 y, por difícil que actualmente resulte de creer, durante un tiempo fue el eje de la actividad comercial entre Europa y Nueva España. La diminuta **ermita del Rosario** se remonta a esta época, lo mismo que las ruinas de la **casa de Cortés** (en realidad, el conquistador nunca llegó a vivir en ella).

La música y el baile en Veracruz

Cuando lo que se busca es ambiente, zarabanda, música y alegría, **Veracruz** ❻ es el sitio en el que hay que estar. Su zócalo es el más animado de México, ya que durante todo el día y gran parte de la noche, la **plaza de Armas**, como se le llama, vibra con tríos, marimbas, salsa y danzón. Es una bonita plaza a la que prestan su sombra las palmeras, flanqueada por elegantes edificios blancos del siglo XVIII y, en el lado norte, soportales llenos de restaurantes y cafeterías. La diversión dura hasta bien entrada la noche; varias tardes a la semana se organizan bailes y conciertos, y luego los músicos callejeros tocan con toda su alma mientras la gente come, bebe y sucumbe ante los irresistibles ritmos, y entonces se levanta y baila. La parranda alcanza su apogeo cada año en febrero, durante el **Carnaval**, la semana anterior al miércoles de Ceniza. En esos días de fiesta se acercan a la ciudad personas desde todos los rincones de México y de otras partes del mundo para presenciar y participar en las vistosas actuaciones de música y baile de Veracruz.

Otro pasatiempo favorito de los veracruzanos es caminar por el **paseo del Malecón**. Llegan y zarpan grandes buques, y existe la posibilidad de tomar un barco para dar una

Mapa páginas 280-281

ABAJO: pirámide de los Nichos, en El Tajín.

Pruebe a pedir un «lechero» en el Gran Café la Parroquia: el camarero le servirá un vaso de fuerte café negro; luego, golpeando el vaso con la cucharilla, se llama al «lechero», que llega con una jarra llena de leche humeante.

ABAJO: en cuestión de marisco es difícil superar la oferta de Veracruz.

vuelta por el puerto; hay puestos y vendedores ambulantes que venden juguetes y recuerdos, además de puros –tanto locales como cubanos–, alhajas de ámbar, cinturones de cuero y tallas del vecino estado de Chiapas. Ningún viaje a Veracruz estaría completo sin una visita al **Gran Café la Parroquia** (calle Gómez Farías 34), una modesta cafetería erigida en institución nacional, el local donde los veracruzanos llevan más de un siglo tomándose sus copas y sus cafés.

Una prolongada (y comentada) riña familiar provocó que hubiera que trasladar el café desde su acostumbrada ubicación en el zócalo hasta el Malecón; por fortuna, puesto que también se trasladaron los camareros, los clientes habituales y las preciosas máquinas de café italianas, el negocio sigue como siempre.

En Veracruz, los típicos lugares de interés turístico no son demasiado abundantes. El nuevo y espacioso **Museo Histórico Naval** (calle Arista; abierto de martes a domingo; entrada gratuita), inaugurado en 1997, expone piezas relacionadas con la fascinante historia naval de este puerto. El **Baluarte de Santiago** (abierto de martes a domingo; se paga entrada), una manzana al sur, es el único bastión que queda de la muralla que rodeaba la ciudad hasta finales del siglo XIX. En su interior alberga una pequeña colección de hermosas e intrincadas joyas de oro precolombinas, descubiertas por un pescador en 1976, tras haberse dado por perdidas durante siglos desde que el barco que las transportaba a España naufragara poco después de zarpar de Veracruz.

El pequeño y bastante descuidado **Museo de la Ciudad** (calle Zaragoza 397; abierto de martes a domingo; se paga entrada) dispone de una interesante sección dedicada a la esclavitud y el sistema de castas del virreinato. Al sur del malecón, en dirección a las playas de la ciudad, se encuentra el nuevo **acuario de Veracruz** (abierto a diario; se paga entrada), que tiene fama de ser el más grande y el mejor equipado de toda Latinoamérica.

Una ciudad sitiada

Cruzando un arrecife, en lo que antaño era una isla, la imponente fortaleza de **San Juan de Ulúa** (abierta de martes a domingo; se paga entrada) guarda la entrada del puerto; sus formidables muros ponen de manifiesto la historia de los últimos 500 años de México, marcados por las cicatrices de los numerosos ataques de hombres como sir Francis Drake, los piratas holandeses y las poderosas armadas de Francia, Inglaterra y Estados Unidos. Durante la dictadura de Porfirio Díaz (*véanse págs. 58-59*), San Juan de Ulúa era una famosa prisión de alta seguridad en la que se encerraba sobre todo a prisioneros políticos. La ironía final es que el propio dictador huyó desde este mismo puerto hacia el exilio al inicio de la Revolución Mexicana.

Boca del Río

Frente a los grandes hoteles de **Mocambo** y **Playa de Oro**, a algunos kilómetros al sur de la ciudad, las playas tienden a estar más limpias y no tan abarrotadas como las más próximas al centro urbano. Sin embargo, si bien el agua del golfo de México es tibia y las olas lamen con suavidad el litoral, estas playas no son en realidad comparables a las blancas franjas de arena de la costa oeste o del Caribe. Pero, en lo que respecta al marisco, Veracruz resulta difícil de superar. **Boca del Río**, a unos 10 kilómetros al sur del centro de la ciudad, es un pueblo pesquero famoso por sus marisquerías (abiertas sólo para comer, hasta aproximadamente las 18:00 h).

En la capital del estado y ciudad universitaria de **Xalapa** ❼ (a veces se escribe Jalapa), 135 kilómetros tierra adentro desde Veracruz, el clima es fresco y húmedo, y la niebla suele envolver la urbe. Pero Xalapa disfruta de una ubicación privilegiada: a primeras horas de la mañana, las vistas desde el céntrico **parque Juárez** son fantásticas, con el volcán Cofre de Perote en primer término y la montaña más alta de México (*véase pág. 287*), el Pico de Orizaba, al fondo.

Mapa páginas 280-281

NOTA

Saboree las ostras frescas de la exótica sopa de camarones o el «guachinango (pargo) a la veracruzana» en una de las animadas marisquerías de Boca del Río.

ABAJO: una agradable y elegante plaza de Veracruz.

En la región veracruzana crece una increíble variedad de orquídeas.

ABAJO: ensillado y listo para partir.

El Ágora, al pie de unos escalones que salen de la plaza, es el centro del dinámico mundillo artístico de Xalapa (hay un teatro, una galería de arte, un cine y un café). Subiendo desde el centro, el resto de los barrios viejos lucen calles adoquinadas y coloridas casas con inclinados tejados de tejas y balcones de hierro forjado.

El Museo de Antropología de Xalapa

Situado al sur de la ciudad, alejado del humo y los ruidos del tráfico, se encuentra el campus de la Universidad y el precioso **paseo de los Lagos**, que, como su nombre indica, discurre a orillas de un lago. Pero el principal motivo para visitar Xalapa se halla en las afueras, al noroeste: el estupendo **Museo de Antropología de Xalapa** (abierto a diario; se paga entrada) es el mejor fuera del Distrito Federal. Situado en la avenida Xalapa, la fachada de este moderno edificio se muestra desnuda y poco sugestiva. En su interior, sin embargo, el museo es amplio y luminoso, con soleados patios y nueve salas de mármol en las que se exponen numerosos y muy variados tesoros de las tres civilizaciones más importantes del golfo de México.

Las primeras de estas salas están dedicadas a los **olmecas**, la cultura madre, la más antigua y una de las más brillantes civilizaciones de Mesoamérica. En esta sección, las piezas que obviamente resultan más llamativas son las famosas cabezas colosales, que se remontan a los años 1200-1400 a.C. y se cree que son retratos gigantescos de los dirigentes olmecas. El museo posee siete de las 17 cabezas que se han descubierto hasta la fecha, pero los antropólogos confían en que se encontrarán más.

El siguiente conjunto de galerías se reserva para las culturas de **Veracruz central** (también llamadas totonacas). Entre sus objetos figuran los cautivadores cihuateotles –unas figuras de terracota de mujeres divinizadas tras su muerte al dar a luz– y las encantadoras estatuillas sonrientes, que constituyen las piezas más características de la civilización de Veracruz central. La última sala contiene ejemplos de la escultura

huasteca, de elegantes líneas, y preciosas figuritas de terracota que fueron halladas en el norte de esta región.

No cabe duda de que merece la pena quedarse en Xalapa un par de días, aunque sólo sea para explorar el paisaje y las poblaciones de los alrededores. Otra opción es visitar Xalapa y el museo desde la vecina **Coatepec**, ciudad conocida sobre todo por su excelente café y sus hermosos jardines de orquídeas. La Posada de Coatepec, una preciosa hacienda rehabilitada, constituye una apacible alternativa a los hoteles de Xalapa. El pintoresco municipio de **Xico** se encuentra a poca distancia por una bonita carretera que atraviesa plantaciones en las que el café crece a la sombra de las palmeras. Cerca, la espectacular **cascada de Texolo** es el lugar donde Michael Douglas y Kathleen Turner rodaron en 1984 la película *Tras el corazón verde*.

La cumbre más alta

La montaña más alta de México, el **Pico de Orizaba** ❽ (5 747 metros), es la tercera cumbre más elevada de Norteamérica (después del monte McKinley en Alaska y el monte Logan en el territorio del Yukon). Los aztecas la llamaban Citlatépetl, es decir, la «montaña de la Estrella». Se trata de un volcán extinto que entró en erupción por última vez en 1546. Los primeros escaladores extranjeros que alcanzaron su cráter fueron soldados norteamericanos en 1848, integrantes del ejército del general Winfield Scott. Sólo dos de las 16 rutas de ascenso son apropiadas para los montañistas inexpertos, pero incluso para esas dos es muy recomendable entrenarse antes de la escalada y contar con un guía.

La industrial **Orizaba** ❾, al sur de Xalapa en la autopista Ciudad de México-Veracruz, hace gala de una bella arquitectura colonial y neoclásica, mientras que el **ex Palacio Municipal** es una extraordinaria estructura modernista de hierro transportada en barco desde Bélgica a finales del siglo XIX. También merece la pena ver un mural

Mapa
páginas
280-281

NOTA

La pequeña ciudad de Coatepec cuenta con dos restaurantes memorables: el Tío Yeyo (para comer trucha de montaña) y Casa Bonilla, por su magnífico ambiente y su delicioso marisco.

ABAJO: las nubes envuelven las laderas del Pico de Orizaba.

Mapa páginas 280-281

Dos de las cervezas que más se beben en México, Dos Equis y Superior, se elaboran en la cervecería de Moctezuma, en la ciudad de Orizaba.

ABAJO: los tejidos tradicionales se adaptan a la demanda moderna, como en el caso de estos coloridos cinturones.

pintado en 1926 por José Clemente Orozco (*véase pág. 110*) en el actual Palacio Municipal, y la colección de cuadros, desde la época virreinal hasta el presente, del **Museo de Arte del Estado de Veracruz** (abierto de martes a domingo; se paga entrada), situado junto a la bonita iglesia de **La Concordia**.

La activa y comercial **Córdoba ⑩**, algunos kilómetros más al este, es uno de los centros de la industria cafetera del país, una ciudad que la historia recuerda por ser donde se firmó el tratado de Córdoba en 1829, por el cual España aceptaba la independencia de México. Los edificios más interesantes se hallan en o cerca del Zócalo, pero lo mejor de todo es el **portal de Zevallos**, ubicado en el flanco norte de la plaza, donde varias cafeterías sirven el aromático café de la región.

El hermoso y bien conservado municipio de **Tlacotalpan ⑪**, a orillas del ancho río Papaloapan, fue un importante puerto interior durante la época de los barcos de vapor. Llegar a Tlacotalpan es como retroceder de pronto en el tiempo; esta deliciosa villa de casas de alegres colores y portales de estilo morisco se las ha arreglado para preservar su encanto y su elegancia, pese a haber sido descubierta, al cabo de los años, por no pocos turistas. Durante la mayor parte del año, Tlacotalpan es un pueblo absolutamente apacible, aunque la fiesta de la Candelaria, en febrero, es una de las más vistosas y concurridas de México, con encierros de toros por las calles e infinidad de actividades en el río. Es necesario reservar habitación con tiempo.

Los tuxtlas

La pequeña ciudad de **Santiago Tuxtla ⑫** descansa en las tropicales estribaciones de la sierra de los Tuxtlas, las tierras que hace más de 3 000 años habitaban los olmecas, la primera civilización de Mesoamérica. A un lado del zócalo se yerguen los 3,5 metros de la cabeza colosal olmeca más grande de las 17 descubiertas hasta el momento, con un peso de casi 50 toneladas. El pequeño pero bien organizado **Museo Tuxtleco** (abierto a diario; se paga entrada) cuenta con otra de estas cabezas, además de una buena colección de piezas procedentes del cercano yacimiento de **Tres Zapotes** y de otras ruinas olmecas.

No muy lejos de **San Andrés Tuxtla**, una extensa ciudad comercial y centro productor de cigarros puros, se encuentra el desvío hacia el **salto de Eyipantla ⑬**. La carretera pavimentada cruza campos de papayas, caña de azúcar, bananos y tabaco antes de llegar a esta magnífica cascada –casi tan ancha como alta–, de la que se eleva una nube de vapor perpetua.

La **laguna de Catemaco ⑭** es una singular masa acuática de 16 kilómetros de largo en el cráter de un volcán extinto; éste es el territorio de los brujos, como descubrirá enseguida gracias a los pregoneros que por todas partes venden recuerdos relacionados con la brujería.

La línea divisoria entre los brujos legítimos y los charlatanes que se aprovechan del turismo es muy delgada, pero la tradición es auténtica y se remonta a muchos siglos atrás. Los forasteros no son bien recibidos en la reunión que celebran los brujos el primer viernes de mayo de todos los años. Cerca se halla **Nanciyaga**, un «parque ecológico» enclavado en una selva tropical.

Entre sus atractivos figuran los puentes colgantes, los baños de vapor «precolombinos», los baños de lodo y el agua mineral de manantial. Podrá llegar al parque por carretera o en barco desde Catemaco. También se organizan excursiones en barco en torno a la **isla de los Monos**, poblada por una colonia de macacos llevados hasta allí desde Thailandia con fines científicos.

El turismo de aventura

Desde hace ya tiempo, México goza de una gran popularidad como destino turístico, en particular por sus hermosas localidades costeras y por su clima soleado todo el año. Sin embargo, en los últimos años, a raíz de la expansión e inauguración de nuevos parques naturales en los vastos territorios del interior del país, ha empezado a llegar otro tipo de viajero más audaz en busca de aventuras.

Así que cálcese sus botas de montañismo y dispóngase a caminar por la majestuosa Barranca del Cobre o por las espesuras tropicales de la selva Lacandona, en Chiapas, parte de la gran selva Maya. Los piragüistas pueden surcar el mar de Cortés de isla en isla o remar por los manglares de Yucatán.

Por los ríos, antaño sustento y vida de los antiguos imperios, se deslizan ahora aventureros procedentes de lejanos países. El *rafting*, toda una fiebre en la actualidad, es muy reciente en México. Hace diez años sólo los más temerarios aficionados a los rápidos se aventuraban por los ríos de Veracruz. Actualmente existen cuatro importantes empresas que organizan descensos, cuya base de operaciones se encuentra en Xalapa, pero que cuentan con delegaciones distribuidas por todo el estado. Estos viajes incluyen desde excursiones de un día hasta expediciones más prolongadas. Veracruz parece ofrecer un poco de todo: a tan sólo dos horas de Xalapa discurre el río Filobobos, que arrastra las lanchas hasta las ruinas de El Cuajilote, un yacimiento arqueológico cuyo mejor acceso es por el río.

Aunque Veracruz es el territorio por antonomasia de los descensos por rápidos, este deporte también está empezando a popularizarse en el estado de Morelos, al sur de la Ciudad de México. La estación lluviosa, de junio a octubre, es la mejor para lanzarse por el río Amacuzac.

En la costa caribeña encontrará algunas de las mejores zonas del hemisferio norte para la práctica del submarinismo. Al arrecife Paraíso, en Cozumel, el nombre le viene como anillo al dedo: existen más de 32 kilómetros de arrecifes, algunos compuestos por un raro coral negro, más de 200 especies de peces tropicales y cientos de cuevas submarinas.

México cuenta así mismo con excelentes comarcas para hacer senderismo y montañismo. Los aventureros más intrépidos pueden escalar volcanes en estado latente, como el Pico de Orizaba, cerca de Puebla, o Iztaccíhuatl, conocido también como la «montaña humeante». El punto de partida hacia el «Izta» es la ciudad de Amecameca, a tan sólo una hora en coche al sudeste del Distrito Federal.

Existen incontables oportunidades para la escalada en roca por todo el país, si bien algunas de las mejores regiones están a un paso de la frontera con Estados Unidos.

El Gran Trono Blanco se encuentra a unas pocas horas al sudeste de Tijuana. Esta zona goza de una gran reputación entre los escaladores, con su colosal pared de roca y un sinfín de rutas posibles. Otra alternativa es el Parque Nacional Cumbres de Monterrey, que rodea la ciudad de Monterrey, el mayor núcleo industrial de México. En este parque podrá escalar las paredes de 300 metros de altura del cañón de la Huasteca.

(*Véase pág. 345 del apartado* Guía práctica *para más detalles sobre agencias locales especializadas.*)

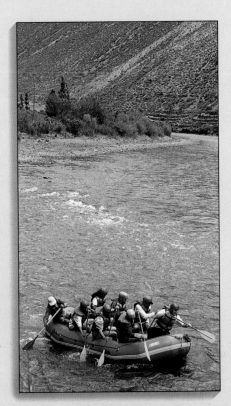

DERECHA: el descenso por los rápidos es sólo una de las muchas aventuras posibles en México.

OAXACA

*Este estado sureño tiene una rica historia,
desde el esplendor arqueológico de sus civilizaciones
precolombinas hasta caudillos como Benito Juárez y Porfirio Díaz*

Mapa
páginas
280-281

México D.F.

Oaxaca es territorio indígena por excelencia. Aunque los indígenas zapotecas y los mixtecos son mayoritarios en el estado, también viven en él otros 16 grupos cultural y lingüísticamente diferenciados. Ningún otro estado mexicano cuenta con una diversidad tan grande.

Hay mucho que ver en el salvaje y maravilloso Oaxaca: importantes yacimientos arqueológicos, diminutos pueblos, cuyos habitantes fabrican algunas de las mejores piezas de artesanía del país, y su exquisito litoral, cruzando las montañas hacia el otro lado del alto valle donde se asienta su capital, también llamada Oaxaca.

Un paisaje montañoso

La ciudad de Oaxaca se encuentra a 548 kilómetros del Distrito Federal, desde donde puede tomar un avión, un tren o la excelente autopista de cuota (peaje), cuyo precio es bastante razonable. El viaje a través de las montañas es precioso, cualquiera que sea la carretera que tome. Si no desea ir por la autopista de cuota y prefiere pasar por Puebla, puede hacer un alto en **Atlixco**, famoso por su templete para la banda de música, por sus bancos de azulejos y por un festival de baile que se celebra en septiembre. Los «árboles de la vida», que a menudo se piensa que proceden de Metepec, cerca de Toluca (*véase pág. 194*), son en realidad originarios de **Izúcar de Matamoros**, un importante centro alfarero situado algo más al sur.

El estado de Oaxaca fue así mismo el lugar de nacimiento de dos de los caudillos mexicanos más eminentes: Benito Juárez, el primer presidente liberal del país, quien era un indígena zapoteca natural del pueblo de montaña de San Pablo Guelatao, a unos 65 kilómetros al norte de Oaxaca, y Porfirio Díaz, quien asumió la presidencia en 1877 y se mantuvo en el poder hasta la Revolución de 1910.

La ciudad española de Villa de Antequera de Guaxaca, ahora conocida simplemente como **Oaxaca ⑮** (se pronuncia *oajaca*), fue fundada en 1529 cerca de un poblado indígena llamado Huaxyacac, que quiere decir «lugar de las calabazas». Situada a unos 1 500 metros de altitud, su clima de montaña es estupendo, nunca demasiado caluroso ni demasiado frío.

La urbe posee una población que ronda los 500 000 habitantes y un ambiente sorprendentemente cosmopolita. La influencia india es aquí más fuerte que en ninguna otra capital estatal, la arquitectura colonial española es soberbia y se halla bien conservada, y existen algunos museos atractivos y una dinámica comunidad artística.

Los mercados de Oaxaca gozan de una merecida reputación. El **mercado de abastos**, los sábados, es adonde acuden los oaxaqueños a realizar sus compras semanales. La frenética actividad mercantil tiene lugar en una enorme parcela de tierra junto a la estación de autobuses, al sur de la ciudad, al lado de la carretera periférica. Las zonas dedicadas a la fruta, la verdura y la artesanía son las más interesantes; el resto es un batiburrillo de muebles, ropa y cacharros de cocina.

IZQUIERDA: un espléndido despliegue de colores.
ABAJO: una mujer de la región con un pavo en brazos.

El mercado de **Benito Juárez** y el contiguo **mercado 20 de Noviembre A**, ambos abiertos a diario, resultan más variados, por lo que ofrecen un mayor aliciente para los turistas. Ubicados en la calle 20 de Noviembre, a unas pocas cuadras al sur de la Plaza Mayor, en ellos se vende artesanía (gran parte en los puestos de la calle, en el exterior del mercado), recuerdos de todo tipo, flores y comida, tanto cruda como preparada. Los fotógrafos y los cocineros los hallarán particularmente atractivos, debido a los grandes montones de pimientos secos, un soberbio despliegue de delicados colores y de sabores no tan delicados.

Los más atrevidos quizá deseen probar los chapulines, saltamontes fritos que se venden en los mercados.

Un sombreado banco entre la hermosa vegetación del **Zócalo B**, el eje social de Oaxaca, constituye un excelente punto de partida para una visita a la ciudad. O, si lo prefiere, puede dejar que el mundo desfile ante sus ojos desde una de las terrazas de los muchos restaurantes y cafeterías que hay bajo los soportales que flanquean la plaza. Un mural que adorna la escalinata interior del imponente **Palacio de Gobierno C** –del siglo XIX–, en el lado sur del Zócalo, ilustra la historia de la ciudad.

Al norte del Zócalo, frente al cercano **parque Alameda de León**, la enorme **catedral** presenta una bonita fachada barroca, cuya construcción se inició en 1554, pero no se terminó hasta el siglo XVIII. Además de las misas acostumbradas, en la catedral suelen celebrarse conciertos; las fechas y horarios se anuncian en la **oficina de turismo**, sita en la esquina de las calles Cinco de Mayo con Morelos.

Iglesias barrocas

Dos manzanas al oeste de la catedral, en la calle Independencia, la iglesia de **San Felipe Neri D**, con su fachada barroca de piedra verde, es donde se casó Benito Juárez (*véanse págs. 57-58*). Más adelante por la misma calle se llega a la **basílica de Nuestra Señora de la Soledad E**, del siglo XVII y también de piedra verde, en cuyo fastuoso interior barroco se guarda la imagen de la muy venerada santa patrona de

ABAJO: una tranquila calle de Oaxaca.

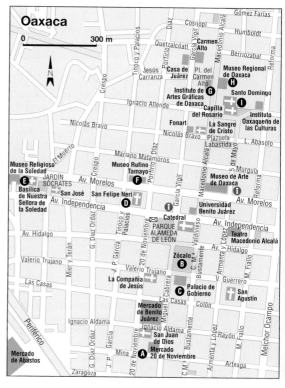

Oaxaca

Oaxaca, que se cree que posee poderes curativos milagrosos. Existe un pequeño museo religioso (abierto a diario; se pide un donativo) en los edificios del convento, situados detrás de la iglesia, mientras que en la plaza de enfrente se venden unos deliciosos helados.

Plano
página
292

Arte antiguo y moderno

Más interesado por el valor estético que por el histórico, el artista del siglo XX Rufino Tamayo (*véase pág. 111*) tardó más de 20 años en reunir su magnífica colección de piezas precolombinas. Luego las donó a su ciudad natal e incluso supervisó su instalación en el selecto **Museo Rufino Tamayo** ❻ (abierto de miércoles a lunes; se paga entrada).

Una donación más reciente se debe a Francisco Toledo, un artista contemporáneo, también oriundo de Oaxaca. El **Instituto de Artes Gráficas de Oaxaca** ❼ (abierto de miércoles a lunes; se pide un donativo), ubicado en su antigua y elegante residencia, exhibe una pequeña pero valiosa colección de grabados de artistas de fama internacional, así como de los destacados muralistas mexicanos Rivera y Orozco (*véanse págs. 109-110*). Alberga así mismo exposiciones itinerantes de artes gráficas.

Del recientemente restaurado **Museo Regional de Oaxaca** ❽ (abierto de martes a domingo; se paga entrada), instalado entre los hermosos claustros de un monasterio dominico, cabe destacar sobre todo su espectacular colección de intrincadas joyas mixtecas y otros objetos de oro, turquesa, obsidiana y vidrio. Estas piezas, que datan de alrededor del año 500, fueron halladas cuando en 1932 se excavó la tumba n.º 7 del cercano Monte Albán (los orfebres locales suelen reproducirlas fielmente en oro o en plata bañada en oro y se venden en algunas de las mejores joyerías de la ciudad).

El museo dispone además de buenas muestras de tejidos, prendas de vestir, enseres domésticos y reliquias arqueológicas. El antiguo monasterio de **Santo Domin-**

NOTA

Oaxaca es una ciudad en la que resulta sencillo desplazarse a pie, aunque también puede encontrar gran cantidad de taxis baratos.

ABAJO: iglesia barroca de Santo Domingo, en Oaxaca.

Hay tantos yacimientos arqueológicos en Oaxaca que en cierta ocasión alguien sugirió cubrir todo el estado con un techo y llamarlo museo.

go ❶, justo al lado, ostenta la iglesia más admirable de Oaxaca, con dos esbeltos campanarios y un soberbio interior de estuco dorado y coloreado. Destaca por su belleza el retablo central (aunque es una réplica del original, que fue reemplazado en 1959), y en uno de los techos, nada más entrar por la puerta principal, se observa un embrollado árbol familiar de santo Domingo de Guzmán, fundador de la orden de los dominicos en el siglo XIII. La exquisita decoración dorada alcanza su mayor intensidad en la deslumbrante **capilla del Rosario**, del siglo XVIII.

De compras en Oaxaca

Oaxaca es una ciudad maravillosa y apasionante para salir de compras. En ella es posible adquirir piezas de artesanía directamente de manos de sus autores, que se desplazan allí para vender sus artículos, en general alfombras o sarapes tejidos a mano. Suelen esperar algo de regateo previo, si bien los precios son tan bajos que parecería insultante humillarlos aún más.

Desde Santo Domingo sólo hay cinco manzanas de regreso al Zócalo por **Macedonio Alcalá**, una calle llena de flamantes edificios coloniales y excelentes tiendas en las que se vende artesanía y joyas como, por ejemplo, **La Mano Mágica** o **Yalalag de Oaxaca**. En la cercana calle García Vigil, **Artesanías Chimalli** tiene auténtico arte folclórico y es de confianza a la hora de enviar las compras a domicilio.

Cuesta muy poco hacerse socio de la **Biblioteca Circulante de Oaxaca**, que dispone de una buena selección de libros sobre Oaxaca y México; la bibliotecaria, Ruth González, que vive allí mismo, constituye una inestimable fuente de información y es de gran ayuda si se desea consultar una o dos revistas.

Es probable que la más vistosa de las legendarias fiestas de Oaxaca sea la **Guelaguetza**, que se celebra en el anfiteatro del Cerro del Fortín los dos primeros lunes después del 16 de julio. La **noche de los Rábanos**, el 23 de diciembre, se exponen en

ABAJO IZQUIERDA:
cerámica
de Atzompa.
ABAJO DERECHA:
claroscuros
en la iglesia
de Santo Domingo.

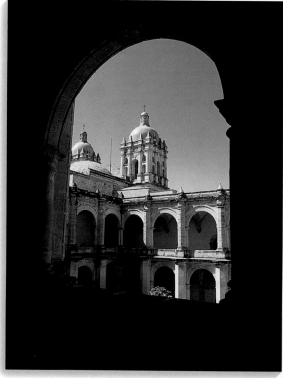

el zócalo unas extraordinarias esculturas hechas con estos tubérculos tallados de forma exquisita (*véase la fotografía de la página 115*).

Monte Albán

Lo que atrae a mucha gente a Oaxaca es la proximidad de sus maravillas arqueológicas. Por la mañana temprano es el mejor momento para visitar las ruinas de **Monte Albán** ⑯ (abierto a diario; se paga entrada). Este majestuoso centro ceremonial de los zapotecas, a unos 10 kilómetros al oeste de la ciudad, se alza sobre una montaña truncada por el hombre desde la que se divisa una panorámica grandiosa.

Monte Albán fue fundado hacia el 500 a.C., si bien la ciudad no alcanzaría su apogeo hasta 1 000 años más tarde, cuando su población llegó a ser de 25 000 habitantes. La entrada a la **Gran Plaza** se encuentra en la esquina nordeste, entre **el juego de pelota** y la **Plataforma Norte**. El **Edificio J**, en medio de la plaza, se conoce como el observatorio, mientras que en el extremo meridional se yergue la **Plataforma Sur**, la construcción más alta de Monte Albán.

El **Palacio de los Danzantes** está situado en el flanco occidental de la plaza. Los arqueólogos siguen sin ponerse de acuerdo sobre el significado de los extraños bajorrelieves de «bailarines» tallados en los muros de este edificio; estas figuras, que muestran una evidente influencia olmeca, han sido interpretadas como jugadores de pelota, rarezas médicas, personas deformadas, víctimas de sacrificios o enemigos asesinados.

Es posible descender a alguna de las tumbas para admirar los antiguos frescos. En la **tumba n.º 104**, hacia el noroeste del yacimiento, hay una reproducción de Cocijo, el dios de la lluvia, cuya lengua bífida representa el rayo; los tesoros de la **tumba n.º 7**, que pertenecían a un dignatario mixteco del siglo XIV, pueden verse en el **Museo Regional de Oaxaca** (*véase pág. 293*).

Mapas
páginas
280 y 292

«Incluso en la actualidad, este elevado lugar de los zapotecas sigue siendo realmente asombroso.»
ALDOUS HUXLEY

ABAJO: las sólidas construcciones de Monte Albán.

Mitla y el árbol de Tule

A unos 10 kilómetros de Oaxaca por la carretera de Mitla se llega al pueblo de **Santa María de Tule** ⑰, en el que hay un pequeño mercado de artesanía y una preciosa iglesia; pero, por encima de todo, existe allí un inmenso ahuehuete de 2 000 años de edad que, con sus 50 metros de perímetro, se cree que es el más ancho de América.

Tras el declive de Monte Albán, **Mitla** ⑱ (abierto a diario; se paga entrada) se convirtió en uno de los más importantes centros zapotecas. Sin embargo, las edificaciones más importantes del yacimiento son de estilo mixteco. Las complicadas grecas de piedras ensambladas de sus edificios recuerdan mucho a los frisos geométricos de los antiguos griegos.

Los más intrincados de estos «mosaicos» se encuentran en el **patio de las Grecas**. En el **patio de las Tumbas** hay dos sepulcros subterráneos cruciformes, uno de los cuales contiene la **columna de la Vida**. Se dice que la distancia que separa las manos al abrazar este pilar representa los años que quedan de vida. A diferencia de la mayoría de los centros de ceremonias, Mitla no fue abandonado después de la conquista española, sino que continuó habitado hasta bien entrado el siglo XVI.

La iglesia que se levanta al lado del yacimiento se construyó con piedras tomadas del mismo. Junto a la entrada al recinto se instala un amplio mercado de artesanía en el que se venden unos chales blancos de encaje tejidos a mano. En el **Museo Frissell** (abierto a diario; entrada gratuita), un centro de investigación de la Universidad de las Américas lindante con la plaza, se expone una colección de utensilios zapotecas y se venden objetos de artesanía. La excursión a Mitla puede combinarse con la visita a otros yacimientos, no tan extensos pero no por ello menos asombrosos, como **Dainzu**, **Lambityeco** y **Yagul**.

Existen varias compañías que organizan viajes en microbús a las distintas ruinas arqueológicas con comentarios informativos. La que va a Monte Albán sale del

NOTA

Actualmente, el precio del alquiler de un coche es tan alto que, de hecho, sale más económico contratar a un taxista por horas; trate de convenir una tarifa justa antes de ponerse en marcha.

ABAJO: los indígenas de Oaxaca van a las ciudades a vender sus artículos.

PUEBLOS ARTESANOS DE OAXACA

Si bien existen muchas y excelentes tiendas de artesanía en la ciudad de Oaxaca, suele ser más interesante visitar los pueblos de los alrededores en los que aún se fabrican los artículos artesanales.

☛ **San Bartolo Coyotepec** es célebre por su cerámica negra, muy pulida y sorprendentemente ligera.

☛ **San Martín Tilcajete** es donde se fabrican los fantásticos animalitos tallados y pintados de alegres colores.

☛ **Ocotlán de Morelos** es de donde proceden muchos alfareros famosos. El viernes es el día de mercado, en el que a veces es posible encontrar unos maravillosos cestos.

☛ En **Santo Tomás Jalieza** se emplean los telares de cintura para fabricar cinturones, bolsos, tapetes y servilletas, por lo general decorados con motivos de plantas y animales.

☛ De **Santa María Atzompa** son conocidas las recreaciones en arcilla de la Virgen de la Soledad y otras figuras de cerámica meticulosamente decoradas. Muchas de las vasijas se vidrian con un acabado verde, cuyo contenido en plomo las hace inadecuadas para cocinar.

☛ **Teotitlán del Valle** es famoso por sus mantas, alfombras, sarapes y otros tejidos de lana. Los motivos decorativos van desde las tradicionales formas geométricas hasta retratos del Che Guevara, copias de esculturas precolombinas o incluso cuadros de Picasso o Miró.

Mesón del Ángel y la que va a Mitla sale de los hoteles Camino Real, Victoria y Marqués del Valle. Aquellos que prefieran ir por su cuenta pueden hacerlo en su propio coche, pactar un precio por hora con un taxista o tomar el autobús de línea que pasa cerca de los yacimientos, aunque no llega hasta ellos. Muchos de los hoteles y librerías de la ciudad venden guías especializadas en las que hallará información sobre la historia y las direcciones de los mejores sitios.

Mapa
páginas
280-281

Explorando la región

Si se desea observar más de cerca la vida de esta montañosa región, hay autobuses no demasiado buenos hacia los distintos pueblos, algunos situados a varias horas de traqueteo, en los que viven muchos grupos indígenas relativamente aislados. Oaxaca es uno de los estados más pobres de México; la erosión del suelo es devastadora y muchos campesinos no tienen tierras suficientes para sobrevivir. Para complementar en cierta forma lo poco que sacan del campo, muchos oaxaqueños se han hecho artesanos; los pueblos de los alrededores de Oaxaca son un buen lugar para verlos trabajar (el precio de sus artículos es más o menos el mismo que en los puestos de la capital, pero mucho más barato que en la Ciudad de México o en otras localidades turísticas).

En **Teotitlán del Valle** ⑲, a un par de kilómetros de la carretera principal a Mitla, es posible ver a veces a las tejedoras confeccionando bonitos diseños con lana hilada y teñida por las mujeres de la familia. Algunos también se acercan a este pueblo con el propósito concreto de comer en el restaurante **Tlamanalli**, donde preparan recetas zapotecas tradicionales actualizadas.

La iglesia dominica del cercano **Tlacolula** se construyó en el siglo XVI; fíjese en particular en la influencia indígena que se aprecia en su profusamente decorado interior y en el antiquísimo órgano de tubos. Este municipio cuenta así mismo con el mejor mer-

NOTA

Los relatos cortos de Ben Traven constituyen una excelente lectura para todo aquel que vaya a viajar a Oaxaca o al sur de México. (*Véase Lecturas adicionales, pág. 379.*)

ABAJO: Huatulco, en el estado de Oaxaca.

cado dominical de la región, donde podrá tomar un **mezcal** de la mejor calidad, que en ocasiones se aromatiza con hierbas; dentro de las botellas suele ir el codiciado gusano que vive en los magueyes.

Al sur de Oaxaca, en la pequeña población mixteca de **Cuilapan**, reposan las ruinas de un monasterio y una iglesia dominicos de los primeros tiempos. El héroe independentista Vicente Guerrero fue fusilado en este lugar en 1831. Antiguamente, Cuilapan era un centro productor de cochinilla, un tinte rojo que se extrae de las hembras de unos insectos que se alimentan de cactus. Esta tintura, utilizada en Europa como base para los pigmentos de magenta y también para el color rojo de las casacas del ejército británico, era antes tan valiosa que su exportación se hallaba bajo el férreo control de la Corona española.

La costa de Oaxaca

Oaxaca disfruta de 480 kilómetros de costa bañada por el océano Pacífico con excelentes playas, lagunas serenas y buenas olas. Se ha vuelto a asfaltar la autopista entre Acapulco (en el vecino estado de Guerrero) y Salina Cruz (en Oaxaca), aunque algunos tramos siguen resultando accidentados. Puerto Escondido, Puerto Ángel y actualmente Huatulco son los tres destinos más conocidos.

De estas tres localidades turísticas, **Puerto Escondido** ⓴ es la que más tiempo lleva en el negocio del turismo, si bien eso no significa que sea un sitio de postín. La pesca todavía constituye una importante fuente de ingresos.

El ambiente de Puerto Escondido es de gente corriente, relajado, donde no hay mucho más que hacer que disfrutar del sol, el mar y las olas. El **casco viejo** ocupa un cerro sobre la bahía. La principal zona turística va desde la **playa Principal**, donde fondean los barcos de pesca, hasta la **playa Marinero**, la de los bañistas. Al pasar la curva se extiende la larga playa de arena de **Zicatela**, que atrae a los surfistas como un imán ante la idea de deslizarse sobre la famosa «Tubería Mexicana». Por desgracia, la resaca es muy peligrosa en la playa Zicatela, por lo que nadar en ella resulta bastante arriesgado.

La mayor parte de las instalaciones para turistas se concentran junto a la playa o cerca de ella. El paseo peatonal que discurre paralelo a la bahía por la zona turística de la ciudad está repleto de tiendas en las que se puede comprar plata, joyas y otras baratijas.

Existen restaurantes sencillos, pero excelentes para comer pescado como, por ejemplo, **La Perla Flamante** y **Nautilus**, además de bares en los que actúan bandas de jazz en directo y donde a partir de las 22:00 h, más o menos, ponen música de baile hasta bien entrada la noche. El **Hotel Santa Fe**, el más hermoso de Puerto Escondido, se levanta en el punto donde convergen la playa de los surfistas y la playa de los bañistas. En la colina del otro extremo de la ciudad se levanta el **Hotel Aldea del Bazar**, de elegantes líneas, aunque hace falta tomar un taxi para salir o volver de él hacia o desde cualquier parte.

Una fauna espectacular

Cualquiera que esté interesado en las aves y en otro tipo de fauna debería pensar en cubrir los 60 kilómetros que unen Puerto Escondido con el **Parque Nacional Lagunas de Chacahua** ㉑, al oeste. En el pueblo de Zapotalito se pueden alquilar lanchas para recorrer las lagunas y sus islas orilladas por manglares.

El mejor momento es por la mañana temprano o ya avanzada la tarde, cuando podrá avistar ibis, espátulas,

Las competiciones internacionales de surf de Puerto Escondido atraen a surfistas profesionales de todo el mundo.

ABAJO: siguiendo la corriente.

loros, caimanes, tortugas y los muchos otros animales que pueblan las lagunas. Existen así mismo agradables playas arenosas y calas abrigadas; pero no se olvide de un buen repelente contra los insectos, porque los mosquitos pueden ser muy voraces.

Puerto Ángel y Huatulco

Puerto Ángel ㉒, más aún que Puerto Escondido, es una apacible localidad turística que disfruta de un escenario tropical y magníficas y abrigadas playas para aquellos que quieran relajarse, nadar y tumbarse al sol. El pueblo pesquero se encuentra en el lado oriental de la bahía, mientras que para bañarse es preferible la **playa del Panteón**, al oeste. Abundan el marisco y el pescado frescos, y hay en la ciudad varios hoteles cómodos aunque no lujosos. Y si se desea prescindir de todo lo superfluo, la extensa playa de arena orlada por palmeras de Zipolite está a sólo 5 kilómetros por la costa.

En contraste, las bellas bahías de **Huatulco ㉓** están siendo urbanizadas a toda prisa para convertirlas en enormes centros turísticos, con sus puertos deportivos, sus campos de golf y sus instalaciones para la práctica del submarinismo y de la equitación. Las playas se extienden a lo largo de 35 kilómetros de espléndido litoral. Se ha finalizado la construcción de varios hoteles, entre ellos el Sheraton, el Holiday Inn y el Crowne Plaza, junto a los complejos del Club Med y el Royal Maeva; hay otros en proyecto, hasta un total previsto de 30 000 habitaciones. Hasta el momento, por lo menos, no se han urbanizado las siete bahías de Huatulco, de modo que aún resulta una localidad agradable y no demasiado llena de turistas.

Desde la bahía principal, la de Santa Cruz, salen excursiones en barco rumbo a algunas de las maravillosas playas donde el buceo con tubo es una delicia. La nueva ciudad de **La Crucecita**, situada a 2 kilómetros hacia el interior, es un proyecto turístico donde no faltan la Plaza Mayor, varios restaurantes, un par de hoteles económicos y un estupendo mercado.

Mapa páginas 280-281

NOTA

Vigile en todo momento sus pertenencias, pero sobre todo en Puerto Escondido y en Puerto Ángel, donde los hurtos son bastante habituales. También es aconsejable pasear sólo por las calles bien iluminadas cuando sea de noche.

ABAJO: pescadores de Puerto Escondido.

TABASCO Y CHIAPAS

Este capítulo trata de reflejar la enorme disparidad que existe
entre estos dos estados vecinos: Tabasco, llano, húmedo y tropical,
frente a la montañosa soledad de Chiapas

Mapa
páginas
280-281

México D.F.

L os muy diferentes estados de Tabasco y Chiapas se extienden de lado a lado del
país desde el golfo de México hasta el océano Pacífico, al este del istmo de
Tehuantepec, la parte más estrecha de México.

Tabasco, verde y tropical, suele desestimarse por considerarlo un estado petrolero por el que se pasa de camino a Chiapas y a la península de Yucatán. Esta húmeda y llana región costera está surcada por una enmarañada red fluvial que hace ya
3 000 años los antiguos olmecas utilizaban como rutas comerciales.

Una próspera ciudad

El conquistador Hernán Cortés desembarcó en la costa tabasqueña del golfo de México el 22 de abril de 1519 (*véase pág. 42*), donde fundó el asentamiento español original en la desembocadura del río Grijalva. Sin embargo, las incursiones piratas
pronto obligarían a desplazarlo hacia el interior. En la actualidad este primitivo enclave
se llama **Villahermosa ㉔**, es la capital de Tabasco y cuenta con más de un cuarto
de millón de habitantes.

El auge repentino de la industria petrolera durante la década de 1970 alteró la faz
de Villahermosa, y, algo más reciente incluso, se han invertido cuantiosas sumas de
dinero con el objeto de fomentar el turismo en la ciudad y sus inmediaciones. Existen nuevos parques y jardines, varios museos y una fla-
mante galería comercial, **Tabasco 2000**, con planetario,
centro de convenciones y fastuosas *boutiques*.

No obstante, el principal atractivo de la ciudad es el
enorme **Parque Museo La Venta** (abierto de martes a
domingo; se paga entrada), situado al noroeste de la ciudad. El recinto recrea el escenario selvático del antiguo
centro olmeca de **La Venta**, a 130 kilómetros al oeste de
Villahermosa, que floreció entre los años 1000 y 400 a.C.

Tras las excavaciones preliminares efectuadas por el
arqueólogo Franz Blom en 1925, y las posteriores de Mat-
thew Sterling, en la década de 1940, el yacimiento de La
Venta se vio amenazado por las perforaciones petroleras.
Mediante una mastodóntica operación dirigida por el
poeta y antropólogo tabasqueño Carlos Pellicer se trans-
portaron 32 piezas monumentales olmecas al museo al
aire libre de Villahermosa. Lo más impresionante de todo
son las tres cabezas colosales, de más de 2 metros de altura,
que se piensa que representan a los poderosos caudillos
de la «cultura madre» de México.

El **Museo Regional de Antropología Carlos Pellicer**
(abierto de martes a domingo; se paga entrada), al sur de
la ciudad, proporciona una excelente aproximación a las
culturas olmeca y maya de esta región. Dispone de una
sección dedicada a las ruinas de Comalcalco y de unas
buenas reproducciones de los murales de Bonampak.

Hoy en día, el «ecoturismo» es una tendencia en alza
en México. Se ofrecen excursiones de senderismo por el
remoto sudoeste de Tabasco o descensos en lancha por los
ríos Usumacinta y Grijalva. El no tan remoto **Yum-Ká ㉕**

IZQUIERDA: actores
enmascarados
durante la fiesta
de San Sebastián.
ABAJO:
vida de perros.

Mucha gente no sabe que Tabasco es el nombre de un estado del sur de México, no sólo el de una salsa picante.

(abierto a diario; se paga entrada) –el nombre proviene del enano que protege la selva– es un «safari *park*» bastante reciente y un centro de investigaciones biológicas todo en uno. La visita guiada por el enorme parque, situado a tan sólo 18 kilómetros al este de Villahermosa, incluye una caminata por la selva, un paseo en tren a través de la «sabana africana» y una vuelta en barco por una laguna. Mientras lo recorre, verá todo tipo de animales, desde monos y loros hasta elefantes, ñus e hipopótamos.

Relativamente poca gente se acerca a las hermosas ruinas mayas de **Comalcalco** ㉖ (abierto a diario; se paga entrada), a 62 kilómetros al noroeste de Villahermosa. Hay allí tres grupos de edificios –la Plaza Norte, la Gran Acrópolis y la Acrópolis Este–, la mayoría de los cuales datan de los años 700 a 900 d.C. Las influencias de Palenque resultan evidentes; sin embargo, por razones prácticas (es decir, por la escasez de piedra en los alrededores), estos mayas emplearon ladrillos horneados para las construcciones. Los granos de cacao con los que realizaban sus transacciones comerciales todavía constituyen en la actualidad una parte importante de la economía de la región; una descomunal factoría ubicada en la ciudad de Cárdenas procesa casi todo el cacao que se cultiva en la zona, desde donde se distribuye a los fabricantes de chocolate de todo el mundo.

Chiapas

En contraste con la monotonía del relieve de Tabasco, las montañas predominan en el vecino estado de **Chiapas**; gran parte de sus paisajes presentan una espectacular belleza, con ríos de aguas cristalinas y cataratas precipitándose desde las montañas, pero muchas de sus carreteras, repletas de altibajos y pendientes muy pronunciadas, no son recomendables para los más apocados. En algunas regiones apenas deja de llover durante todo el año, aunque en general la estación de lluvias sólo dura desde mayo hasta octubre (julio y agosto son los meses más húmedos).

ABAJO: la inescrutable expresión de las colosales cabezas de piedra olmecas.

Al igual que Oaxaca, Chiapas es un estado con una fuerte presencia indígena; de hecho, los distintos grupos indígenas, la mayoría de los cuales viven en condiciones de extrema pobreza, constituyen cerca de un tercio de toda su población. Tratados como ciudadanos de segunda clase, se han visto expulsados de manera paulatina (y violenta) de sus tierras hacia las zonas menos fértiles del estado. Pese a la sublevación zapatista de 1994 (*véase pág. 90*), cuyo foco se concentraba en las tierras altas de Chiapas, los turistas continúan visitando la región; sin embargo, puesto que la situación sigue sin resolverse, es recomendable conseguir información de última hora antes de viajar hacia allí.

Mapa páginas 280-281

Tuxtla Gutiérrez

La capital del estado, **Tuxtla Gutiérrez** ㉗ («lugar de los conejos»), se encuentra a 290 kilómetros al sur de Villahermosa. Se trata de una ciudad sin demasiados atractivos, si bien el **Museo Regional de Chiapas** (abierto de martes a domingo; la entrada es gratuita, pero se aceptan donativos), en el parque Madero, guarda hermosas piezas precolombinas y coloniales, además de algunos interesantes mapas explicativos. También el **zoológico Miguel Álvarez del Toro** (abierto de martes a domingo; se aceptan donativos) resulta fascinante, ya que se limita a los animales autóctonos de Chiapas, como tapires, jaguares y ocelotes, encerrados en recintos que recrean su medio natural dispuestos a lo largo de un camino de madera. Otra atracción muy apreciada es el *glockenspiel* (una especie de xilófono metálico) de estilo alemán de la catedral, que ejecuta movimientos musicales con los doce apóstoles a las horas en punto.

La forma más memorable de explorar el **cañón del Sumidero** ㉘ es tomar uno de los barcos que realizan excursiones por el río Grijalva a través de esta formidable garganta, cuyas verticales paredes superan los 1 000 metros de altura. La corriente permanece en calma gracias a una presa construida en Chicoasén que ha domado los

ABAJO: las tranquilas aguas del cañón del Sumidero.

ABAJO:

representantes
tzeltales
compartiendo un
trago ritual, o dos.

otrora impetuosos rápidos. La excursión de ida y vuelta dura unas dos horas y las lanchas de motor salen de la villa de **Chiapa de Corzo** ㉙, a 15 minutos en dirección este desde Tuxtla. Esta localidad fue el primer asentamiento español en Chiapas, que de hecho llevaba habitada unos 3 000 años antes de la conquista. La fuente octogonal del siglo XVI en el centro urbano, **La Pila**, se dice que imita la forma de la corona española. El cercano y enorme **templo de Santo Domingo** también se remonta al siglo XVI y es poseedor de unas de las campanas más viejas de Latinoamérica. Chiapa de Corzo es famosa por sus lacados; en el **Museo de la Laca** (abierto de martes a domingo; entrada gratuita) podrá conocer las diferentes técnicas empleadas. Así mismo, las tiendas que rodean la plaza venden artesanía (sobre todo prendas de vestir con bordados).

Otra manera de admirar el cañón es desde alguno de los miradores; unos microbuses Volkswagen llamados «combis» salen del parque Madero y suben por la autopista hasta los miradores de la cima. Al oeste de Tuxtla hay un desvío hacia el norte que conduce a la descomunal **presa de Chicoasén**, a unos 40 kilómetros de distancia por una buena carretera asfaltada. Nada más pasar un túnel, la carretera se asoma sobre el embalse, donde un señal indica la dirección al mirador, situado un par de kilómetros más adelante. A un lado se observa el imponente **cañón de Grijalva** (el del Sumidero está detrás de los montes) y al otro se puede ver la presa y el lago artificial en medio. Desde Tuxtla salen autobuses hacia Chicoasén.

La costa de Chiapas

Al sudoeste de Tuxtla se encuentran Arriaga y **Tonalá**; según se dice, el lugar más caluroso de Chiapas. Desde aquí puede seguir hasta **Paredón** ㉚, junto al Mar Muerto, que en realidad es una laguna excelente para la pesca y en cuyas aguas se puede nadar en cualquier época del año. No hay hoteles, pero sí marisquerías en abun-

dancia. Otra alternativa es **Puerto Arista**, a 19 kilómetros de distancia, donde las personas pudientes de Chiapas construyen sus chalés de fin de semana. De nuevo, el marisco es delicioso y está a buen precio. Podrá alquilar una hamaca bajo una palapa de hojas de palmera, pero en invierno no se olvide de llevar una manta ligera.

Mapa páginas 280-281

La perla del Soconusco

Tapachula ㉛, próxima a la frontera con Guatemala, es el núcleo de las plantaciones de bananos, algodón, cacao y café de la región, administradas por personas de origen alemán que se mudaron en masa a México desde la vecina Guatemala durante el gobierno de Díaz (*véanse págs. 58-59*). Cuando estos descendientes de alemanes fueron recluidos durante la Segunda Guerra Mundial, la producción de café descendió de forma drástica. Desde luego, muchas de esas personas son ahora mexicanas de los pies a la cabeza y las plantaciones han tomado nombres locales. De todas maneras, existe el pueblo de Nueva Alemania en una comarca cafetera cerca de Tapachula.

Desde **Huixtla**, a 42 kilómetros al norte de Tapachula, la carretera comienza una increíble subida, para luego descender paralela a la autopista 190, la cual discurre a lo largo de la frontera con Guatemala hasta que la cruza en **Ciudad Cuauhtémoc**. El viaje merece la pena, aunque sólo sea por el paisaje, pero no es aconsejable conducir por la noche. En distintos puntos del trayecto se colocan controles policiales que cada cierto tiempo echan el alto a algún vehículo; tratan de combatir el contrabando de drogas y de armas, y de sorprender a los inmigrantes guatemaltecos ilegales.

NOTA

Si tiene la intención de cruzar a Guatemala en Ciudad Cuauhtémoc, tenga su pasaporte a mano y hágalo antes de las 13:00 h o entre las 16:00 y las 18:00 h.

Lagos de muchos colores

A medida que la autopista Panamericana asciende rumbo al Altiplano Central de Chiapas se despliega ante los ojos un soberbio y ancho valle que se extiende hacia las lejanas montañas de Guatemala, majestuosas moles entre la bruma. Antes de lle-

ABAJO: participantes en la fiesta de San Sebastián, en Chiapa de Corzo.

Ciudad Cuauhtémoc se encuentra al final del tramo mexicano de la autopista Panamericana, que comienza en el norte, en Ciudad Juárez, junto a la frontera con Texas.

gar a la ciudad de **Comitán** existe un desvío que conduce en dirección este al **Parque Nacional Lagunas de Montebello** ㉜. Ubicado en un tranquilo paraje muy cerca de la frontera guatemalteca, al borde de la selva tropical de **Lacandón**, comprende unos 60 lagos en total. El grupo conocido como las **Lagunas de Colores**, todo recto según se entra en el parque, luce un espectacular espectro de colores, desde el turquesa y el amatista hasta el verde esmeralda oscuro y el gris acero. Este colorido es el resultado de las ingentes cantidades de sedimentos minerales contenidos en el agua. Hay un cámping no muy lejos, mientras que el albergue turístico se encuentra en el pueblo de **Tziscao**.

Entre la autopista Panamericana y el parque nacional, un camino de tierra se bifurca a la izquierda en dirección a las ruinas mayas precolombinas de **Chinkultic**, donde un gran templo, El Mirador, domina desde lo alto el valle. Sólo se ha limpiado y restaurado una parte de este extenso yacimiento, pero su emplazamiento y las vistas son maravillosos.

Alfareros tzeltales

La ciudad de **Comitán** es famosa por el fortísimo licor que allí se elabora, sus empinadas calles, sus numerosas variedades de orquídeas y unas mazorcas de maíz que llegan a medir casi medio metro de largo. Cuenta con una plaza agradable y buenos hoteles, y está a 45 minutos en coche al sudeste de las Lagunas de Montebello.

Las indígenas tzeltales de **Amatenango del Valle** se dedican a la fabricación de una preciosa cerámica sin vidriar que hornean de la misma manera en que lo hacían sus antepasados precolombinos: no utilizan un horno, sino que se limitan a encender un fuego alrededor de las vasijas de arcilla secadas al sol. Su color natural no perderá lustre, pero es necesario transportarlas con cuidado, pues son bastante más frágiles que la cerámica de altas temperaturas.

Abajo: iglesia de Santo Domingo, en San Cristóbal de las Casas.

Siguiendo hacia el norte desde Amatenango, a 80 kilómetros al este de Tuxtla Gutiérrez (*véase pág. 303*), se encuentra el popular destino turístico de **San Cristóbal de las Casas** ❸. Situada a 2 300 metros de altitud, muchos turistas la consideran la ciudad más agradable de México, en la que se respira un ambiente relajado y un aire fresco y saludable. Cuenta con numerosos hoteles limpios y económicos, y buena comida a precios razonables; casi uno de cada dos establecimientos de la calle Madero, perpendicular al zócalo, es un restaurante de un tipo u otro.

Mientras Chiapas estuvo bajo dominio guatemalteco, hasta el siglo XIX, San Cristóbal fue su capital. Fundada en el año 1528, su nombre se le puso en honor del obispo dominico fray Bartolomé de las Casas, quien defendió a los indígenas de los abusos de los colonizadores. Es un lugar con un inmenso encanto colonial; casi todas sus casas son edificios encalados de un solo piso con tejados rojos y su atmósfera está impregnada de un delicioso aroma a madera quemada.

Varias iglesias de importancia rompen el perfil horizontal de la ciudad, entre las que cabe destacar el **templo de Santo Domingo**, una construcción barroca iniciada en 1547, con una sobrecargada fachada rosa que data del siglo XVII. En su interior cobija pinturas religiosas, intrincados retablos dorados y un ornamentado púlpito.

Objetos de ámbar

En las inmediaciones de Santo Domingo, las mujeres indias venden una asombrosa variedad de prendas de alegres colores y otros artículos textiles. La cerámica y el cuero también son muy comunes, igual que la ropa de lana y de algodón, y los objetos hechos de ámbar. Cerca, en la cooperativa de **Sna Jolobil** (tejeduría, en tzotzil), se exponen paños tejidos con telares de cintura, entre otras piezas artesanales.

Los indígenas se acercan a San Cristóbal de las Casas desde los pueblos de montaña de los alrededores, cada uno de los cuales tiene su propio traje tradicional. En Cha-

Mapa
páginas
280-281

NOTA

Los indígenas de San Cristóbal y de los pueblos de los alrededores se quejan, y con razón, de que se les trate como a una atracción turística. Pídales siempre permiso antes de hacerles una fotografía.

ABAJO: no es mal sitio para posarse.

CÁLCULOS MAYAS

Los mayas eran unos excelentes matemáticos y astrónomos, e inventaron un complejo sistema de jeroglíficos que empleaban, junto a un código de barras y puntos, para registrar su historia y sus rituales. Idearon así mismo un calendario astrológico de una precisión extraordinaria, a fin de planear el año agrícola y religioso. Su ciclo de 260 días (llamado Tzolkin) formaba parte fundamental de todos los cálculos de Mesoamérica, al tiempo que utilizaban otro ciclo (Haab), similar a nuestro año solar de 365 días. Ambos ciclos transcurrían de forma simultánea, como si fueran ruedas dentadas, y pasaban 52 años antes de que se repitiese una fecha cualquiera en ambos ciclos.

El ciclo de 52 años, denominado Calendario Circular o Círculo Sagrado, ya lo usaban otros pueblos mesoamericanos anteriores, que también concibieron un calendario más complicado, la Cuenta Larga.

Pero fueron los mayas, aún más exigentes en sus cálculos, los que perfeccionaron la Cuenta Larga hasta su grado más alto de precisión. Medían el tiempo desde el principio de su calendario (3113 a.C.); al cabo de 104 años se daba una espectacular coincidencia de varios ciclos de tiempo: el ciclo de Venus de 584 días (que también gozaba de una importancia considerable entre los mayas), el año solar de 365 días, el ciclo de 52 años y el Tzolkin, un acontecimiento que se celebraba con gran regocijo y ceremonias especiales.

mula, los hombres llevan largas túnicas blancas de lana, mientras que los jefes civiles o religiosos van de negro. Los hombres tzotziles de Zinacantán se visten con túnicas a rayas rojas y blancas, y sombreros planos con cintas de colores; las cintas más largas que penden son para los hombres solteros. Los laboriosos diseños de los huipiles de las mujeres representan a menudo animales y pájaros estilizados, y poseen una fuerte carga simbólica.

NOTA

La mayoría de los pueblos de las cercanías de San Cristóbal celebran el mercado los domingos por la mañana, por lo que ése es el mejor día para visitarlos.

Na-Bolom, la «casa del jaguar»

Una visita a San Cristóbal debe incluir necesariamente el **Na-Bolom** (abierto de martes a domingo; se paga entrada). Este centro fue fundado por la difunta Gertrude Duby-Blom, escritora, fotógrafa y lingüista suiza, y su marido Franz Blom, un arqueólogo danés que participó en las excavaciones de La Venta, muerto en 1963. «Trudi» se pasó medio siglo estudiando las costumbres, idioma e historia de los pueblos de esta región, cuyos derechos defendió con gran firmeza. Murió nonagenaria en 1993. El centro –en el que hay una biblioteca, un museo y una casa de huéspedes–, ubicado en una amplia casa con patios llenos de flores y habitaciones bellamente amuebladas, está dedicado a la protección y conservación de la comarca de Lacandón.

Pueblos indígenas

Es probable que el más accesible de todos los pueblos indígenas de los montes al norte de San Cristóbal sea **San Juan Chamula** ㉞, a 9,5 kilómetros de distancia por una carretera pavimentada. Puede ir en coche, tomar un autobús o alquilar un caballo y cabalgar campo a través. Deberá obtener un permiso (por un pequeño importe) en la oficina turística local antes de poder entrar en la iglesia, y está terminantemente prohibido sacar fotografías en el interior del edificio. La religión chamulana fusiona creencias mayas precolombinas con las católicas.

ABAJO: amor fraternal.

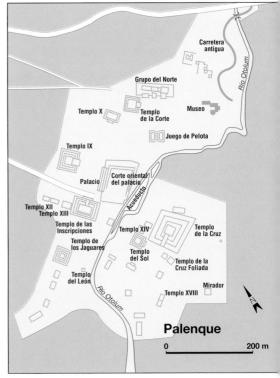

Palenque

En el interior, el suelo está recubierto con ramas de pino, y la iglesia está iluminada por miles de velas, cuya luz se refleja, cegadora, en los muchos espejos que rodean las imágenes de los santos.

Otros pueblos que vale la pena visitar son **Zinacantán**, al que se llega por la misma carretera pavimentada que va a San Juan Chamula y luego desviándose a la izquierda, y **Tenejapa**, a unos 29 kilómetros de distancia. La ruta a Tenejapa discurre por un paisaje espectacular, y en el pueblo podrá adquirir unos excelentes tejidos artesanales con bordados y brocados, sobre todo en el mercado dominical.

Agua Azul y Misol-Ha

En el trayecto entre San Cristóbal y Palenque merece la pena hacer dos paradas. A sólo 4 kilómetros de la carretera principal, las docenas de cascadas selváticas del río Tulijá, en **Agua Azul** ❸, resultan de una belleza pasmosa. La mejor época para verlas es la primavera, porque es en esa estación cuando los remansos de agua bajo las cataratas parecen de auténtica aguamarina. La poza al pie de la cascada de **Misol-Ha** ❸, a 22 kilómetros de Palenque, resulta más segura para nadar que los atronadores saltos de Agua Azul.

En medio del tupido matorral selvático de Chiapas resaltan las ruinas mayas de **Palenque** ❸, que para muchos de los que las visitan constituyen el momento culminante de su viaje a México. El yacimiento infunde a un tiempo respeto y admiración, a pesar de que lo que se ve hoy en día apenas representa un diez por ciento del increíble complejo de salas, explanadas, escaleras, templos, palacios y otras construcciones que integraban Palenque en sus días de gloria, allá por el siglo VII d.C. En aquella época, los relieves de los paneles de piedra caliza y de estuco habrían sido polícromos, y el efecto de los colores y el yeso blanco –con el verde oscuro del follaje como fondo– debía de ser realmente encandilador.

Mapas
páginas
280 y 308

NOTA

El yacimiento arqueológico de Palenque abre a las 8:00 h. Vaya temprano para evitar el calor y las multitudes.

ABAJO: pirámide de las Inscripciones, Palenque.

**Mapa
páginas
280 y 308**

En este lugar se encuentra la famosa tumba del interior del **templo de las Inscripciones**, un magnífico ejemplo de arquitectura clásica maya. Se trata, en realidad, de una pirámide con un templo en lo alto desde el que se domina todo el yacimiento. El nombre del templo se debe a las inscripciones jeroglíficas de sus muros,
que se remontan al año 692 d.C. En 1952, el arqueólogo Alberto Ruz Lhuillier descubrió un pasadizo de piedra sellado que conducía a la cámara funeraria, a 25 metros
de profundidad, en el centro de la pirámide. Dentro estaba el esqueleto del rey deificado Pakal, con una máscara mortuoria decorada con un mosaico de jade.

Casi enfrente de la pirámide y en el centro del yacimiento se levanta el **Palacio**,
un conjunto de edificaciones con patios, pasajes y túneles, todo ello coronado por
una incomparable torre de cuatro pisos reconstruida, que quizás en otro tiempo sirviera
de observatorio. Unos trabajados paneles de estuco adornan sus muros, mientras que
los patios tienen tabiques bajos decorados con esculturas de piedra y jeroglíficos,
muchos de los cuales aún no han sido descifrados.

Al norte del Palacio hay un **Juego de Pelota** y otro grupo de templos, el **Grupo
del Norte**, y hacia el este, cruzando el arroyo, en los márgenes de la envolvente selva,
el **templo de la Cruz**, el **templo del Sol** y el **templo de la Cruz Foliada**.

Junto a la entrada verá una oficina de información y un museo (abierto de martes
a domingo, de 10:00 a 17:00 h); existe una línea bastante frecuente de autobuses
Volkswagen desde la cercana ciudad de Palenque. El mejor de los numerosos hoteles
de esta ciudad, la mayor parte de ellos situados en las inmediaciones del zócalo, es el
Chan Kah. Los precios de los hoteles próximos al yacimiento son exorbitantes.

Ruinas en medio de la selva tropical

Los otros dos importantes yacimientos mayas, **Bonampak ㊳** y **Yaxchilán ㊴**, se
encuentran en las profundidades de la selva, cerca del río Usumacinta, que determina
la frontera con Guatemala.

Durante la estación seca se puede llegar en camión desde la localidad de Palenque hasta Bonampak, situado a
140 kilómetros al noroeste. Los arqueólogos, que no «descubrieron» el yacimiento hasta 1946, se mostraron entusiasmados ante los coloridos murales (*véase la fotografía de la página 32*) en los que se reproducían guerras,
ritos ceremoniales y fiestas, y gracias a los cuales se ha
podido saber mucho de las tradiciones y antigua manera
de vivir de los mayas.

Los frescos, que ocupan la totalidad de las paredes,
ofrecen un ordenado relato histórico de las actividades
ceremoniales, batallas, fiestas, celebraciones y bailes,
todo ello ilustrado con fascinantes detalles diminutos.
Aquellos a los que no les sea posible llegar hasta las remotas ruinas de Bonampak podrán ver reproducciones de
los murales en el Museo de Antropología de Carlos Pellicer, en Villahermosa, y en el Museo Nacional de Antropología de la Ciudad de México.

Es necesario poseer un gusto por la aventura aún mayor
para visitar el mucho más extenso yacimiento arqueológico
maya de Yaxchilán, situado en las orillas del río Usumacinta, donde destacan las tallas de estuco y la decoración
de los techos.

A Yaxchilán sólo se puede llegar en barco o en avioneta. En Frontera Echeverría (también llamada Corozal)
se alquilan embarcaciones, aunque también se puede
reservar plaza en uno de los vuelos organizados a través de
una de las agencias de viajes de Palenque o de San Cristóbal de las Casas.

ABAJO: un lacandón
fumando un
cigarro casero.
DERECHA: reunión de
tzeltales frente a su
iglesia de Tenejapa,
en Chiapas, con
motivo de una
festividad religiosa.

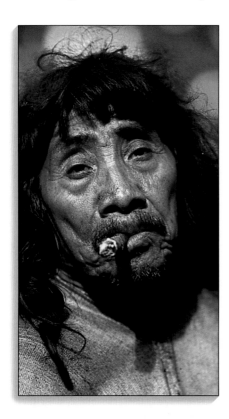

EL OASIS SUBMARINO DE YUCATÁN

El Caribe mexicano guarda un magnífico tesoro natural: cientos de coloridas formas de vida marinas, un paraíso para los submarinistas

Mientras la mayoría de los turistas que acuden a la península de Yucatán se afanan trepando por las misteriosas ruinas mayas o se broncean en preciosas playas, los submarinistas y los buceadores se dedican a admirar la gran diversidad de la vida submarina de esta región. Puerto Morelos, un pueblo pesquero a sólo 32 kilómetros al sur del centro turístico internacional de Cancún, es una de las bases desde las que pueden llevarse a cabo aventuras bajo el agua por el Gran Arrecife Maya. Este arrecife forma parte del segundo arrecife de coral más largo del mundo, que se extiende a lo largo de la costa oriental de la península mexicana de Yucatán hacia el sur, hasta Belice y Honduras, en un total de 350 kilómetros. Si bien es mucho más estrecho que la Gran Barrera Coralina Australiana, el Gran Arrecife Maya alcanza profundidades de más de 40 metros en torno a la isla de Cozumel. La extraordinaria transparencia del agua hace posible que en algunos lugares haya una visibilidad de hasta 27 metros, por cuyo motivo es una de las zonas de buceo más apreciadas del mundo.

REBOSANTE DE VIDA

El Caribe es una de las regiones más ricas del planeta en formaciones de coral. A su vez, los arrecifes albergan una increíble variedad de vida submarina. Hasta la fecha se han identificado en la cadena de arrecifes de Yucatán más de 50 especies de coral, 400 de peces y 30 tipos de gorgonias, además de cientos de moluscos, crustáceos, esponjas y algas. La magnitud de su importancia es comparable al descubrimiento de una selva virgen. El efecto a largo plazo de los huracanes sobre el arrecife favorece una mayor diversidad de especies, pues impiden el desarrollo de los tipos dominantes, al tiempo que originan espacios para otros nuevos.

△ **MILES DE AVES**
Yucatán es famoso por su extraordinaria diversidad de aves, con más de 530 especies, como, por ejemplo, esta garza real, además de muchas otras.

▽ **RESERVA DE LA BIOSFERA**
La reserva de Sian Ka'an, cerca de Tulum, comprende selva tropical, sabana y litoral, donde encuentran refugio multitud de animales.

▽ **ZONA DE PUESTA**
La tortuga boba es una de las cinco especies de tortugas marinas que, entre los meses de mayo y septiembre, van a Yucatán para desovar en las playas.

◁ **UN VISITANTE GRINGO**
En la costa noroeste, en Celestún, es posible contemplar una gran colonia de miles de flamencos rosas del Caribe.

LOS PLACERES DEL BUCEO

La isla de Cozumel, célebre por sus espectaculares escenarios submarinos y su bien conservado arrecife de coral, y situada frente a la costa oriental de Yucatán, atrae a submarinistas de todo el mundo. Las mejores zonas para bucear se encuentran en el ámbito de la Reserva Nacional Submarina, en la orilla sudoeste de la isla, y en el arrecife de Maracaibo, en la punta meridional, donde los acantilados cortados a pico sobre el mar son el hábitat natural de una exótica fauna y flora.

La gran importancia de los arrecifes de coral ha hecho de ellos un objetivo primordial para los ecologistas. La asociación Amigos de Sian Ka'an, una organización afincada en la localidad de Cancún, está trazando los mapas de la totalidad del arrecife de Quintana Roo con el propósito de obtener la información necesaria para un aprovechamiento sostenible del mismo en beneficio de todos.

◁ **AGUAS SAGRADAS**
En Yucatán existen docenas de depósitos naturales de agua, llamados cenotes, como este de Valladolid. Algunos eran sagrados para los mayas y en ellos se realizaban ofrendas.

△ **UN OASIS SUBMARINO**
El Gran Arrecife Maya funciona como un oasis en lo que de otro modo es un mar bastante parco en nutrientes. En él viven varios miles de especies de plantas y animales.

△ **ALIMENTOS DEL MAR**
Ya sean cobos rosados, camarones, langostas espinosas, cangrejos de piedra negros, calamares o meros, en las cálidas aguas de esta región abundan los pescados y mariscos.

▷ **UNA ÚTIL CARACOLA**
Apreciado tanto por su valor alimenticio como por el decorativo, los pescadores y los científicos tratan de proteger el cobo rosado.

YUCATÁN

La costa del golfo de México tiene forma de anzuelo, cuyo cebo sería la península de Yucatán, que ha atraído a tantos viajeros con sus deslumbrantes playas caribeñas y antiguas ciudades mayas

Mapa
páginas
318-319

México D.F.

Tras la conquista española, la península de Yucatán no estaba gobernada por los virreyes de la distante ciudad de México, sino directamente desde España. Durante los casi 300 años de dominación colonial, esta región desarrolló su propio sincretismo particular de las culturas española y maya. Su alejamiento del centro de poder mexicano significaría, así mismo, que apenas iba a participar en el movimiento independentista del siglo XIX.

La guerra de las Castas

Si una sola palabra pudiera resumir la historia colonial del Yucatán, ésta sería «lucha». Los mayas opusieron una feroz resistencia a la invasión española, con batallas frecuentes, como también lo eran los ataques de los piratas, mientras persistían los roces entre los monjes franciscanos, las autoridades civiles y las eclesiásticas. A menudo, la sequía asolaba la región y el hambre causaba estragos. Los mayas, al igual que otros grupos indígenas, soportaban el trato humillante de los españoles; se les arrebataban sus tierras, se los maltrataba y se los despreciaba. A consecuencia de los abusos y de las epidemias que provocaban las enfermedades europeas, su población cayó en picado.

Tras la independencia, obtenida en el año 1821, Yucatán reaccionó declarando su propia independencia de México. Los altercados subsiguientes con el gobierno central indujeron a los hacendados de la zona a armar a miles de indígenas, los cuales arrasaron la muy española ciudad de Valladolid y expulsaron a las tropas federales hacia la localidad de Campeche. Esto representó el comienzo de la **guerra de Castas** (1847).

Pero la ira acumulada de los mayas no se dirigía sólo contra el Gobierno central y las tropas federales, sino contra todos los colonos blancos. Después de meses de violencia y matanzas, llegó la época de la siembra, y los mayas –que eran campesinos, no soldados– regresaron a sus pueblos para plantar el maíz de ese año.

Cuando los mayas se marcharon, los blancos recuperaron sus fuerzas y se resarcieron. De Cuba llegaron rifles y artillería; el Gobierno federal envió tropas y suministros, y de Estados Unidos llegaron unos 1 000 mercenarios. En el transcurso de los cinco o seis años siguientes, la población indígena de la península de Yucatán fue brutalmente reducida a la mitad.

Yucatán no se sometió a la hegemonía del Gobierno central hasta 1876, cuando Porfirio Díaz subió al poder. A principios del siglo XX, la producción de henequén (una planta fibrosa empleada para fabricar cuerdas) dio un gran ímpetu a la economía, que se multiplicó por diez entre los años 1879 y 1916. En la actualidad, debido a que el henequén ya no es tan importante, a causa de las fibras sintéticas, el petróleo, el azufre y el turismo son las principales industrias de la península de Yucatán.

Desde la localidad de Villahermosa (*véase pág. 301*), en el estado de Tabasco, dos posibles rutas conducen a Yucatán: una que va directamente hacia el este en dirección

PÁGINAS ANTERIORES: yacimiento maya de Tulum. **IZQUIERDA:** criaturas aladas de México. **ABAJO:** una hermosa fachada colonial, en Campeche.

Yucatán

0   50 km

N

GOLFO DE MÉXICO

Parque Nacio.
San Felipe

Dzilam
de Bravo

Telchac
Puerto

Dzidzántún

Chuburna   **Progreso**

17

Punta Baz   Sisal   **261**   **10**   Baca   Cansahcab

Temax

**Parque Natural
Ría Celestún**   **Dzibilchaltún**   **9**   **Motúl**   Tepakán

Punta Boxcohuo   **Hunucmá**   Umán   **7**   **Mérida**   Seyé   Aké   **11**   **Izamal**

Kinchil   Hóctun

Celestún   Bella Flor   180   Kantunil

8   Chocholá   **261**   Tecoh   Libre
Unión   F

Y   180   u   C   a   Chichén Itz

Maxcanú   Mayapán   Muna   18   Sotuta   Ikil

Tankuché   **Oxkintoc**   Tekit   Yax

Halachó   Lázaro   Mama

Cárdenas   **Ticul**   Teabo

Calkiní   **Uxmal**   Maní

Pochoc   **4**   **Oxkutzcab**

Jaina   **Kabah**   **Grutas de Loltún**

(Zac-Pol)   **Pomuch**   **5**   **6**   **Tekax de A.O.**

Punta Nitún   **Hecelchakán**   Labná   Peto

Bahía de Campeche   Xcalumkín   Sayil   Ticum   164

Kihuic   **Tzucacab**

Tenabó

Boxol   Nocuchich   Xkichmook   Dzuiché

2   Chencoyi   Hunto Chac   Chumul

Campeche   **Hopelchén**   José María

Lerma   Cayal   Morelos

180   Tixmucuy   Dzibilnocac   **Q**   Pol

Seybaplaya   Nohyaxché

Balneario Acapulco   261   **Edzná**   Chunhut

Haltunchén   **3**   Pich

Champotón   Ruiz   Dzibalchén

1   Moquel   Cortínes   **Hochob**

San Enrique   **M**   **É**   **X**   **I**

Chencán   **Pustunich**

Huayahaca   Pustunich   212

180   Pixoyal   **Reserva de la**

261   250   **Meseta**

Puerto   **Biosfera de**

Isla del   Real   **C**   a   m   p   e   c   h   **de Zohlaguna**

Ciudad del   Carmen   **Calakmul**

Carmen   **Laguna**   Dieciocho   Ponte   Francisco   **Becán**   **Xpujil**   Francisco

Zacatal   **de Términos**   de Marzo   Díaz Ordaz   **Escárcega**   Lechugal   **Xpujil**   Villa

Mamantal   Conhuas   186

186   **Chicaná**   **Río Bec**   **Kohunlich**

Coyoc   **Fuco Villa**   Lago   Dzinapara

Sivituc   **El Ramonal**   **Tortuga**

Buenavista   **Reserva de la**

Candelaria   Maruchín   365   **Biosfera de**   Tomás

186   **El Tigre**   **Calakmul**   Garrido   Ora

Cuauhtémoc   **Calakmul**   Río Azul

El Triunfo   Nueva   El Pós

Playas de   Chablé   Coahuila   Balakbal

Catazajá   Balancán   **G U A T E M A L A**

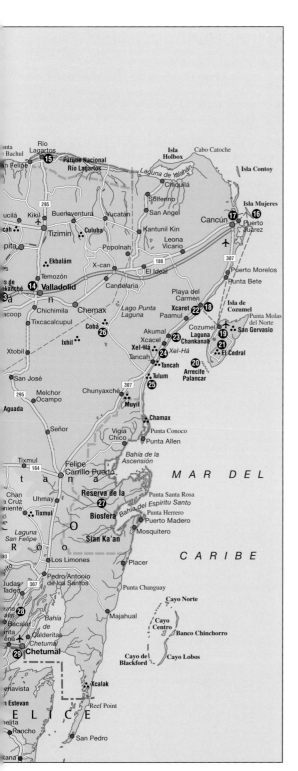

a Chetumal y la costa caribeña, y otra que se dirige al norte, rumbo a **Ciudad del Carmen** y las ciudades coloniales de Campeche y Mérida.

Desde la **isla del Carmen**, antaño una guarida de piratas, la carretera de la costa, mal señalizada y poco fiable, prosigue hacia el norte hasta **Champotón ❶**. Fue en ese lugar, en 1517, donde por primera vez se derramó sangre española en México, cuando una expedición al mando de Francisco Hernández de Córdoba se enfrentó a los mayas. Córdoba resultó herido y murió poco después en La Habana.

Una ciudad fortificada

Hasta **Campeche ❷**, ciudad que ha sabido conservar casi intacto su carácter colonial, hay 62 kilómetros. A medida que crecía, Campeche, capital del estado del mismo nombre, se reveló como un bocado muy apetecible para los piratas. Tras un ataque devastador ocurrido en 1663, en el cual los bucaneros de varias naciones se aliaron para llevar a cabo una ofensiva particularmente encarnizada y violenta, las autoridades españolas cercaron la ciudad con unas gruesas murallas de aproximadamente 2,5 kilómetros de perímetro y 2,5 metros de espesor, transformándola en una plaza fuerte hexagonal defendida por ocho torres. Por fin, un ataque planeado contra los piratas de la isla del Carmen acabó con ellos en el año 1717.

Tras la independencia de México, en las décadas posteriores a 1821 en las que la lucrativa exportación de riquezas a España se redujo a apenas un pequeño goteo, Campeche quedó casi olvidada, y la pesca se convirtió en la principal fuente de ingresos por pura necesidad. Las murallas de la ciudad la salvarían una vez más a mediados del siglo XVIII, durante la guerra de Castas, cuando los insurgentes mayas se apoderaron de todas las poblaciones de la península, excepto de Campeche y Mérida.

A finales del siglo XIX, Campeche rebasaba sus límites amurallados, que ya no servían como defensa, por lo que se inició su demolición. Sin embargo, casi todos los baluartes siguen en pie. La **Puerta del Mar**, demolida en 1893, se reconstruyó en la década de 1950 al reconocerse su gran valor histórico.

El baluarte de Santiago es en la actualidad el emplazamiento de un esplendoroso jar-

Los jipis de buena calidad trenzados a mano que se fabrican en los alrededores de Campeche pueden enrollarse sin temor, puesto que recuperan su forma inmediatamente.

ABAJO: Puerta de Tierra, Campeche.

dín tropical, el **jardín botánico Xmuch Haltún** (abierto de martes a domingo; entrada gratuita). El **Museo de las Estelas Mayas** (abierto de martes a domingo; entrada gratuita), en el baluarte de la Soledad, atesora lápidas procedentes del yacimiento maya de Edzná (*véase pág. 321*), cuyos jeroglíficos han resultado claves a la hora de descifrar su antigua lengua. El moderno **Congreso del Estado** se encuentra junto al **baluarte de San Carlos** (abierto a diario; entrada gratuita), donde se halla ubicado un pequeño **Museo de Armamento**. El **baluarte de San Juan** todavía está unido a un tramo de las viejas murallas de la ciudad y a la **Puerta de Tierra**, por la que había que pasar si se llegaba a la población por tierra.

Cerca de aquí está el **Museo Regional de Arqueología** (abierto de martes a domingo; se paga entrada), que cuenta con una colección de objetos mayas, entre los que se hallan figuras de arcilla e incluso un artilugio de madera que utilizaban para ahormar la cabeza de los niños mayas, a fin de darle a la frente una característica forma inclinada que, en aquellos tiempos, se consideraba un rasgo de gran belleza.

Elegantes mansiones

En Campeche, al igual que en la mayoría de las ciudades mexicanas, la vieja plaza colonial, o **Parque Principal**, es el foco de la actividad social, donde la gente se reúne para disfrutar de la sombra de los árboles, escuchar los conciertos y asistir a misa en la **catedral de la Concepción**, cuya desnuda fachada y altas torres gemelas son típicas de las primeras iglesias de la península, mientras que la cúpula muestra unos curiosos arbotantes y estribos. Fíjese así mismo en el viejo edificio de los **Portales**, una elegante construcción provista de una esbelta fachada porticada.

El magnífico conjunto de hermosas casas solariegas de Campeche da fe de la riqueza que antiguamente fluía hacia la ciudad. Una de las más lujosas es la **mansión Carvajal** (en la esquina de las calles 10 y 53).

LOS ATAQUES DE LOS BUCANEROS

Poco después de la llegada de los españoles, Campeche se convirtió en el principal puerto de la península de Yucatán. Los piratas –sobre todo holandeses, franceses e ingleses– se percataron de las riquezas que se estaban exportando a Europa y decidieron desafiar la supremacía de la Corona española en los mares del Caribe.

La ciudad fue fundada en el año 1540, y sólo seis años después llegaría el primer ataque. Durante más de 100 años, los habitantes de Campeche vivieron atemorizados, pues los piratas no limitaban sus ataques a los barcos que zarpaban del puerto, sino que arrasaban las propiedades y mataban a muchos campechanos. En una acometida histórica que se produjo en 1663, piratas rivales unieron sus fuerzas y atacaron la ciudad con una enorme flota. Como respuesta se erigieron unas inmensas fortificaciones en la costa, entre ellas la imponente fortaleza de San Juan de Ulúa, en el puerto de Veracruz, y se acabó rodeando la totalidad de Campeche con una gruesa muralla hexagonal que contaba cuatro puertas y ocho baluartes.

Hombres como John Hawkins y sir Francis Drake amasaron gran parte de sus fortunas gracias al botín de los barcos españoles que saquearon en el Caribe. Aunque la reina Isabel I nombró caballero a Drake, quien además ocupó el respetable puesto de alcalde de Plymouth, en México su reputación de pirata cruel y déspota ha persistido hasta hoy en día.

El auge repentino del petróleo en la década de 1970 insufló nuevos bríos a Campeche, donde la industria petrolera mexicana todavía constituye una importante fuente de ingresos. Conocida tanto por su hospitalidad como por su marisco, es un buen sitio para comprar sombreros panamá, aquí llamados jipis, así como joyas hechas con las astas del ganado –que tienen un aspecto parecido al caparazón de una tortuga–, artesanía y ropas mayas, y objetos de temática naval, como, por ejemplo, botellas con un barco en su interior.

Mapas páginas 318 y 322

Edzná, «la casa de las muecas»

La mayoría de los templos en ruinas de **Edzná** ❸ (abierto a diario; se paga entrada), a unos 65 kilómetros al sudeste de Chetumal, se remontan a una época entre el año 500 y el 800 d.C., cuando la ciudad se hallaba en su momento de mayor esplendor. La edificación más imponente es el enorme **templo de los Cinco Pisos**, en cada uno de los cuales hay amplias estancias y un remate ornamental en lo alto. Las construcciones de Edzná recuerdan el estilo arquitectónico llamado *puuc*, propio de los yacimientos de más al norte, en las zonas de Uxmal y Kabah.

La arquitectura de Uxmal

Aunque en el idioma maya su nombre significa «construido tres veces», los arqueólogos han identificado hasta cinco períodos diferentes en **Uxmal** ❹ (abierto a diario; se paga entrada). Su construcción se inició en la época clásica, durante los siglos VI y VII, y la ciudad alcanzó su cenit entre el 600 y el 900 d.C.; algunos de los dinteles de madera de sapodilla siguen en su sitio gracias a la dureza de esta madera y al clima relativamente seco.

La grandiosa **pirámide del Adivino**, de planta oval, es la primera edificación con la que uno se topa nada más entrar en el yacimiento. Según la leyenda, fue construida

ABAJO: catedral de la Concepción, en Campeche.

Matrícula de Yucatán.

en una sola noche por el hijo de una hechicera, un enano que había nacido de un huevo. En realidad, su estructura consta de cinco pirámides superpuestas, levantadas en un plazo de siglos. Para quienes se encuentren más en forma, enérgicos y sin miedo a las alturas, unos peldaños muy estrechos y empinados conducen hasta lo más alto, a 35 metros del suelo, con una simple cadena como pasamanos.

El **Cuadrángulo de las Monjas** es una plaza que conforman cuatro edificios, situada justo al oeste de la pirámide, su nombre le fue impuesto por el español que la descubrió en el siglo XVII, porque le recordaba al claustro de un convento. En la actualidad, los arqueólogos creen que sus 74 salas quizás conformasen algún tipo de escuela o residencia.

El Cuadrángulo de las Monjas

Fue este cuadrángulo el motivo en el que se inspiró el arquitecto más famoso de México, Pedro Ramírez Vázquez, al diseñar el Museo Nacional de Antropología (*véase pág. 164*) del Distrito Federal. La totalidad del conjunto está edificada sobre una plataforma elevada de forma artificial y es característica del estilo arquitectónico *puuc*, que se basa en la choza maya, o *na*, con paredes lisas y un techo de paja cónico. Cabe destacar la complejidad de los sillares, que se labraban uno a uno de acuerdo con un plan maestro y luego se acoplaban como si se tratara de piezas de un rompecabezas tridimensional. Decenas de mascarones de **Chaac**, el dios de la lluvia, adornan las fachadas; la silueta de su corva nariz dibujada contra el cielo parece querer agujerear las nubes para que descarguen el preciado elemento.

No es casualidad que Chaac ocupe un lugar tan destacado, puesto que en esta región de la península no hay ríos ni tampoco cenotes. En Uxmal se recogía el agua de lluvia y se almacenaba en *chaltunes*, unas cisternas con forma de botella esculpidas en piedra y forradas con gruesas capas de yeso.

ABAJO: Cuadrángulo de las Monjas, en Uxmal.

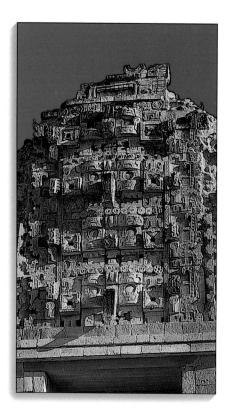

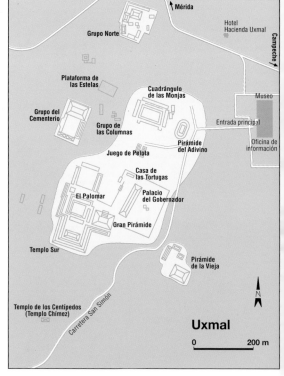

Entre el Cuadrángulo y el **Palacio del Gobernador**, al sur, se hallan los restos de un **Juego de Pelota** sin restaurar, uno de cuyos muros aún presenta un aro de piedra empotrado. El palacio, situado sobre una alta plataforma que le confiere una amplia panorámica, está considerado como una de las obras maestras de la arquitectura maya, con sus arcos falsos, sus exquisitas proporciones y los juegos de luces y sombras de sus delicadas ornamentaciones escultóricas. La fachada ostenta unas 20 000 piedras labradas a mano que se ajustan en frisos geométricos.

El especialista en la cultura maya Sylvanus Morley describió este palacio como «el edificio más majestuoso y espectacular de toda la América precolombina». La contigua **Casa de las Tortugas** está decorada con tortugas esculpidas, un animal que los mayas relacionaban con Chaac, el dios de la lluvia. Detrás del palacio se alzan la **Gran Pirámide** y **El Palomar**, restaurados en parte, sobre cuyos tejados destacan una serie de remates triangulares horadados que quizás fueron pensados para realizar observaciones astronómicas.

La ruta *puuc*

En **Kabah** ❺ (abierto a diario; se paga entrada), la fachada del **Palacio de las Máscaras** está literalmente cubierta de mascarones de piedra que representan a Chaac, el dios de la lluvia. El **Arco de Kabah**, que ha sido comparado con los arcos de triunfo romanos, marcaba en otros tiempos el inicio de la ruta por donde desfilaban las procesiones de camino al centro ceremonial de Uxmal.

Cerca se encuentran otros yacimientos mayas de estilo *puuc*, en **Sayil** y en **Labná**, junto a la carretera que conduce a las **grutas de Loltún** ❻ (abiertas a diario; se paga entrada), las cuevas más asombrosas de Yucatán y que gozaron de una gran relevancia. Aparte del descomunal guerrero jaguar situado a la entrada de las mismas, en ellas hay estalagmitas, estalactitas y fantásticas formaciones rocosas, además de tallas

Mapas páginas 318 y 322

NOTA

Todas las mañanas sale de Mérida una excursión en autobús que recorre la ruta *puuc*; realiza paradas en Uxmal, así como en los yacimientos mayas de Kabah, Sayil, Labná y Loltún.

ABAJO: la pirámide del Adivino se eleva sobre el Cuadrángulo de las Monjas, en Uxmal.

*Monumento a la
Patria, arte moderno
de inspiración maya,
en Mérida.*

antiguas y hermosas pinturas en sus paredes. Las determinaciones de antigüedad efectuadas mediante carbono 14 indican que esta extensa red de cuevas ya estaba habitada hace por lo menos 2 500 años.

No muy lejos, el pueblo de **Ticul** es un buen lugar para comprar sombreros, calzado, cerámica y joyas. Un poco más hacia el este se halla la pequeña localidad de Mani, en la que, en el año 1562, el obispo Diego de Landa quemó, frente a un enorme monasterio franciscano, cientos de valiosísimos escritos mayas, tachándolos de ser «mentiras del diablo».

El París del Nuevo Mundo

Hubo un tiempo en que a los habitantes de **Mérida** ❼ les gustaba pensar en su ciudad como en el «París del Nuevo Mundo». A comienzos del siglo XX, gracias a los beneficios obtenidos del henequén, vivían en ella más millonarios que en ningún otro lugar de México.

Durante el virreinato, Mérida era la localidad más importante de la región. Al ser la sede del poder civil y religioso, contaba con una hermosa catedral, un monasterio y muchos edificios públicos. Los españoles residían en el núcleo urbano, mientras que los indígenas y los mestizos lo hacían en los barrios marginales del extrarradio de la ciudad.

El centro urbano de Mérida es compacto; sus angostas calles y apretados edificios llenan el escaso espacio disponible dentro de sus antiguas murallas. De las 13 puertas de estilo morisco levantadas en el siglo XVII, sólo quedan dos: **La Ermita** y el **Arco de San Juan**.

Mérida, a la que a menudo se denomina la «Ciudad Blanca», no plantea ningún problema cuando uno decide recorrerla a pie y sin guía; muchos de sus monumentos se encuentran a escasa distancia entre sí y sus calles siguen un trazado cuadricular.

ABAJO: una calesa, en Mérida.

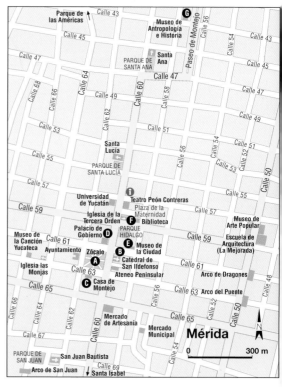

El **Zócalo** , o plaza de la Independencia, sobre la que proyectan su sombra los laureles, resulta un lugar muy atractivo para dar un paseo y para comenzar un recorrido por la ciudad. En el flanco oriental se levanta la inmensa **catedral de San Ildefonso B**, un edificio algo sobrio en adornos aunque elegante, construido con las piedras de un antiguo templo situado en el mismo emplazamiento.

La **casa de Montejo C**, en el lado sur del zócalo, fue mandada construir a mediados del siglo XVI por Francisco de Montejo el Mozo, el conquistador de Mérida, y en ella vivieron las sucesivas generaciones de la familia hasta la década de 1980. Desde entonces es propiedad de Banamex. En su abigarrada fachada plateresca se puede ver una escena simbólica en la que aparecen dos conquistadores pisando las cabezas de los indígenas derrotados. Cada una de las ventanas de la casa luce el escudo de armas de una rama de la familia Montejo.

Murales de vivos colores

El **Palacio de Gobierno D**, del siglo XIX, en el extremo norte de la plaza, ostenta varios murales de Fernando Castro Pacheco, unas magníficas y vistosas pinturas que ilustran la historia de Yucatán. Por otro lado, en el **Museo de la Ciudad E** (abierto de martes a domingo; se paga entrada) se exhiben fotografías históricas; el museo está ubicado en lo que era la antigua iglesia de San Juan de Dios, a una cuadra de distancia en la esquina de la calle 58.

En el interior de la **iglesia de la Tercera Orden F** (también llamada iglesia de Jesús), un templo franciscano, un fresco panorámico ilustra una visita formal de Tutul Xiu, el caudillo maya de Mani, al conquistador Montejo. Las altas torres gemelas están rematadas por tejas rectangulares de madera dispuestas en espiral bajo las cruces. Un guía local sostiene que esta decoración es un diseño de los albañiles indígenas que simboliza al dios maya Kukulcán, la serpiente emplumada.

**Mapas
páginas
318 y 324**

NOTA

Si va a ir de compras por Mérida, preste especial atención a las camisas guayaberas, las blusas con bordados, los sombreros jipis, los zapatos y las hamacas.

ABAJO: una mansión del paseo de Montejo, en Mérida.

*La carretera
hacia las ruinas.*

ABAJO: la larga
y recta autopista
que cruza las
llanuras de Yucatán.

En lugar de caminar se puede optar por desplazarse en calesas tiradas por caballos, que podrá tomar en el centro urbano. Asegúrese de convenir una ruta y un precio con el cochero antes de ponerse en marcha. Un paseo muy popular discurre por el distinguido y umbrío **paseo de Montejo**, donde es posible contemplar algunos de los palacetes edificados a comienzos de siglo por los acaudalados magnates del henequén. Uno de los más espléndidos, el Palacio Cantón, alberga ahora el **Museo de Antropología e Historia** 🄶 (abierto de martes a domingo; se paga entrada), que se ocupa de la historia de Yucatán desde la era prehistórica con exposiciones sobre los antiguos rituales y la cultura de los mayas.

Excursiones de un día desde Mérida

La reserva de aves de **Celestún** ❽, situada a 90 kilómetros al oeste, es célebre por su colonia de flamencos. Aquí podrá alquilar lanchas para observarlos, junto a otras muchas especies de pájaros que en invierno migran a estos parajes.

El antiguo yacimiento de **Dzibilchaltún** ❾ (abierto a diario; se paga entrada), al norte de Mérida, fue en otros tiempos una importante ciudad maya; se trata, además, de uno de los asentamientos habitados de forma ininterrumpida más viejos de América, ya que ha estado habitado desde el año 1500 a.C. La construcción principal es el **templo de las Siete Muñecas**, cuyo nombre se debe a unas estatuillas disformes de arcilla que fueron descubiertas en él. Del profundo cenote **Xlacah** (un pozo ceremonial) se han rescatado, así mismo, miles de ofrendas; algunos de estos hallazgos pueden verse en el museo del yacimiento. Unos cuantos kilómetros más adelante, la playa de **Progreso** ❿ constituye una fácil escapada de Mérida y en ella se puede encontrar muy buen marisco.

Aproximadamente a medio camino entre la localidad de Mérida y Chichén Itzá, un desvío conduce a la pacífica ciudad de **Izamal** ⓫, antaño importante centro de

adoración maya. Aún pueden verse las ruinas de las pirámides –sin restaurar–, pero el templo principal fue destruido por los españoles, que emplearon sus piedras para levantar el inmenso **convento de San Antonio de Padua**, que posee el atrio más grande de México.

La fusión maya-tolteca

Chichén Itzá ⓬ (abierto a diario; se paga entrada), el más visitado de todos los yacimientos mayas, fue construido a gran escala. Muchos de los edificios más relevantes apenas muestran vestigios de los refinamientos mayas clásicos, debido a que los arquitectos fueron en su mayoría toltecas, llegados a Yucatán a finales del siglo X, quienes introdujeron el culto a Quetzalcóatl. El resultado es una fusión única de las artes maya y tolteca, de modo que por toda la ciudad se observan imágenes de Chaac, el dios maya de la lluvia, y Quetzalcóatl, la serpiente emplumada del altiplano central (que en maya recibe el nombre de Kukulcán).

El yacimiento está dominado por el templo consagrado a Kukulcán, al que los españoles llamaron **El Castillo**. La estructura de la pirámide incorpora medidas claves del tiempo: sus cuatro escaleras constan de 91 peldaños cada una, lo que, incluyendo la plataforma en lo alto, suma un total de 365, el número de días del año; cada cara cuenta con 52 paneles que representan el ciclo cósmico de 52 años; en este punto coincidían los calendarios religioso y laico, momento en el que se creía que el tiempo se acababa para reanudarse de nuevo (*véase el recuadro de la página 307*).

Todos los años, durante el equinoccio de primavera (el 21 de marzo), miles de personas acuden a Chichén Itzá para presenciar el espectacular juego de luces que el sol crea sobre la balaustrada de la escalera septentrional. El efecto producido es el de una serpiente que repta hacia el pie de la pirámide, donde se desliza por el suelo. Los sacerdotes mayas afirmaban que este fenómeno era la señal de Kukulcán para indicar

Mapas pp. 318, 324 y 327

NOTA

Pasar la noche en Chichén Itzá tiene sus ventajas: podrá visitar las ruinas a primera hora de la mañana o a última de la tarde, evitándose así el calor del mediodía y las multitudes de turistas.

ABAJO: fauces de Quetzalcóatl, la serpiente emplumada, en el Juego de Pelota de Chichén Itzá.

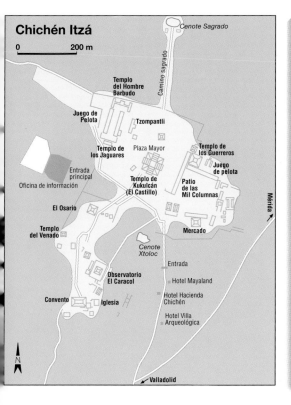

Chichén Itzá

0   200 m

Cenote Sagrado
Camino sagrado
Templo del Hombre Barbudo
Juego de Pelota
Tzompantli
Templo de los Jaguares
Plaza Mayor
Templo de los Guerreros
Juego de pelota
Entrada principal
Templo de Kukulcán (El Castillo)
Patio de las Mil Columnas
Oficina de información
Mérida
El Osario
Templo del Venado
Mercado
Cenote Xtoloc
Entrada
Observatorio El Caracol
Hotel Mayaland
Convento
Iglesia
Hotel Hacienda Chichén
Hotel Villa Arqueológica
N
Valladolid

que ya era el momento de que los ciudadanos sembrasen los cultivos. Por contraste, durante el equinoccio de otoño (el 21 de septiembre), la «serpiente» parece ascender por la pirámide, indicando así la época de la cosecha.

Junto a la pirámide se encuentra el **templo de los Guerreros**, y contiguo a éste, el **Patio de las Mil Columnas**, donde un bosque de atlantes (que recuerda al de Tula; *véase pág. 178*) servía para soportar el techo. En lo alto del templo, entre dos enormes serpientes de piedra, se reclina la que quizás sea la estatua más fotografiada de América: **Chac Mool**, sobre cuyo regazo antes sostenía un recipiente en el que se depositaban las ofrendas, tal vez los corazones de las víctimas de los sacrificios.

Una de las edificaciones más desconcertantes de Chichén Itzá es el **Juego de Pelota**, la cancha más grande y mejor conservada de todas las que existen en Mesoamérica. El juego ritual que allí se practicaba aún resulta un misterio; lo que se sabe seguro es que su significado era estrictamente religioso y que los jugadores tenían que empujar una pesada pelota de caucho sin utilizar ni las manos ni los pies, haciéndola rebotar sobre sus caderas u hombros para intentar meterla por uno de los aros en cualquiera de los lados de la cancha. Un panel con relieves dispuesto a lo largo del frontón muestra la figura de un jugador arrodillado sin cabeza, de cuyo cuello salen seis culebras, que representan la sangre, y un ramo de flores.

Un pozo sagrado

Abajo: «El Castillo» o templo de Kukulcán, en Chichén Itzá.

El **Cenote Sagrado** se halla a sólo unos pasos de distancia. Estos manantiales naturales de agua que salpican el paisaje de las tierras bajas del norte de Yucatán eran los únicos recursos acuíferos, y algunos, como por ejemplo éste, se utilizaban con fines rituales. Se han rescatado del pozo numerosas ofrendas arrojadas a él, como estatuillas y objetos preciosos de jade y oro, así como los huesos de las víctimas de sacrificios humanos, entre las que figuraban niños de menos de doce años de edad.

La construcción más destacada de **Chichén Viejo**, al sur de la carretera, es el **observatorio**, conocido como **El Caracol**; su parecido con los modernos observatorios lo hace aún más fascinante: un edificio circular provisto de aberturas que miran a puntos concretos de observación astronómica.

Existen varios hoteles desde los que se puede caminar hasta el yacimiento: el **Hotel Mayaland**, que es el más veterano y elegante; el **Hotel Hacienda Chichén**, que pertenecía a Edward H. Thompson, el cónsul estadounidense que excavó el Cenote Sagrado, y el **Hotel Villa Arqueológica**, que cuenta con las típicas instalaciones de «sol y diversión» del Club Med.

Rumbo a la costa

A 6 kilómetros al este de Chichén Itzá podrá visitar las **grutas de Balankanché** ⓭ (abiertas a diario; se paga entrada), una red de cuevas interconectadas en las que se han encontrado ofrendas a Tláloc, el dios tolteca de la lluvia. La visita incluye un espectáculo de luz y sonido entre las estalactitas, las estalagmitas y las pozas subterráneas. Existe así mismo un pequeño museo y un jardín botánico junto a la entrada.

Valladolid ⓮ es una deliciosa ciudad colonial cuyos acomodados habitantes casi fueron aniquilados a mediados del siglo XIX, durante la guerra de Castas (*véase pág. 57*). La mayoría de los turistas la pasan de largo, pero la proximidad de Valladolid a Chichén Itzá y los precios, por lo general más bajos, de sus hoteles la convierten en una excelente alternativa como base desde la que visitar las ruinas, situadas a 40 kilómetros de distancia. Las más interesantes de las muchas iglesias de la ciudad son la **catedral**, en la plaza mayor, y la iglesia de **San Bernardino de Siena**, junto al **convento de Sisal**, un edificio fortificado erigido en 1552.

De los dos cenotes de la zona, el más bello no es el cenote Zací, muy cerca del centro urbano, sino el cenote Dzitnup, a 7 kilómetros de la ciudad.

Mapas
páginas
318 y 327

Se piensa que el nombre de la isla Mujeres se debe a las muchas figurillas femeninas que los conquistadores españoles encontraron en el templo maya dedicado a Ixchel, la diosa de la fertilidad.

ABAJO: flamencos volando en formación sobre Yucatán.

*En Cancún existen
innumerables
restaurantes
de pescado.*

ABAJO: las aguas
azul turquesa de
la playa de Cancún.

En la costa, al norte de Valladolid, se encuentra **Río Lagartos ⓯**, famoso por los miles de flamencos rosas del Caribe que se congregan en la zona. El pueblo dispone de un hotel económico, mientras que la pesca del tarpón es excelente en las inmediaciones.

Desde Valladolid, la mayoría de los turistas se dirigen derechos a las playas de Quintana Roo. **Puerto Juárez**, al norte de Cancún, es el puerto de los transbordadores que van a la **isla Mujeres ⓰**. Esta pequeña isla, que ha dejado de ser el paraíso barato y de gente corriente que fue, aún resulta una alternativa bastante más tranquila y menos ostentosa que el bullicioso Cancún, situado a tan sólo 13 kilómetros de distancia. Existe la posibilidad de alquilar motocicletas o embarcaciones para explorar la isla, de tan sólo 8 kilómetros de longitud. La **playa los Cocos** es la mejor, mientras que **El Garrafón**, un jardín submarino de coral en la punta más meridional de la isla, es un lugar muy apreciado para la práctica del buceo con tubo de respiración (lamentablemente, la mayor parte del coral está ahora muerto). El **Parque de las Tortugas** sirve de refugio a especímenes gigantes de estos quelonios, y también existe un cementerio llamado **El Dormitorio** en el que reposan bajo diez metros de agua cristalina los restos de barcos piratas. Así mismo, podrá tomar uno de los barcos que realizan excursiones a la **isla Contoy**, una reserva de aves.

El caldero de oro

Entre los más o menos 50 hoteles que se levantan a lo largo de los 23 kilómetros de la extensa zona hotelera de **Cancún ⓱** existen ejemplos de todos los conceptos arquitectónicos posibles de rascacielos de lujo: desde el frondoso vestíbulo del Meliá Cancún hasta el ambiente cosmopolita del Ritz Carlton. Los complejos de estilo mexicano neoclásico con techos abovedados comparten espacio con numerosos edificios claramente inspirados en los inclinados muros de las pirámides mayas.

El mar turquesa y las finas playas blancas de Cancún (en las que nunca llega a hacer un calor insoportable), protegidas del batir de las olas por los arrecifes de coral, son legendarios. El mar es la razón de ser de Cancún, y podrá practicar todo tipo de deportes acuáticos, como el buceo con bombonas o con tubo, el esquí acuático, el *windsurf* y la pesca. También se ofrecen excursiones en barco, paseos en avioneta y vuelos en ultraligero.

El desarrollo urbanístico de Cancún comenzó durante el mandato del presidente Luis Echeverría (1970-1976), después de que un estudio determinase que el mejor lugar para crear un nuevo centro turístico de talla internacional era esta estrecha franja de arena que abraza una laguna salobre en la península de Yucatán. A diferencia de la ciudad portuaria de Acapulco, Cancún se empezó a urbanizar a partir de la nada, por lo que cuenta con una excelente infraestructura como, por ejemplo, residencias modernas para todo el personal que trabaja en la zona hotelera. Los primeros hoteles abrieron sus puertas en 1972, y desde entonces no ha cesado la rápida expansión de esta zona turística.

Galerías comerciales en abundancia

Para desplazarse por Cancún podrá conducir su propio coche, unirse a una visita guiada, alquilar un automóvil o tomar un taxi (no olvide acordar el precio de la carrera antes de ponerse en marcha) o un autobús de línea (busque los que tienen carteles en los que pone «Hoteles» o «Turismo»). El distrito de oficinas del centro de Cancún cuenta con algunas tiendas y restaurantes, si bien la mayoría de las galerías comerciales se concentran en la zona de los hoteles, a lo largo del **bulevar Kukulcán**.

Plaza Caracol tiene 200 tiendas, restaurantes y cafeterías, mientras que la lujosa plaza Kukulcán, adornada con un friso que imita los jeroglíficos mayas, es la galería comercial más reciente, con 350 establecimientos. Para comprar arte y artesanía de

Mapa páginas 318-319

Cancún significa en maya «caldero de oro».

ABAJO: agárrense bien, que nos vamos.

México, vaya a la plaza La Fiesta y la plaza Mayfair; en la plaza Flamingo, la decoración es de estilo maya. Vale la pena conocer el impresionante Centro de Convenciones, donde además hay un museo de objetos mayas.

La autopista costera, conocida como el corredor Cancún-Tulum, discurre hacia el sur a través de un gran número de complejos turísticos recién urbanizados, casi sin interrupción entre ellos, hasta Chetumal. Unos 32 kilómetros más allá de **Puerto Morelos** –el puerto de transbordadores de coches a Cozumel– se encuentra el desvío hacia la idílica **Punta Bete**.

Aunque ya no es el pueblecito pesquero de antaño, **Playa del Carmen** ⓲, con sus terrazas en las aceras y su ambiente relajado, aún se mantiene relativamente poco deteriorado por el turismo. Playa del Carmen también es el puerto de los transbordadores de pasajeros hacia Cozumel, 19 kilómetros mar adentro.

El arrecife Palancar, frente a la costa de Cozumel, se considera una de las mejores zonas de buceo del mundo.

La isla de las golondrinas

Cozumel ⓳, la «isla de las golondrinas», era un lugar sagrado para los mayas, que iban a ella con el propósito de rendir homenaje a Ixchel, la diosa de la Luna. Las mujeres viajaban hasta allí para obtener su divina intervención en asuntos amorosos y de fertilidad. Más tarde se convertiría en un importante puerto comercial y en una guarida de piratas.

La isla disfruta de unas de las aguas más cristalinas del mundo, en las que la visibilidad a menudo alcanza los 70 metros de profundidad. El **arrecife Palancar** ⓴, donde en la década de 1960 filmó muchas escenas el oceanógrafo francés Jacques Cousteau, todavía constituye una auténtica meca para los submarinistas. La diminuta capital de la isla, **San Miguel**, ofrece el atractivo **Museo de la Isla de Cozumel** (abierto de domingo a viernes; se paga entrada) y una veintena de modestos establecimientos en los que hospedarse.

ABAJO: Punta Celarain, en Cozumel.

A unos 8 kilómetros al sur de la ciudad está la **laguna Chankanab ㉑**, declarada hace poco parque nacional, con un jardín botánico en el que se exponen reproducciones de edificios mayas. Esta bahía, en cuyas cristalinas aguas moran un sinfín de vistosas formas de vida, es la preferida de la isla, por lo que, cuando llegan los pasajeros del barco, en torno al mediodía, se llena a rebosar.

De nuevo en el continente, la carretera de la costa cruza **Xcaret ㉒**, un parque temático privado «ecoarqueológico», en el que podrá ponerse unas gafas de buceo y unas aletas para explorar un río subterráneo. **Akumal ㉓**, el «lugar de las tortugas», situado más al sur, es famoso por sus excelentes zonas para practicar el submarinismo, lo mismo que la hermosa pero totalmente atestada laguna de **Xel-Há ㉔**.

Tulum

El yacimiento arqueológico de **Tulum ㉕** (abierto a diario; se paga entrada) es una de las pocas poblaciones amuralladas que construyeron los mayas, y sin duda la única en la que aún se mantienen en pie gran parte de las murallas. Se remonta al período posclásico, posterior al año 900 d.C., cuando los principales centros ceremoniales mayas ya habían sido abandonados. Con toda seguridad se trataba de un puerto y quizás sirviese también como bastión para proteger las rutas comerciales marítimas. Incluso en su momento de mayor esplendor, previo a la conquista española, se calcula que su población no superaba los 600 habitantes. Es muy probable que los sacerdotes y los nobles residiesen dentro del recinto amurallado, mientras que el resto de la población viviera extramuros.

Se ha sugerido la posibilidad de que **El Castillo**, la atalaya de Tulum, encaramada al borde del acantilado (*véase la fotografía de las páginas 312-313*), hubiera sido en otro tiempo un faro. El arqueólogo Michael Creamer llegó a la conclusión de que se trataba de una torre de navegación: «Colocamos unas linternas en unos estantes detrás

Mapa
páginas
318-319

Disfrutando de la paz de la laguna Bacalar.

ABAJO: la playa de Cozumel.

Mapa
páginas
318-319

NOTA

No olvide llevar
un repelente contra
insectos, calzado
resistente y un mapa
del yacimiento para
visitar las ruinas
de Cobá.

ABAJO: la Gran
Pirámide, en Cobá.
DERECHA: en la isla
Mujeres.
PÁGINA SIGUIENTE:
diabólica máscara
de dos caras.

de sendas ventanas, situadas en lo alto de la fachada del Castillo. En el mar, allí donde es posible ver ambas luces al mismo tiempo, existe una abertura natural en el arrecife». Esta teoría parece verse confirmada por el hecho de que algunos conquistadores españoles escribieron en sus diarios que, al navegar junto a la costa, distinguieron con claridad la luz de unas llamas que procedía del edificio.

El **templo de los Frescos** es una construcción de dos pisos con columnas en el piso inferior y una cámara mucho más pequeña en el superior. Los frescos de su interior presentan influencias toltecas, mientras que los mascarones que ocupan las esquinas de la fachada se cree que representan a Chaac, el dios de la lluvia. El **templo del Dios Descendente** está decorado con un relieve que quizás representara a Ab Muxen Cab, el dios abeja de los mayas.

Cobá

Hay 40 kilómetros tierra adentro hasta **Cobá** ㉖ (abierto a diario; se paga entrada), nudo de la famosa red de calzadas mayas llamadas *sacbeob* (en singular *sacbé*). La más larga de ellas se extendía a lo largo de casi 100 kilómetros a través de la selva y de los pantanos, hasta Yaxuná, cerca de Chichén Itzá (*véase pág. 327*). Se cree que Cobá, con una población de 50 000 habitantes, podría haber sido en el pasado la más grande de todas las ciudades mayas.

Cerca de la entrada, entre dos lagos, se encuentra el **Grupo Cobá**. Desde los 24 metros de altura de la pirámide de nueve gradas, coronada por un templo de estilo tolteca, las vistas sobre los lagos y las demás pirámides son magníficas. No obstante, quizás desee reservar sus fuerzas para los 120 peldaños de la **Gran Pirámide** (42 metros de altura), en el grupo de **Nohoch Mul**, a 2 kilómetros en dirección este.

Existen caminos abiertos en la selva que comunican las 6 000 edificaciones que se han identificado en Cobá. El yacimiento abarca más de 77 km², aunque son muy pocos los edificios que se han restaurado.

Al sur de Tulum se extiende la enorme **Reserva de la Biosfera Sian Ka'an** ㉗, una de la serie de reservas naturales que la UNESCO ha establecido por todo el mundo. En ella se pretende proteger la región contra la sobreexplotación, al tiempo que se proporciona a los lugareños un medio de vida. La reserva comprende una amplia variedad de hábitats húmedos y costeros. Está poblada por una infinita diversidad de flora y fauna, como monos aulladores y monos araña, tapires, cocodrilos, pecaríes, ciervos y más de 300 especies de aves.

No se ponen trabas a las visitas a la reserva, que también cuenta con un centro de investigaciones (tel.: 98-84 9583; fax: 98-87 3080). En el pueblo pesquero de **Punta Allen** podrá alquilar una hamaca y dormir en la playa.

Al lado de la encantadora **laguna Bacalar** ㉘ se halla el fuerte de San Felipe, construido en el siglo XVIII para servir de protección contra los piratas y utilizado por los indígenas como plaza fuerte durante la guerra de las Castas. Nada más pasar la laguna verá un desvío hacia el este que conduce al antiguo puerto de **Chetumal** ㉙, el punto de partida de los turistas que se dirigen a Belice.

La autopista 186 cruza la península en dirección oeste, a través de una espesa selva, para completar la vuelta a Yucatán en **Escárcega**, que se encuentra justo al sur de Champotón. Existen varios yacimientos arqueológicos a lo largo del camino, el mejor de los cuales es **Kohunlich**, en una carretera secundaria que sale de Francisco Villa; en él se halla la pirámide de las Máscaras –única en su especie–, que se remonta a los años 250-600 d.C.

GUIAS OCEANO

GUÍA
PRÁCTICA

Un mundo lleno de color.

HDCplus. Nuevas perspectivas para la fotografía en color.

http://www.agfaphoto.com

SUMARIO

Familiarizarse

Superficie: 1 958 202 km²
Capital: Ciudad de México, también conocida como el Distrito Federal (D.F.).
Población: 93 millones de habitantes, de los cuales el 35 por ciento tiene menos de 15 años.
Idiomas: español (92 por ciento), además de otras lenguas indígenas.
Religiones: Católicos apostólicos (89,7 por ciento), judíos y varias iglesias protestantes evangélicas (10 por ciento).
Husos horarios: México está dividido en tres zonas horarias –central, de montaña y del Pacífico–, con una hora de diferencia entre sí. La mayor parte del país se rige por el horario central (GMT –hora media de Greenwich– menos 6 horas) todo el año; los estados de la costa septentrional del Pacífico se rigen por el horario de montaña (GMT menos 7 horas) todo el año y Baja California Norte se rige por el horario del Pacífico (GMT menos 8 horas –desde el 1 de abril hasta finales de octubre, GMT menos 7 horas–).
Moneda: Peso mexicano. Hay billetes de 10, 20, 50, 100, 200 y 500 pesos; las monedas son de 1, 2, 5, 10 y 20 pesos, y de 5, 10, 20 y 50 centavos. Las primeras tienen un contorno de un metal de distinto color, mientras que los centavos son pequeños, delgados y de color plata.
Pesos y medidas: Sistema métrico decimal.
Electricidad: 110 voltios; enchufes de dos clavijas planas.
Prefijo telefónico internacional: Ciudad de México (5); Guadalajara (3); Monterrey (8); Acapulco (74); Ixtapa-Zihuatanejo (755); Puerto Vallarta (322); Cancún (98); Los Cabos (114); Mazatlán (69).
Punto más elevado: Pico de Orizaba, con 5 747 metros de altitud.

México central

La Ciudad de México, Guadalajara y muchas otras poblaciones mexicanas se encuentran en la meseta central, donde el clima es suave todo el año. El verano es la estación lluviosa; en julio y en agosto llueve casi todos los días en la Ciudad de México, en particular durante un par de horas por las tardes.

La altitud impide que el calor llegue a ser sofocante en estas localidades, incluso en mitad del verano. Un año normal, la temperatura más alta del Distrito Federal es de unos 31 °C, y unos 35 °C en Guadalajara. Los meses más calurosos de la Ciudad de México son abril y mayo, en los que el promedio de las temperaturas se sitúa casi en los 30 °C. A mediados de verano y en otoño, la media supera levemente los 20 °C, mientras que en invierno se sitúa en torno a los 20 °C., aunque por la noche no es raro que las temperaturas desciendan hasta los 0 °C.

Baja California

Las escasísimas precipitaciones de Baja California suelen caer a finales de otoño y durante el invierno. La temperatura es más agradable en las zonas donde se ve suavizada por las brisas marinas, como son la punta meridional de la península y a lo largo de la costa del Pacífico. Un año normal, las temperaturas en Ensenada no superan los 35 °C; pero en San Felipe, en el golfo de California, pueden alcanzar los 48 °C. En las regiones desérticas refresca por las noches.

México septentrional

Gran parte del norte de México es desierto. Durante el verano, los días son muy calurosos, por encima de los 38 °C. Las zonas de montaña son más frescas. En invierno es fácil que hiele por las noches. Según se desplaza uno hacia el este, hacia Monterrey, el clima se hace más húmedo y suave, aunque el verano sigue siendo muy caluroso.

La costa del Pacífico

En la costa del Pacífico refresca por las noches más que en el sur, pero, por lo demás, el clima es bastante parecido. Un año normal, las temperaturas máximas de Mazatlán o Puerto Vallarta se sitúan en torno a los 35 °C.

Al norte de Mazatlán, la costa es desértica, por lo que el calor estival es mayor. La temperatura máxima de un año normal en Guaymas se sitúa alrededor de los 30 °C. En invierno suele ser de unos 20 °C durante el día.

México meridional y la península de Yucatán

Esta zona posee una gran diversidad climatológica: algunas regiones son secas, mientras que en otras las lluvias alcanzan los 5 000 mm anuales.

En Oaxaca, situada a más de 1 500 metros sobre el nivel del mar, las temperaturas nocturnas en invierno pueden bajar de los 0 °C, pero en verano y a mediodía llegan a alcanzar los 38 °C. Acapulco disfruta de máximas diarias de 27 a 32 °C durante todo el año, y por la noche la temperatura rara vez desciende por debajo de los 21 °C; aquí las brisas oceánicas del Pacífico hacen posible un clima templado constante. Al igual que en la mayor parte de México, la estación lluviosa tiene lugar en verano y a principios de otoño; en invierno apenas llueve.

En la península, la temperatura durante el día se sitúa cerca de los 30 °C todo el año; por la noche es raro que caiga por debajo de los 16 °C. Las temperaturas en Mérida pueden alcanzar los 42 °C; la máxima en Cozumel, frente a la costa, suele estar en torno a los 32 °C.

Los horarios comerciales varían de una zona a otra del país. Los bancos abren de lunes a viernes de 9:00 a 13:30 h. En las principales ciudades y pueblos, las oficinas centrales de los bancos más importantes permanecen abiertas por la tarde y los sábados por la mañana hasta el mediodía. Los horarios de oficinas varían enormemente; por regla general suelen estar abiertas de 9:00 a 14:00 h, hora a la que cierran para el almuerzo, y reabren de 16:00 a 18:00 h. Los comercios abren desde las 9:00 o las 10:00 h hasta las 19:00 o las 20:00 h; en las poblaciones de provincia es posible que las tiendas cierren entre las 14:00 y las 16:00 h.

Fiestas no oficiales

Muchos negocios cierran o sólo abren media jornada el día de los Reyes Magos (6 de enero), el Día de la Madre (10 de mayo), el Día de los Difuntos (2 de noviembre) y la festividad de la Virgen de Guadalupe (12 de diciembre). Salvo en los centros turísticos, los comercios y oficinas paralizan su actividad casi por completo durante la Semana Santa, y también en las fiestas de Navidad y Año Nuevo.

Fiestas oficiales

- **1 de enero:** Día de Año Nuevo.
- **5 de febrero:** Día de la Constitución.
- **21 de marzo:** Aniversario del nacimiento de Benito Juárez.
- **Marzo/abril:** Viernes Santo, Domingo de Pascua de Resurrección.
- **1 de mayo:** Día del trabajador.
- **5 de mayo:** La batalla de Puebla.
- **1 de septiembre:** Mensaje anual del presidente.
- **16 de septiembre:** Día de la Independencia.
- **12 de octubre:** Día de la Raza.
- **20 de noviembre:** Día de la Revolución.
- **25 de diciembre:** Navidad.

Planear el viaje

Visados y pasaportes

Los ciudadanos de los siguientes países que deseen visitar México en calidad de turistas no necesitan visado. En su lugar recibirán una tarjeta de turista válida hasta un máximo de 180 días, que podrán conseguir en el avión, en el puerto de entrada, en las agencias de viajes, por medio de las compañías aéreas o en el consulado de México más próximo a su domicilio: Alemania, Andorra, Argentina, Australia, Austria, Bélgica, Bermudas, Canadá, Chile, Corea (del Sur), Costa Rica, Dinamarca, España, Estados Unidos (aquellos que se hayan nacionalizado estadounidenses deberán llevar consigo su documentación o pasaporte estadounidense), Finlandia, Francia, Grecia, Holanda, Hungría, Irlanda, Islandia, Israel, Italia, Japón, Liechtenstein, Luxemburgo, Mónaco, Noruega, Nueva Zelanda, Portugal, Reino Unido, San Marino, Singapur, Suecia, Suiza, Uruguay y Venezuela. Los ciudadanos estadounidenses pueden visitar las ciudades fronterizas mexicanas (y Baja California hasta Ensenada) y permanecer en ellas hasta un máximo de 72 horas sin necesidad de tarjeta de turista. Los turistas de otros países quizás necesiten un pasaporte en regla con visado (que podrán obtener en cualquier embajada o consulado de México). Aquellos que vayan al país por motivos de negocios necesitarán un visado de negocios, cualquiera que sea su nacionalidad.

A no ser que vaya en avión, procure no entrar en México por la noche, ya que los trámites burocráticos son más rápidos durante el día. En algún caso, el policía de aduanas podría no ceder a su petición de una tarjeta de turista válida para 180 días.

Requisitos para una tarjeta de turista

Todos los turistas necesitarán: un pasaporte válido durante al menos seis meses a partir de la fecha del inicio del viaje, un billete de avión de ida y vuelta o hacia algún otro país, y prueba de que dispone de medios económicos (si va a quedarse durante seis meses).

Cuánto tiempo quedarse

Al entrar en México, el policía de aduanas que sella las tarjetas de turista decide el tiempo que podrá permanecer en el país: 30, 60, 90 o 180 días. Puesto que conseguir una prolongación de la estancia requiere hacer trámites, pida más tiempo del que crea que va a necesitar. Resulta imposible saber si el policía le dará lo que quiere: su decisión puede basarse en el aspecto que usted tenga.

Una vez dentro del país podrá prorrogar el tiempo establecido en su tarjeta en la Dirección General de Servicios Migratorios, que cuenta con delegaciones en la mayoría de las principales ciudades. Se trata de un trámite que puede tardar bastante, sobre todo si se hace fuera de la Ciudad de México, de modo que inícielo por lo menos una semana antes de la fecha límite de estancia. En el Distrito Federal, las oficinas están en la calle Homero 832, en Polanco (tel.: 5-626 7200). Deberá rellenar un formulario y llevarlo luego a otra oficina donde querrán saber el dinero de que dispone (en cheques de viajes o en una tarjeta de crédito a su nombre, no en efectivo); tardarán aproximadamente una hora. Otra posibilidad, si está usted cerca de la frontera con Estados Unidos o con Guatemala, es cruzarla y renovar la tarjeta de turista al volver a entrar en México.

Lleve siempre consigo la tarjeta de turista. Al salir del país tendrá que entregársela a los funcionarios de inmigración. Si la pierde, comuníquelo inmediatamente en la oficina de turismo más cercana.

Niños

Los chicos y chicas de más de 15 años deben disponer de su propio documento nacional y tarjeta de turista. Los menores de 18 años que viajen en compañía de uno de sus progenitores habrán de enseñar una nota de autorización firmada por el otro progenitor, o, si fuera el caso, llevar un documento que pruebe la custodia única del progenitor con el que se viaja o un certificado de defunción del otro. Aquellos que viajen solos o bajo la tutela de una persona que no sea alguno de sus progenitores deberán tener una nota de autorización firmada por sus padres o, si fuera el caso, por uno solo de ellos, acompañada por la documentación apropiada que certifique que se trata del único progenitor en posesión de la patria potestad.

Aduanas

Cualquier artículo que se introduzca en México puede estar sujeto a derechos de aduana y requerir un permiso de importación. A los turistas se les permite introducir una cierta cantidad de artículos exenta de aranceles (*véase el recuadro de abajo*). Quienes vayan al país por motivos de negocios necesitarán un permiso

especial para los ordenadores portátiles. Las multas por introducir artículos de contrabando representan un tanto por ciento muy elevado del valor de éstos.

Sólo podrá llevar animales domésticos a México si posee un certificado de buena salud firmado por un veterinario, además de un documento de seis meses de antigüedad como máximo que certifique que el animal está vacunado contra la rabia. Ambos deberán estar sellados en un consulado de México.

Está prohibido salir del país con estupefacientes u objetos precolombinos.

Asistencia sanitaria y seguros

Lo mismo que al viajar a cualquier otro país, no se debe salir de casa sin un seguro de viaje, tanto para usted como para sus pertenencias. Las tarifas varían, de modo que es aconsejable comparar precios, pero asegúrese de estar cubierto en caso de muerte por accidente, tratamiento médico de urgencia, cancelación del viaje y pérdida del dinero o del equipaje. Muchas de las entidades financieras ofrecen así mismo un seguro limitado que cubre problemas médicos o legales de urgencia si el viaje se paga con su tarjeta.

Precauciones sanitarias

En las regiones más aisladas se dan casos de malaria, por lo que quienes piensen visitarlas deberán

Protección contra los cactus

Si va a caminar por el campo entre cactus, lleve consigo una vela y unas pinzas. Cuando se clave espinas que sean demasiado menudas para poder extraerlas con las pinzas, deje caer unas gotas de cera –espere a que se enfríe un poco– sobre la zona afectada. Cuando la cera se haya solidificado, tire de ella para extirpar las pequeñas espinas.

someterse a profilaxis contra esta enfermedad antes de ir. También es recomendable vacunarse contra la polio, el tétanos y la hepatitis, y, si fuera necesario, una inyección de refuerzo contra la fiebre tifoidea. El sida es, por desgracia, bastante frecuente y, entre los perros, la rabia es muy común. También hay casos de cólera, de modo que, si come algo en un establecimiento, fíjese en la limpieza del mismo.

Si vuela hasta la capital del país, durante los primeros días tómeselo con calma; muchos turistas llegan a la Ciudad de México cansados a causa del desfase horario y sin más se ponen a caminar durante horas, a beber y a comer sin mesura, todo en una cultura distinta y en una ciudad muy contaminada y en la que, debido a su altitud, escasea el oxígeno. Eso significa que su capacidad para combatir una infección se resiente, y una de las consecuencias es la famosa venganza de Moctezuma: la diarrea.

Es aconsejable llevar un botiquín básico, con remedios para la diarrea y el dolor de estómago, repelente contra insectos, aspirinas o un analgésico equivalente, pomada antiséptica, tiritas, crema protectora contra el sol y cualquier medicamento que se tome habitualmente.

Consulte la página 348 para más información sobre tratamientos médicos en México.

Agua potable

En México no es seguro beber el agua del grifo. Todos los hoteles y restaurantes orientados al turismo

Derechos de aduana

Los artículos que se introducen en México están sujetos a derechos de aduana y requieren un permiso de importación. No obstante, a los turistas se les permite introducir una cierta cantidad de determinados artículos libres de aranceles:

● **Puros y cigarrillos:** máximo 20 paquetes de cigarrillos, o 25 puros o 200 g de tabaco.

● **Alcohol:** los turistas de más de 18 años pueden llevar consigo hasta 3 litros de vino o licores.
● **Aparatos eléctricos:** una cámara de fotos, una cámara de vídeo o de cine (excepto si se trata de equipo profesional), un par de prismáticos, un televisor portátil, un radiocasete portátil, un reproductor de vídeo, una computadora portátil.

disponen de agua purificada, pero no deje que le den y le cobren agua embotellada (a menos, por supuesto, que sea eso lo que usted quiera). En los restaurantes pida «agua purificada». Si tiene usted dudas acerca de su pureza, pida agua mineral o beba cerveza, refrescos o zumos de fruta. Es aconsejable pedir las bebidas sin hielo. Tenga en cuenta que el «agua fresca» es allí una bebida con sabor a frutas que es probable que esté hecha con agua sin purificar.

Cepíllese los dientes con la misma agua que use para beber. Lave la fruta y la verdura con agua purificada, o pélelas. Si se encuentra acampando en el campo o viajando por zonas remotas, aprenda a purificar el agua usted mismo: póngala a hervir durante 20 minutos o más (dependerá de la altitud), o utilice pastillas purificadoras. Ponga especial atención al comer lechuga, fresas y recetas elaboradas con cerdo o pescado crudo, como el «ceviche».

Bancos y cambio

La manera más cómoda y segura de disponer de dinero en México es llevar dólares en cheques de viaje expedidos por alguna entidad de renombre, preferiblemente en importes altos que podrá cobrar en los bancos. Si lleva usted dinero en efectivo, el mejor lugar para cambiarlo es un banco o una casa de cambio, así como en algunos hoteles. Quienes posean una tarjeta American Express podrán cobrar los cheques bancarios en las oficinas de esta empresa. Procure no llevar encima grandes cantidades de dinero: los carteristas mexicanos son muy habilidosos.

Casi todos los establecimientos de los centros turísticos aceptan las principales tarjetas de crédito, pero en los mercados públicos y en muchos de los hoteles, restaurantes y tiendas más modestos tendrá que pagar en metálico.

En las ciudades fronterizas, muy concurridas por turistas estadounidenses, muchos de ellos utilizan dólares directamente;

sin embargo, es preferible cambiar el dinero, ya que no es probable que los comercios le vayan a ofrecer el mejor tipo de cambio. Si entra usted en México desde Estados Unidos, debería cambiar su dinero en pesos. Este consejo es obligatorio en el caso de las demás monedas nacionales.

Impuestos

Al tomar un vuelo nacional o internacional deberá pagar en el aeropuerto, si no va incluido ya en el precio del billete, un gravamen de 17 dólares norteamericanos o su equivalente en pesos.

En México, el impuesto sobre el valor añadido (IVA) es del 15 por ciento (el 10 por ciento en los estados de Quintana Roo, Baja California Norte y Baja California Sur), y la mayoría de los estados cobran un 1 por ciento de impuestos sobre el precio de la habitación hotelera, cuyos ingresos

Información turística previa

Actualmente, la mayoría de las oficinas de turismo mexicanas en el extranjero están siendo trasladadas a la embajada o consulado más cercanos. Hasta que las direcciones sean definitivas, póngase en contacto con la embajada o el consulado de México en su país:

Argentina:
Embajada mexicana,
Larrea n.º 1230,
1117 Buenos Aires,
tel.: 821 7210; fax: 821 7251.

Colombia:
Embajada mexicana,
Calle 82, n.º 9-25, Bogotá;
tel.: 256 6121; fax: 218 5999.

Chile:
Embajada mexicana,
Félix de Amesti 182, piso 2,
Los Condes, Santiago;
tel.: 206 6133; fax: 206 6147.

Ecuador:
Embajada mexicana,
6 de diciembre n.º 4843, Quito;
tel.: 457 820; fax: 448 245.

se emplean para fomentar el turismo.

Qué ropa llevar

El clima de México varía mucho de una región a otra, por lo que deberá ir preparado para el de cada zona por la que vaya a pasar (*véase Clima, en pág. 340*). No olvide llevar un jersey si tiene pensado visitar zonas de montaña o desérticas. En casi todo México, la estación lluviosa va de mayo a octubre, de modo que se recomienda incluir un paraguas o una gabardina en el equipaje si va a viajar en esas fechas. Es aconsejable vestir con manga larga para evitar las picaduras de los insectos y las quemaduras solares; un sombrero también le servirá para protegerse del sol. Sea cual sea su destino, lleve un par de zapatos cómodos a los que ya esté acostumbrado. Hace una década, las mujeres tenían que cubrirse la cabeza con un sombrero o un pañuelo

España:
Embajada mexicana,
Carrera de San Jerónimo 46,
28014 Madrid; tel.: 91 369 2814;
fax: 91 420 2292.
Consulado mexicano,
Avda. Diagonal n.º 626, 4.ª planta,
08021 Barcelona; tel.: 93 201 1822; fax: 93 200 9206.
Oficina de Turismo de México,
Velázquez 126, 28006 Madrid;
tel.: 91 561 1827;
fax: 91 411 0759;
dirección de Internet:
mexico-travel.com

Perú:
Embajada mexicana,
Santa Cruz n.º 330,
San Isidro, Lima;
tel.: 421 3546; fax: 421 5048.

Venezuela:
Embajada mexicana,
Gauicaipuro esquina
Avda. Principal de las Mercedes,
Urbanización El Rosal,
Caracas; tel.: 952 5777;
fax: 952 3003.

si querían entrar en una iglesia; en la actualidad ya no se considera necesario. Sin embargo, lo mejor es siempre vestir de forma acorde con la gente que le rodea.

En las ciudades, salvo si son complejos turísticos, el modo de vestir suele ser bastante formal. En la mayoría de las ocasiones, puede bastar con una camisa y unos pantalones en el caso de los hombres, mientras que las mujeres pueden ponerse cualquier cosa, siempre que entre dentro de lo que cabe considerar respetable. En los restaurantes finos, los hombres deberán llevar chaqueta y corbata, y las mujeres, un vestido o un traje elegante. Las mujeres que viajen solas han de saber que es más probable que se vean acosadas si van ligeras de ropa.

En las zonas rurales y en las ciudades de provincia son bastante corrientes los pantalones cortos y la ropa informal; pero pasearse por lugares públicos sin camisa o con sólo el traje de baño no está bien visto, por lo que es preferible no hacerlo. No es probable que la mayoría de los visitantes vayan a necesitar un traje elegante, pero se recomienda no llevar sólo pantalones vaqueros. Los pantalones holgados de algodón resultan más frescos que los vaqueros y más cómodos para caminar, sobre todo por la bochornosa selva tropical.

Estos hábitos son distintos en las localidades turísticas como Acapulco, Ixtapa-Zihuatanejo, Puerto Vallarta, Mazatlán, Cozumel, Cancún y en las poblaciones playeras de Baja California, frecuentadas por aficionados al surf procedentes de Estados Unidos. En estas zonas andar por la calle con pantalones cortos o en traje de baño no plantea problemas, ni siquiera en los restaurantes (excepto en los más elegantes). No es probable que un hombre vaya a necesitar traje y corbata; con una camisa y un par de pantalones debería bastar para tener un aspecto más formal. Para las mujeres son aconsejables los vestidos largos y sueltos de algodón, frescos y cómodos a un tiempo.

Teléfonos de líneas aéreas

Aeroméxico: 91 548 9810
Air France: 91 330 0440
y 93 214 7900
British Airways: 902 111 333
Iberia: 902 400 500
KLM: 91 305 4268
Mexicana de Aviación:
91 326 6944

Mapas

Existen unos excelentes mapas de carreteras de cada uno de los estados publicados por la editorial Patria; Guía Roji también tiene buenos mapas de carreteras. Los de Guía Roji y los Detenal son los más claros y detallados de la Ciudad de México.

Estos mapas se venden en algunos de los principales supermercados de México (como Superama) y en las librerías de las ciudades. Si viaja usted en coche desde Estados Unidos, seguramente encontrará mapas de México en las gasolineras y en las librerías de las poblaciones próximas a la frontera.

Fotografía

En México, las cámaras, las películas y las pilas de las cámaras son caras, por lo que es preferible comprar este tipo de material en el país de origen. También revelar carretes resulta caro; si aun así decide revelar sus fotografías allí, hágalo en las grandes ciudades. Si prefiere esperar, conserve el carrete en algún sitio fresco y procure que, al pasar por aduanas, le inspeccionen la cámara y los carretes sin que pasen por la máquina de rayos X; una vez quizás no sea suficiente para deteriorar los negativos, pero varias sesiones de rayos X pueden echarlos a perder.

Existen algunas limitaciones a la hora de hacer fotos en México. En los museos, yacimientos arqueológicos o monumentos coloniales no se permiten los trípodes ni el flash si no se posee un permiso especial, y hay que pagar para poder grabar en vídeo. Aquellos que quieran realizar reportajes fotográficos o cinematográficos profesionales pueden solicitar un permiso especial en el Instituto Nacional de Antropología e Historia.

Cómo llegar

En avión

Existen vuelos directos a la Ciudad de México desde las principales localidades europeas y muchas ciudades de América Central y del Sur, así como desde Estados Unidos y Canadá. Entre las compañías aéreas europeas figuran Air France, Aeroflot, Alitalia, British Airways, Iberia, KLM, Lufthansa y Swissair.

Si no le resulta posible tomar un vuelo directo a su destino, podrá hacer trasbordo con alguno de los muchos vuelos nacionales de las compañías mexicanas Aeroméxico, Mexicana de Aviación o TAESA. Las dos primeras ofrecen también vuelos con España.

Existe una gran multitud de ofertas según la época del año, por lo que es conveniente comparar precios tanto de los vuelos internacionales como de los nacionales. Además de las líneas regulares hay también algunos vuelos chárter desde España y otros países de Latinoamérica.

Cuando llegue al aeropuerto de la Ciudad de México, los maleteros le acompañarán hasta la parada de taxis. Desde el aeropuerto, el precio de la carrera está preestablecido, dependiendo del punto de destino. Estos precios, expuestos en un cartel, son válidos para cuatro pasajeros y todo el equipaje que quepa en el maletero. No olvide vigilar atentamente sus maletas.

En barco

Los cruceros alrededor del mundo suelen incluir en la travesía Acapulco y otros puertos del Pacífico, así como los centros turísticos del Caribe mexicano. Desde Estados Unidos existen viajes de entre 1 y 3 semanas. Los cruceros del Caribe que zarpan de Nueva Orleans, Tampa, Miami y Fort Lauderdale quizás hagan escala en Cancún o en Cozumel. Desde Los Ángeles salen muchos cruceros que navegan por las aguas de la costa oeste de México; en algunos es posible embarcarse en San Francisco, Portland, Seattle y Vancouver, en la Columbia Británica; Acapulco, Ixtapa, Manzanillo, Puerto Vallarta, Mazatlán y Baja California, en el cabo San Lucas y en Ensenada, son algunas de las posibles paradas de estos cruceros, que constituyen un modo muy placentero y descansado de viajar por las costas de México, pero que no suelen dejar demasiado tiempo para conocer el interior del país.

Para ir hasta México en la propia embarcación hace falta tramitar el despacho de aduanas, lo cual podrá hacer en un consulado mexicano o mediante un agente de aduanas marítimas antes de zarpar. Deberá mostrarlo en los puertos al entrar y al salir; así mismo, en los puertos de entrada también se efectuarán las inspecciones sanitarias oportunas. Además, cada pasajero o miembro de la tripulación necesitará una tarjeta de turista múltiple (*véase Visados y pasaportes en pág. 341*). Tanto la embarcación como todos los pasajeros y miembros de la tripulación deberán salir de México al mismo tiempo.

En tren
Si viaja en tren a México desde Estados Unidos, deberá hacer trasbordo en la frontera con la red ferroviaria mexicana, bastante lenta y poco puntual.

En autobús
Viajar en autobús por México ofrece muchas ventajas. Si entra en el país desde Estados Unidos existe la posibilidad de realizar todo el viaje en autobús. Sin embargo, a menos que se encuentre usted cerca de la frontera o tenga más tiempo que dinero, es preferible volar hasta la región que desee conocer y, una vez allí, tomar autobuses. Para más información consulte el apartado «Desplazarse».

En coche
Muchos turistas, sobre todo los ciudadanos estadounidenses que viven en los estados fronterizos, van a México en coche. Para entrar necesitará un permiso temporal para el vehículo. Para saber cómo obtenerlo, pida información en la embajada o consulado de México antes de ponerse en marcha. Cerciórese de que su póliza de seguros le cubre cualquier incidencia del viaje.

Vacaciones especializadas

Algunas empresas ofrecen excursiones por zonas apartadas de México o se especializan en turismo de aventura. Tales viajes suelen ser una buena oportunidad para explorar áreas menos conocidas para aquellos que no dispongan de muchos días de vacaciones. Algunas de estas empresas son: **The Association of Ecological and Adventure Tourism**, Insurgentes Sur 1981-251, Col. Guadalupe Inn, México, DF (tel.: 5-663 5381). Ofrece numerosas aventuras y excursiones por parajes naturales de México. **Club de Exploraciones de México** (tel.: 5-740 8032). Proporciona guías para recorrer la jungla urbana que es la Ciudad de México.

Institutos de idiomas
Se puede estudiar español en México en los siguientes lugares: **Cetlalic**, Apdo. Postal, 1-20, Cuernavaca, Morelos 62000; tel.: 73-13 3579. **Spanish Language Institute**, Apdo. Postal, 2-3, Cuernavaca, Morelos; tel.: 73-17 5294.

Centro Internacional de Estudios para Extranjeros, Tomás V. Gómez, 125, Guadalajara, Jal. 44000; tel.: 3-616 4399. **Centro de Idiomas S.A.**, Belisario Domínguez, 1908, Mazatlán, Sin; tel.: 69-82 2053. **Instituto Falcón**, Moral 158, Guanajuato, Gto 36000; tel.: 473-2 3694. **Instituto Allende**, Ancha de San Antonio, n.º 20, San Miguel de Allende, Gto; tel.: 465-2 0190. **Instituto Allende** (Puerto Vallarta), Apdo. Postal, 201-B, Puerto Vallarta, Jal. 48350; tel.: 322-3 0801. **Instituto Cultural Oaxaca**, Apdo. Postal, 340, Oaxaca, Oaxaca 68000; tel.: 951-5 1323. **Instituto Jovel**, A.C., Apdo. Postal, 62, Ma. Adelina Flores 21, San Cristóbal de las Casas, Chiapas 29200; tel.: 967-8 4069.

Consejos prácticos

Medios de comunicación

Periódicos y revistas

En México existe una buena oferta de periódicos, tanto nacionales como regionales. Entre los diarios nacionales figuran el *Reforma*, el *Excelsior*, *El Universal*, *unomásuno*, *La Jornada* y *El Financiero* (de negocios). *Tiempo Libre*, que sale todos los jueves, informa de las actividades culturales de la semana en la Ciudad de México.

En algunos quioscos es posible encontrar periódicos y revistas de otros países hispanohablantes, así como de Estados Unidos, y algunas publicaciones europeas, en particular en las tiendas de los hoteles.

Radio y televisión

En México hay un gran número de emisoras de radio, tanto de FM como de AM, que van desde la música de mariachi hasta el *heavy metal*; por supuesto, todas ellas retransmiten en español.

También las televisiones emiten en castellano, excepto las películas de la noche, en versión original, y los canales de la televisión por cable. Los hoteles más grandes suelen disponer de canales por cable o antenas parabólicas para ver programas de otros países, en especial de Estados Unidos. Si le interesan los deportes que se practican en ese país, lo mejor es que se aloje en uno de los grandes hoteles. Los culebrones mexicanos o sudamericanos gozan de una gran popularidad, pero también se emiten series estadounidenses o de otros países de habla no hispana, ya sean dobladas o subtituladas.

Servicios postales

Por regla general, las oficinas de correos abren de lunes a viernes de 9:00 a 19:00 h, y los sábados, de 9:00 a 13:00 h. El horario varía en poblaciones más pequeñas; lo más habitual es que cierren los sábados por la tarde.

Especifique en toda su correspondencia que quiere enviarla por correo aéreo: el servicio de superficie es muy lento. Podrá mandar paquetes de hasta 20 kilos; diríjase a las oficinas centrales de una localidad grande y envíelo por correo certificado, para lo cual tendrá que presentarse allí antes de las 17:00 h de un día laborable, y antes de las 12:00 h los sábados.

También podrá realizar sus envíos por medio de MEXPOST, Federal Express, United Parcel Service u otras empresas de transporte, que se encargan de recoger el paquete donde usted les diga; normalmente el hotel se mostrará dispuesto a ocuparse de ello. Quizás le resulte más sencillo hacer que el comercio se encargue de enviar sus compras a su domicilio. La mayoría de las grandes tiendas tienen experiencia en este tema y se puede confiar en ellas, si bien en Navidades puede haber retrasos o incluso pérdidas.

El modo más seguro de recibir correspondencia en México es hacer que se la envíen a un hotel en el que tenga usted una reserva, indicando en el sobre o paquete «consérvese hasta la llegada del destinatario». También puede recibir correo en la lista de correos, pero asegúrese de que el remitente indique con claridad sus apellidos, escritos con mayúsculas y subrayados. Cuando vaya usted a la oficina de correos a recogerlo, lleve algún documento de identidad. En la lista de correos retienen el paquete o carta durante 10 días, antes de devolvérselo al remitente. Si deja usted una localidad antes de recibir correspondencia que sabe que está de camino, rellene en la oficina de correos un formulario de cambio de dirección. Los paquetes enviados a México están sujetos a derechos de aduana.

Telecomunicaciones

Teléfonos

La compañía telefónica mexicana, Telmex, ha instalado teléfonos Ladatel en todas las localidades del país, salvo en las más remotas. Para utilizarlos necesitará una tarjeta de teléfono, que podrá adquirir en los quioscos de prensa y en los establecimientos de artículos de primera necesidad por 20, 30 y 50 pesos. Con ellas podrá efectuar llamadas locales y conferencias, si tiene la cantidad suficiente. En algunos sitios todavía encontrará cabinas que funcionan con monedas de un peso o de 50 centavos, pero sólo sirven para llamadas locales o a cobro revertido.

Información telefónica

- Para información telefónica dentro de la Ciudad de México, marque el 040.
- Para información nacional, llame al 020.
- Para información internacional, marque el 090.

Una de las formas más baratas de efectuar conferencias es desde el locutorio de la «Caseta de Larga Distancia», de los que hay uno en casi todas las ciudades. Entregue anotado en un papel el prefijo de la provincia y el número al que llama, más el prefijo del país. Si la llamada va a ser personal, escriba el nombre de la otra persona de forma bien legible. Especifique que se trata de una conferencia «persona a persona»; si no, será una llamada «con quien contesta». Cuando el telefonista establezca comunicación, le avisará por su nombre y le indicará cuál es la cabina a la que debe dirigirse. Cuando realice una llamada a cobro revertido, no olvide que, si quien contesta no acepta la llamada, se le cobrará el importe de un minuto. El telefonista de su hotel podrá establecer las conferencias por usted, pero a la hora de abonar la cuenta le cobrarán un recargo bastante elevado.

Desde México es posible efectuar llamadas a larga distancia de forma directa a la mayoría de los países. Si llama usted desde un teléfono particular y desea saber el importe de la llamada, tendrá que realizarla por medio de un telefonista, por lo que no podrá beneficiarse de las tarifas más económicas de la llamada directa.

El prefijo para llamadas a larga distancia dentro de México es el 01 (seguido del prefijo de la región a la que llame y el número); para el resto del mundo, marque el 00 seguido del prefijo del país al que se llame.

Telegramas

Si quiere enviar un telegrama, tendrá que hacerlo desde un teléfono particular o ir a la oficina de telégrafos; no podrá hacerlo desde el teléfono del hotel. Las oficinas de telégrafos suelen estar abiertas desde las 9:00 h hasta por la tarde los días laborables –a veces cierran a la hora de la siesta– y los sábados al menos por la mañana. Si quiere que la entrega sea urgente, debe solicitarlo; el servicio ordinario es más barato. Escriba su mensaje y la dirección con claridad para evitar posibles errores. Si desea enviar un telegrama internacional, telefonee al número 5-709 8625.

Para recibir un telegrama en México, si no está usted alojado en un hotel o una casa en la que puedan entregárselo, haga que se lo envíen a la lista de correos (lo recibirá en la oficina de correos) o a la lista de telégrafos (lo recibirá en la oficina de telégrafos).

Faxes

Los establecimientos que ofrecen servicio de fax no son demasiado corrientes, aunque sí los hay en la mayoría de las grandes ciudades y centros turísticos, en particular en las papelerías y en las oficinas de telégrafos. Algunos hoteles de lujo también disponen de fax, y es posible que se le permita utilizarlo. Tenga en cuenta, sin embargo, que enviar un fax puede ser muy caro.

Secretarías de Turismo

En México, cada estado cuenta con una Secretaría de Turismo. También hay una oficina de información turística nacional en el aeropuerto de la ciudad de México, en la sección «A», la de los vuelos nacionales. Podrá ponerse en contacto con ellas en el número de teléfono 5-762 6773, donde le ayudarán a resolver sus dudas. A continuación le ofrecemos un listado de las oficinas turísticas de México:

Ciudad de México (oficina principal): Avda. Presidente Masaryk 172, 11587, México, DF; tel.: 5-250 0123 (información las 24 horas para direcciones, detalles sobre acontecimientos especiales, etc.)/ 5-250 0151 o 5-250 8555.

Ciudad de México (Distrito Federal): Amberes 54, 06000 México, DF; tel.: 5-533 4700

Aguascalientes: Avda. Universidad 1001, 8.° Piso, 20127 Aguascalientes, Ags; tel.: 49-12 3511.

Baja California Norte: Bulevar Díaz Ordaz, Edif. Plaza Patria, 3er Piso, 22440 Tijuana, BC; tel.: 66-81 9492.

Baja California Sur: Carretera al Norte km 5,5, Fraccionamiento Fidepaz, 23090 La Paz, BCS; tel.: 682-4 0100.

Campeche: Calle 12 n.° 153, entre 53 y 55, 24000 Campeche, Camp. Tel.: 981-6 6767.

Chiapas: Bulevar Belisario Domínguez 950, 4.° Piso, 29060 Tuxtla Gutiérrez, Chis; tel.: 961-2 4535.

Chihuahua: Libertad 1300, 1.er Piso, 31000 Chihuahua, Chih; tel.: 14-29 3421.

Coahuila: Periférico Luis Echeverría 1560, Piso 11, 25286 Saltillo, Coah; tel.: 84-15 2182.

Colima: Portal Hidalgo 75, Colonia Centro, 28000 Colima, Col; tel.: 331-2 4360.

Durango: Hidalgo 408 Sur, Col. Centro, 34000 Durango, Dgo; tel.: 18-11 3166.

Estado de México: Urawa 100, Puerta 110, 50150 Toluca, Estado de México; tel.: 72-19 6158.

Guanajuato: Plaza de la Paz 14, Col. Centro, 36000 Guanajuato, Gto; tel.: 473-2 7622.

Guerrero: Costera Miguel Alemán 4455, 39850 Acapulco, Gro; tel.: 74-84 2423.

Hidalgo: Ctra. México-Pachuca km 93,5, 42080 Pachuca, Hgo; tel.: 771-1 3806.

Jalisco: Morelos 102, Plaza Tapatía, 44100 Guadalajara, Jal; tel.: 3-614 0123.

Michoacán: Nigromante 79, Palacio Clavijero, 58000 Morelia, Mich; tel.: 43-12 0415.

Morelos: Avda. Morelos Sur 157, 62050 Cuernavaca, Mor; tel.: 73-14 3794.

Nayarit: Avda. de la Cultura 74, 63157 Tepic, Nay; tel.: 321-4 8071.

Nuevo León: Zaragoza Sur 1300, Edif. Kalos, Desp. 137, Nivel A-1, Colonia Centro, 64000 Monterrey. NL; tel.: 8-344 4343.

Oaxaca: Independencia 607, 68000 Oaxaca, Oax; tel.: 951-4 0570.

Puebla: 5 Oriente n.° 3, 72000 Puebla, Pue; tel.: 22-46 2044.

Querétaro: Avda. Luis Pasteur 4 Nte, 76000 Querétaro, Qro; tel.: 42-12 1412.

Quintana Roo: Ctra. a Calderitas 622, 77010 Chetumal, QR; tel.: 983-2 8661.

San Luis Potosí: Álvaro Obregón 520, 78000 San Luis Potosí, SLP; tel.: 48-12 9939.

Sinaloa: Avda. Camarón Sábalo esq. Tiburón, 82100 Mazatlán, Sin; tel.: 69-16 5166.

Sonora: Comonfort y Paseo del Río, 83280 Hermosillo, Son; tel.: 62-17 0076.

Tabasco: Avda. Paseo Tabasco 1504, Tabasco 2000, 86000 Villahermosa, Tab; tel.: 93-16 3633.

Tamaulipas: Calle 16 y Rosales 272, 87000 Ciudad Victoria, Tamps; tel.: 131-2 1057.

Tlaxcala: Avda. Juárez 18 esq. Lardizábel, 90000 Tlaxcala, Tlax; tel.: 246-2 0027.

Veracruz: Bulevar Cristóbal Colón 5, 91190 Xalapa, Ver; tel.: 28-12 8500, ext 124.

Yucatán: Calle 59 n.° 514, entre 62 y 64, Colonia Centro, 97000 Mérida, Yuc; tel.: 99-24 8013.

Zacatecas: Prol. González Ortega y Esteban Castorena, Edif. Marzes, 98000 Zacatecas, Zac; tel.: 492-40552.

Embajadas y consulados

Algunas de las embajadas y consulados de la Ciudad de México son:

Argentina: Boulevard Manuel Ávila Camacho 1, piso 7, 11000 Colonia Lomas de Chapultepec; tel.: 520 9430, 520 9431, 520 9432; fax: 540 5011.

España:
Galileo n.° 114 (esq. Horacio), 11560 Colonia Polanco; tel.: 282 2974; fax: 282 1302. *Consulado general:* Galileo n.° 114 (esq. Horacio), 11560 Colonia Polanco; tel.: 280 4508; fax: 281 0742.

Mujeres que viajen solas

Es muy posible que las mujeres que viajen solas o en compañía de otras mujeres atraigan la atención de los mexicanos, aunque en las grandes ciudades las costumbres están cambiando de prisa. Los grupos de tres o más mujeres se verán menos importunados por los hombres, y si viajan con algún hombre no es probable que el acoso pase de unos cuantos silbidos.

Para evitar en lo posible esta atención no requerida, procure no mirar directamente a los ojos de los extraños ni responder a sus comentarios, y camine con determinación. Si desea darse un largo paseo sola, trate de que otros turistas la acompañen.

Las mujeres que viajan por México, con o sin compañía masculina, deben saber que, aunque no esté prohibida la entrada de mujeres, en algunos bares y cantinas las mujeres son mal vistas, sobre todo en la provincia. Los bares de los hoteles, restaurantes y los pubs de copas admiten mujeres, pero las «cantinas», no. Las pulquerías no sólo no admiten mujeres, sino que tampoco ven con muy buenos ojos a los hombres desconocidos.

Propinas

La propina habitual en los restaurantes es de un 15 por ciento de la cuenta sin el IVA. A los maleteros y a los botones se les suelen dar propinas de por lo menos 12 pesos a cada uno. Lo mismo vale para los taxistas que le ayuden a mover el equipaje; si no es así, no hay ninguna obligación de darle propina a un taxista. La propina habitual para el personal de mantenimiento del hotel es de entre unos 8 y 10 pesos por noche. A los guías de las excursiones se les dan propinas de acuerdo con el precio del viaje y la calidad de sus servicios, pero lo más común es un mínimo de 10 pesos por día y por persona. En las barberías y en los salones de belleza, la propina acostumbrada es del 15 por ciento del importe sin el IVA.

Los empleados de las gasolineras suelen recibir una pequeña propina; muchos mexicanos, por ejemplo, piden 95 pesos de gasolina y dejan 5 a la persona que les ha atendido. A los chicos que vigilan el coche cuando se aparca en la calle se les suele dar entre 2 y 5 pesos; asegúrese de que recordará el aspecto del muchacho que le ha ayudado o al final puede verse obligado a tener que dar propina a todos los que rodeen su vehículo cuando vuelva. La propina para los vigilantes de los parkings suelen ser de unos 2 a 5 pesos.

No olvide que mucha gente en México depende casi exclusivamente de las propinas para subsistir.

Tratamiento médico

Si requiere atención médica, pida en su hotel una lista de médicos o dentistas. En la Ciudad de México también podrá telefonear a la embajada o consulado de su propio país (véase el recuadro). En otras ciudades pida información en la oficina de turismo nacional. Si se encuentra usted en una zona aislada, tendrá que contar con la ayuda del gerente de su hotel o de otra persona que le pueda recomendar dónde acudir. En las grandes ciudades hay farmacias abiertas las veinticuatro horas del día. En las más pequeñas y en los pueblos se turnan. En su hotel le podrán decir cuál es la que permanece de guardia en un momento determinado.

Seguridad y delincuencia

El mejor consejo para pasar unas vacaciones en México sin sobresaltos es emplear el sentido común y atenerse a algunas reglas básicas:
● No conduzca ni camine por calles mal iluminadas por la noche.
● Utilice una riñonera, pero no lleve nunca encima todas las tarjetas de crédito al mismo tiempo o mucho dinero en efectivo.
● No olvide nunca cerrar bien el coche.
● Guarde las joyas, los relojes y los equipos de vídeo o de fotografía en algún sitio seguro, y evite que queden a la vista.
● No pierda de vista sus maletas, sobre todo en los aeropuertos.

En la Ciudad de México y en Guadalajara, en particular, no pare un taxi en la calle, especialmente si ya es de noche. Vaya a una parada de taxis o tome un taxi turístico autorizado en la parada del hotel; sale más caro, pero es mucho más seguro. No pare a autostopistas, ni siquiera a compatriotas suyos, a fin de evitar, no sólo un posible robo, sino también la posibilidad de que esté pasando drogas sin su consentimiento. Si va a recorrer una distancia larga en autobús –que a veces son asaltados–, elija uno que vaya directo al punto de destino sin hacer ninguna parada.

Una forma segura de conseguir que le arresten es comprarle marihuana a un extraño (o fumar en público). Hasta no hace demasiado tiempo, muchos mexicanos relacionaban la marihuana casi exclusivamente con delincuentes. Cerca de la frontera con Guatemala y en las regiones más alejadas del resto del país, cabe la posibilidad de que la policía le registre el coche. No lo olvide: en México las leyes contra las drogas son bastante estrictas y no se limitan sólo a la marihuana.

Convenciones sociales

A la mayoría de los turistas les gusta dejar una buena impresión en los países que visitan. Una de las maneras de lograrlo es ser educado. Pidiendo una dirección en la calle quedará mejor si no se olvida de un «buenas tardes» o un «por favor». Otro modo, muy mexicano, es dar la mano. Los mexicanos se dan la mano, no sólo al conocerse, sino cada vez que se encuentran y al despedirse. Las mujeres suelen saludarse dándose un beso en la mejilla.

Los mexicanos creen que resulta más educado aceptar una invitación a la que no se puede acudir y luego no presentarse que rechazarla desde un primer momento. No se ofenda si le dejan plantado de esta forma. No hace falta decir que los mexicanos no siempre son puntuales. De hecho, las pocas veces que se toman la hora en serio se refieren a ella como la «hora inglesa». Lo mismo que en cualquier otro país, algunos comentarios no deben interpretarse literalmente. Cuando uno le pregunta a un mexicano de dónde es, lo normal es que le diga el nombre de su municipio o la dirección, y añada «donde tiene su casa». Déle las gracias, pero no se lo tome al pie de la letra, a menos, claro está, que le invite abiertamente.

La desnudez puede ofender muy en serio a muchos mexicanos, por lo que es aconsejable no mostrarse en público demasiado ligero de ropa, como por ejemplo ir sin camisa o con pantalones demasiado cortos.

Desplazarse

Medios de transporte nacionales

Casi 250 000 kilómetros de carreteras gratuitas y de peaje comunican la mayoría de los pueblos y ciudades de México; además, las líneas de autobuses han mejorado en los últimos años, por lo que viajar por carretera resulta ahora un medio económico y agradable de conocer el país. Las tres principales líneas aéreas mexicanas ofrecen vuelos entre la mayoría de las ciudades del territorio nacional. Salvo la vía férrea Chihuahua-Pacífico, que no es lujosa pero está bien cuidada, en México los trenes de pasajeros suelen ser lentos y poco eficaces. Los muchos kilómetros de costa del país y algunas compañías de transbordadores de calidad hacen que viajar en barco resulte un modo sencillo y placentero de recorrer algunas regiones.

En avión

Tres son las principales líneas aéreas que cubren los vuelos nacionales: Aeroméxico, Mexicana

Aerolíneas nacionales

Para información sobre vuelos nacionales póngase en contacto con:
Aeroméxico: Reforma 445, Col. Cuauhtémoc, 06500 México, DF; tel.: 5-133 4455.
Mexicana: Paseo de la Reforma 312, 03100 México, DF (información horaria); tel.: 5-5110424 (reservas).
TAESA: Paseo de la Reforma 30 México, DF; tel.: 5-705 0880.

de Aviación y TAESA. Disponen de oficinas de reservas en la mayoría de las ciudades del país; pregunte en su hotel o telefonee al servicio de información de las compañías (véase el recuadro) para saber cuál es la oficina más cercana. Así mismo, en los mostradores de los aeropuertos es posible adquirir billetes o pedir información, al igual que en muchos hoteles y agencias de viajes.

En las rutas que cubren tanto Aeroméxico como Mexicana de Aviación, el precio del billete suele ser igual; las tarifas de TAESA tienden a ser más bajas. Todas estas compañías ofrecen viajes organizados a los principales destinos turísticos en los que se incluye el precio del billete y del hotel por un descuento.

En los vuelos nacionales, cada pasajero puede facturar dos bultos; cada uno debe pesar menos de 32 kilos y juntos, no más de 50 kilos. También se permite llevar un bolso de mano (lo bastante pequeño como para que quepa debajo del asiento) y otra bolsa.

En barco

Hay transbordadores entre Baja California y el continente, y entre las islas caribeñas de Cozumel e isla Mujeres y la península de Yucatán. Estos últimos son en su mayoría transbordadores de pasajeros que cubren distancias cortas. Los barcos de Baja California realizan largas travesías por el profundo golfo de California, lo que da al viajero la oportunidad de conocer tanto la península como el continente, sin el rodeo que supone recorrer por tierra la extensa y muy calurosa península.

Transbordadores de Baja California

Si piensa tomar uno, asegúrese de que dispone de los horarios actualizados, puesto que no salen todos los días. Pertenecen a la empresa SEMATUR (véase el recuadro). Escriba a las oficinas principales o póngase en contacto con las oficinas locales para hacer las reservas, con no más de dos meses o menos de dos días de antelación. También puede pedir información sobre los transbordadores en el hotel donde se aloje, preferiblemente unos días antes de la fecha en que tenga pensado viajar. Si entra en México desde Estados Unidos, pida un horario actualizado en cualquier agencia de viajes o aseguradora de alguna ciudad fronteriza.

La ruta más septentrional enlaza Santa Rosalía con Guaymas; zarpa de Santa Rosalía los martes y los miércoles, y regresa de Guaymas los jueves y los viernes. El horario entre Mazatlán y La Paz es similar. Los transbordadores que comunican Topolobampo con La Paz y Guaymas con Santa Rosalía disponen de camarotes y de una sala de estar pública (no muy cómoda). También sirven comida y bebida. Cerciórese del horario, ya que a veces se retrasan.

Transbordadores de Yucatán

En los frecuentes transbordadores que cubren la distancia que separa la península de Yucatán de las islas de Cozumel y Mujeres, las reservas y los horarios no representan ningún problema. El servicio de pasajeros que va a Cozumel sale de Playa del Carmen 12 veces al día; si va usted en coche, hay un aparcamiento cerca del muelle de los transbordadores. Si quiere llevar el coche hasta la isla –lo que no es mala idea, puesto que Cozumel es bastante grande–, el transbordador zarpa de Puerto Morelos, algo más al norte. Este barco sale una vez al día en cada dirección.

Para ir a la isla Mujeres podrá tomar un transbordador (también de vehículos) en Punta Sam, o uno sólo de pasajeros en Puerto Juárez. Existen también transbordadores de pasajeros entre Cancún e isla Mujeres que circulan de 9:00 a 17:00 h.

No hay transbordadores a la isla de Contoy, un refugio de aves muy apreciado por pescadores, buceadores y también ornitólogos, pero podrá apuntarse a alguna excursión.

Transbordadores

Para información sobre los horarios de los transbordadores de Baja California y hacer reservas diríjase a:
SEMATUR: Texas 36, Col. Nápoles, Ciudad de México. Tel.: 5-382 7043.
Los números de teléfono de las oficinas locales son:
Guaymas: 622-2 3390.
La Paz: 682-5 3833.
Pichilingue: 682-2 9485.
Mazatlán: 69-81 7020.
Santa Rosalía: 685-2 0013.
Topolobampo: 686-2 0141.

En autobús

En México se puede ir a cualquier parte en autobús. Cientos de empresas comunican todo el país, y sus vehículos van desde los muy limpios, modernos y veloces hasta el extremo opuesto. Los autobuses de primera clase, con aire acondicionado, disponen de cómodos asientos reclinables, lavabo y televisión. Las plazas van numeradas y es habitual que le permitan comprar el derecho a emplear el asiento contiguo para dejar el equipaje o estirar las piernas pagando el suplemento por exceso de equipaje. Estos autobuses sólo paran en los núcleos de población importantes. Los vehículos de las categorías segunda y tercera pueden parar en cualquier sitio en que alguien se lo pida. Si se dirige a alguna zona remota, tendrá que tomar uno de estos autobuses, pero es aconsejable utilizar una línea de primera clase para llegar a la localidad de importancia más próxima con mayor rapidez. En los trayectos largos, los conductores acostumbran detenerse a la hora de comer para descansar (por lo general, hacia las 14:00 h).

Se han dado casos de asaltos a autobuses, por lo que es preferible, si se va a realizar un viaje largo, hacerlo en vehículos que vayan directos a su punto de destino sin hacer paradas. La empresa ADO, por ejemplo, circula durante la noche sin efectuar ninguna parada

entre la Ciudad de México y Villahermosa; en los coches hay televisión, se facilitan mantas, almohadas, refrescos y café gratuitos, y disponen de unas amplias butacas reclinables. El precio del billete es mayor que el de un viaje en primera clase, pero quizás merezca la pena.

Adquirir los billetes

Hacer reservas puede resultar complicado. No se puede reservar una plaza por teléfono o adquirir un billete de ida y vuelta, ni es posible adquirir el billete a un destino determinado con la intención de apearse en algún punto intermedio para reanudar el viaje otro día. En temporada alta haga sus reservas con la suficiente antelación; durante las Navidades y en Semana Santa, los autobuses se llenan, por lo que deberá reservar plaza por lo menos con dos semanas de antelación. Si piensa hacer varias paradas, adquiera el billete al siguiente destino en cuanto se baje del autobús; de otro modo podría tener que quedarse en ese mismo lugar uno o dos días más de lo previsto.

Si viaja a México desde Estados Unidos, la empresa Greyhound podrá ocuparse de las reservas desde la frontera hasta la Ciudad de México. En el Distrito Federal, Greyhound tiene un despacho de venta de billetes en el paseo de la Reforma n.° 35, tel.: 5-592-3766. También puede hacer las reservas y adquirir los billetes en la estación de autobuses.

Estaciones de autobuses

En la mayoría de las ciudades no resulta difícil encontrar la estación de autobuses. En la Ciudad de México hay cuatro estaciones:
Terminal de Autobuses del Norte: Avenida de los Cien Metros 4907 (metro: Terminal de Autobuses del Norte). Salen los autobuses que cubren la zona norte del país, hasta más allá de Manzanillo, en la costa del Pacífico, o hasta mas allá de Poza Rica, en el golfo de México.
Terminal de Autobuses del Sur: Avenida Tasqueña 1320 (metro: Tasqueña). Salen autobuses que se

dirigen hacia el sur y el sudoeste de México, por ejemplo, Cuernavaca, Taxco, Acapulco y Zihuatanejo.
Terminal de Autobuses del Occidente: Avenida Sur 122, Colonia Tacubaya (metro: Observatorio). Todos los destinos al oeste de la capital.
Terminal de Autobuses de Pasajeros de Oriente (TAPO): Zaragoza 200 (metro: San Lázaro). Salen los autobuses hacia el este y el sudeste del país, incluida la península de Yucatán.

Todas estas estaciones se encuentran alejadas del centro urbano para evitar problemas de tráfico. Si toma un taxi para ir a una de ellas, es posible que el taxista pueda decirle cuál de las muchas empresas (*véase el recuadro*) que operan en la terminal se dirige a su destino.

Equipaje

El máximo es de 25 kilos en los autobuses de primera clase, pero no suelen ser muy estrictos. En los autobuses de segunda clase no existe ningún límite, aunque tendrá que cargarlo en el vehículo usted mismo. En estos autobuses también se permite el transporte de animales domésticos, lo que incluye cerdos y pollos en su último viaje, así como mascotas.

Empresas de autobuses

En México existen muchas empresas de autobuses, cada una de ellas con destinos diferentes. Telefonee a las oficinas de información para saber qué rutas ofrecen y de qué estación salen sus autobuses. Las siguientes son las principales empresas de primera clase del país:
ADO, tel.: 5-133 2424.
Enlaces Terrestres Nacionales (ETN), tel.: 5-273 0251.
Estrella Blanca, tel.: 5-729 0707
Estrella de Oro, tel.: 5-549 8520.
Estrella Roja, tel.: 5-522 0269.
Flecha Amarilla/Primera Plus, tel.: 5-587 5200.
Ómnibus Cristóbal Colón, tel.: 5-756 9926.

En tren

El tren era antes un buen modo de viajar por México, pero las compañías ferroviarias están en proceso de privatización y los servicios de pasajeros casi han desaparecido. Se limitan a cuatro itinerarios: Ciudad de México-Veracruz, Ciudad de México-Nuevo Laredo, Ciudad de México-Oaxaca y la ruta de Chihuahua al Pacífico. Sólo es recomendable esta última, que enlaza la ciudad de Chihuahua con Los Mochis, en la costa del Pacífico, a través de la famosa Barranca del Cobre, que es un viaje inolvidable.

En la Ciudad de México

Autobuses urbanos

Los autobuses urbanos suelen resultar convenientes en cualquier ciudad, y en la Ciudad de México son realmente recomendables. El precio del billete es bastante bajo, unos 20 centavos estadounidenses. Los autobuses y los microbuses circulan por todas las principales arterias de la ciudad, como Insurgentes y el Paseo de la Reforma. Existen otros autobuses que sólo circulan por la red de «ejes viales», por lo que resultan más eficaces, además de ser más cómodos y tener letreros más claros.

Metro

La Ciudad de México cuenta con una excelente red de metro que dirige el STC (Sistema de Transporte Colectivo, tel.: 5-709-1133). En la mayoría de las estaciones podrá hacerse con un plano gratuito del metro, aunque algo pequeño. Procure no tomar el metro en las horas punta y no lo utilice para ir al aeropuerto o la estación de autobuses cargado con todo su equipaje: no se permiten los bultos de gran tamaño, en particular en las horas de más público. Los billetes del metro son muy baratos; compre una tira de cinco cada vez.

Taxis

En la Ciudad de México existe una desconcertante variedad de taxis. Las tarifas no suelen ser muy altas, pero si piensa recorrer una distancia bastante larga, es aconsejable decirle al taxista el destino y preguntarle cuánto le costará antes de arrancar. Para hacerse una idea de los precios, consúltelo en su hotel.

Los taxis que esperan a la puerta de los hoteles suelen tener unos precios algo elevados para lo que es habitual en México. Los taxis de «sitio», los que estacionan en paradas especiales, por lo general en las esquinas de las calles, resultan algo más baratos que los de los hoteles. Es posible telefonearlos para que le vayan a buscar. En ciertos «sitios» o paradas de taxis se pueden hacer reservas, y algunos incluso funcionan las 24 horas del día, como por ejemplo Servitaxis (tel.: 5-516 6020).

Muchos de los taxis itinerantes son Volkswagen escarabajo y cuestan la mitad que los taxis de los hoteles. Los verdes (normalmente más limpios y en mejor estado) utilizan gasolina sin plomo. No obstante, este tipo de taxis tiene sus inconvenientes: resulta casi imposible conseguir uno si llueve y, debido a los muchos atracos que se producen en ellos, es aconsejable tomar taxis de hoteles o de sitio, sobre todo una vez que haya oscurecido. Fíjese siempre en la foto y la acreditación del conductor, que debe estar a la vista sobre el tablero del coche. Asegúrese, así mismo, de que el taxista ha puesto el taxímetro en marcha.

Los taxis más baratos son los «colectivos». Los llamados «peseros» sólo realizan trayectos predeterminados por las calles principales. Se trata de furgonetas Volkswagen, generalmente blancas con bandas de colores a los lados. Pueden viajar dos pasajeros en el asiento delantero y otros seis detrás, a veces más. Se le cobrará en función de la distancia recorrida. En los períodos vacacionales la gente se abalanza sobre los taxis colectivos en cuanto llegan a la parada; quizás prefiera tomar un taxi privado.

Si le apetece darse un paseo por la Ciudad de México, convenga una tarifa por hora con alguno de los taxistas; tenga en cuenta que es posible que algún tipo de taxi no oficial le salga más barato, pero no deje de preguntar, negociar y acordar un precio antes de ponerse en marcha.

Itinerarios turísticos

Existen numerosos itinerarios turísticos por la Ciudad de México. Llame al teléfono de información que funciona las 24 horas del día de la Oficina de Turismo de México (tel.: 5-250 0123; o al número gratuito para llamadas desde fuera del Distrito Federal 5-91 800 90 392) para obtener información actualizada. También puede ponerse en contacto con alguna de las empresas que organizan este tipo de visitas (*véase el recuadro de abajo*).

Agencias de viajes

American Express:
Paseo de la Reforma 234;
tel.: 207 6745.
Excursiones por México.
Grey Line:
Londres 166;
tel.: 208 1163.
Numerosas excursiones de un día desde la Ciudad de México.
Komex Tours:
Benjamin Hill 243, Col. Condesa;
tel.: 272 9913, fax: 272 0648.
Viajes por todo México, que van desde la observación de ballenas en Baja California hasta destinos en hoteles de playa.
Mundo Joven:
Insurgentes Sur 1510;
tel.: 661 3233, fax: 663 1556.
Especializada en viajes con descuento para estudiantes y profesores.
Turiste:
Reforma 19; tel.: 592 7661.
Excursiones no muy caras por México.
Viajes Americanos:
Reforma 87; tel.: 566 9179.
Viajes por todo México.

Conducción

Carreteras y normas de tráfico

Recorrer México en coche es una buena opción, puesto que la mayoría de las carreteras principales son excelentes, si bien los peajes pueden resultar bastante caros. Para saber qué documentos necesitará, consulte el apartado «Cómo llegar» de la página 344. También es relativamente sencillo alquilar un automóvil una vez allí.

Alquiler de coches

En la mayoría de las ciudades y centros turísticos hay agencias de alquiler de vehículos. Necesitará presentar una tarjeta de crédito de alguna entidad importante y un permiso de conducir en regla. En los períodos vacacionales, reserve el alquiler del automóvil con antelación. Las tarifas varían según el lugar y el tipo de vehículo, pero no son baratas y dejar el coche en otro lugar que no sea el mismo en que fue alquilado supone un gasto añadido. Todas las empresas más importantes, como Hertz, Avis y Budget, poseen delegaciones en México. Busque los números de teléfono en las páginas amarillas en «Automóviles – Renta de» o pídalos en el hotel.

Seguros

Si piensa alquilar un coche, lo más normal es que el seguro vaya incluido en el contrato, pero cerciórese de que cubre cualquier eventualidad. Si va usted en su propio coche, contrate una póliza de seguro mexicana antes de llegar. Podrá hacerlo por medio de su compañía de seguros o en la frontera. Contrate una póliza que cubra el tiempo máximo que planee quedarse en el país; si se va antes, podrá reclamar una devolución proporcional del dinero.

Un buen seguro es fundamental, porque las leyes mexicanas se basan en el Código Napoleónico –culpable hasta que se demuestre la inocencia–, por lo que, si sufre un accidente, tendrá que pagar los daños independientemente de la culpa. No obstante, tenga presente que el seguro de vehículos en México se invalida de forma automática si el conductor iba bajo los efectos del alcohol o las drogas.

Al abonar la póliza, o si alquila un automóvil, asegúrese de que tiene el nombre y dirección de los peritos de la compañía o de las oficinas de alquiler de las zonas que vaya a recorrer. Póngase en contacto con ellos inmediatamente si se ve involucrado en cualquier tipo de accidente.

Gasolineras

Cuando vaya a recorrer grandes distancias llene el depósito cada vez que se le presente la ocasión. La empresa Pemex es un monopolio petrolero del Gobierno. Hasta hace poco todas las gasolineras de México eran de su propiedad, pero ahora muchas de ellas son franquicias. Se vende gasolina con o sin plomo («premium» o «magna sin») y gasóleo. El precio no varía de una gasolinera a otra, pero fíjese en que el operario pone el surtidor a cero antes de llenar su depósito para no pagar de más. La mayoría de las gasolineras no aceptan tarjetas de crédito.

Consejos

Procure no conducir en México por la noche, porque no podrá ver bien los baches.

Al conducir por regiones montañosas –como Chiapas– debe saber que en los pueblos apartados existe una tendencia cada vez mayor a establecer sus propios «peajes» improvisados cruzando una cuerda en la carretera.

Servicios de reparaciones

Los Ángeles Verdes son mecánicos que patrullan en algunas de las principales autopistas en vehículos verdes y blancos equipados con radio. Están capacitados para administrar primeros auxilios, realizar pequeñas reparaciones en su automóvil o suministrarle combustible y aceite en caso de emergencia. Sólo tendrá que pagar por las piezas empleadas en la reparación y por el combustible y el aceite. Trabajan a diario entre las 8:00 y las 20:00 h; en una eventualidad de este tipo, sencillamente levante el capó y espere a que aparezcan.

Lleve siempre agua para el radiador, un gato y una rueda de repuesto (o dos en las regiones remotas, donde el firme esté en mal estado), bujías y cualquier otro tipo de repuesto que pueda ser necesario, incluso aunque no sepa hacer la reparación usted mismo. Puede contar con los Ángeles Verdes para la parte mecánica, pero no con que dispongan de las piezas específicas para su vehículo (y recuerde que lejos de las principales carreteras quizás tenga que hacer el trabajo usted solo).

En casi todos los pueblos de México habrá un taller mecánico, así como en las omnipresentes gasolineras de la Pemex. Conocen bien los modelos estadounidenses y algunos europeos, en particular Renault y Volkswagen.

Señales de tráfico

La mayoría de las señales de tráfico son internacionales, y en otras suele aparecer por escrito la norma o aviso en concreto.

Hoy no circula

Con el propósito de intentar frenar la contaminación, se ha establecido en la Ciudad de México un programa llamado «Hoy no circula», por el que se limita la circulación de los vehículos conforme al número

de la matrícula, lo cual también se aplica a los automóviles extranjeros y a la mayoría de los coches de alquiler. El plan prohíbe la circulación de vehículos cuyo número de matrícula termine en 5 y 6 los lunes; 7 y 8, los martes; 3 y 4, los miércoles; 1 y 2, los jueves; y 9 y 0, los viernes. Esta normativa se obliga a cumplir de forma estricta entre las 17:00 y las 22:00 h. Algunas fiestas oficiales se levantan las restricciones y pueden circular todos los coches.

Estacionamiento

Si aparca usted de forma ilegal, puede encontrarse con que, al regresar al vehículo, le falta la matrícula. Por lo general, el policía estará por las inmediaciones y podrá recuperarla ofreciéndole pagar una multa. Lo mismo sucede si comete alguna pequeña infracción, o con la grúa, si tiene la suerte de verla antes de que salga hacia el corralón (depósito de coches) con su coche.

En la Ciudad de México le pondrán un cepo si se pasa de tiempo en un aparcamiento limitado (se le paga la multa al policía, que nunca se encuentra demasiado lejos). Si va en coche al Distrito Federal, lo mejor para no cometer infracciones al estacionar es dejar el vehículo en el garaje del hotel; de todas formas es preferible no conducir por la ciudad.

Dónde alojarse

Hoteles

En México hay miles de hoteles que van desde fastuosas *suites* en enclaves de lujo hasta las pequeñas habitaciones de 70 pesos la noche. Las más baratas son ideales para quienes tengan un presupuesto limitado y mucho tiempo, pero suele ser muy difícil o imposible hacer reservas con antelación.

La mayor parte de los hoteles disponen de publicaciones locales con información sobre las actividades, los sitios de interés y los restaurantes de la zona.

Listado de hoteles

MÉXICO D.F.

Centro urbano

Casa de los Amigos
Ignacio Mariscal 132.
Tel.: 5-705 0646.
Acogedor albergue cerca del Monumento a la Revolución. Estancias de dos noches como mínimo y 15 como máximo. **$**

De Cortés Best Western
Avda. Hidalgo 85, detrás de la Alameda.
Tel.: 5-518 2182.
Un antiguo hospicio del siglo XVIII. Restaurante con patio. **$$**

Gillow
Isabel la Católica 17.
Tel.: 5-518 1440.
Un edificio del siglo XIX rehabilitado en 1997. Situado en un lugar muy céntrico. **$**

Howard Johnson Gran Hotel
16 Septiembre 82.
Tel.: 5-510 4040.
En una bocacalle del Zócalo, en el espléndido edificio de unos antiguos y suntuosos grandes almacenes, con ascensores dorados y unos techos soberbios. **$$–$$$**

Sevilla Palace
Reforma 105,
cerca de la estatua de Colón.
Tel.: 5-705 2800.
Piscina, sauna, restaurantes. **$$$**

Roma/Insurgentes Sur
La Casona
Durango 280.
Tel.: 5-286 3001.
Una mansión de principios
del siglo XX que ahora funciona
como hostal. **$$–$$$**
Roosevelt
Insurgentes Sur 287.
Tel.: 5-208 6813.
Un establecimiento modesto
de bajo presupuesto situado a unos
2 kilómetros de la Zona Rosa. **$**

Zona Rosa y Chapultepec
Camino Real
Mariano Escobedo 700.
Tel.: 5-203 2121.
Un enorme y moderno complejo
hotelero junto al parque
de Chapultepec. **$$$–$$$$**
Century
Liverpool 152.
Tel.: 5-726 9911.
Una alta torre plantada
al sur de la Zona Rosa. **$$$**
Four Seasons
Reforma 500.
Tel.: 5-230 1818.
Tel. en EE UU: 1-800-332 3442.
Lujoso, construido en torno
a un patio ajardinado. Restaurante,
bar, piscina, gimnasio. Una comida
estupenda. **$$$$**
María Christina
Río Lerma 31, Col. Cuauhtémoc.
Tel.: 5-703 1787.
Un hotel elegante en un palacete
con jardín. Restaurante, bar. **$$**
Marquís Reforma
Reforma 465.
Tel.: 5-211-3600.
Aposentos de lujo en un distinguido
edificio. Club de salud, sauna. **$$$$**

AGUASCALIENTES
Aguascalientes
Fiesta Americana
Paseo de los Laureles.
Tel.: 49-18 6010.
Próximo al parque de San Marcos
y el centro de convenciones.
El personal es muy amable. **$$$**

La Vid
Bulevar José Chávez 1305.
Tel.: 49-13 9150.
Económico hotel de 68 habitaciones.
Con restaurante y una piscina. **$**
Quinta Real
Avda. Aguascalientes Sur 601.
Tel.: 78-5818.
Lo más lujoso que encontrará
en Aguascalientes. **$$–$$$**

Precios orientativos

Los siguientes precios incluyen
el coste de una habitación doble
por noche en temporada alta.
$$$$ Más de 1 700 pesos
$$$ 850-1 700 pesos
$$ 500-850 pesos
$ Menos de 500 pesos

BAJA CALIFORNIA
Cabo San Lucas
Hotel Cabo San Lucas
PO Box. 48088,
Los Ángeles CA 90048.
Tel.: 114-3 3458.
Las fuentes y las estatuas salpican
los jardines de este hotel de las
afueras con playa privada,
instalaciones deportivas y su propia
pista de aterrizaje. **$$$–$$$$**
Mar de Cortés
Calles Guerrero y Cárdenas.
Tel.: 114-3 0232;
En el centro, cerca del puerto
deportivo. Piscina, restaurante, bar. **$**

Ensenada
La Pinta
En la autopista de Ensenada.
Tel.: 61-76 2601.
Organiza excursiones para observar
a las ballenas grises y visitas a las
minas de sal. **$$**

La Paz
La Concha Beach Resort
Ctra. a Pichilingue km 5.
Tel.: 112-1 6344.
Un buen establecimiento de playa
con un sinfín de actividades. **$$$**
La Posada de Engelbert
Avda. Reforma y Playa Sur
(a 10 min. por la carretera
del aeropuerto).
Tel.: 682-2 4011.
Con *suites* que miran a la playa
y un buen restaurante. **$$**

Perla
Paseo Obregón 1570.
Tel.: 682-2 0777.
Un lugar encantador
junto al malecón. **$$**

Loreto
Diamond
Bulevar Misión de Loreto.
Tel.: 113-3 0700.
Se trata de un establecimiento
con aspecto de hacienda y con
todas las comodidades. **$$$**
Misión de Loreto
Bulevar López Mateos 113.
Tel.: 113-5 0048.
En el paseo marítimo,
en un bonito edificio neocolonial. **$$**
Plaza
Hidalgo 2.
Tel.: 113-5 0280.
A una cuadra de la misión.
Habitaciones agradables en torno
a un pequeño patio central. **$**

Mexicali
Crowne Plaza
Bulevar López Mateos
y Avda. de los Héroes 201.
Tel.: 65-57 3600.
Un bonito edificio de pocos
pisos con restaurante, bar,
piscina y gimnasio. **$$**

Mulegé
Hacienda
Calle Madero 3.
Tel.: 115-3 0021.
Pequeño, cómodo y una excelente
relación calidad-precio. No se
aceptan tarjetas de crédito. **$**
Serenidad
Apdo. Postal 9, Mulegé.
Tel.: 115-3 0530.
Ubicado junto a la desembocadura
del río. Bonito y cómodo, con bar,
restaurante y piscina. Organiza
excursiones a las cuevas. **$–$$**

Rosarito
La Fonda
Km 59 de la autopista Tijuana-
Ensenada, en la confluencia
de las autopistas Libre y de Cuota.
Reservas: PO Box 430268,
San Ysidro, CA 92143.
Una hacienda junto al mar.
Apartamentos con cocina
para cuatro personas. **$$**

Rosarito Beach Hotel
Bulevar Benito Juárez 31.
Tel.: 661-2 1106.
Un establecimiento legendario, con piscinas, restaurante, balneario, canchas de tenis y tiendas. **$$**

San Felipe
Las Misiones
Avda. Misión de Loreto 148.
Tel.: 657-7 1280.
En la playa, con restaurante, bar, piscina y canchas de tenis. **$$**
Las Palmas
Mar Báltico.
Tel.: 657-7 1333.
Un hotel de 45 habitaciones, con piscina, restaurante y canchas de tenis. **$**

San Ignacio
La Pinta
Tel.: 115-4 0300.
Un hotel céntrico de estilo colonial, con piscina y restaurante. **$$**

San José del Cabo
Howard Johnson Plaza Suites
Paseo Finisterra 1.
Tel.: 114-2 0999.
Una arquitectura inconfundible, con piscina y jardines tropicales. Restaurante, gimnasio. **$$**
Presidente Inter-Continental
Bulevar Mijares.
Tel.: 114-2 0211.
Un establecimiento con todas las comodidades, situado en una solitaria playa próxima a la laguna. **$$$$**
Tropicana Inn
Bulevar Mijares 30.
Tel.: 114-2 1580.
Este hotel dispone de una piscina, una fuente, un loro y un encantador restaurante en un patio. **$$**
Westin Regina Resort
Autopista Transpeninsular, km 22,5.
Tel.: 114-2 9000.
Un magnífico establecimiento de lujo con restaurante, bar, piscina y canchas de tenis. **$$$$**

San Quintín
La Pinta
Playa Santa María.
Tel.: 61-76 2601, en Ensenada.
Un encantador hotel a pie de playa. Restaurante. **$$**

Santa Rosalía
Hotel del Real
Avda. Manuel F. Montoya, en el paseo marítimo. Tel.: 115-2 0068.
Un cautivador edificio de madera con terraza, restaurante y un teléfono para conferencias. **$**
Hotel Francés
Calle 11 de Julio.
Tel.: 115-2 0829. En lo alto del cerro, cerca de las oficinas mineras en el extremo norte de la ciudad. **$$**

Tecate
Hacienda Santa Verforni
Autopista 2, a 4 kilómetros al este de Tecate.
Tel.: 619-298 4105; gratuito: 1-800-522 1516.
Ofrece un gran número de actividades, entre ellas una pista de carreras de motos, si bien el hotel está en una zona tranquila. **$$**
Rancho La Puerta
Autopista 2, a 5 kilómetros al oeste de Tecate.
Tel.: 619-744 4222; gratuito: 1-800-443 7565.
Un lujoso establecimiento y balneario de salud con restaurante, piscina, masajes y canchas de tenis. Estancia mínima de siete días. **$$$$**

Tijuana
Camino Real
Paseo de los Héroes 10305.
Tel.: 66-33 4000.
Un hotel de lujo con 250 habitaciones, varios restaurantes y bares, y un gimnasio. **$$$**
Grand Hotel Tijuana
Bulevar Agua Caliente 4558.
Tel.: 66-81 7000.
Un moderno rascacielos con 422 habitaciones y *suites*. Restaurante, discoteca, piscina, canchas de tenis, gimnasio, balneario y salas de cine. **$$–$$$**
Lucerna
Avda. Rodríguez y Paseo de los Héroes.
Tel.: 66-34 2000.
Situado cerca del río, alejado de las multitudes. Restaurante, una bonita cafetería, piscina, canchas de tenis. **$$**

CAMPECHE
Campeche
Hotel América
Calle 10 n.° 252.
Tel.: 981-6 4588.
Una casa colonial rehabilitada en el centro de la ciudad, con las habitaciones distribuidas en torno a un patio. **$**
Ramada
Avda. Ruíz Cortines 51.
Tel.: 987-6 2233.
El hotel de lujo de la ciudad en el paseo marítimo ha sido remozado. Piscina, restaurante. El precio incluye el desayuno. **$$**

CHIAPAS
Ocosingo
Central
En la plaza.
Tel.: 967-3 0024.
Una docena de habitaciones sencillas con baño, además de un restaurante con terraza. **$**

Palenque
Chan-Kah Centro
Juárez 2, en la Plaza Mayor.
Tel.: 934-5 0318.
Un pequeño y acogedor hotel con un restaurante. **$**
Plaza Palenque Best Western
Bulevar Pakal.
Tel.: 934-5 0555.
Un moderno y cómodo hotel a la entrada de la ciudad. Restaurante, piscina. Transporte gratuito a los yacimientos arqueológicos. **$$**

San Cristóbal de las Casas
Casa Mexicana
28 de Agosto n.° 1.
Tel.: 657-8 0698.
Un pequeño hotel de estilo colonial en el centro. Restaurante, balneario, canchas de tenis. **$–$$**
Ciudad Real Teatro
Diagonal Centenario 32.
Tel.: 657-8 0187.
Un precioso edificio colonial con un restaurante en el patio y habitaciones muy cómodas. **$**
Flamboyant Español
Calle 1 de Marzo 15.
Tel.: 657-8 0726.
Un edificio colonial con restaurante y patios interiores. **$$**

Tuxtla Gutiérrez
Camino Real
Bulevar Belisario Domínguez 1195.
Tel.: 961-7 7777.
Un moderno hotel en lo alto de una colina, rodeado por unos jardines preciosos. Restaurante, bar, piscina, canchas de tenis. **$$**
Flamboyant
Bulevar Belisario Domínguez km 1081. Tel.: 961-5 0888.
Situado a 4 kilómetros al oeste de la ciudad con varios restaurantes, bar, disco, canchas de tenis y agencia de alquiler de coches. **$$**

CHIHUAHUA
Barranca del Cobre
Mansión Tarahumara
Estación de Posada Barrancas.
Tel.: 14-15 4721, en Chihuahua.
Quince cabañas en el corazón de la Barranca del Cobre con un restaurante y un bar. La gerente, María Barriga, es muy amable y culta. Se permite aparcar a los vehículos de recreo. **$$$**
Margaritas
Creel.
Tel.: 145-6 0245.
Veintiséis cabañas; el precio incluye el desayuno y la comida. **$**
Posada Barrancas Rancho
Estación de ferrocarril de Posada Barrancas. Puede hacer las reservas en Los Mochis, Sinaloa.
Tel.: 68-18 7046.
Posada con 36 habitaciones con chimenea; restaurante y bar. **$$**
Riverside Lodge
Batopilas.
Tel. en EE UU: 1-800-776 3942.
Una hacienda del siglo XIX restaurada en el corazón de la Barranca del Cobre. Catorce habitaciones y comedor. **$$$$**

Chihuahua
Camino Real
Barranca del Cobre 3211.
Tel.: 14-29 4000.
Un hermoso hotel a unos 15 minutos del centro urbano. **$$$**
Holiday Inn Hotel & Suites
Escudero 702.
Tel.: 14 3350.
Cocinas totalmente equipadas en *suites*, con piscina, *jacuzzi*, baños de vapor y canchas de tenis. **$$**

Ciudad Juárez
Plaza Juárez
Avda. Lincoln y Coyoacán.
Tel.: 16-13 1310.
Hotel de estilo colonial con restaurante, bar y piscina. **$$**

Ciudad Valles
Hotel Valles
Bulevar México-Laredo 36 Norte.
Tel.: 138-2 0050.
Rodeado por unos bonitos jardines, con piscina y área infantil. **$**

COAHUILA
Saltillo
Camino Real
Bulevar Los Fundadores 2000.
Tel.: 84-30 0000.
Un excelente motel con 140 habitaciones en lo alto de un otero, junto a la autopista 57, al sudeste de la ciudad. Piscina, restaurante, bar, canchas de tenis y un campo de golf en miniatura. **$$**
Rancho El Morillo
Prolongación Obregón y Echeverría.
Tel.: 84-17 4078.
Una concurrida casa de huéspedes a 3 kilómetros al sudoeste de la ciudad. Se trata de una vieja hacienda rodeada por unos hermosos jardines. Piscina, canchas de tenis, caballos. **$$**

COLIMA
Manzanillo
La Posada
Lázaro Cárdenas 201, península de Las Brisas.
Tel.: 333-3 1899.
Un cordial establecimiento con muy buena reputación.
Piscina, cafetería. **$$**
Las Hadas Resort
Avda. de los Riscos y Vista Hermosa.
Tel.: 333-4 0000.
En un paraje maravilloso junto al mar. Restaurantes, piscinas, canchas de tenis, campo de golf. **$$$$**
María Cristina
Calle 28 de Agosto n.º 36.
Tel.: 333-3 0966.
Un motel a poca distancia de la playa. Las 21 habitaciones disponen de TV y dos tienen aire acondicionado. Piscina. **$**

ESTADO DE MÉXICO
Ixtapan de la Sal
Bungalows Lolita
Bulevar Arturo San Román 33.
Tel.: 714-3 0016.
A una cuadra de los baños públicos y del parque acuático. Buena relación calidad-precio. **$**
Hotel Ixtapan
Plaza San Gaspar.
Tel.: 714-3 0125.
Un balneario rodeado de preciosos jardines que ofrece baños en agua mineral, club de salud, piscinas, canchas de tenis y restaurante. **$$$**

Toluca
Quinta del Rey
Paseo Tollocán km 5.
Tel.: 5-11 8777.
Un edificio de estilo colonial con 66 habitaciones. **$$–$$$**

GUANAJUATO
Celaya
Hotel Celaya Plaza
Bulevar López Mateos Pte.
Tel.: 461-4 6677.
Restaurante, piscina, canchas de tenis. **$$**

Guanajuato
La Casa de Espíritus Alegres
Ex-Hacienda de la Trinidad 1, Marfil.
Tel.: 473-3 1013.
Una pareja de artistas han convertido una mansión del siglo XVIII en un agradable hostal. **$$**
Las Embajadoras
Parque Embajadoras.
Tel.: 473-2 0081.
Con 27 unidades independientes en torno a un patio. Buen restaurante. **$**

León
Comanjilla Termas
Ctra. Panamericana 385.
Tel.: 12 0091.
Un apacible balneario. **$$**

San Miguel de Allende
Aristos
Calle del Cardo 2.
Tel.: 465-2 0149.
Junto al Instituto Allende, la escuela de arte de San Miguel. Dispone de 60 unidades independientes y bungalós enclavados en un jardín. **$**

Casa de Sierra Nevada
Hospicio 35.
Tel.: 485-2-0415.
50 unidades independientes,
distribuidas entre varias mansiones
coloniales; el personal es muy
educado y amable; dispone
de un buen restaurante, piscina
y balneario. **$$$**

La Puertecita
Santo Domingo 75.
Tel.: 465-2 2250.
Un encantador y pequeño hotel en
lo alto de una colina, bellamente
amueblado y con unas vistas
maravillosas. A 25 minutos del
centro de la ciudad. 25 *suites* (dos
con *jacuzzi*). Piscina, jardín, un buen
restaurante, salón de baile. **$$$**

Rancho El Atascadero
Prolongación Santo Domingo.
Tel.: 465-2 0206.
Una antigua hacienda rehabilitada;
51 unidades independientes
ubicadas en un amplio recinto
a unos 2 kilómetros al este
de la ciudad. **$–$$**

GUERRERO

Acapulco

Acapulco Princess
Playa Revolcadero, Acapulco
Diamante.
Tel.: 74-69 1000.
El hotel más grande de Acapulco,
con dos campos de golf de
18 hoyos, siete canchas de tenis
y cinco piscinas. **$$$$**

Boca Chica
Playa Caletilla.
Tel.: 74-66 1010.
Un pequeño hotel situado
en una cala privada, con piscina,
restaurante y club de playa. **$–$$**

Elcano
Costera Miguel Alemán 75.
Tel.: 74-84 1950.
Cruzando el campo de golf
municipal; un favorito de siempre
totalmente renovado, con una
bonita piscina y playa. **$$$**

Los Flamingos
Calle López Mateos.
Tel.: 74-82 0690.
Casi un edificio histórico, el lugar de
descanso preferido por las estrellas
de Hollywood en la década de los
cincuenta. Unas vistas soberbias,
restaurante y piscina. **$–$$**

Misión
Calle Felipe Valle 12.
Tel.: 74-82 3643.
Un agradable hotel de bajo
presupuesto en el centro urbano.
No tiene aire acondicionado,
pero sí ventiladores de techo
y agua caliente. No se aceptan
tarjetas de crédito. **$**

Vidafel Mayan Palace
Playa Revolcadero 39000.
Tel.: 74-69 0201.
Una asombrosa arquitectura
de corte maya con techos de paja
y pabellones de cristal. Un enorme
complejo hotelero provisto
de un campo de golf de 18 hoyos,
12 canchas de tenis y posibilidad
de televisión por cable. **$$$**

Precios orientativos

Los siguientes precios incluyen
el coste de una habitación doble
por noche en temporada alta.

$$$$	Más de 1 700 pesos
$$$	850-1 700 pesos
$$	500-850 pesos
$	Menos de 500 pesos

Westin Las Brisas
Ctra. Escénica 5255.
Tel.: 74-84 1580.
Unas retiradas casitas emplazadas
en una ladera, con piscinas
individuales o compartidas.
El servicio es magnífico.
Restaurantes, canchas de tenis,
club de playa. **$$$$**

Ixtapa/Zihuatanejo

Casa Elvira
Paseo del Pescador 8.
Tel.: 755-4 2061.
Desde siempre un favorito
de Zihuatanejo. **$**

Ixtapa Sheraton
Paseo de Ixtapa, Zona Hotelera.
Tel.: 755-3 1858.
Un altísimo atrio con
ascensores de cristal.
Cerca del campo de golf
de Ixtapa. **$$$$**

Villa del Lago
Junto al campo de golf.
Tel.: 755-3 1482.
Un hostal en una lujosa villa
de estilo colonial con piscina. **$$$**

Villa del Sol
Playa La Ropa, Villas Miramar,
Playa Madera, Zihuatanejo.
Tel.: 755-4 2106.
Un pequeño hotel de estilo colonial,
frecuentado por turistas avezados;
haga las reservas con mucha
antelación. **$$**

Taxco

Agua Escondido
Guillermo Spratling 4.
Tel.: 762-2 1166.
Muy céntrico. **$**

Monte Taxco
Lomas de Taxco.
Tel.: 762-2 1300.
Situado sobre la ciudad,
se puede llegar a él en funicular.
Restaurantes, bar, discoteca,
piscina. **$$**

Posada de la Misión
Cerro de la Misión 32.
Tel.: 762-2 0063.
En este hotel se encuentra el
famoso mural de O'Gorman. Con
piscina y un restaurante excelente.
El precio incluye el desayuno. **$$**

Posada San Javier
Ex-rastro 4.
Tel.: 762-2 3177.
Muy apartado, con un jardín
y una piscina preciosos. **$**

JALISCO

Chapala

La Nueva Posada
Donato Guerra 9.
Tel.: 376-6 1344.
16 espaciosas *suites* en
una posada de corte colonial
frente al lago. Con piscina
y un restaurante excelente. **$$–$$$**

Quinta Quetzalcóatl
Zaragoza 307.
Tel.: 376-5 3653.
Un lujoso hostal de 8 *suites*,
donde D. H. Lawrence escribió
La serpiente emplumada. **$$**

Costa Alegre

Aldea El Tamarindo
Ctra. Melaque-Puerto Vallarta,
km 7,5, Cihuatlán.
Tel.: 335-1 5032.
Un precioso complejo de lujo con
14 villas de estilo rústico mirando
al mar y un campo de golf de
18 hoyos. **$$$$**

Guadalajara
Aranzazú
Avda. Revolución y Degollado.
Tel.: 3-613 3232.
Un hotel comercial con un personal
muy amable. Posee 500 unidades
independientes y una discoteca y un
restaurante muy concurridos. **$$**
Hotel Francés
Maestranza 35.
Tel.: 3-613 1190, fax: 3-658 2831.
Un hermoso edificio colonial en el
centro de la ciudad. Restaurante,
bar y un ambiente agradable. **$$**
Presidente Inter-Continental
López Mateos Sur y Moctezuma.
Tel.: 678-1234.
Una pirámide de cristal de 14 pisos
con un espacioso atrio y unas
instalaciones asombrosas. **$$$**

Puerto Vallarta
Camino Real
Playa Las Estacas.
Tel.: 322-1 5000.
Un retirado complejo hotelero en
una de las playas más bonitas de
Vallarta. Restaurante, bar, piscina,
canchas de tenis. **$$$**
Costa Azul Adventure Resort
A 48 kilómetros al norte de Puerto
Vallarta, en San Francisco (conocido
cariñosamente como San Panchito),
Nayarit.
Tel.: 322-2-0450.
Un complejo hotelero respetuoso
con el medio ambiente; ofrece la
posibilidad de practicar deportes
acuáticos, el senderismo y dar
paseos en bicicleta o a caballo.
$$–$$$
Los Cuatro Vientos
Matamoros 520.
Tel.: 322-2-0161.
Un agradable albergue situado en el
centro de la ciudad, en lo alto de
una cuesta muy empinada.
Restaurante y bar. El precio incluye
el desayuno. **$**
Marriott Casa Magna
Paseo de la Marina 5, en Marina
Vallarta.
Tel.: 322-1 0004.
Un edificio frente al mar con 433
habitaciones y *suites*, varios
restaurantes excelentes y un buen
servicio. Piscina, canchas de tenis,
gimnasio y actividades infantiles.
$$$$

Quinta María Cortez
Calle Sagitario 132.
Tel.: 322-5 2322.
Un excéntrico hotel repleto de
antigüedades, objetos interesantes
y cuadros. Los baños son
magníficos; piscina. El precio
incluye el desayuno. **$$**

MICHOACÁN
Morelia
Posada Vista Bella
Santa María.
Tel.: 43-14 0284.
Motel con apartamentos y
habitaciones, piscina, restaurante
y unas vistas magníficas. **$**
Villa Montaña
Patzimba.
Tel.: 43-14 0231.
En las afueras de la ciudad.
40 unidades independientes, todas
ellas con una decoración exclusiva.
No se admiten niños menores
de 8 años. **$$$**
Virrey de Mendoza
Portal de Matamoros 16.
Tel.: 43-12 0633.
El primer piso se remonta
al siglo XVI. En un sitio perfecto:
en la plaza mayor; restaurante. **$$**

Pátzcuaro
Hostería San Felipe
Lázaro Cárdenas 321.
Tel.: 434-2 1298.
Una posada de estilo colonial
con un restaurante. Todas las
habitaciones tienen chimenea. **$–$$**
Los Escudos
Portal Hidalgo 73.
Tel.: 434-2 0138.
La residencia del siglo XVI del conde
de la Loma es ahora un encantador
hotel con un buen restaurante. **$$**
Mesón del Gallo
Dr. José María Coss 20.
Tel.: 434-2 1474.
25 pequeñas habitaciones bien
atendidas, restaurante y piscina. **$**

Zitácuaro
Rancho Motel San Cayetano
Ctra. Zitácuaro - Huetamo, km 3,5.
Tel.: 715-3 1929.
Un hotel de nueve habitaciones
con piscina; muy cerca de la zona
donde se concentran las mariposas
monarca. **$$**

MORELOS
Cuernavaca
Camino Real Sumiya.
Tel.: 73-20 9199.
La antigua propiedad de Barbara
Hutton, la heredera de la cadena
de tiendas Woolworth's, es donde
está ubicado este suntuoso hotel,
que aún guarda su valiosa colección
de arte y muebles orientales.
163 habitaciones en un conjunto
de módulos de cuatro pisos
comunicados por corredores
cubiertos. **$$$–$$$$**
Las Mañanitas
Ricardo Linares 107.
Tel.: 73-14 1446.
Una lujosa mansión remozada con
una piscina, una fuente y pavos
reales. Restaurante y bar. **$$$-$$$$**
Papagayo
Motolinía 3.
Tel.: 73-14 1711.
A tres cuadras de la catedral
y a muy buen precio. **$**
Posada María Cristina
Juárez 300.
Tel.: 73-18 5767.
Ubicado en una hermosa propiedad
con unos exuberantes jardines,
un bonito comedor y una piscina.
El precio incluye el desayuno. **$$**

Tepoztlán
Posada del Tepozteco
Paraíso 3.
Tel.: 739-5 0010.
Un agradable hotel de estilo
rústico situado en un monte
sobre la ciudad. **$–$$**

NAYARIT
Bucerías
Royal Decameron
Lázaro Cárdenas 150.
Tel.: 329-8 0226.
Un hotel de estilo colonial con todas
las comodidades. **$$–$$$**

Nuevo Vallarta
Diamond Resort
Flamingos Nayarta Golf
Development.
Tel.: 329-7 0400.
Un hotel de lujo situado en la
bahía de Banderas. Dispone de
un restaurante, un bar, canchas
de tenis y un club infantil. **$$$$**

Sierra Nuevo Vallarta
Paseo de los Cocoteros 19.
Tel.: 329-7 1300.
Un hotel con todas las comodidades
a pie de playa, a unos minutos de
Puerto Vallarta. **$$$–$$$$**

Rincón de Guayabitos
Los Cocos
Retorno Las Palmas.
Tel.: 327-4 0190.
Un complejo hotelero, con todas las
comodidades, que mira al mar. **$$**

San Blas
Bucanero
Juárez 75.
Tel.: 328-5 0101.
A unas diez cuadras de distancia
de la playa; un buen hotel barato
en el centro urbano con piscina,
discoteca, piscina y sala de
billares. **$**
Garza Canela
Paredes Sur.
Tel.: 328-5 0112.
Antes se llamaba Las Brisas;
todavía es el establecimiento
más agradable de la ciudad.
42 habitaciones con aire
acondicionado y una piscina.
El desayuno está incluido. **$$**

NUEVO LEÓN
Monterrey
Colonial
Hidalgo 475.
Tel.: 8-343 6791.
Un céntrico hotel de seis pisos con
100 habitaciones, frente al Ancira.
Precios razonables pero a veces
resulta un poco ruidoso. **$$**
El Paso Autel
Zaragoza 130 Nte.
Tel.: 8-340 060.
Un buen hotel de tres pisos
con aire acondicionado
y aparcamiento, situado
a sólo 10 cuadras al norte
del distrito financiero. **$$**
Gran Hotel Ancira
Ocampo 440 Ote.
Tel.: 8-345 1060.
El hotel más famoso de Monterrey:
en 1913 Pancho Villa guardó su
caballo en el vestíbulo. Un elegante
edificio de cinco pisos con
240 habitaciones, varios
restaurantes, bar y piscina. **$$$**

Quinta Real
Diego Rivera 500.
Tel.: 8-368 1000.
Un precioso edificio situado
en el barrio de Garza García.
Restaurante, bar, balneario. **$$$$**
Santa Rosa Suites
Escobedo 930 Sur.
Tel.: 8-342 4200.
Unas bonitas y elegantes *suites*
con nevera, sofá, etc. **$$$**

OAXACA
Huatulco
Casa del Mar
Balcones de Tangolunda 13.
Tel.: 958-1 0203.
Unas preciosas *suites* al borde de
un acantilado. Unas escaleras
conducen a la playa. **$$$**
Villablanca
Bulevar Benito Juárez y Zapoteco.
Tel.: 958-7 0606.
Un hotel de estilo colonial con
restaurante, bar y piscina. **$$**
Zaachilá Resort
Playa Rincón Sabroso,
bahía de Tangolunda.
Tel.: 958-1 0460.
Un complejo hotelero fantástico
con todas las comodidades. **$$$$**

Precios orientativos
Los siguientes precios incluyen
el coste de una habitación doble
por noche en temporada alta.
$$$$ Más de 1 700 pesos
$$$ 850-1 700 pesos
$$ 500-850 pesos
$ Menos de 500 pesos

Oaxaca
Camino Real Oaxaca
5 de Mayo 300, al norte del Zócalo.
Tel.: 951-6 0611.
Un antiguo convento del
siglo XVI con claustros
y un patio, actualmente declarado
patrimonio nacional. **$$$$**
Fiesta Inn
Avda. Universidad 140.
Tel.: 951-6 1122.
Un acogedor hotel bien
administrado y situado en las
afueras de la ciudad, con un buen
restaurante y una bonita piscina.
Ofrece transporte gratuito
al centro urbano. **$$–$$$**

Hacienda de la Noria
La Costa 100.
Tel.: 951-4 7555.
Bien regentado, a unos 15 minutos
a pie de la Plaza Mayor, con
restaurante y piscina. El más
céntrico Hostal de la Noria
(tel.: 951-4 7844), ubicado
en un edificio colonial a una
cuadra de la Plaza Mayor, dispone
de un buen restaurante. **$–$$**
Parador Plaza
Murguía 104.
Tel.: 951-4 2027.
Un seductor hotel de estilo colonial
construido en torno a un patio,
a 3 cuadras de la Plaza Mayor. **$**

Puerto Escondido
Aldea del Bazar
Avda. Benito Juárez.
Tel.: 958-2 0508.
Emplazado en lo alto de un peñasco
sobre la playa de Bacocho.
Cómodas habitaciones de corte
precolombino, con sauna de
eucalipto y masajes, restaurante,
bar y piscina. Comunicado con la
playa por una rampa. **$$$**
Arco Iris
Calle del Morro.
Tel.: 958-2 0432.
Habitaciones limpias y sencillas,
algunas con cocina. Tiene una gran
piscina y un restaurante. **$**
Santa Fe
Calle del Morro.
Tel.: 958-2 0170.
Un encantador hotel en la playa
de Zicatela. Cada habitación es
distinta. Dispone de un restaurante
excelente, especializado en marisco
y recetas vegetarianas. **$$**

PUEBLA
Puebla
Camino Real
7 Pte. n.° 105.
Tel.: 22-29 0909.
A dos cuadras del zócalo, en un
convento rehabilitado del siglo XVI;
las habitaciones están decoradas
con antigüedades y obras de arte
originales del virreinato. **$$$**
Mesón Sacristía de la Compañía
6 Sur n.° 304, centro urbano.
Tel.: 22-32 4513.
Una maravillosa hostelería colonial
con un restaurante. **$$–$$$**

Posada San Pedro
3 Ote. n.º 202, centro urbano.
Tel.: 22-46 5077.
Un hotel de estilo colonial
con restaurante y bar. **$**

QUERÉTARO
Querétaro
Hacienda Yextho
Ctra. Las Adelitas-La Rosa,
km 20,5, Tecozautla,
en el vecino estado de Hidalgo.
Tel.: 5-550-8656,
en la Ciudad de México.
25 *suites* en una antigua
hacienda. Restaurante,
piscina de aguas termales,
paseos a caballo, *jacuzzi*. **$$**
La Casa de la Marquesa
Madero 41.
Tel.: 42-12 0092.
Un hotel de lujo único, ubicado
en un palacete del siglo XVIII. **$$$**
La Mansión Galindo
Ctra. a Amealco, km 5.
Tel.: 427-5-0250 (San Juan del Río).
Un extenso aunque agradable
complejo hotelero. 166 habitaciones
y *suites*, varios restaurantes,
piscinas y canchas de tenis. **$$–$$$**
Sol y Fiesta
H. Colegio Militar 4, Tequisquiapan.
Tel.: 427-3-1504.
Un pequeño hotel con 19 unidades
independientes, *jacuzzi*, piscina,
fuentes termales y restaurante. **$**

QUINTANA ROO
Akumal
Club Oasis Akumal
Ctra. Chetumal Puerto Juárez,
km 251.
Tel.: 987-3 0843.
Antaño era un coto privado de pesca
instaurado por el difunto Pablo Bush
Romero, amigo y socio de
Jacques Cousteau; en la actualidad
es un lujoso hotel con todas las
comodidades. Restaurante, piscina,
canchas de tenis y playa. **$$$**

Cancún
Antillano
Avda. Tulum y Claveles.
Tel.: 98-84 1532.
Uno de los más viejos
y también uno de los mejores
hoteles económicos, situado
en el centro urbano. **$$**

Camino Real Cancún
Bulevar Kukulcán, Punta Cancún.
Tel.: 98-83 0100.
Rodeado por el mar en tres de
sus lados, este hotel hace gala de
una arquitectura espectacular. **$$$**
Casa Turquesa
Bulevar Kukulcán, km 13,5.
Tel.: 98-85 2924.
Una pequeña residencia muy
elegante y exclusiva; un
establecimiento favorito entre las
personalidades. **$$$$**
Fiesta Americana Coral Beach
Bulevar Kukulcán.
Tel.: 98-83 2900.
Un deslumbrante complejo hotelero
en el que todo son *suites* provistas
de todas las comodidades. **$$$$**
Ritz-Carlton Cancún
Retorno del Rey 36, Zona Hotelera.
Tel.: 98-85 0808.
Las tradicionales elegancia
y distinción europeas de los Ritz-
Carlton. De ambiente íntimo. **$$$$**
Tankah
Avda. Tankah 69, Ciudad de Cancún.
Tel.: 98-84 4446.
Una sencilla residencia en
el centro urbano a buen precio. **$**
Tropical Inn
Avda. Yaxchilán 31.
Tel.: 98-84 3078.
Un hotel bien atendido con
las habitaciones dispuestas
en torno a un bonito patio. **$$**
Villa Deportiva Juvenil
(Albergue juvenil), Bulevar Kukulcán
km 3,2, Zona Hotelera.
Tel.: 98-83 1337.
Alojamiento económico en
la exclusiva zona hotelera,
en dormitorios comunes
separados por sexos. **$**

Chetumal
Holiday Inn
Avda. Héroes 171-A.
Tel.: 983-2 1607.
Un moderno hotel céntrico con
restaurante, bar y piscina. **$$**

Cobá
Villa Arqueológica
Zona Arqueológica.
Tel.: 987-4 2087.
Emplazado el borde del yacimiento
arqueológico; se trata de una villa
con 40 habitaciones. **$$**

Cozumel
Casa del Mar
Ctra. a Chankanaab, km 4.
Tel.: 987-2 1900.
Un magnífico bar en el agua
en medio de la piscina y una
tienda de submarinismo en
el mismo edificio, en la que
se venden equipos de primera
calidad, y un muelle particular.
$$–$$$
Galápago Inn
Ctra. a Chankanaab, km 1,5.
Tel.: 987-2 1133.
Un personal experto hace
que éste sea un lugar predilecto
entre los aficionados al buceo. **$$$**
Meliá Mayan Paradisus
Ctra. Santa Pilar, km 3,5.
Tel.: 987-2 0411.
En un paraje apartado junto
a una larguísima playa; con
un vestíbulo y unas habitaciones
de lujo, todas ellas con vistas
al mar. **$$$$**
Safari Inn
Avda. Rafael Melgar, entre
las calles 5 y 7 Sur, San Miguel.
Tel.: 987-2 0101.
Una opción económica con
habitaciones acogedoras y tiendas
de submarinismo al lado, que
además alquila equipos de buceo. **$**
Tamarindo Bed & Breakfast
Calle 4 Norte 421.
Tel.: 987-2 3614.
Céntrico, sencillo, alegre,
amistoso y muy cómodo. **$$**

Isla Mujeres
Na-Balam
Zazil-Ha 118.
Tel.: 987-7 0279.
En un sitio tranquilo con
12 *suites* con vistas al mar.
Restaurante, bar, piscina. **$$$**
Hotel Martínez
Madero 14.
Tel.: 987-7 0154
Habitaciones sencillas con
ventiladores en este pequeño hotel,
algo más viejo que el anterior. **$**
Perla del Caribe
Avda. Madero 2.
Tel.: 987-7 0444.
Este céntrico hotel dispone
de cómodas habitaciones
con aire acondicionado, cada una
de ellas con su propio balcón. **$$**

Playa del Carmen
La Posada del Capitán Lafitte
Ctra. Puerto Juárez-Tulum, km 62.
Tel.: 987-3 214.
Un grupo de cabañas con aire acondicionado o ventiladores de techo, junto a una hermosa playa. El desayuno, la comida y las propinas ya están incluidas. **$$$–$$$$**
Maroma
A 30 minutos al sur del aeropuerto de Cancún.
Tel.: 987-4 4729.
Un complejo hotelero de lujo situado en un tranquilo paraje. El precio incluye el desayuno. **$$$$**

Puerto Aventuras
Continental Plaza
Caleta Xel-ha y Privada Xel-ha.
Tel.: 98-73 5133.
Un pequeño hotel junto al puerto deportivo de un complejo hotelero con campo de golf; a 5 minutos de la playa. **$$$**
Oasis
Ctra. Chet - Puerto Juárez, km 269.
Tel.: 98-3 5050.
Un complejo hotelero con todas las comodidades, en la playa. **$$$$**

Tulum
Cabañas Ana y José
En un camino de tierra que sale de la autopista 307, entre la entrada a las ruinas y la ciudad.
Tel.: 98-80 6021.
Un agradable refugio lindante con la Reserva de la Biosfera Sian Ka'an. Tiene un buen restaurante. La electricidad sólo funciona entre las 17:00 y las 22:00 h. No se aceptan tarjetas de crédito. **$**

SAN LUIS POTOSÍ
San Luis Potosí
Fiesta Inn
Ctra. 57, Zona Hotelera.
Tel.: 48-22-1995.
Cómodas habitaciones situadas en torno a una gran piscina central. **$$**
Westin San Luis Potosí
Lomas 1000.
Tel.: 48-25-0125.
Un edificio de estilo colonial bellamente decorado con antigüedades y auténticas obras de arte. Piscina, *jacuzzi*, restaurante, bar. **$$$**

Precios orientativos
Los siguientes precios incluyen el coste de una habitación doble por noche en temporada alta.
$$$$	Más de 1 700 pesos
$$$	850-1 700 pesos
$$	500-850 pesos
$	Menos de 500 pesos

SINALOA
Los Mochis
Plaza Inn
Leyva y Cárdenas.
Tel.: 69-18 1043.
Un céntrico y moderno hotel con aire acondicionado; restaurante, bar, piscina y discoteca. **$$**

Mazatlán
El Cid
Avda. Camarón Sábalo.
Tel.: 69-13 333.
Un hotel de 1 310 habitaciones a pie de playa, con restaurantes, bares, canchas de tenis y ocho piscinas. **$$–$$$**
Hacienda Las Moras
Reservas: Avda. Camarón Sábalo 204-206.
Tel.: 69-16 5045, en Mazatlán.
Una antigua hacienda de tequila del siglo XIX al pie de las montañas de la Sierra Madre, a 48 kilómetros hacia el interior desde Mazatlán. Renovado con muebles y obras de arte auténticos. Más de 1 200 hectáreas. No hay televisores, ni relojes, ni teléfonos. El precio incluye todas las comidas. **$$$$**
Las Palmas
Avda. Camarón Sábalo 305.
Tel.: 69-13 4255.
Un hotel de dos pisos con ocho habitaciones; restaurante, bar y piscina. **$**
Playa Mazatlán
Rodolfo T. Loaiza 202.
Tel.: 69-13 4444.
Este hotel de playa es toda una institución en Mazatlán. Restaurante, piscina y bar. **$$**
Pueblo Bonito
Camarón Sábalo 2121.
Tel.: 69-14 3700.
Un bello establecimiento junto a la playa con todas las comodidades. **$$$**

SONORA
Álamos
Casa de los Tesoros
Álvaro Obregón 10.
Tel.: 642-8 0010.
Un romántico convento del siglo XVIII rehabilitado. **$$$**

Bahía de Kino
Kino Bay
Tel.: 624-2 0216.
Seis unidades independientes de dos pisos (con cocina) en el extremo norte. Hay un restaurante enfrente. **$**
Posada Santa Gemma
Mar de Cortés y Río de la Plata.
Tel.: 624-2 0001.
Un motel de 14 unidades con aire acondicionado: dúplex de dos habitaciones con baño, cocina y chimenea. **$$$**
Saro
Tel.: 624-20007
Un hostal sencillo pero muy pulcro con 16 habitaciones; dispone de servicio de lavandería. **$$**

Guaymas/San Carlos
Flamingos
Autopista del Norte 15.
Tel.: 622-1 0961.
Un motel de 55 unidades independientes con aire acondicionado. Restaurante, bar, piscina. **$**
Playa de Cortés
Bahía de Bacochibampo.
Tel.: 622-1 0142.
Un célebre hotel construido por el ferrocarril Southern-Pacific, con restaurante, bar, piscina, canchas de tenis y rampa para las embarcaciones. **$$–$$$**

Hermosillo
Kino
Pino Suárez Sur 151.
Tel.: 62-13 3131.
Un hotel agradable con restaurante y piscina. Las habitaciones disponen de nevera y televisor. **$**

Puerto Peñasco
Costa Brava
Malecón Kino y 1 de Junio.
Tel.: 638-3 4100.
Céntrico hotel pequeño y limpio. **$**

Plaza Las Glorias
Playa Las Glorias.
Tel.: 638-36010.
Un hotel junto al mar de ambiente
norteamericano, con restaurante
y piscina. **$$–$$$**

San Carlos
Club Mediterranée
Playa Los Algodones.
Tel.: 622-6 0176.
Un complejo con aspecto de
pueblo de 17 hectáreas, provisto
de instalaciones del Club Med. **$$$**
Fiesta San Carlos
Ctra. San Carlos km 8.
Tel.: 622-6 0229.
Un motel de unidades
independientes de tres pisos
con aire acondicionado, que
remeda un templo maya;
en la playa, con piscina. **$$**

Precios orientativos

Los siguientes precios incluyen
el coste de una habitación doble
por noche en temporada alta.
$$$$　　Más de 1 700 pesos
$$$　　850-1 700 pesos
$$　　500-850 pesos
$　　Menos de 500 pesos

Las Playitas
Ctra. Varadero Nacional,
km 6, junto a la base naval.
Tel.: 622-1-5196.
30 chalets con aire acondicionado
en la península de Las Playitas, en
el cruce de la pista de vehículos
recreativos del mismo nombre.
Rampa para las embarcaciones. **$**
San Carlos Plaza
Mar Bermejo 4.
Tel.: 622-6 0794.
Lo más lujoso que encontrará
en San Carlos; tiene un vestíbulo
con el suelo de mármol. **$$$**

TABASCO
Villahermosa
Casa Real
Paseo Tabasco 1407.
Tel.: 931-16 4400.
Un moderno hotel junto al campo
de golf en el complejo hotelero
Tabasco 2000, con piscina,
restaurantes y bares. **$$$**

Cencali
Avda. Juárez y Paseo Tabasco.
Tel.: 93-15 1999.
Un hotel semejante a una hacienda
en el parque. Disfruta de unas
vistas magníficas. **$$**
Don Carlos
Francisco I. Madero 418.
Tel.: 93-12 2499.
Este modesto y limpio hotel próximo
a la Plaza Mayor ofrece un buen
servicio, un restaurante y un bar. **$**

TAMAULIPAS
Nuevo Laredo
El Río
Reforma 4402.
Tel.: 87-14 3666.
Un atractivo motel a 7 kilómetros
al sur del puente internacional.
Piscina, restaurante, bar. **$–$$**

Tampico
Inglaterra
Díaz Mirón 116 Ote.
Tel.: 12-12 5678.
Un hotel de dos pisos muy
agradable, con 126 habitaciones
con aire acondicionado, muy
céntrico, junto a la plaza. **$$**
Posada del Rey
Madero 218 Ote.
Tel.: 12-14 1024.
Hotel céntrico, el más viejo
de la ciudad pero renovado
recientemente. Tiene
60 habitaciones con ventiladores
de techo y aire acondicionado.
No hay ascensor. **$**

TLAXCALA
Tlaxcala
Posada San Francisco
Plaza de la Constitución 17.
Tel.: 246-2 6022.
Un edificio del siglo XIX situado
en la Plaza Mayor de la ciudad;
pertenece al Club Med, que lo tiene
puesto a modo de villa arqueológica.
Restaurante y piscina. **$–$$**

VERACRUZ
Catemaco
Gran Hotel Playa Azul
Ctra. Sontecomapan km 2.
Tel.: 294-3 0001.
Un complejo hotelero totalmente
restaurado junto al precioso lago
de Catemaco. **$**

Coatepec
Posada Coatepec
Hidalgo 9.
Tel.: 28-16 0544.
Una hacienda del siglo XIX
bellamente restaurada. **$$–$$$**

Papantla
Premier
Enríquez 103.
Tel.: 784-2 2700.
Situado en el zócalo; el mejor
establecimiento de la ciudad. **$**
Tajín
Núñez y Domínguez.
Tel.: 784-2 0644.
Este hotel, a una cuadra del zócalo,
dispone de unas espaciosas
habitaciones. **$**

Poza Rica
Plaza
Juárez 39.
Tel.: 782-4 0738.
Un hotel de 57 habitaciones
con aire acondicionado. **$$**
Poza Rica Best Western
2 Norte y 10 Oriente.
Tel.: 782-2 0112.
Un moderno y céntrico hotel
con restaurante y bar. **$–$$**

Tuxpan
Club Maeva
Ctra. a Cabos km 2,5.
Tel.: 783-4 2519.
Complejo hotelero con todas
las comodidades. **$$$**
Florida
Juárez 23.
Tel.: 783-4 0222.
Viejo pero cuidado. Casi todas
las habitaciones con aire
acondicionado. Recuerda a un
barco, con balcones a todo lo largo
de las paredes mirando al río. **$$**

Veracruz
Emporio
Insurgentes Veracruzanos 210.
Tel.: 29-32 0200.
Junto al puerto. Casi todas las
habitaciones tienen un balcón
con unas vistas magníficas. **$$**
Mocambo
Bulevar A. Ruiz Cortines 4000.
Tel.: 29-22 0205.
Un fantástico hotel del viejo turismo
en la playa de Mocambo. **$$–$$$**

Torremar Resort
Bulevar A. Ruiz Cortines 4300.
Tel.: 292-1 3466.
Un hotel moderno muy frecuentado
por turistas mexicanos. **$$$**

Xalapa (Jalapa)
Fiesta Inn
Ctra. Xalapa-Veracruz km, 2,5.
Tel.: 28-12 7920.
Un nuevo y acogedor hotel a las
afueras de la ciudad. **$$**

YUCATÁN
Celestún
Eco Paraíso Xixim
Km 9 Camino Viejo a Sisal.
Tel.: 991-6 2100.
15 cabañas al lado del mar. **$$$$**

Chichén-Itzá
Hotel Dolores Alba
Km 122 Ctra. Valladolid-Chichén-Itzá.
No hay teléfono. Para hacer las
reservas, póngase en contacto con
el hotel asociado Dolores Alba, en
Mérida; tel.: 99-28 5650, dejando
claro que lo que quiere es una
habitación en el establecimiento
de Chichén-Itzá. Habitaciones
sencillas y limpias; a 2 kilómetros
de las ruinas. Piscina. **$**
Hotel Mayaland
Zona Arqueológica.
Tel. y fax: 985-1 0077.
Un veterano y digno hotel con
tres piscinas, tres restaurantes
y alojamiento en 92 unidades
independientes, entre las que hay
12 viviendas de estilo maya. **$$$**
Hotel Villa Arqueológica
Zona Arqueológica.
Tel.: 985-6 2830.
Atractivas habitaciones
cerca de las ruinas. **$$**

Mérida
Caribe
Calle 59 n.º 500 y calle 60.
Tel.: 99-24 9022.
Un precioso edificio histórico
en el centro de la ciudad. **$$**
Casa San Juan Bed & Breakfast
Calle 62 n.º 545A.
Tel.: 99-23 6823.
Una casa del siglo XVIII bellamente
restaurada, declarada patrimonio
histórico en 1982. El precio
incluye el desayuno. **$**

Fiesta Americana Mérida
Avda. Colón 451.
Tel.: 99-42 11.
Remeda una mansión de la
época colonial. Tiene un restaurante
excelente, bar, piscina y canchas
de tenis. **$$$**
Hacienda Katanchel
Ctra. a Cancún, km 25,5.
Tel.: 99-23 4020.
Una hacienda del siglo XVII
restaurada, a 15 minutos
de Mérida. **$$$$**

Progreso
Club Maeva Mayan Beach
Ctra. Progreso - Telchac, km 32.
Tel.: 99-49 3383, en Mérida.
Un complejo playero con todas
las comodidades, que ofrece
un sinfín de actividades. **$$–$$$**
Sian K'an Hotel & Beach Club
Yucalpeten.
Tel.: 993-5 4017.
Un atractivo hotel al lado
del mar con 10 *suites*,
restaurante, bar, piscina
y deportes acuáticos. **$$$**

Uxmal
Hacienda Temozón
A 35 kilómetros de Mérida,
en la ciudad de Temozón.
Tel.: 99-49 5001.
Espaciosas habitaciones decoradas
con elegancia en una antigua
hacienda. Aire acondicionado
y ventiladores de techo. Piscina,
balneario, gimnasio, restaurante
y bar. También ofrece excursiones
guiadas. **$$$$**
Hacienda Uxmal
Ctra. Mérida-Campeche, km 78.
Tel.: 99-24 7142.
La hospedería más vieja
y tradicional de Uxmal. **$$$**
Villa Arqueológica
Ruinas Uxmal.
Tel.: 99-28 0644.
Todas las instalaciones
típicas del Club Med; junto
a las ruinas. **$$**

Valladolid
San Clemente
Calle 42 n.º 206.
Tel.: 985-6 2208.
En la Plaza Mayor. Restaurante,
piscina y aparcamiento. **$**

ZACATECAS
Zacatecas
Continental Plaza
Hidalgo 703.
Tel.: 492-2 6183.
Muy céntrico, en la Plaza Mayor.
Restaurante y bar. **$$**
Mesón de Jobito
Jardín Juárez 143.
Tel.: 492-4 1722.
Un edificio del siglo XIX bellamente
remozado. Restaurante, bar, piscina.
$$$
Posada de la Moneda
Avda. Hidalgo 413.
Tel.: 492-2 0881.
Un limpio y económico hotel, en un
sitio muy céntrico. No se aceptan
tarjetas de crédito. **$**

Cámpings

El sector de las caravanas ha
experimentado un gran impulso en
los últimos años. Prácticamente
todas las ciudades cuentan con
un espacio para las caravanas
o con un motel con instalaciones
apropiadas, entre las que figuran
modernas conexiones de luz,
lavandería, cafetería, duchas,
pequeños supermercados e incluso
una gasolinera. Muchos de los
parques nacionales disponen
al menos de una zona de
estacionamiento para los
vehículos de recreo o de recintos
para las tiendas de campaña,
además de servicio de vigilancia
las 24 horas del día. Pernoctar
en ellos suele ser muy barato.
Tenga en cuenta que los
campamentos, lo mismo que los
hoteles, pueden llegar a estar muy
llenos en las temporadas altas.
Existen algunas buenas fuentes
de información para los campistas,
ya sea en caravana o en tienda.
En la Oficina de Turismo de México
le podrán informar y facilitar listas
de campamentos.
    No es nada recomendable
montar la tienda en zonas
aisladas o vírgenes.
Por razones de seguridad,
no acampe fuera de los
cámpings o de las playas
donde ya haya gente acampada.

Dónde comer

Cafeterías y puestos de mercado

En México, los restaurantes más económicos se llaman cafés, fondas, merenderos, comedores o loncherías. Estas últimas suelen especializarse en bocadillos o en tortas. No obstante, en cualquiera de estos establecimientos la comida será barata; en algunos estará muy buena; en otros puede estar en malas condiciones. Lo más prudente es fijarse bien antes de pedir. Algunos turistas prefieren no comer nada en los puestos de los mercados, creyendo que un restaurante corriente es más seguro. Sin embargo, las fondas de los mercados tienen la ventaja de que se pueden ver la cocina y los alimentos antes de decidirse (además, es posible tomar en ellas el desayuno cuando casi todos los demás locales todavía están cerrados). En este tipo de puestos no es probable que dispongan de carta.

Listado de restaurantes

CIUDAD DE MÉXICO
Centro urbano

Café Tacuba
Tacuba 28.
Tel.: 5-518 4950.
Un local dotado de una sugestiva decoración, con techos abovedados, paredes alicatadas, murales en las paredes y grandes cuadros. **$–$$**

Cícero Centenario
República de Cuba 79.
Tel.: 5-521 7866.
Una mansión de principios del siglo XX y con una decoración preciosa, que sirve una excelente comida mexicana. **$$$**

Los Girasoles
Tacuba 8, en la plaza Tolsá.
Tel.: 5-510-0630.
Creativas recetas mexicanas en un marco maravilloso. **$$**

Sanborns Casa de los Azulejos
Madero 4.
Apetecible cocina casera servida en un patio precioso. **$–$$**

Insurgentes Centro y Sur

Arroyo
Insurgentes Sur 4003, Tlalpan.
Tel.: 5-573 4344.
Enorme y muy concurrido, sobre todo los fines de semana. Sirve buenos platos mexicanos, como tacos, mole y cabrito. **$–$$**

Costa Vasca
Louisiana n.° 16, Colonia Nápoles.
Tel.: 5-523 0120 y 5-687 4025.
Cocina vasca de autor con pinceladas de auténtica cocina española. Considerado uno de los diez mejores restaurantes de México. **$–$$**

La Taberna del Lees
Altamirano 46, en la plaza Loreto.
Tel.: 5-616 3951.
Cocina internacional de calidad servida en una casa remozada de principios del siglo XX. **$$–$$$**

Le Petit Cluny
Avda. de la Paz 58, San Ángel.
Tel.: 5-616 2288.
Una cantina y panadería de estilo europeo. Especialidades italianas y *crêpes*. **$$**

Polanco/ Lomas de Chapultepec

Crêperie de la Paix
Anatole France 79, Polanco.
Tel.: 5-280 5859.
Unas crepes deliciosas con un toque mexicano. **$–$$**

Hunan
Reforma 2210, Lomas.
Tel.: 5-596 5011.
Bambú, un estanque y comida china típica de la provincia de Hunán, de la mejor y más auténtica que se pueda encontrar en México. **$$–$$$**

La Valentina
Presidente Masaryk 393, Polanco.
Tel.: 5-282 2297.
Una decoración interior que remeda una hacienda, y cocina tradicional de todo México. **$$**

Sir Winston Churchill's
Ávila Camacho 67, Polanco.
Tel.: 5-280 6070.
Unos estupendo platos de ternera y de pescado servidos en una mansión de estilo Tudor inglés. Nunca defrauda. **$$–$$$**

Zona Rosa/Área de Condesa

Bellinghausen
Londres 95.
Tel.: 5-207 4049.
Chuletas y pescado en un ambiente y con un servicio de sabor añejo. **$$–$$$**

Specia
Amsterdam 241.
Tel.: 5-564 9576.
Gastronomía polaca. **$$**

Tezka
Amberes y Liverpool.
Tel.: 5-228 9918.
Un excelente restaurante vasco. **$$$**

Yug
Varsovia 3.
Tel.: 5-533-3296.
Un buen restaurante vegetariano. **$**

BAJA CALIFORNIA
Cabo San Lucas

Cavendish
Playa El Médano.
Tel.: 114-3 0901.
En la playa, con un delicioso marisco y unas magníficas vistas de El Arco. **$$**

Da Giorgio
Misiones del Cabo.
Tel.: 114-3 3988.
En un monte a unos 5 kilómetros al este de la ciudad. Unos excelentes platos italianos, entre ellos pizzas horneadas en un horno de ladrillos. **$–$$**

Señor Sushi's
Frente al Hotel Plaza Las Glorias.
Tel.: 114-3 1323.
Sirve de todo, desde churrasco hasta pollo *teriyaki*. **$$**

Tacos Chidos
Zapata y Guerrero.
Tel.: 114-3 0551
Un viejo y apreciado local para tomar tacos, tortas y tamales. No se aceptan tarjetas de crédito. **$**

The Giggling Marlin
Matamoros, en el puerto deportivo.
Tel.: 114-3 0606.

Un animado bar lleno de diversión, bailes y juegos. $$
The Shrimp Factory
Bulevar Marina, frente
al Hotel Plaza Las Glorias.
Tel.: 114-3 5066.
Sólo se sirven camarones. $$

Ensenada
China Land
Avda. Riveroll 1149.
Tel.: 61-8 8644.
Este encantador restaurante
ofrece más de 100 platos
asiáticos. $$
El Charro
Avda. López Mateos 475.
Tel.: 61-78 3881.
Pollo asado sobre un fuego
de leña. $
El Rey Sol
Avda. López Mateos 1000.
Tel.: 61-8 1733.
Platos franceses y mexicanos
en un precioso escenario.
Un local favorito desde
hace muchos años. $$–$$$
La Embotelladora Vieja
Avda. Miramar 666.
Tel.: 61-74 0807.
Cocina de Baja California
y francesa, servida en una
antigua cámara de envejecido
de vino, en las bodegas
Santo Tomás. $$–$$$

El desayuno en México

En México, el desayuno puede
consistir en especialidades
regionales o en ingredientes
más habituales. Espérese
lo inesperado. Un desayuno
típico mexicano quizás incluya
menudo (tripas), chilaquiles
(tiras de tortilla fritas con nata
y salsa de chile), puntas de
filete (estofado de ternera
picante) o chocolate a la taza
con churros.
También puede tomar huevos
al gusto (es decir, como desee),
tortilla de huevos, huevos
revueltos/estrellados, tocino,
jamón, avena, pan tostado,
mermelada y mantequilla, si
prefiere un desayuno más sajón.

La Paz
Bismark
Santos Degollado y Avda.
Altamirano. Tel.: 112-2 4854.
Sabrosas recetas mexicanas
y un excelente pescado.
Ambiente familiar. $$
La Terraza
Obregón 1570.
Tel.: 112-2 0777.
La terraza del Hotel Perla, frente
al malecón. El mejor lugar para
contemplar la puesta de sol. $$

Loreto
Café Olé
Madero.
Tel.: 113-5 0496.
En una bocacalle de la plaza.
Perfecto para desayunar
y observar a los transeúntes. $
El Embarcadero
Bulevar Mateos,
frente al puerto pesquero.
Tel.: 113-5 0132.
El propietario también regenta
la tienda de aparejos de pesca
contigua, de modo que el pescado
fresco es su especialidad. $$
El Nido
Salvatierra 154, frente
a la estación de autobuses.
Tel.: 113-5 0284.
Ambiente acogedor con redes
de pesca, vigas de roble y
una chimenea/parrilla abierta.
Buena comida, en general
chuletas y pescado. $$

Mexicali
Misión del Dragón
Bulevar Lázaro Cárdenas 555.
Tel.: 65-66 4320.
Un restaurante chino decorado
con muy buen gusto. $$
Mezzosole
Bulevar Benito Juárez 2151.
Tel.: 65-66 1000.
Una gran selección de platos
de la Toscana italiana. $$

Mulegé
Los Equipales
Moctezuma, cerca de la calle
Zaragoza.
Tel.: 115-3 0330.
Un restaurante impecable
y muy sugerente, con música
suave y una terraza al aire libre. $$

Las Casitas
Hotel Las Casitas,
Callejón de los Estudiantes.
Tel.: 115-3 0019.
Especializados en marisco y
pescado. Los viernes por la noche
actúa una banda de mariachis. $

Tijuana
Carnitas Uruapan
Paseo de los Héroes
y Avda. Rodríguez.
Famoso por sus carnitas:
cerdo frito con tortillas, salsa,
cebolla, cilantro y guacamole. $
Señor Frog's
Vía Oriente 60, Pueblo Amigo.
Tel.: 66-82 4662.
Buena comida y bebida
en un marco informal y divertido. $$
Tía Juana Tilly's
Avda. Revolución y calle 7.
Tel 66-85 6024.
Un ambiente animado y unas
raciones generosas de platos
típicos mexicanos. $$

CAMPECHE
Campeche
La Pigua
Miguel Alemán 197-A.
Tel.: 981-1 3365.
Excelente cocina regional;
la especialidad de la casa
es un delicioso pez autóctono
llamado pejelagarto. $$
Marganzo
Calle 8, n.° 267.
Tel.: 981-1 3898.
Un establecimiento de lujo muy
frecuentado en el que la comida
mexicana la sirven camareras
vestidas con trajes tradicionales. $$

CHIAPAS
San Cristóbal de las Casas
Casa del Pan Cantante
Belisario Domínguez y Dr. Navarro.
Tel.: 657-8 0468.
Imaginativas recetas
vegetarianas, pan recién horneado
y unos postres muy tentadores. $
La Selva Café
Cresencio Rosas 9.
Tel.: 657-8 7268.
Ofrece unas excelentes
variedades de cafés regionales
y buena comida. No se aceptan
tarjetas de crédito. $–$$

CHIHUAHUA
Chihuahua

La Casa de los Milagros
Victoria 812.
Tel.: 14-37 0693.
Un restaurante de estilo colonial con un ambiente bohemio. **$$**

Los Parados de Tony Vega
Avda. Juárez 3316.
Tel.: 14-15 3333.
Un fabuloso restaurante en una vieja mansión. Especializados en chuletas, pescado y marisco. **$$$**

COAHUILA
Saltillo

El Tapanco
Allende Sur 225.
Tel.: 84-14 4339.
Este magnífico restaurante del centro urbano, ubicado en una casa rehabilitada del siglo XVII, sirve una excelente cocina internacional y platos típicos de México. **$$–$$$**

Regio
Ctra. Monterrey-Saltillo, km 3,5.
Tel.: 84-15 2662.
Famoso por sus chuletones y su cabrito a la parrilla. **$$**

COLIMA
Manzanillo

El Bigotes
Bulevar Miguel de la Madrid 3157.
Tel.: 333-4 0831.
La especialidad es el pescado sarandeado (un tipo de pescado escabechado y asado a la brasa). **$$**

Legazpi
Hotel Las Hadas.
Tel.: 333-4 0000.
Camareros con guantes blancos y cocina europea con un toque mexicano. Abierto sólo para cenar. **$$$**

Rosalba's
Bulevar Miguel de la Madrid, km 13.
Tel.: 333-3 0488.
Desayunos norteamericanos y mexicanos y pescado, chuletas y tacos servidos bajo una palapa, todo ello suculento. **$**

Willy's
Crucero Las Brisas.
Tel.: 333-3 1794.
Cocina de inspiración francesa, acompañada por unas relajantes vistas sobre el mar. **$$**

ESTADO DE MÉXICO
Toluca

La Cabaña Suiza
Paseo Tollocán, km 63.
Tel.: 5-16 1877.
Comida buena y copiosa y un montón de juegos para que se entretengan los niños. **$$**

Hacienda de San Martín
Ctra. México - Toluca, km 44.
Tel.: 5-7 6337.
Unos excelentes platos mexicanos e internacionales. **$$$**

GUANAJUATO
Guanajuato

Casa del Conde de la Valenciana
Ctra. Guanajuato-Dolores Hidalgo, km 5.
Tel.: 473-2 2550.
Este hermoso edificio del siglo XVIII alberga un buen restaurante y una maravillosa tienda de artesanía. **$$–$$$**

La Hacienda del Marfil
Arcos de Guadalupe 3, en el barrio de Marfil.
Tel.: 473-3 1148.
Cocina francesa tradicional y *nouvelle cuisine* mexicana. **$$**

San Miguel de Allende

Casa de Sierra Nevada
Hospicio 35.
Tel.: 465-2 0415.
Buenos platos en uno de los hoteles más bonitos de México. **$$$**

El Mesón de San José
Mesones 38.
Tel.: 465-2 3848.
Comida mexicana, internacional y vegetariana. **$$**

Mama Mía
Umarán 8.
Tel.: 465-2 2063.
Muy apreciado por sus platos típicos italianos e internacionales. **$**

GUERRERO
Acapulco

Betos Tradicional
Costera Miguel Alemán, en la playa de la Condesa.
Tel.: 74-84 0473.
Pruebe el huachinango y la langosta, mientras disfruta de las hermosas vistas sobre la playa de la Condesa. **$–$$**

Carlos and Charlie's
Costera Miguel Alemán 112.
Tel.: 74-84 0039.
Una agradable terraza y una siempre alegre y ruidosa clientela, como en todos los restaurantes de esta cadena. **$$**

Casa Nova
Ctra. Escénica 5256.
Tel.: 74-84 6819.
Cocina del sur de Italia, incluida pasta casera. Los fines de semana es conveniente reservar mesa. **$$–$$$**

El Amigo Miguel
Benito Juárez 31.
Tel.: 74-83 6981.
Muy concurrido por los lugareños; se sirven unos excelentes marisco y pescado. **$–$$**

El Cabrito
Costera Miguel Alemán, cerca del Hard Rock Café.
Tel.: 74-84 7711.
Tanto la comida como el ambiente son auténticamente mexicanos. Su especialidad es el cabrito. **$–$$**

Kookaburra
Autopista a Las Brisas;
Tel.: 74-84 1448.
El nombre es australiano pero la comida es internacional, con el acento en el marisco. Las vistas son magníficas. **$$**

Madeiras
Autopista a Las Brisas.
Tel.: 74-84 6921.
Un excelente menú del día a buen precio, y se disfruta de unas vistas estupendas. Es imprescindible hacer reserva. **$$**

100 % Natural
Costera Miguel Alemán 200.
Tel.: 74-85 3982.
Abierto las 24 horas del día; recetas vegetarianas, *fondues* y zumos. **$**

Zorrito's
Costera Miguel Alemán y Antón de Alaminos.
Tel.: 74-85 3735.
Su especialidad es el pozole, plato típico que consiste en un guisado de cerdo y maíz molidos servido con verduras frescas y especias. **$$**

Ixtapa/Zihuatanejo
Beccofino
Marina de Ixtapa.
Tel.: 755-3 1770.
En este establecimiento preparan
a la italiana los ingredientes
regionales. **$$–$$$**
Casa Elvira
Paseo del Pescador 8, Zihuatanejo.
Tel.: 755-4 2061.
Un veterano en el que se sirve
marisco y platos mexicanos. **$–$$**
Coconuts
Paseo Agustín Ramírez 1.
Tel.: 755-4 2518.
El edificio más viejo de la ciudad,
con un excelente menú de pescado,
marisco y carnes escogidas. **$$**
La Casa Que Canta
En el hotel del mismo nombre,
en Zihuatanejo.
Tel.: 755-4 2722.
Recetas de inspiración francesa
elaboradas a la perfección. **$$$**
La Sirena Gorda
Paseo del Pescador 20-A,
Zihuatanejo.
Tel.: 755-4 2687.
Buenos desayunos
y los habituales tacos de marisco. **$**
La Valentina
Bulevar Ixtapa.
Tel.: 755-3 1250.
Platos típicos mexicanos. **$$**
Villa de la Selva
Paseo de la Roca, Ixtapa.
Tel.: 755-3 0362.
Un buen menú internacional
y unas vistas espectaculares.
Un sitio estupendo para contemplar
la puesta de sol. **$$$**

Taxco
Hostería el Adobe
Plazuela de San Juan 13.
Tel.: 762-2 1416.
Una decoración original y una
comida excelente. Espere a que
esté libre alguna de las mesas junto
a la ventana para poder contemplar
la bulliciosa plaza. **$–$$**
Pizza Pazza
Calle del Arco 1.
Tel.: 762-2 5500.
Un alegre local decorado con
manteles de cuadros y plantas
colgantes en el que podrá degustar
unas sabrosas pizzas y un pozole
fenomenal. **$**

Santa Fe
Hidalgo 2.
Tel.: 762-2 1170.
Cocina casera mexicana,
como salsa de mole al estilo
poblano y enchiladas. **$**

JALISCO
Puerto Vallarta
Chef Roger
Agustín Rodríguez 267, centro
urbano. Tel.: 322-2 5900.
El dueño y cocinero, de nacionalidad
suiza, combina técnicas europeas
con ingredientes mexicanos. **$$–$$$**
Don Pedro's
Localidad playera de Sayulita,
al norte de Puerto Vallarta.
Tel.: 322-5 2029.
Una enorme palapa en la que
se ofrece una gran variedad
de pescado, marisco y aves
asadas sobre brasas de mezquite.
Merece la pena el viaje. **$$**
Pancake House
Basilio Badillo 289.
Tel.: 322-2 6272.
Abierto sólo para desayunar,
pero las copiosas raciones
pueden valerle para todo el día.
Panqueques, gofres, huevos
y un café estupendo. No se
aceptan tarjetas de crédito. **$**

Precios orientativos

Los siguientes precios son para
una persona sin incluir la bebida:
$$$ Más de 250 pesos.
$$ 130-250 pesos.
$ Menos de 130 pesos.

Rito Baci's
Ortiz de Domínguez 181.
Tel.: 322-2 6448.
Veinticuatro pizzas distintas y otros
platos italianos favoritos. **$–$$**

MICHOACÁN
Morelia
El Rey Tacamba
Portal Galeana 157.
Tel.: 43-12 2044.
Un local muy frecuentado en la
plaza de Armas, donde se sirven
especialidades locales como el pollo
de plaza (pollo en salsa roja de chile
acompañado de enchiladas). **$–$$**

Fonda Las Mercedes
León Guzmán 47.
Tel.: 43-12 6113.
Una mansión colonial restaurada
con un menú muy variado. **$$**

MORELOS
Cuernavaca
La India Bonita
Morrow 106-B.
Tel.: 73-12 5021.
La antigua residencia del embajador
de EE UU Dwight Morrow es ahora
un establecimiento muy concurrido
con auténtica comida mexicana. **$$**
La Strada
Salazar 38, en un lateral
del palacio de Cortés.
Tel.: 73-18 6085.
Buena cocina italiana servida
en un patio precioso. **$$**
Las Mavaca
Ricardo Linares 107.
Tel.: 73-14 1466.
Un restaurante excepcional
entre preciosos jardines;
uno de los mejores de México. **$$$**

Tepoztlán
Casa Piñón
Revolución 42.
Tel.: 739-5 2052.
Un restaurante al aire libre
para saborear recetas francesas
con un toque mexicano. **$$**
Luna Mextli
Revolución 6.
Tel.: 739-5 1114.
Ambiente bohemio
y buena comida. **$–$$**

NAYARIT
San Blas
McDonald's
Calle Juárez 36.
Un buen restaurante (no está
relacionado con la famosa
cadena de hamburgueserías)
a una cuadra al oeste de la
Plaza Mayor. Filetes de ternera
al estilo mexicano y pescado,
langosta, camarones, tacos
y enchiladas. **$**
Tony's Inn La Isla
Paredes Sur.
Tel.: 328-5 0407.
Decorado con redes de pesca
y caracolas; prepara un marisco
excelente. **$–$$**

NUEVO LEÓN
Monterrey
El Tío
Hidalgo 1746 Pte y México,
Col. Obispado.
Tel.: 8-346 0291.
Famoso por los chuletones
a la brasa, el cabrito y otros
platos típicos mexicanos. **$$**
Luisiana
Avda. Hidalgo 530 Ote.
Tel.: 8-343 1561.
Un local de toda la vida en el
mercado cubierto Hidalgo Plaza,
cerca del Hotel Ancira. Decoración
moderna y elegante. Cocina
internacional, donde se puede
comer a cualquier hora. **$$–$$$**
Regio
Regio Gonzalitos,
Avda. Gonzalitos e Insurgentes.
Tel.: 8-346 8650.
Pertenece a una cadena
de restaurantes; abierto hasta
tarde y muy conocido por
sus sabrosos chuletones
a la brasa y su cabrito. **$$**
Señor Natural
Mitras.
Tel.: 8-378 4815.
Una gran selección de recetas
suculentas, tales como ensaladas
de frutas, yogur, granola, zumos
naturales y unos deliciosos platos
preparados con soja. **$**

OAXACA
Huatulco
Avalos
Bahía de Santa Cruz.
Tel.: 958-7 0128.
Este restaurante junto a la playa,
también conocido como el Doña
Celia, sirve marisco fresco. **$$**
Casa del Mar
Balcones de Tangolunda 13.
Tel.: 958-1 0203.
Buena comida europea y mexicana
en un paraje precioso. **$$–$$$**
María Sabinas
La Crucecita, en la plaza.
Tel.: 958-7 1039.
Este local, cuyo nombre se debe
a la famosa sacerdotisa de la
década de 1960 partidaria
de los hongos alucinógenos,
prepara un buen pescado
y unas sabrosas chuletas. **$$**

Oaxaca
El Asador Vasco
Portal de Flores 11.
Tel.: 951-4 4755.
Ubicado en el segundo piso
de un edificio que mira al zócalo,
está especializado en cocina vasca
y oaxaqueña. Reserve una mesa
al lado del balcón; las vistas
compensan el pésimo servicio. **$$**
El Refectorio
Camino Real Hotel,
Cinco de Mayo 300.
Tel.: 951-6 0611.
Buenas recetas internacionales
y regionales. Los sábados
por la noche ofrece un delicioso
bufé. **$$–$$$**
Flamanalli
Avda. Juárez 39, Teotitlán del Valle.
Tel.: 956-2 0255.
Un encantador restaurante de
pueblo en el que se sirven platos
zapotecas (aunque algo caro)
y donde también se venden unas
bonitas esteras tejidas a mano. **$$**
La Asunción
Hostal de la Noria Hotel;
Tel.: 951-4 7844.
Cocina oaxaqueña moderna,
presentada con muy buen gusto. **$$**
La Casita
Avda. Hidalgo 612.
Tel.: 951-6 2917.
Algunas personas consideran
que aquí se preparan los mejores
platos tradicionales oaxaqueños
de la ciudad. **$**
Los Jorge
Pino Suárez 806.
Tel.: 951-3 4308.
Delicioso pescado y marisco,
de auténtico lujo. **$$**

Puerto Escondido
Perla Flameante
Avda. Pérez Gasca.
Tel.: 958-2 0167.
Ambiente de isla tropical,
especializado en pescado
y marisco. **$$**
Santa Fe
Calle del Morro.
Tel.: 958-2 0170.
El restaurante del Hotel Santa Fe,
con unas vistas magníficas.
Ofrece comida mexicana, marisco,
pollo y recetas vegetarianas,
todo ello excelente. **$$**

PUEBLA
Puebla
Fonda de Santa Clara
3 Poniente 307.
Tel.: 22-42 2659.
Platos típicos, como por ejemplo
chiles en nogada (chiles verdes
rellenos de carne, fruta y especias,
crema blanca de nuez, queso,
nata y semillas de granada rojas
como el rubí, los tres colores
de la bandera mexicana). **$$**
Las Bodegas del Molino
Molino de San José del Puente.
Tel.: 22-49 0399.
Un restaurante excelente, ubicado
en una hermosa hacienda del
siglo XVI restaurada. **$$$**

QUERÉTARO
Querétaro
Josecho's
Dalia 1, junto a la plaza
de toros Santa María.
Tel.: 42-16 0229.
Chuletas generosas
y abundantes raciones de marisco
en un ambiente muy mexicano. **$$$**
La Mariposa
A Peralta 7.
El restaurante La Mariposa, abierto
desde hace más de 50 años, es un
local impecable en el que se sirve
una sabrosa comida mexicana. **$**

QUINTANA ROO
Cancún
100 % Natural
Plaza Terramar, Zona Hotelera.
Tel.: 98-83 1180.
Deliciosa y saludable comida,
las 24 horas del día, en un local
muy agradable. **$**
Casa Rolandi
Bulevar Kukulcán km 8,
Centro Comercial Plaza Caracol,
Zona Hotelera.
Tel.: 98-83 1817.
Gastronomía italiana y suiza
en un local muy animado. **$$**
La Habichuela
Margaritas 25.
Tel.: 98-84 3158.
Desde hace mucho un céntrico
establecimiento muy apreciado,
con comida internacional
y regional, servida en un marco
muy romántico. **$$–$$$**

La Joya
Fiesta American Coral Beach,
Zona Hotelera.
Tel.: 98-83 2900.
Uno de los mejores de Cancún,
con unos excelentes platos locales
e internacionales. **$$$**
Lorenzillos
Junto a la laguna,
frente al Hotel Continental Plaza.
Tel.: 98-83-1254.
Marisco servido a la sombra
de una enorme palapa. **$$–$$$**
Los Almendros
Avda. Bonampak Sur 60
(en la esquina de Sayil,
frente a la plaza de toros).
Tel.: 98-83 3093.
Este céntrico restaurante
prepara recetas yucatecas,
como, por ejemplo, sopa
de lima y cochinita pibil. **$$**
Yamamoto
Uxmal 31.
Tel.: 98-87 3366.
Cocina japonesa tradicional. **$$$**
Zuppa
Plaza Flamingo, Zona Hotelera.
Tel.: 98-83 2966.
Una estupenda cocina italiana. Los
postres son una delicia. **$$–$$$**

Cobá
El Bocadito
En la calle principal del pueblo.
Un establecimiento informal,
frecuentado por los grupos
de las excursiones. **$**
Villa Arqueológica
Próximo a la entrada del yacimiento.
Tel.: 9874 2087.
Un refinado ambiente galo, como
también lo es la comida, aunque
también hay platos yucatecas. **$$**

Cozumel
El Arrecife
Hotel Presidente Inter-Continental.
Tel.: 987-2 0322.
Unos excelentes platos típicos
italianos y mediterráneos en un
local con vistas al mar. **$$–$$$**
La Choza
Calle R. Salas 198
y Avda. 10 Norte.
Tel.: 987-2 0958.
Uno de los mejores
establecimientos de cocina casera
mexicana de la ciudad. **$$**

Las Palmeras
Avda. Juárez y Avda. Rafael Melgar.
Tel.: 987-2 0532.
Un lugar ideal para comer
bien y observar a la gente
del lugar. **$$**
Prima
Calle Rosado Salas 109.
Tel.: 987-2 4242.
Un estupendo restaurante
italiano donde comer una
pizza de la variedad típica
de Chicago o saborear unos
excelentes platos tradicionales
del norte de Italia. **$–$$**

Isla Mujeres
María's Kan Kin
Ctra. al Garrafón, km 4.
Tel.: 987-7 0015.
Excelente cocina francesa
bajo una palapa mirando
al mar; con langostas vivas
para que elija la que quiere. **$$**
Mirtita
En la ciudad, en la avda. Rueda
Medina, frente al muelle
de los transbordadores.
Un establecimiento famoso
donde podrá degustar marisco
y especialidades yucatecas
muy bien elaboradas. **$**

Precios orientativos

Los siguientes precios son para
una persona sin incluir la bebida:
$$$ Más de 250 pesos.
$$ 130-250 pesos.
$ Menos de 130 pesos.

Pizza Rolandi
Hidalgo, entre las calles
Abasolo y Madero.
Tel.: 987-7 0430.
Ambiente animado y unas
deliciosas recetas italianas,
además de las consabidas pizzas,
también muy buenas. **$–$$**
Zazil-Ha
Hotel Na-Balam.
Tel.: 987-7 0279.
Entre su sabrosa comida figuran
especialidades típicas de la región,
marisco y recetas vegetarianas,
en un local situado al lado
de la playa; con un personal
muy amable. **$$**

Tulum
Cabañas Ana y José
En una carretera de tierra
que sale de la autopista 307,
entre la entrada al yacimiento
y la ciudad. Uno de los mejores
restaurantes de la zona. **$$**
Casa Cenote
En una carretera de tierra
que sale de la autopista 307,
entre Xel-Há y Tulum.
Un restaurante excepcional junto
a un cenote. Prepara unas fajitas
y unos *kebabs* de marisco
deliciosos. **$$**

SINALOA
Mazatlán
Angelo's
Hotel Pueblo Bonito.
Tel.: 69-14 3700.
Tanto la comida como la
decoración son estupendas.
El mejor de Mazatlán. **$$–$$$**
Doney
Avda. Mariano Escobedo 610.
Tel.: 69-81 2651.
Desde 1959 toda una institución
en el centro de la ciudad. Cabrito,
marisco y chuletas a la mexicana.
Buenos postres. **$–$$**
Doña Dona
Avda. Camarón Sábalo,
frente al Holiday Inn.
Tel.: 69-14 2200.
Cafetería de estilo norteamericano;
particularmente bueno para
desayunar. **$**
El Parador Español
Camarón Sábalo 714, junto a El Cid.
Tel.: 69-13 0767.
Restaurante español
especializado en la paella. **$$**
El Paraíso Tres Islas
Avda. Rodolfo T. Loaiza 404,
frente al Sea Shell City.
Tel.: 69-14 2812.
Un buen restaurante de pescado
en la playa. Muy frecuentado. **$–$$**
El Shrimp Bucket
Olas Altas 11, en La Siesta.
Tel.: 69-81 6350.
El primer restaurante de la cadena
Anderson. Música en directo. **$$**
Miyiko
Avda. del Mar 70.
Tel.: 69-81 6590.
Bebidas y comida japonesas,
como *sushi*, *sake* y cerveza. **$$$**

Pastelería Panamá
Avda. Camarón Sábalo
y Avda. de las Garzas.
Tel.: 69-13 6977.
Buenos platos y pasteles. **$**

Sr Peppers
Avda. Camarón Sábalo,
frente al Hotel Camino Real.
Tel.: 69-14 0101.
Chuletas, langostas y
camarones, todo ello exquisito
y muy fresco. **$$$**

SONORA

Bahía de Kino

El Pargo Rojo
Avda. del Mar 1426,
al lado de la playa.
Tel.: 622-2 0205.
Un agradable restaurante
de marisco y chuletas. **$$**

Kino Bay
En la playa.
Tel.: 622-2 0049.
Uno de los pocos establecimientos
donde puede desayunar.
Comida mexicana en un
ambiente muy acogedor. **$**

Guaymas

Baja Mar
Avda. Serdán y calle 17.
Tel.: 622-4 0225.
Céntrico restaurante con un
marisco estupendo y unas
deliciosas sopas de almejas
y de pescado. Chuletas de
primera del estado de Sonora.
También podrá degustar uno
de sus excelentes cócteles. **$–$$**

San Carlos

Jax Snax
Ctra. de San Carlos.
Tel.: 622-6 0270.
Buena comida rápida mexico-
norteamericana, y también
especialidades no tan rápidas.

Rosa's Cantina
Ctra. San Carlos.
Un local informal, frecuentado
sobre todo por gente joven,
donde comer cabrito, chuletones
y enchiladas. Tiene un tablón
de anuncios en el que hay cosas
para vender, comprar o alquilar,
o se informa de espectáculos
u otros acontecimientos.
Buena relación calidad-precio. **$$**

Terraza
Ctra. de San Carlos, km 5.
Tel.: 622-6 0039.
Mira a la bahía de San Carlos.
Especializado en marisco.
También prepara carne de ternera
y de pollo de Sonora. **$$$**

TABASCO

Villahermosa

Los Tulipanes
Cámara Cultural Carlos Pellicer.
Tel.: 931-12 9209.
Ofrece la maravillosa
–y poco conocida– cocina
de Villahermosa. **$$**

TAMAULIPAS

Tampico

Diligencias
H. del Cañonero y López de Lara,
a una cuadra de la plaza de la
Libertad.
Tel.: 12-13 7642.
Sin ninguna duda, el mejor marisco
de la ciudad. Precios razonables. **$$**

VERACRUZ

Catemaco

La Finca
Costera del Golfo km 147.
Tel.: 294-3 0322.
Uno de los mejores restaurantes
de la ciudad. **$**

Los Sauces
Paseo del Malecón.
Tel.: 294-3 0548.
Un restaurante de pescado
cerca del lago. Está especializado
en la mojarra (que se pesca en
el lago de Catemaco). **$**

Coatepec

Casa Bonilla
Juárez y Cuauhtémoc.
Tel.: 28-160374.
Toda una institución en
la ciudad, famoso por sus
langostinos y camarones.
Vale la pena el rodeo. **$$**

El Tío Yeyo
Santos Degollado 4.
Tel.: 28-16 3645.
Un animado bar y restaurante
en el que se sirven platos
típicos de la región. Excelentes
truchas de montaña; 21 variedades.
También preparan cangrejos de río
y camarones. **$$**

Santiago Tuxtla

El Trapiche de Ximagambazca
Ctra. Costera del Golfo, km 114,
Popotepec.
Un estupendo restaurante de
carretera situado entre Alvarado
y Santiago Tuxtla. Las carnes
ahumadas son su especialidad. **$$**

Tuxpan

Posada Don Antonio's
Avda. Juárez y Garizurieta,
junto al Hotel Reforma.
Tel.: 783-4 1602.
Excelentes platos de pescado. **$$**

Veracruz

El Gaucho
Costilla 187.
Tel.: 29-35 0411.
Famoso por su ternera de calidad
y sus sabrosos platos de pasta. **$$**

Gran Café de la Parroquia
Gómez Farías, 34, en el malecón.
Tel.: 29-32 2584.
Según un dicho local, si no ha
estado usted en La Parroquia,
no ha estado usted en Veracruz.
Este café es una auténtica
institución nacional. **$**

Gran Café del Portal
Independencia y Zamora.
Tel.: 29-31 2759.
Una célebre cafetería y restaurante
que conserva la decoración
de época. Fue el primer local
donde estuvo el famoso
Café de la Parroquia. **$**

La Fuente de Mariscos
Hernán Cortés 1524.
Tel.: 29-38 2412.
Aquí acuden todos los
entusiastas del marisco. **$$**

La Mansión
Bulevar Ávila Camacho
y Ruiz Cortines, Boca del Río.
Tel.: 29-37 1363.
Casa de comidas de estilo
argentino especializada
en chuletas de ternera. **$$$**

Xalapa (Jalapa)
Churrería del Recuerdo
Guadalupe Victoria 158.
Tel.: 28-18 1678.
En este animado y muy concurrido establecimiento (sólo abre por las tardes) se prepara la mejor comida mexicana que vaya a probar nunca (no se sirve alcohol).
La Casa de Mamá
Ávila Camacho 113.
Tel.: 28-17 6232.
Muy apreciado por su pescado, sus camarones, sus chuletas y sus buenos postres. **$$**

YUCATÁN
Chichén-Itzá
Hotel Hacienda Chichén-Itzá
Próximo a la entrada sur al yacimiento.
Tel.: 985-1 0045.
Disfrute de una buena comida en el lugar donde se alojaron los primeros grupos de arqueólogos del siglo XX, en un marco precioso. **$$**
Hotel Mayaland
Junto a la entrada sur al yacimiento, cerca del Hotel Hacienda Chichén.
Tel.: 985-1-0077.
En este hotel de ambiente respetable podrá elegir entre tres restaurantes. **$$**

Mérida
Alberto's Continental Patio
Calle 64 y Calle 57.
Tel.: 99-28 6336.
Cocina internacional y libanesa, para pasar una elegante velada. **$$**
Los Almendros
Calle 50 n.° 493, entre las calles 57 y 59.
Tel.: 99-23 8135.
Platos típicos del Yucatán. **$$**
Santa Lucía
Calle 60 n.° 481, junto al parque Santa Lucía.
Tel.: 99-28 8135.
Menú completo elaborado con recetas yucatecas tradicionales. **$**

Uxmal
Hotel Hacienda Uxmal
Ctra. 261 km 80, frente al yacimiento.
Tel.: 99-24 7142.

En este bonito hotel de 4 estrellas, la antigua sede central de los arqueólogos, podrá elegir entre varios restaurantes. **$$**

Valladolid
El Mesón del Marqués
Calle 39 n.° 203.
Tel.: 985-6 2073.
Recién restaurado, en la Plaza Mayor, junto al Hotel del Marqués; comida mexicana y yucateca. **$$**
Hotel María de la Luz
Calle 42 n.° 195.
Tel.: 985-6-2070.
Buena cocina mexicana/yucateca en el comedor de este hotel, desde donde se ve la calle. Muy frecuentado por los vallisoletanos. **$**

ZACATECAS
Zacatecas
La Cuija
Mercado González Ortega.
Tel.: 492-2 8275.
Platos típicos de Zacatecas, muy bien cocinados. **$$**
Quinta Real
González Ortega, en el acueducto.
Tel.: 492-2 9104.
Este precioso restaurante ofrece una buena comida europea. **$$$**

De copas

Los mexicanos tienden a beber bastante en las fiestas y en los momentos de gran infortunio o de muy buena suerte. Aparte de eso, la gran mayoría son poco bebedores.

Cerveza
Una cerveza bien fresca es un acompañamiento habitual durante la comida del mediodía, y le aconsejamos que usted también la tome, pues complementa los sabores de la cocina mexicana y ayuda a soportar el picor del chile. Las cervezas mexicanas son excelentes, tan buenas como cualquier otra. Pruebe a beber cerveza de lata (por ejemplo, de la marca Tecate) a la manera nacional: exprima un poco de zumo de limón

y coloque un poco de sal sobre la lata. Las mejores cervezas negras son Bohemia, Negra, Modelo, Dos Equis, Noche Buena y León Negra. Si quiere rubias más suaves, pida Carta Blanca, Corona, Sol, Victoria y Dos Equis.

Vinos y licores
Apenas se bebe vino en México, aunque sí existen viñedos en algunas regiones del país. Algunos de los vinos mexicanos son bastante buenos, sobre todo los elaborados en Baja California. Los vinos importados, en particular los franceses, resultan bastante caros en los restaurantes.
Pero la bebida más famosa de México es el tequila. Hay otros licores, además del tequila, hechos también con distintos tipos de maguey; el término genérico para denominarlos es «mezcal». La más tradicional de todas las bebidas mexicanas es el pulque. Para bien o para mal, lo más probable es que no se le presente la oportunidad de probarlo. El pulque, elaborado así mismo con una variedad de maguey, no está desulado, al contrario que el tequila y otros mezcales. Hay que beberlo nada más fermentar, porque no se puede enlatar o embotellar sin que se estropee. Sin diluir es muy nutritivo, con un porcentaje muy bajo de alcohol, o menos el mismo que la cerveza. En el México precolombino, el pulque se reservaba para los rituales y para las curas, y todavía es una bebida muy valorada por los mexicanos (*véase pág. 253*).

Café

El café que se toma en las grandes ciudades suele ser bastante bueno, y la oferta cada vez es más variada. En los pueblos, el café instantáneo suele ser lo más habitual. El café con azúcar y canela se llama «café de la olla». Si pide un café americano, le pondrán una taza y la leche aparte, para que se sirva a su gusto.

Refrescos

En México hay una gran variedad de refrescos; merece la pena probar algunos de los que se elaboran en el país, como el sidral y la sangría. Los zumos de frutas, tanto si los pide en restaurantes como si lo hace en puestos de mercado o a vendedores callejeros, suelen ser recién exprimidos. La palabra que se emplea en México es jugo, más que zumo; lo que llaman «agua fresca» es un jugo de frutas diversas con mucha agua. Resulta mucho más barata, pero también puede ocasionar más problemas de estómago.

Los licuados son batidos de chocolate o de frutas con agua o leche, a los que a menudo se les añade huevo crudo (pero sólo si lo pide). Uno de los favoritos es el licuado de coco. Si lo que quiere es algo genuino, pruebe un atole: una bebida de maíz cocido, molido y desleído en agua o leche, azúcar y algún condimento (chocolate, vainilla, fresa...) para darle sabor. También se vende una horchata preparada con arroz molido, canela y agua. Otra bebida precolombina es el chocolate.

Bares

Además de los habituales bares de hotel y de los típicos *pubs* de copas de estilo internacional que hay en las ciudades, existen otros con un inconfundible sabor mexicano. Las pulquerías son unos locales especiales (una especie de club informal de hombres) en los que se bebe el pulque. Los extraños no suelen ser muy bien recibidos, pero si tiene algún amigo mexicano puede pedirle que le lleve a una. Del mismo modo, la inmensa mayoría de las cantinas todavía no admiten mujeres, pero ahora algunas costumbres están cambiando y en nuestros días en las cantinas de las ciudades dejan que entren personas de ambos sexos.

Cultura

Fiestas y ferias

A continuación le ofrecemos una lista mes a mes de algunas de los cientos de fiestas y ferias de México. Compruebe las fechas antes de salir de viaje porque pueden cambiar ligeramente de un año a otro.

Enero

6: Día de los Santos Reyes, Festividad de la Epifanía; el día en que los niños reciben sus regalos de Navidad (en lugar de la Nochebuena).
17: Día de San Antonio Abad, se bendicen animales en las iglesias parroquiales.
18: Fiesta de Santa Prisca, en Taxco (Guerrero).
20: Fiesta de San Sebastián, en Chiapa de Corzo (Chiapas), León y Guanajuato.

Febrero

Febrero o marzo: Carnaval, la semana anterior al inicio de la cuaresma. Cabe destacar los de Acapulco (Guerrero), Mazatlán (Sinaloa), Mérida (Yucatán), Huejotzingo (Puebla), Tepoztlán (Morelos) y Veracruz. Desfiles por las calles, carrozas y bailes.
2: Fiesta de la Candelaria, sobre todo en Tlacotalpan (Veracruz).
5: Feria en Zitácuaro (Michoacán).
21: Bailes tradicionales que celebran la llegada de la primavera en Chichén-Itzá.

Marzo

Marzo o abril: Xochimilco (fiesta en la que se eligen damas de honor, por lo general una semana antes de Pascua); **Semana Santa**.

19: Día de San José, santo patrón de San José del Cabo (Baja California), con bailes en la calle, fuegos artificiales, peleas de gallos, carreras de caballos y puestos de comida.

Abril

Abril-mayo: Feria Nacional de San Marcos en Aguascalientes.
5: Feria en Ticul (Yucatán).
23: Día Azteca de Tezcatlipoca.
25: Feria de San Marcos en Tuxtla Gutiérrez (Chiapas).
29: Feria en Puebla.

Mayo

1: Feria en Morelia (Michoacán).
2: Feria en Cuernavaca (Morelos).
3: Feria en Valle de Bravo; Día del Corpus Christi en Papantla (Veracruz), en el que se representa la famosa y vistosa danza de los voladores de Papantla.
5: Cinco de Mayo; fiesta nacional que conmemora la victoria mexicana de 1862 sobre el ejército francés en Puebla de los Ángeles.
20: Festival de las hamacas en Tecoh (Yucatán).
31: Feria de artesanía en Tehuantepec (Oaxaca).

Junio

1: Día de la Marina; fiesta nacional.
13: Feria en Uruapan (Michoacán).
29: Fiesta en las calles de Tlaquepaque (Guadalajara).

Julio

7: Feria en Comitán (Chiapas). Los dos últimos lunes de julio: **Lunes del Cerro** y el **Guelaguetza**, un festival indígena en Oaxaca.
25: Santiago Tuxtla (Veracruz).

Agosto

Durante el mes de agosto: **Competición Internacional de Surf** en Puerto Escondido (Oaxaca); **Festival del Vino de Guadalupe**; regata anual en Todos Santos (al sur de Ensenada).
1: Feria en Saltillo (Coahuila).
8: Feria en Mérida (Yucatán).

15: Día de la Asunción de la Virgen María; fiestas en muchos municipios, entre los que cabe destacar Huamantla (Tlaxcala).

Septiembre

Durante el mes de septiembre: recorrido festivo en bicicleta entre Rosarito y Ensenada, de 80 kilómetros. Discurso anual sobre el estado de la Unión a cargo del presidente.
1: Feria en Tepoztlán (Morelos).
4: Fiesta en Santa Rosalía y en Mulegé.
6: Feria en Zacatecas.
8: La Virgen de Loreto: procesiones por las calles de muchas poblaciones.
10: Feria en Chihuahua.
12: Feria del marisco en Ensenada.
14: Día Charro.
15–16: Día de la Independencia, se celebra en toda la nación.
21: El equinoccio de otoño; se celebra en Chichén-Itzá. Finales de septiembre: San Miguel de Allende: fiesta el sábado posterior al **día de San Miguel** (29 de septiembre).

Octubre

Durante el mes de octubre: festival anual de la langosta y el vino en Rosarito; festival cervantino en Guanajuato; feria del Mole en el barrio de Milpa Alpa, en la Ciudad de México.
4: Día de San Francisco de Asís: fiestas en numerosas localidades; feria de los cultivadores de café en Cuetzalán (Puebla); feria en Pachuca (Hidalgo).
5: Día de la Virgen de Zapopan (Guadalajara).
12: Feria de un mes de duración en Guadalajara; **día de la Raza** (de la Hispanidad).

Noviembre

1-2: Día de los Difuntos; se celebra en todo el país. Vigilia nocturna en el cementerio de Janitzio (Mixoacán) y procesiones en San Andrés Mixquic, en la Ciudad de México.
20: Fiesta nacional, que conmemora la Revolución de 1910.

Diciembre

1: Feria en Compostela (Nayarit).
8: Día de Nuestra Señora de Guadalupe; peregrinaciones a La Villa, el santuario de la Virgen de Guadalupe en la Ciudad de México.
18: Día de Nuestra Señora de la Soledad; feria en Oaxaca.
23: Noche de Rábanos, en Oaxaca.

Música y baile en la Ciudad de México

En la Ciudad de México, la institución más importante en lo que se refiere a música y baile es el **Palacio de Bellas Artes**, situado en el Eje Central Lázaro Cárdenas, en el extremo oriental de la Alameda. En él, el **Ballet Folklórico de México** interpreta distintas danzas, generalmente los miércoles y domingos por la noche, así como los domingos por la mañana. En este teatro también hay actuaciones de compañías mexicanas de ballet clásico y moderno, además de conciertos de música clásica y ópera. Las entradas se venden en la taquilla (si quiere hacer reservas, tendrá que ir allí en persona).

Una compañía de baile mexicana bastante reciente que merece la pena ver es el **Ballet Folklórico Nacional Aztlán**, que actúa en el **Teatro Histórico de la Ciudad,** un edificio rehabilitado en la calle Donceles n.° 36 (tel.: 510-2197).

Vida nocturna

Ciudad de México

En el Distrito Federal, la Zona Rosa, con su plétora de bares y cafeterías con terraza, es quizás el lugar más interesante cuando oscurece.
● **Bar León,** República de Brasil 5. Tel.: 5 510 3093. Música tropical.
● **La Boom,** Rodolfo Gaona 3. Tel.: 5-580 0708. Una discoteca grande y con marcha.
● **La Llorona,** Mesones y 5 de Febrero, en el centro urbano. Tel.: 5-709 8420. Discoteca a la última.
● **Mesón Triana,** Oaxaca 90. Tel.: 5-525 3880. Actuaciones de flamenco y bailes con sabor latino.
● **Pervert Lounge,** Uruguay 70, en el centro urbano. Tel.: 5-518 0976. La música y la decoración se inspiran en la década de 1960.
● **Salón México,** Segundo Callejón de San Juan de Dios 25. Tel.: 5-518 0931. A dos cuadras del parque de la Alameda. Danzón, salsa, *swing* y mambo.

Península de Yucatán

Fuera de la Ciudad de México, una de las regiones con más marcha nocturna es la península de Yucatán. Los dos principales centros de diversión son Cancún (algo ostentoso) y Mérida (bastante más ilustrado), aunque en Cozumel también hay buenas salas de fiestas. A continuación le ofrecemos una lista de algunos de los locales famosos.

CAMPECHE

Se trata de una genuina ciudad de provincia, por lo que la oferta nocturna no es demasiado amplia, pero bailar sí es una posibilidad.

Discotecas

Disco Atlantis es una buena opción, en el Hotel Ramada, Avda. Ruiz Cortines, 51; **El Olones**, en el Hotel Baluartes, Avda. Ruiz Cortines y calle 61; abre los viernes y sábados.

Consulte en su hotel o en la oficina turística las fechas y los horarios de las actuaciones de música y baile tradicional que pueda haber en los distintos locales de la ciudad.

CANCÚN

Salir de copas por la noche en Cancún sale caro, pero la asombrosa variedad de opciones le mantendrá ocupado todas las noches, si puede seguir el ritmo.

Bares y restaurantes

En el centro de Cancún, los siguientes restaurantes disponen de una pista de baile: **Carlos 'n' Charlie's**, en la acera de la laguna del bulevar Kukulcán, cerca del Hotel Calinda Beach; el siempre concurrido **Señor Frog's**, en la acera de la laguna del bulevar Kukulcán, cerca del Hotel Casa Maya, y **Carlos O'Brian's**, Avda. Tulum. Si le apetece cenar a la vez que da un romántico paseo en barco, existen varias empresas que ofrecen este servicio. Algunas de las mejores son **Columbus**, en un barco con aspecto de galeón (tel.: 83-14-88), **Lobster Sunset Cruise** (tel.: 83-04-00) y **Pirate's Night Adventure** (tel.: 83-14-88).

Actuaciones

Ballet Folklórico Nacional de México, Hotel Continental Villas Plaza, bulevar Kukulcán (tel.: 83-10-22). Se trata de una magnífica representación de bailes tradicionales de México, llevada a cabo por algunos de los mejores bailarines de la región. En Xcaret (tel.: 83-07-65) actúan por la noche los **indígenas voladores** de Papantla.

Discotecas

Coco Bongo, bulevar Kukulcán, km 9,5; **Fat Tuesday**, bulevar Kukulcán 6,5 (tel.: 83-26-76); **Christine**, Hotel Krystal, bulevar Kukulcán, km 7,5 (tel.: 83-11-33); **Daddy'O**, bulevar Kukulcán, km 9,5 (tel.: 83-31-34) y **Daddy Rock**, al lado (tel.: 83-16-26); **Hard Rock Café**, bulevar Kukulcán km 8,5 (tel.: 83-20-24) y **La Boom**, bulevar Kukulcán km 3,5 (tel.: 83-14-58).

Música

Jazz: Casis Bar, Hotel Hyatt Cancún Caribe, bulevar Kukulcán, km 10,5; **Pat O'Brien's**, Flamingo Plaza, bulevar Kukulcán km 11 (tel.: 83-08-32). Se trata de la sucursal de Cancún de un famoso bar de Nueva Orleans; una de las salas está dedicada al jazz; en las otras dos hay *rock* y música *country*.
Reggae: Cat's, Avda. Yaxchilán, 12, Cancún (tel.: 83-19-10).
Música romántica de baile: La encontrará en **The Touch of Class**, Centro de Convenciones, bulevar Kukulcán, km 9 (tel.: 83-28-80).
Salsa y otros ritmos latinos: los mejores son el **Azúcar**, al lado del Hotel Camino Real, en Punta Cancún (tel.: 83-04-41), y el **Mango Tango**, en la acera de la laguna del bulevar Kukulcán, cerca del Hotel Cancún Palace (tel.: 85-03-03).

Los bares de los hoteles también constituyen un buen lugar donde escuchar todo tipo de música en directo. Vaya al del Hotel Camino Real Cancún, con música mexicana por las tardes, o al Hotel Fiesta Americana Coral Beach, km 9,5, si prefiere música ligera; en el Hotel Meliá Cancún, km 14, suenan ritmos latinos; en el Hotel Marriott Casamagna, km 20, ponen una estupenda música de mariachi, y en el Hotel Sierra Cancún, km 10, actúan tríos de música mexicana. Todos ellos se encuentran en el bulevar Kukulcán.

Centro de Fiestas

El **Centro de Fiestas**, en el bulevar Kukulcán, km 9. Toda una galería comercial dedicada al ocio, donde las tiendas permanecen abiertas hasta las 22:00 h y los restaurantes, los bares y las discotecas, hasta las 4:00 o 5:00 h.

COZUMEL

Los turistas que van a Cozumel suelen ser aficionados a los deportes acuáticos, por lo que no hay tanto ambiente por las noches como en Cancún.

Bares y restaurantes

Carlos 'n' Charlie's, Avda. Melgar, 11 (tel.: 2-01-91); **The Sports Page**, Avda. 5 Norte y calle 2 (tel.: 2-11-99). Este último es un vídeo-bar donde retransmiten las competiciones deportivas de EE UU y se come bastante bien.

Baile

Forum, Avda. Circunvalación. Fiesta mexicana todas las noches, con actuaciones de baile y bandas de mariachis. Consulte en su hotel las fechas y los horarios, y dónde realizar sus reservas.

Discotecas

Neptuno, Avda. Rafael Melgar (tel.: 2-15-37) y **Hard Rock**, Rafael Melgar 2-A (tel.: 2-52-71), con un buen ambiente y una pista de baile muy animada.

ISLA MUJERES

A esta isla suelen ir visitantes para descansar y pasar unas vacaciones tranquilas, por lo que la oferta de vida nocturna no es muy amplia. Vaya al bar del **Hotel Na-Balam** o al Pingüino, en la Posada del Mar; aparte de esos dos no existen muchos más locales donde elegir.

MÉRIDA

Todas las noches hay espectáculos gratuitos. La siguiente relación de actos la facilita el *Yucatán hoy*:
Lunes: Vaquería regional, con bailes y trajes tradicionales; a las 21:00 h en el Palacio Municipal del zócalo.
Martes: Concierto de Memorias Musicales con una *big band* de la década de 1940; a las 21:00 h en el parque de Santiago.
Miércoles: Instrumentos de cuerda y conciertos de piano en la Casa de las Artesanías; a las 21:00 h en la calle 63, entre las calles 64 y 66.
Jueves: La Serenata, en el parque de Santa Lucía, donde podrá

disfrutar de los trajes, bailes, música y folclore típicos de Yucatán; a las 21:00 h en la calle 60, en la esquina con la calle 55.

Viernes: Serenata de la tuna de la Universidad de Yucatán; a las 21:00 h entre las calles 60 y 57.

Sábado: A las 18:00 h se oficia misa en inglés en la iglesia de Santa Lucía, en el parque de Santa Lucía, esquina de la Calle 60 con la Calle 55.

Domingo: Entre las 9:00 y las 21:00 h se cierran al tráfico rodado el zócalo y las calles adyacentes. En los edificios municipales de la zona hay conciertos, además de teatro y puestos en la calle. En este sentido visite también el mercado del parque de Santa Lucía.

Discotecas

La Hach, Hotel Fiesta Americana, paseo de Montejo y Avda. Colón (tel.: 20-21-94) y **Pancho's**, Calle 59, entre las calles 60 y 62 (tel.: 23-09-42).

Cine

México tiene una de las industrias cinematográficas más prolíficas del mundo, además de haber aportado los escenarios de innumerables películas de vaqueros. Es frecuente que se proyecten antiguos largometrajes mexicanos, como también otros actuales y las grandes producciones de Hollywood.

Dos de las películas con más éxito que se han hecho en México en los últimos años son **Danzón**, dirigida por María Novaro, y **Como agua para chocolate**, basada en la novela de Laura Esquivel. En las ciudades cada vez se abren más multicines, por lo general cerca de las galerías comerciales. En la Ciudad de México suele valer la pena asistir a las proyecciones de la Cineteca Nacional (metro: Coyoacán), un organismo gubernamental. Los diarios de la ciudad traen la cartelera de los cines, aunque en los hoteles también suelen tener una lista. La publicación con la información más completa es *Tiempo Libre*.

Deportes

Como espectador

Fútbol

En México, el país donde se celebraron los mundiales de 1970 y 1986, el fútbol es el deporte rey. El campo más grande es el estadio Azteca (Ciudad de México). Infórmese en el hotel acerca del partido de los domingos por la mañana.

Jai alai

Este juego de pelota vasco es uno de los deportes más rápidos del mundo . Los partidos se disputan en el Palacio Frontón, en la avda. Revolución, Tijuana (de lunes a sábado a las 20:00 h), y en Acapulco, en el Centro Jai Alai de Deportes y Competiciones, Costera Miguel Alemán 498, de jueves a domingo a las 21:00 h, entre diciembre y agosto.

Toros

En México existe una gran afición por los toros; si es usted aficionado es posible que tenga suerte y sea la temporada taurina cuando vaya; podrá obtener información en el hotel donde se aloje.

Como participante

Deportes acuáticos

En la costa de México se practican un sinfín de actividades acuáticas. Hay de todo, desde excursiones en barco, *windsurf* o pesca, hasta el buceo con y sin bombonas.

Las aguas de las playas de los hoteles son estupendas para los principiantes y los niños que deseen aprender las técnicas básicas del buceo con tubo; además, cuentan con socorristas. Es posible alquilar el equipo necesario en los puertos

deportivos; algunos hoteles lo proporcionan de forma gratuita.

Pesca

En México está permitida la pesca en los ríos y lagos, así como en los 8 000 kilómetros de costa. En La Paz, Guaymas, Mazatlán, Puerto Vallarta, Barra de Navidad, Manzanillo y Acapulco, en el Pacífico, se celebran campeonatos anuales de pesca, por lo general en mayo y junio; en Tampico y Veracruz, en el golfo de México, y en Cancún, Ciudad del Carmen y Cozumel en el Caribe. La temporada de pesca y el reglamento cambian de un lugar a otro y según la época del año. Para obtener información escriba al:
● Departamento de Pesca, Oficina de Permisos de Pesca Deportiva, Anillo Periférico Sur 4209, 14210 México, Distrito Federal. Adjunte un sobre sellado con su dirección y le enviarán información y el reglamento de pesca. Si ya se encuentra usted en México, llame al tel.: 5-628 0600. Existen así mismo unas 150 delegaciones del Departamento de Pesca.

Con un permiso tendrá derecho a pescar en todos los cursos de agua dulce, lagos y zonas de litoral del país. Los permisos cubren períodos de tres días, un mes, tres meses o un año. Podrá adquirir uno en cualquiera de las delegaciones del Departamento de Pesca, o también se lo podrá tramitar un guarda forestal, o en las oficinas de las autoridades portuarias.

Bucear frente a las costas mexicanas

El Gran Arrecife Maya, el segundo más largo del mundo, comienza (o termina) sus 250 kilómetros de longitud cerca del complejo turístico del Club Med, en Punta Nizuc, en Yucatán. En esta zona, todas las playas son públicas, de modo que es un buen lugar para disfrutar del espectáculo del arrecife en aguas poco profundas. Los puntos de buceo más vistosos se hallan en la isla de Cozumel y en isla Mujeres.

De compras

Qué comprar

Son muy pocos los turistas que se pueden resistir a comprar algo en México. Para algunos, el encontrar gangas quizás sea el principal motivo de su viaje. El abanico de precios es casi tan amplio como la diversidad de objetos artesanales disponibles, de modo que tómese su tiempo y procure elegir bien. Quienes vayan a realizar compras en serio deberían pensar en recorrer a fondo las áreas rurales, ya que todo es más barato en el lugar donde se fabrica. Es posible que, además, tenga suerte y pueda ver y fotografiar al artesano o artesana mientras trabaja.

Aun para aquellos que sólo vayan a visitar una o dos ciudades, la oferta es muy variada. En los grandes mercados de la capital y otras ciudades importantes se venden artículos de todo México. Los precios son bastante más altos que en la región de origen, pero es posible regatear, incluso aunque haya un letrero que diga «precios fijos». Sencillamente, pida que le hagan un descuento o proponga usted un precio. La mitad del valor inicial es lo corriente en las zonas turísticas; quizás dos tercios en otros lugares. Tómeselo con calma y trate de acordar una cantidad aceptable para ambas partes.

Así mismo, en muchas ciudades existen unos establecimientos administrados por el Gobierno en los que se vende artesanía de todo el país. No resultan demasiado baratos y no suele ser posible conseguir un descuento, pero los artículos son de buena calidad. Lo mismo ocurre en muchos de los comercios de los barrios elegantes de las ciudades.

Algunas de las mejores tiendas se encargan de empaquetar y enviar sus compras a su domicilio por un pequeño extra. Si va a comprar un regalo a alguien de su país, muchos de estos comercios se lo podrán enviar directamente a esa persona.

Cerámica

Por todo México se venden bonitas piezas de cerámica. Salvo los objetos hechos de piedra, la mayor parte de las vasijas contienen plomo, por lo que debe utilizarlas sólo como decoración o para guardar alimentos secos. Para saber si es seguro cocinar o no con una vasija concreta, golpéela con una uña: si suena como una campana, entonces no hay problema, pero si suena como si hubiese golpeado sobre un trozo de madera, entonces es probable que contenga plomo. Así mismo, es frecuente que en los vidriados o en la pintura haya plomo.

En Tlaquepaque, Jalisco, existe una cerámica muy variada, como algunas réplicas de piezas precolombinas. En la cercana Tonalá se fabrican tanto objetos innovadores como otros más tradicionales. La ciudad de Puebla está especializada en loza, azulejos y cerámica de Talavera, mientras que en Acatlán e Izúcar de Matamoros, también en el estado de Puebla y en Metepec, en el estado de México, se venden «árboles de la vida».

Antigüedades

No pague precios muy altos por los objetos precolombinos, ya que lo más seguro es que sean falsos, aunque posiblemente estén bien hechos. Se fabrican bonitas piezas de cerámica utilizando tipos de arcilla semejantes a los originales y métodos de cocción indígenas. Si el artículo es auténtico, se arriesgará a sanciones muy serias, si intenta sacarlo del país.

En Tzintzuntzan (Morelia) y San Miguel de Allende (Guanajuato), así como en San Bartolo Coyotepec (Oaxaca), encontrará cerámica bruñida. Los vidriados verdes son típicos de Patambán, en Michoacán, y Santa María Atzompa. Las figurillas de formas fantásticas conocidas como «alebrijes» se fabrican en Arrazola, en el estado de Oaxaca. En Amatenango (Chiapas), las vasijas tradicionales se cuecen sin horno. Las diferentes regiones también poseen su propio estilo y técnica de trabajar la madera. Los indígenas seris de la bahía de Kino, en Sonora, tallan animales en palo de hierro. En Uruapan (Michoacán), lo típico son las máscaras y los trabajos lacados, mientras que en Quiroga (Michoacán) son comunes los cuencos de madera pintada y otros objetos para la casa. Ixtapa de la Sal, en el estado de México, también se dedica sobre todo a los enseres domésticos, además de tallas de animales. Podrá comprar muebles de estilo colonial y cuencos de madera en la ciudad de Cuernavaca (Morelos). En Olinalá (Guerrero) encontrará máscaras de jaguar, recipientes hechos con calabazas, bandejas de madera y unos bonitos artículos lacados.

Ixmiquilpan, en Hidalgo, es famoso por sus jaulas para pájaros; Tequisquiapan, en Querétaro, por sus muebles de madera. En Cuilapan y en San Martín Tilcajete (Oaxaca) tallan y pintan animales de madera, y máscaras y objetos lacados en Chiapa de Corzo (Chiapas). En Mérida (Yucatán) y Valladolid (Tabasco) se fabrican unos estupendos muebles de caoba y cedro, así como en Campeche.

Otra buena compra pueden ser los instrumentos musicales de madera. En Paracho (Michoacán) se hacen guitarras, así como en San Juan Chamula (Chiapas), donde también fabrican arpas.

Hay **cestos** de todos los tamaños y formas en Tequisquiapan (Querétaro), Lerma (estado de México) e Ihuatzio (Michoacán). Así mismo, los indígenas rarámuris de la Barranca del Cobre son muy habilidosos con la cestería. Las cestas hechas con cañas o juncos son la especialidad de San Miguel de Allende y Guanajuato (ambos en el estado de Guanajuato), de Puebla y de los pueblos otomíes del valle de Mezquital, en Hidalgo.

Podrá comprar **pinturas indígenas sobre corteza** en Xalitla, en Tolima, y en San Agustín de las Flores, en Guerrero. En la costa de Veracruz son típicas las esteras de hojas de palmera, mientras que en la región mixteca de Oaxaca se venden redes para llevar cosas. En Puebla, Veracruz y San Luis Potosí, los indígenas huastecas tejen bolsos con fibra de cactus. En Becal (Campeche) se confeccionan **sombreros panamá** o **jipijapa**, y en Mérida (Yucatán), **hamacas**. Al comprar una hamaca fíjese en que sea de algodón, de hilo fino urdido muy apretado. Si trata el tejido con cera de abeja evitará que salga moho.

En Temoaya, en el estado de México, se emplean técnicas orientales para tejer **alfombras** con motivos tradicionales mexicanos.

Joyas

Es preferible comprar las joyas en algún establecimiento de confianza y no a los vendedores callejeros. En la Ciudad de México existen innumerables tiendas en las que se venden diseños modernos. La plata es el material que más se trabaja en Taxco, en el estado de Guerrero; en Toluca, en el estado de México; en Yalalag, en Oaxaca; en Querétaro, en Veracruz y en el Yucatán. Los orfebres oaxaqueños reproducen algunas de las alhajas halladas en Monte Albán. En Veracruz son así mismo corrientes las piezas hechas con coral. No compre joyas de coral negro –ni de caparazón de tortuga–, ya que se trata de una de las muchas especies protegidas por la CITES.

Lana y prendas de vestir

En México se venden bonitas prendas de alegres colores. Tenga en cuenta que la ropa hecha a mano puede encoger, de forma que, si tiene dudas, compre una talla mayor. Los tejidos de algodón son 100 % algodón, pero los de lana pueden estar mezclados con otras fibras.

Entre las mejores regiones para adquirir prendas de lana figuran Tlaxcala; Cuernavaca y Huejapan en Morelos; Tequisquiapan en Querétaro; San Miguel de Allende en Guanajuato; Teotitlán del Valle, cerca de la ciudad de Oaxaca; Saltillo en Coahuila, y Zacatecas. Los indígenas otomíes del valle de Mezquital, en Hidalgo, confeccionan sarapes, cinturones y ropa tejida a mano, como también hacen los indígenas rarámuris de la Barranca del Cobre, en Chihuahua; los coras y huicholes de Nayarit, y los tzotziles de San Juan Chamula, en Chiapas.

Los bordados son fáciles de encontrar; pueden haber sido cosidos a mano o a máquina. Asegúrese de que el precio que le piden es el adecuado fijándose en la etiqueta para saber si se trata de un bordado artesanal o no. Los indígenas amuzgos de los alrededores de Ometepec, en el estado de Guerrero, y de Oaxaca, confeccionan huipiles (un tipo de blusa de mujer) de algodón; en Yalalag, las blusas y pareos de los indígenas oaxaqueños se tiñen con tintes naturales.

Mercados

Los mercados de la Ciudad de México son fascinantes. El mejor (y el más barato) para comprar artesanía y recuerdos es el llamado **Artesanías de la Ciudadela** (Ayuntamiento de Balderas), donde encontrará todo tipo de artículos típicos de México (máscaras, plata, blusas, mantas, servilletas, frutas de pasta de papel, juguetes, cuero, etc.), que tiene además un pequeño café en su soleada plaza central.

Tiendas de artesanía gubernamentales

Tiendas de artesanía gubernamentales
Fonart, una fundación patrocinada por el Gobierno para fomentar la artesanía, representa una buena opción a la hora de adquirir obras artesanales. En sus tiendas se vigila la calidad de toda la mercancía que compran y venden.
En la Ciudad de México, Fonart dispone de puntos de venta en las siguientes direcciones:
● **Juárez,** Avda. Juárez 89, México. Tel.: 5-52 0171.
● **Fonart,** Patriotismo 691, Col, Mixcoac. Tel.: 5-563 4060.
● **Fonart,** Presidente Carranza 115, Col. Coyoacán. Tel.: 5-554 6270.

En otras ciudades, algunas de las tiendas **Fonart** son:
● **Fonart,** Anillo Envolvente Lincoln y Mejía, Ciudad Juárez, Chihuahua. Tel.: 16-13 6143.
● **Fonart,** Manuel M. Bravo 116, Oaxaca. Tel.: 951-6 5764.
● **Fonart,** Ángela Peralta 20, Querétaro. Tel.: 42-12 2648.
● **Fonart,** Ignacio Allende Sur 225, Saltillo, Coahuila. Tel.: 84-12 6936.
● **Fonart,** Jardín Guerrero 6, San Luis Potosí. Tel.: 48-12 7521.
● **Fonart,** Hotel Monte Taxco, Taxco, Guerrero. Tel.: 762-2 1300.
● Casa del Conde de la Valenciana, SA de CV, km 5 Valenciana, Ctra. Guanajuato-Dolores, Hidalgo. Tel.: 2 2550.

El **mercado de San Juan** (en el Ayuntamiento de Dolores; camine tres cuadras hacia el sur por San Juan de Letrán y tuerza a la derecha) acoge más de 176 tiendas en las que se venden objetos de artesanía, pero casi todo son enseres domésticos. El más grande de todos puede que sea el inmenso **mercado de la Merced** (estación de metro La Merced), donde es tan interesante lo que pasa en el exterior como lo que sucede bajo techo: cocinas que no paran de freír, radios a todo volumen, chicas que enrollan, calientan y rellenan tortillas con ingredientes que sacan de cuencos de todos los colores, vendedores que van pregonando su mercancía con los brazos cargados de perchas de las que cuelga la ropa, o de bolsas llenas de maquinillas de afeitar o productos cosméticos. El mercado de Sonora, a unas cuadras de distancia, en la calle fray Servando Teresa de Mier, en Rosario, es un famoso centro de venta de ungüentos mágicos y hierbas curativas.

El mercado de la **Lagunilla**, casi tan grande como el de la Merced, también se conoce por el sobrenombre de mercado de los ladrones. Está emplazado a unas tres cuadras al norte de la plaza Garibaldi por la calle Rayón. Lo divide en dos una calle principal; a un lado se venden carnes, frutas, verduras y otro tipo de alimentos, y prendas de vestir –desde vestidos de noche hasta ropa de trabajo– al otro. El mejor día es el domingo, cuando los puestos invaden las calles adyacentes. Necesitará un buen ojo para distinguir lo que es basura de lo que tiene valor. Vista con discreción y tenga siempre en la mano la cartera o el monedero.

Lecturas adicionales

Historia

Cartas de relación,
Hernán Cortés.
Editorial Castalia, S.A., 1993.
Extensas cartas en las que Cortés relata sus hazañas y justifica su conducta ante su rey.
Historia de la conquista de México,
William H. Prescott.
Ediciones Istmo, S.A., 1987.
Este vigoroso relato, basado en la historia de Díaz del Castillo, vale su peso en oro.
Historia general de las cosas de la Nueva España,
de Bernardino de Sahagún.
Alianza Editorial, S.A., 1995.
Una auténtica mina de información sobre los aztecas y los pueblos vecinos, escrita por uno de los primeros misioneros españoles en el Nuevo Mundo.
Historia verdadera de la conquista de Nueva España,
Bernal Díaz del Castillo.
Alianza Editorial, S.A., 1989.
Es una delicia leer esta sencilla narración de los hechos escrita por uno de los conquistadores, hechos corroborados por los hallazgos arqueológicos. En la actualidad constituye una referencia ineludible sobre lo ocurrido durante la conquista.
Los olmecas,
Jacques Soustelle.
Fondo de Cultura Económica, 1996.
Una sesuda pero amena narración sobre la «cultura madre» de México.
México: de su historia, penurias y esperanzas, Miguel León-Portilla.
El Colegio Nacional, 1996.
Un punto de vista opuesto al de Díaz del Castillo.
México insurgente,
John Reed.
Editorial Ariel, S.A., 1969.
Un emocionante relato de la Revolución de 1910 escrita por el reportero famoso por su cobertura de la Revolución Rusa.

Relación de las cosas de Yucatán, del obispo Diego de Landa, Cambio 16, 1985.
Escrito por el mismo hombre que quemó la práctica totalidad de los códices pictográficos mayas. Este libro constituye el punto de partida de cualquier investigación seria sobre los mayas.

México, autores nacionales

El laberinto de la soledad,
Octavio Paz. Ediciones Cátedra, S. A., 1993.
Posiblemente Paz sea el intelectual mexicano más conocido en otros países. Éste no es un libro fácil de leer, pero es lectura obligada para todo aquel que quiera profundizar en el conocimiento de la psicología y la cultura del México actual.
La democracia en México,
Pablo González Casanova.
Un libro estupendo que analiza las instituciones sociales, políticas y económicas de México, y la forma en que está estructurado el poder, valorando la posibilidad de una democracia más participativa.
Siglo de caudillos: biografía política de México,
Enrique Krauze, Tusquets Editores, 1994. Enrique Krauze es uno de los historiadores y analistas políticos contemporáneos más respetados de México.
Tradiciones mexicanas,
Sebastián Verti, editorial Diana, 1993. Uno de los principales defensores de la cultura mexicana escribe acerca de las celebraciones religiosas, las fiestas regionales, los bailes y las tradiciones, la historia y las leyendas, los orígenes del mariachi y la charrería y el legado culinario de México. Ilustrado con interesantes fotografías de color, incluye además recetas típicas.

México, autores extranjeros

La Capital, Jonathan Kandell, Javier Vergara Editor, S. A., 1990.

Las enseñanzas de Don Juan,
Carlos Castañeda,
Fondo de Cultura Económica, 1992.
Este libro, junto a otras obras
de Castañeda, proporcionan
una perspectiva muy lúcida
de las experiencias espirituales,
pero no se crea todo lo que dice.
Mañanitas mexicanas,
D. H. Lawrence, Laertes S. A.
de Ediciones, 1982. Consta de
varios ensayos descriptivos que
expresan con gran belleza
los sentimientos de Lawrence
hacia este país.
Más allá del golfo de México,
Aldous Huxley, Edhasa 1986.
Observaciones eruditas sobre
los vestigios culturales mayas.
En su mayor parte se refieren
a Guatemala, pero los amantes
de la arqueología disfrutarán
con su lectura.
Por el mar de Cortés,
John Steinbeck,
Noguer y Caralt Editores, S. A.,
1990. Steinbeck cuenta
lo sucedido a una expedición
enviada a recoger especímenes
biológicos en el mar de Cortés,
frente a la costa de Baja California.
Recomendado para quienes
vayan a navegar o pescar
en estas aguas.
**Viajes a la Nueva España
y Guatemala,** Thomas Gage,
Información y Revistas, S. A., 1987.
Una de las pocas crónicas sobre
el México del virreinato que
todavía merece la pena leer.
Gage, un fraile dominico inglés,
recorrió gran parte de México.

Literatura, autores mexicanos

Al filo del agua,
Agustín Yáñez, Consejo Superior
de Investigaciones Científicas,
1991. Una estupenda novela
ambientada en una pequeña ciudad
del estado de Jalisco durante
los días previos a la Revolución.
El ambiente es opresivo y los
personajes, complejos. También
del mismo autor: *Las tierras flacas.*
Casi el paraíso, Luis Spota,
Grijalbo Mondadori, S. A., 1981.
Un superventas en México.

Como agua para chocolate,
Laura Esquivel, Grijalbo
Mondadori, S. A., 1997.
La novela más vendida en 1990,
sobre la vida en familia
en el México de principios del
siglo XX. El ingenio, el humor y la
ironía son parte de los ingredientes
de este cautivador libro de amena
lectura. La película basada en la
novela ha ganado 11 galardones.
Confabulario definitivo,
Juan José Arreola,
Ediciones Cátedra, S. A., 1986.
Relatos cortos escritos
con gran maestría.
El águila y la serpiente,
Martín Luis Guzmán. Basado en
las experiencias personales que
el autor vivió junto a Pancho Villa
y otros caudillos de la Revolución.
El llano en llamas, Juan Rulfo.
Ediciones Cátedra, S. A., 1988.
Una de las cumbres de la literatura
mexicana. Se trata de una serie
de relatos cortos en los que la
prosa fluida y sugestiva de Rulfo
le proporciona al lector una aguda
visión de la cultura mestiza que
se formó en México durante
la época colonial, más tarde
relegada por el progreso.
También es del mismo autor
la novela *Pedro Páramo.*
La región más transparente,
Carlos Fuentes, Ediciones
Cátedra, S. A., 1986. Algunos
la consideran la mejor novela
moderna de México. El narrador
es un hombre un tanto misterioso
que se pasa la vida observando
y escuchando a sus conciudadanos
del Distrito Federal, personas de
todas las clases sociales, mientras
intentan sobrellevar sus propias
vidas lo mejor que pueden.
También del mismo autor:
La muerte de Artemio Cruz,
novela en la que el protagonista
recuerda la Revolución y los años
posteriores, en el transcurso
de los cuales se va convirtiendo
en un cínico oportunista que utiliza
a los viejos compañeros de armas
para amasar su fortuna.
Los de abajo, Mariano Azuela,
Ediciones Cátedra, S. A., 1989.
Una excelente novela (inspirada
en la propia vida del autor) que

vuelve su mirada sobre la vida,
los ideales y las frustraciones
de los hombres corrientes que
lucharon en la Revolución Mexicana.

Literatura, autores extranjeros

Bajo el volcán, Malcolm Lowry,
Tusquets Editores, 1997.
Sin proponérselo de forma explícita,
Lowry saca a la luz los poderes
ocultos que mueven México. En esta
novela, su obra más importante,
narra la engañosamente simple
historia de un cónsul inglés que
bebe hasta morir durante el año de
crisis en que el presidente Cárdenas
nacionalizó la industria del petróleo.
El despertar del tiempo,
Carlos Villa Ruiz e Ivonne Carro,
Plaza y Valdés Editores. Una especie
de salto en el tiempo en el que se
ven involucrados un guerrero mexica
congelado hace 500 años en las
faldas de uno de los volcanes y
dos chicos mexicanos de la década
de 1990. Un relato absorbente
que describe el encuentro entre
indígenas y mestizos haciendo
hincapié en el abismo que existe
entre mexicanos separados por una
transición cultural de 500 años.
El poder y la gloria, Graham Greene,
Plaza & Janés Editores, S. A., 1991.
Muchos críticos consideran que se
trata de la mejor novela de Graham
Greene; se desarrolla en Tabasco
durante la persecución a la que
se vio sometido el clero católico.
El protagonista es un cura que
debe elegir entre casarse, el exilio
o el pelotón de ejecución.
El tesoro de Sierra Madre,
B. Traven, Círculo de lectores, S. A.,
1989. Ningún otro autor ha escrito
tanto y tan bien sobre México
como el misterioso B. Traven (su
verdadera identidad aún es tema de
debate). La mayoría de sus historias
tienen lugar en el sur de México,
una región que el escritor conoce
con una profundidad asombrosa.
**La noche de la iguana y otros
relatos,** Tennessee Williams,
Alba Editorial, S. L., 1998. Intenso
melodrama que se hizo famoso
gracias a la película protagonizada
por Richard Burton.

La serpiente emplumada,
D. H. Lawrence, Bruguera, S. A.,
1983. Lawrence aborda cuestiones
muy profundas –el significado
de la vida y de la muerte, las
relaciones entre los hombres
con otros hombres y de las
mujeres con los hombres– y aboga
por un cambio drástico en México.
Una de las mejores novelas
que se hayan escrito nunca
sobre México.
Narraciones selectas
Katherine Anne Porter,
Plaza & Janés Editores, S. A., 1967.
Porter era consciente de la función
represiva que desempeñó la Iglesia
en la historia de México.
También entendía la nueva
constitución y la complicada
maquinaria política del país.
Además, Porter fue una de
las primeras en percatarse
de las diferencias existentes
entre el arte indígena precolombino
y el moderno y documentarlas.

Artes y artesanía de México

Arte antiguo de México,
Paul Westheim, Alianza
Editorial, S. A., 1998.
Los textos de Westheim
acerca de la estética del arte
precolombino resultan difíciles
de superar en cuanto a su
agudeza y claridad.

**Artesanos, artesanías y arte
popular de México: una historia
ilustrada,** Victoria Novelo y otros,
Agualarga Editores, S. L., 1997.
Recoge la artesanía por regiones.
**Diseños mexicanos: arte
y decoración,** fotografías de
Mariana Yampolsky y texto
de Chloe Sayer,
Editorial Libsa, S. A., 1990.
**El Museo Nacional de Antropología
de México,** Pedro Ramírez Vázquez
y otros, Editorial Blume S. A., 1968.
La historia de la creación del
Museo Nacional contada por
los responsables. Unas excelentes
fotografías de las piezas del museo
ilustran los breves ensayos sobre
la cultura precolombina de México.

PROCEDENCIA DE LAS FOTOGRAFÍAS

Todas las fotografías
son de Kal Müller excepto:
Guillermo Aldana E 84
John Brunton 70, 92, 105,
128/129, 184P, 252, 259, 261,
270P, 285, 290, 291
Archivo Casasola 60/61
Colección de Jean y Zomah Charlot
94
Désiré Charney 41, 88
Bruce Coleman Ltd 297
Christa Cowrie 14, 16/17, 36, 69,
71, 78, 157, 164, 169, 170, 171
Mary Evans 42
Colección de Antonio García 52,
58, 64, 65, 67
Jacques Gourguechon 310
Andreas Gross 154, 165
José Guadalupe Posada/de la
colección de Jean y Zomah Charlot
299
Blaine Harrington 31
Huw Hennessy 333
Dave G. Houser 289
Piere Hussenot 120/121,
122/123, 124
Archivo Iconográfico 111, 266
Graciela Iturbide 83
Kerrick James 206
Lyle Lawson 126
Bud Lee 155
Buddy Mays Travel Stock 33, 242,
286P
Pablo Ortiz Monasterio 132
Museo Nacional de Antropología,
Ciudad de México 30, 32
Rod Morris 89
Museo Nacional de Historia 59
Palacio Nacional, Ciudad de
México 37
Jorge Núñez/Sipa/Rex 91
Jutta Schütz/Archivo Jutta 63, 163
Schülz 46/47
Spectrum 24/25
Marcus Wilson-Smith 6/7, 12/13,
22, 26/27, 40, 87, 93, 104,
106/107, 125, 127, 131,
136/137, 150, 151, 153, 153P,
159, 161, 161P, 164P, 167, 169P,
170P, 172, 191P, 203, 204, 205,

206P , 207, 208, 208P, 209, 210,
211, 222, 223, 223P, 224P, 244,
227, 238, 256P, 258P, 268, 268P,
272, 273, 279, 282P, 284, 286,
288, 298, 301, 308, 317, 320,
320P, 321, 322P, 324P, 325, 326,
330, 331, 332, 333, 334, 335
David Stahl 39, 249, 302
Mireille Vautier 56, 57, 112/113,
115, 235
Jorge Vertiz, Artes de México 43,
48, 49, 53
Tom Servais 212
Topham 66, 73, 257
Washington D.C. 62
Bill Wassman 54, 55, 166, 247
Colección de Jorge Wilmot 102
Woodfin Camp & Associates 68,
198, 276, 304, 306
Norbert Wu 142
Crispin Zeeman 160, 234, 251,
295

Dobles páginas

Las playas de México,
páginas 134-135: *fila superior de
izquierda a derecha:* Buddy Mays
Travel Stock: arriba izquierda,
arriba centro izquierda; Mireille
Vautier: arriba centro derecha;
Andreas Gross: arriba derecha.
Fila central de izquierda a derecha:
John Brunton: centro izquierda;
Buddy Mays Travel Stock: centro
derecha.
Fila inferior de izquierda a derecha:
Buddy Mays Travel Stock: abajo
izquierda; Stephen Trimble: abajo
centro izquierda; Andreas Gross:
abajo centro derecha y abajo
derecha.

La Barranca del Cobre,
páginas 220-221: todas las
fotografías de Buddy Mays Travel
Stock excepto: Andreas Gross:
arriba izquierda y centro derecha;
John Brunton: arriba centro
izquierda y abajo centro derecha.

En honor de los ancestros
páginas 262-263: *Fila superior
de izquierda a derecha:* Andreas
Gross: arriba izquierda; Blaine
Harrington: arriba centro izquierda;
Duggal: arriba centro derecha;
Mireille Vautier: arriba derecha.
Fila central de izquierda a derecha:
Mireille Vautier: centro izquierda;
Crispin Zeeman: centro
y centro derecha.
*Fila inferior de izquierda
a derecha:* Andreas Gross: abajo
izquierda; Blaine Harrington: abajo
centro izquierda; Crispin Zeeman:
abajo centro derecha; Mireille
Vautier: abajo derecha.

El oasis submarino de Yucatán,
páginas 314-315: *Fila superior
de izquierda a derecha:* Marcus
Wilson Smith: arriba izquierda;
Buddy Mays Travel Stock: arriba
centro izquierda; Terra Aqua: arriba
centro derecha y arriba derecha.
Fila central de izquierda a derecha:
Marcus Wilson Smith: centro.
Fila inferior de izquierda a derecha:
Buddy Mays Travel Stock: abajo
izquierda, abajo centro izquierda;
Andreas Gross: abajo centro; Buddy
Mays Travel Stock: abajo centro
derecha y abajo derecha.

Mapas Berndtson & Berndtson

© 1999 Apa Publications GmbH & Co.
Verlag KG (Singapore branch)

GUÍAS OCÉANO

MÉXICO

Editor de cartografía **Zoë Goodwin**
Producción **Stuart A. Everitt**
Asesores de diseño
Carlotta Junger, Graham Mitchener
Investigación fotográfica
Hilary Genin

Índice

*Los números en cursiva remiten
a las fotografías*

✺ GUIAS OCEANO

- Londres
- Viena
- Irlanda
- París
- Escocia
- Florida
- China
- Roma
- Gran Bretaña
- Egipto
- Canadá

- Venecia
- California
- Italia
- Thailandia
- Toscana
- Islas Griegas
- Francia
- Bélgica
- Grecia
- San Francisco
- Caribe
- Brasil
- India
- México